科学出版社“十四五”普通高等教育本科规划教材
高等学校旅游管理专业大类核心课程系列教材

系列丛书总主编　马　勇

酒店管理概论

曾国军　兰俊棒　主编

科 学 出 版 社
北　京

内 容 简 介

本书是一本全面、深入且系统地探讨酒店管理的书籍，主要分为三大模块，广泛覆盖了酒店行业的基础知识、发展历程、管理基础理论以及运营与营销方法。本书从酒店的基本概念与历史脉络讲起，直至投资规划、战略管理、品牌建设、服务质量、财务管理等关键领域，书中均提供了丰富的理论分析与实际案例，旨在帮助读者深刻理解和掌握酒店管理的核心知识与技能。

本书非常适合酒店管理、旅游管理、会展管理等专业的本科生及研究生，同时也适用于在职的企业管理人员进行学习。无论是初入行的新管理者，还是希望进一步提升管理水平的资深从业者，都能从本书中获得宝贵的知识与实用的指导，从而更好地适应酒店行业的快速变革与激烈竞争。

图书在版编目（CIP）数据

酒店管理概论 / 曾国军，兰俊棒主编. -- 北京 : 科学出版社，2025. 9. --（科学出版社“十四五”普通高等教育本科规划教材）（高等学校旅游管理专业大类核心课程系列教材）. -- ISBN 978-7-03-083172-9

Ⅰ. F719.2

中国国家版本馆 CIP 数据核字第 20254QQ279 号

责任编辑：王京苏 / 责任校对：王晓茜

责任印制：张 伟 / 封面设计：有道设计

科学出版社出版

北京东黄城根北街 16 号

邮政编码：100717

http://www.sciencep.com

北京中石油彩色印刷有限责任公司印刷

科学出版社发行 各地新华书店经销

*

2025 年 9 月第 一 版 开本：787×1092 1/16

2025 年 9 月第一次印刷 印张：21 3/4

字数：512 000

定价：58.00 元

（如有印装质量问题，我社负责调换）

序

党的二十大报告指出："我们要坚持教育优先发展、科技自立自强、人才引领驱动，加快建设教育强国、科技强国、人才强国，坚持为党育人、为国育才，全面提高人才自主培养质量，着力造就拔尖创新人才，聚天下英才而用之。"[①]在这个瞬息万变的时代，酒店业作为全球经济的重要组成部分，正经历着前所未有的快速变革。过往 20 年中，中国酒店供应量高速膨胀，消费者需求迅速变化，酒店行业的竞争也越发激烈，酒店企业迫切需要进行管理变革。在这样的背景下，一本全面、深入、系统的《酒店管理概论》的出版，可为酒店业的从业者和研究者提供知识资源和理论指导。

本书旨在为读者提供一个关于酒店管理的全面视角，从酒店业的历史发展、现代管理理念、运营策略，到顾客服务、市场营销、人力资源管理等多个方面，进行深入的探讨和分析。我们相信，无论是酒店管理专业的学生、新入行的酒店管理者，还是希望提升自身管理水平的资深从业者，都能从本书中获得有益的启发和指导。

本书共有三个模块十五个章节。其中，模块一为酒店基础认知。该模块通过两章全面介绍了酒店行业的基础知识与发展历程。第一章从酒店业的基本概念入手，定义了酒店和酒店管理，并介绍了不同的分类方法及其特点。该章还分析了行业呈现的主要趋势与面临的挑战，旨在帮助读者建立对酒店业的基础知识框架，并思考如何在变化的市场环境中积极地适应和创新。第二章穿越时间的长河，探索了酒店业从古至今的发展脉络，首先聚焦国外的酒店历史发展，揭示了技术进步和社会变迁如何塑造了今天的酒店业态，其次转向中国，帮助读者了解古代驿站到现代国际品牌崛起的历程。

模块二为酒店管理基础理论。该模块深入探讨了酒店管理基础理论的关键方面，涵盖酒店投资与规划管理到人力资源管理的全方位课题。第三章学习酒店项目的投资决策和项目规划的关键步骤，评估项目的可行性和风险。第四章理解酒店业的战略管理框架，包括如何制定和实施战略以应对竞争。第五章探讨如何建立有效的组织结构和组织制度来支持战略发展。第六章掌握服务质量的基本原则和服务创新技术，学习如何提升顾客满意度和忠诚度。第七章学习如何建立和维护强大的酒店品牌，包括品牌定位、品牌沟通和忠诚度构建。第八章理解酒店营销的核心概念和策略，掌握吸引和保留顾客的方法。

① 《习近平：高举中国特色社会主义伟大旗帜 为全面建设社会主义现代化国家而团结奋斗——在中国共产党第二十次全国代表大会上的报告》，https://www.gov.cn/xinwen/2022-10/25/content_5721685.htm。

第九章学习酒店财务管理的基础，包括成本控制、预算编制和财务报告解读。第十章掌握收益管理的技术和策略，学习如何通过价格和收益优化策略来最大化收入。第十一章理解人力资源在酒店业中的重要性，学习如何招募、培训、激励和保留员工。

模块三为酒店管理运营方法。该模块涵盖了确保酒店高效、安全并可持续运营的关键领域。第十二章探讨如何在不同地点的酒店之间实现资源共享、标准化操作和战略协同。第十三章专注于酒店日常运营的核心活动，包括前台服务、客房管理、餐饮服务等，探讨如何优化操作流程、提升顾客满意度和提高运营效率。第十四章讨论如何有效地管理酒店的物理资产，包括采购、存储、维护和更新设备与物资，确保设施运作顺畅，减少浪费和降低运营成本。第十五章涉及制定和实施安全措施以保护顾客、员工和酒店资产，内容包括预防措施、紧急应对策略和危机后恢复计划，确保酒店在面对自然灾害、安全事故或其他危机事件时，能够迅速有效地应对。

本书除了介绍酒店管理的重要的、主流的相关理论，也对酒店行业和酒店企业进行了分析。因此，本书可以作为酒店管理、旅游管理、会展管理等专业的本科生、研究生酒店管理课程的教材。需要说明的是，本书收集了近年来作者团队有关酒店管理的一些研究成果，作者希望借此提升本书的理论性，因而，本书也可作为相关专业研究人员的辅助用书，或供在职企业管理人员参考。

本书第一、二、三、四、五、九和十章由曾国军完成，第六、七、八、十一、十二、十四和十五章由兰俊棒完成，第十三章由钟淑如完成。博士生方一舟、硕士生杨鲁、硕士生郑佩欣在修订过程中投入了较多精力。同时，我们也参考了国内外诸多战略管理学者的思想和观点，引用了国内外相关教材、专（译）著、新闻报道、企业财务报表等资料，以丰富和完善教材内容，在此，感谢所有引文的作者和出版机构。当然，文责自负。我的一位学生曾对我说起，“中山大学旅游学院的老师似乎都属讲义学派的”，我颇有同感。自我从教伊始，便着手编撰本课程讲义，并在多年教学实践中不断修订与完善。2020 年，讲义编写工作获得广东省本科高校教学质量与教学改革工程建设项目——“酒店经营管理课程教学团队”的支持；2023 年，又进一步获得“酒店管理课程群虚拟教研室”建设项目的资助；2025 年，在“中山大学－普昕酒店－广东省旅控科产教融合实践教学基地”项目的有力推动下，本书终于得以正式出版。本书成稿离不开科学出版社王京苏等老师的努力，一并致谢。

目录

Contents

模块一：酒店基础认知

模块二：酒店管理基础理论

模块三：酒店管理运营方法

模块一：酒店基础认知

本模块通过两个精心设计的章节，全面介绍酒店行业的基础知识与发展历程，旨在提供一个系统的行业概览。

在第一章中，我们将从酒店业的基本概念入手，介绍酒店和酒店管理的定义、不同的分类方法以及它们的特点。然后，我们将展望未来，分析行业呈现的主要趋势与面临的挑战。这一章不仅能够帮助您建立对酒店业的基础知识框架，还将引导您思考如何在不断变化的市场环境中更好地适应和创新。

第二章将穿越时间的长河，探索酒店业从古至今的发展脉络。首先聚焦国外的酒店历史，从中世纪的客栈到现代的国际酒店集团，揭示技术进步和社会变迁如何塑造了今天的酒店业态。其次，转向中国，让读者了解从古代驿站到现代国际品牌崛起的历程。通过对国内外酒店业历史的比较，深入分析国内外酒店管理思想的整体演变情况。

第一章

绪　论

本章导读

本章旨在全面介绍酒店行业的基础知识。从酒店的基本概念、特征、作用、分类方法，到管理实践和未来趋势与面临的挑战，本章提供了一个详尽的行业概览，帮助读者理解酒店业的多面性、动态性和未来发展方向。

学习目的

1. 理解基本概念：掌握酒店业的基本概念，包括酒店的定义、特征。

2. 认知行业分类：了解酒店的不同分类和等级评定标准，以及这些分类如何影响酒店的经营策略和市场定位。

3. 掌握管理要素：熟悉酒店管理内容，包括从顾客服务到收益管理、日常运营的各个方面。

4. 预测行业趋势：识别和分析当前酒店业面临的挑战及未来趋势，包括技术革新和市场变化的影响。

核心概念

酒店；酒店的特征；酒店的分类；酒店的等级评定；酒店管理；酒店数字化建设

导读案例

5星、5钻和豪华型酒店，消费者到底应该怎么选？

在筹备五一出游计划时，选择合适的酒店往往是最费时费力的环节之一。许多消费者在查询不同旅游平台时会发现，同一家酒店在不同平台上有着不同的等级标准。5星、5钻和豪华型酒店，应该选哪个？这是许多消费者都会有的困惑，那么如何在面对不同平台的评级时做出明智的选择呢？

首先，我们需要了解国内酒店评级体系通常分为两类。第一类是由中国旅游饭店业协会进行星级评定，酒店通过评定后可获得相应的星级称号。根据《旅游饭店星级的划分与评定》，酒店需要通过八十多条硬性指标的考核，如房间面积、服务种类和餐饮质量等。第二类是多家旅游平台推出的评估体系，酒店在每个平台上会获得诸如“5钻”“豪华”等不同的等级评价。平台通常通过酒店设施设备、旅客住店后的点评等进行综合评估。星级评定作为一套权威的标准，曾长期受到行业和用户的认可，但随着酒店业的发展，部分评定标准逐渐不适应当前酒店升级增效的需要。酒店也不再一味地追求星级。

虽然酒店不再一味地“追星”，但是，消费者仍然需要一个评定标准作为参考。因此，各家旅游平台推出了自己的酒店评价体系，有效填补了酒店评级的参考缺口。例如，携程推出了钻级体系，将酒店分为1钻至5钻，以及金钻和铂钻酒店；同程和飞猪平台上的酒店则分为经济、舒适、高档和豪华。

如今，消费者更关注真实的入住体验。以前，不少消费者会直接从高星级酒店中盲选，但现在，越来越多的顾客更注重实际入住体验，会在出行前根据酒店住客点评、酒店设备和服务水准等做出相应的判断。为此，旅游平台根据上述标准对平台上的酒店进行综合评估，以提高消费者选择酒店的便利度。例如，携程旅行根据酒店的历史成交价、设施丰富度、消费者认可度等因素对平台上的酒店进行评估。消费者可以在预订酒店的页面，看到钻级和星级酒店的不同标志，根据不同需求做出选择。携程也在页面上公示钻级评定的对应标准说明，以帮助消费者理解钻级含义。

在酒店钻级评定的具体审核过程中，业务团队、运营团队、算法团队等多方会参与交叉审核，并参考酒店设施的老旧程度、实际规模和信息真实性做出综合判断。同时，为了追求可信度，消费点评分是根据用户点评中的数据进行统计的，统计时会排除刷单和其他可疑的用户数据（如诱导好评等）。通过这些措施，消费者可以更方便地选择符合自己需求的酒店。

资料来源：作者根据网络资料/相关文献资料改写而成。

第一节 酒店的概念、特征

一、酒店的概念

《旅游饭店星级的划分与评定》中对旅游饭店的定义是，以间（套）夜为单位出租客房，以住宿服务为主，并提供餐饮、商务、会议、休闲、度假等相应服务的住宿设施。由此定义可知，酒店是提供临时住宿服务的设施，通常配备多种客房以适应不同顾客的需求。除了基本的住宿功能，酒店还常常提供额外的服务和设施，如会议室、健身中心、游泳池等，以提升顾客的便利性和舒适度。

酒店的主要目标是为旅行者提供安全、舒适和便捷的住宿环境。酒店的种类多样，从简单的经济型酒店到豪华的五星级酒店，不同类型的酒店提供的服务和设施水平也有所不同。此外，随着旅游业的发展和顾客需求的多样化，还出现了一些特色酒店，如精品酒店、主题酒店、生态酒店等，它们各自有着独特的定位和特色服务。

二、酒店的特征

酒店业拥有一些独有的特征，这些特征不仅定义了它作为服务行业的本质，还影响了其商业模式和运营策略。以下是酒店的几个关键特征（图 1-1）。

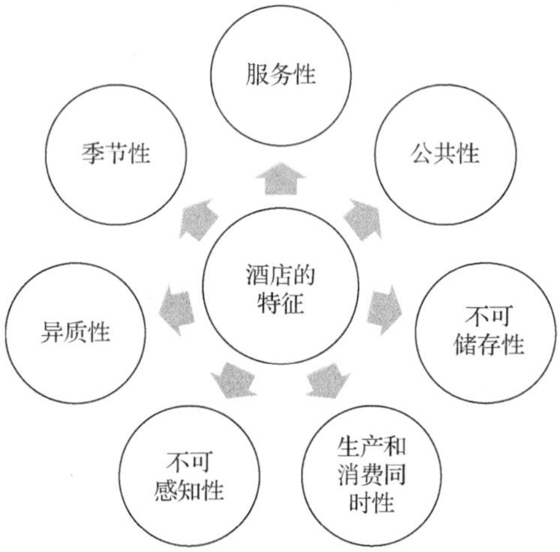

图 1-1 酒店的特征

（一）服务性

服务性是酒店业的核心，酒店通过提供多样化的服务来满足顾客的不同需求，确保顾客在每个服务接触点上都获得满意的体验。这些服务不仅包括基本的前台接待、客房服务、餐饮服务和清洁服务，还扩展到更具特色的个性化服务，如客房内的个性化欢迎词、定制化餐饮服务、特殊场合的庆祝服务等，这些都是为了增强顾客的个人体验。此外，有些酒店还提供增值服务，如提供额外的服务如机场接送、旅游咨询、临时保姆服务等，以提升顾客满意度和酒店的竞争力。在所有这些服务中，员工的专业性和服务态度起着决定性作用。因此，酒店业特别注重员工的培训和发展，确保他们能以最高标准服务顾客，从而直接影响酒店的声誉和业务。

（二）公共性

酒店作为对外开放的公共场所，需要满足广泛的顾客群体的需求，包括不同国籍、种族、性别、宗教和文化背景的顾客。酒店须对不同文化的习俗和需求保持敏感，如在餐饮服务中提供符合特定宗教习惯的食物选项，或在前台服务中提供多语言支持，以尊重和满足多样化的顾客需求。这种公共性要求酒店在服务标准、设施安全、卫生条件等方面遵守国家和国际法规。同时，酒店作为公共场所，其设计和服务必须考虑到残障人士的需求，提供如无障碍通道、特殊配置的客房等设施，确保每位顾客都能方便、安全地使用酒店的设施。

（三）不可存储性

酒店房间和服务不能被存储或保存用于未来销售，这意味着任何一天未能卖出的房间都是永久的收入损失。因此，酒店必须高度重视每一天的预订状况，确保尽量降低空房率。由于服务的不可存储性，酒店经常需要根据需求的波动调整价格策略，以优化收益。在需求高峰期，酒店可能会提高房价以反映较高的市场需求；而在需求低迷时期，则可能通过降低价格或提供优惠促销来吸引顾客，尽量减少损失。

（四）生产和消费同时性

酒店服务的生产和消费同时性是指服务在被提供的同时也被消费，这一特点对酒店的业务运营有着深远的影响。由于服务无法事先生产或储存，酒店必须在顾客到达时即刻提供高质量的服务。这要求酒店保持高效的运营管理，确保员工在需要时能够及时响应顾客的需求。同时性的特点使得每一次服务交付都直接影响顾客的满意度和整体体验。因此，酒店须投入大量资源用于员工培训，确保每一位员工都能在提供服务的同时，保持服务的标准和质量，从而直接塑造酒店的形象和提升顾客忠诚度。

（五）不可感知性

酒店服务的不可感知性指的是服务作为一种无形资产，消费者无法在购买前像实物产品那样看到、感觉或试验服务的质量。这种特性对消费者的购买决策过程具有显著影响，因为他们通常只能依靠品牌声誉、过往经验或他人的推荐来做出选择。不可感知性带来的挑战主要在于如何建立和维护消费者的信任以及如何有效地传达服务的价值。酒店业为了应对这一挑战，往往需要在服务交付前通过各种营销手段来提供“实体化”服务。这可以包括提供详细的服务描述、高质量的图片和视频、顾客评价和案例研究等。此外，酒店还会利用品牌建设来传递质量和可靠性的信息，以降低消费者的不确定感。因此，为了缓解服务的不可感知性，酒店须采取积极的策略来展示其服务的实际效果和潜在价值。

（六）异质性

异质性是指即使在同一品牌的酒店内，所提供的服务和体验也可能因时间、地点、人员和顾客的不同而存在显著差异。这种特性源于服务的非标准化本质，每位顾客的需求和期望都是独特的，而服务的提供者——酒店员工的表现和顾客的感知也可能随着情况的不同而发生变化。异质性的存在使得酒店业面临更大的挑战，在保持服务质量和顾客满意度方面需要更多的努力。为了管理和减少服务质量的波动，酒店通常采用严格的服务标准和持续的员工培训。通过标准化操作程序（standard operating procedure，SOP）和质量保证系统，酒店力图确保每位顾客都能接受到一致的服务水平。然而，服务的个性化需求仍然要求酒店在满足标准化与定制化服务之间找到平衡，以适应不同顾客的多样化需求。

（七）季节性

酒店产品的季节性是指酒店业务需求在不同时间段的显著变化，这主要受季节变换、假日安排、气候条件及地域特性的影响。例如，滑雪度假村在冬季可能迎来高峰期，而海滨酒店则可能在夏季吸引大量游客。这种季节性的波动对酒店的运营管理、收入预测和资源规划提出了特殊要求。酒店业务的季节性要求酒店管理者采取有效的策略来应对需求的不均衡。在旺季，酒店需要确保充足的人力资源和物资供应来满足客流高峰的需求，同时也可能采用动态定价策略来获得最大化收益；而在淡季，酒店则可能推出折扣、特价套餐或增值服务以吸引顾客，提高入住率。

第二节 酒店的分类与等级评定

酒店作为提供住宿服务的核心设施，根据提供的服务、设施、价格和目标市场的不同，可以被分为多种类型和等级。对酒店进行分类和评级不仅有助于消费者做出明智的选择，也促使酒店业内部持续提升服务质量和运营效率。

一、酒店的分类

（一）按服务类型分类

酒店按照服务类型可以分为全服务酒店和有限服务酒店。

全服务酒店提供广泛的服务和设施，包括客房服务、餐饮服务、健身中心、商务中心和会议设施等。这类酒店通常定位于中高端市场，适合商务顾客和寻求完整住宿体验的旅游者。有限服务酒店通常不提供全面的餐饮服务，但可能包括基本的早餐服务和有限的其他设施。这类酒店以较为经济的价格满足顾客的基本住宿需求，适合经济型旅游者和短期商务人士。二者的具体区别见表 1-1。

表 1-1　全服务酒店和有限服务酒店的区别

酒店类型	规模维度	功能维度	客源维度	客源档次
全服务酒店	规模体量较大	设施配置丰富，包括多个餐饮选项、会议室、健身中心、游泳池、水疗服务等	承接客源类型多样，散客，团队皆可	服务更加高端，价格也相对较高，吸引中高端消费顾客
有限服务酒店	客房体量相对较小，通常在 150 间以内（包含三星级，快捷连锁、中高端酒店及精品酒店）	以客房为主，提供基本的住宿服务，如早餐，不提供额外的餐饮、会议以及康乐服务	主要针对预算有限的旅客，包括短期商务旅行者和经济型休闲旅客，团队客源承接能力不足	更注重性价比，吸引预算敏感型顾客（如三星酒店、快捷连锁酒店多承接中端商务客源；精品酒店则针对中高端商务／度假散客等）

在运营管理上，全服务酒店侧重于提供高品质的设施和专业服务，以此来实现服务溢价。这类酒店投资昂贵的设备与设施，并配备专业人员，借助品牌影响力和卓越的服务质量，使得其定价具有较强的弹性。全服务酒店不仅以客房收益为核心，餐饮、娱乐及会议设施等附加服务也是其重要的收入来源。相比之下，有限服务酒店则将成本控制作为核心，通过提供基本的住宿服务和最小化的人员配置来实现利润，其产品和价格受到市场更多限制。在这种模式下，经济性和成本效率是其主要竞争力所在。

（二）按酒店档次分类

酒店按照档次分为经济型酒店、中档酒店、高档酒店和豪华酒店，具体描述和区别见表 1-2。

表 1-2　不同档次酒店的区别

酒店类型	规模和设施	服务水平	价格	管理水平
经济型酒店（1～2 星级）	规模较小，提供最基本的设施，通常没有额外的娱乐或会议设施	有限服务，通常只有基本的前台服务和清洁服务	价格最低，主要满足基本住宿需求，适合预算有限的旅客	管理结构较简单，管理层级较少，侧重于成本控制和基本运营
中档酒店（3 星级）	基本设施，如健身区域，可能有小型会议室	服务水平提升，包括前台全天候服务等	价格适中，提供基本舒适的住宿，性价比高	管理结构更复杂，涵盖更广泛的服务与运营管理层面
高档酒店（4 星级）	规模较大，设施较全，通常包括健身房和一定的会议设施	服务较全面，提供高级顾客服务，包括房间服务、洗衣服务等	价格适中到较高，适合商务旅客和中高端休闲旅客	管理更为科学和专业，强调效率和顾客满意度
豪华酒店（5 星级）	规模庞大，设施最全面，包括健身中心、游泳池、水疗服务、会议室等	提供顶级、个性化的服务，如管家服务、定制服务等	价格最高，通常针对高端市场，定位于寻求奢华体验的高端顾客	顶尖管理策略，注重细节和顾客体验，管理层通常具有国际水平

除了以上两种常规分类，还可以根据目标市场和位置对酒店进行分类。酒店按照目标市场可以分为商务酒店、家庭酒店、豪华酒店、会议酒店、主题酒店和疗养酒店等。其中，商务酒店的设计和服务满足商务人士的需求，如提供会议室、高速网络接入和办

公服务等。家庭酒店的设施和服务会考虑到家庭旅客的特定需求，如提供儿童娱乐设施、家庭房和特别餐饮服务。豪华酒店提供顶级的服务和豪华的设施，定位于高端市场，价格昂贵。会议酒店主要面向商务顾客，其设计独具匠心，旨在为举办会议、研讨会、培训和其他企业活动提供理想环境。主题酒店以特定的主题或概念为设计核心，旨在为顾客提供独特的体验。这些主题可能涉及历史、文化、艺术、电影或其他特定兴趣，为顾客提供沉浸式的环境。疗养酒店专注于提供休闲和健康恢复服务，包括水疗、按摩、瑜伽课程、排毒餐食计划和心理咨询，适合那些寻求减压和身体恢复的顾客。

酒店类型按照位置可以分为市中心酒店、机场酒店、度假村酒店、公路旅馆和海上邮轮酒店。市中心酒店通常位于大城市的商业或购物区中心，方便顾客参与商务活动或城市探索。机场酒店主要位于机场附近，主要服务过境旅客和航班乘务人员，强调便捷的交通和快速的入住流程。度假村酒店通常位于海滩、山区或其他自然风景区，提供全面的休闲娱乐设施。公路旅馆位于主要道路或高速公路旁，提供方便、快捷的住宿服务，主要服务于驾车旅行者。海上邮轮酒店是指在海上航行的大型豪华邮轮，它们不仅是交通工具，也是多功能的旅游度假设施，提供全方位的娱乐和休闲体验。

拓展阅读

民宿的类型有哪些？

随着旅游业的发展，民宿成为越来越多的人出行的住宿选择。不同类型的民宿满足了游客的多样需求。目前民宿市场纷繁复杂，按照不同的标准可以做以下几种分类。

按照发展类别，民宿可以分为传统民宿和现代民宿。传统民宿主要是由民居改造而成，外观保留原貌，内部进行适当改造，具有一定的历史文化价值。例如，福建的土楼民宿，保留了传统的建筑风貌和生活方式。现代民宿则以新建为主，依照当地或移植外地建筑风格建设，增强吸引力，如北京郊区的一些新建的现代化民宿，融合了现代设计元素和舒适的居住环境，就属于此类。

根据地理位置，民宿可分为乡村民宿和城市民宿。乡村民宿位于农村或按乡村风格建设，具有浓厚的乡村气息。例如，云南洱海边的一些乡村民宿，提供了宁静的自然环境使旅客可以体验淳朴的乡村生活。城市民宿则位于城市，利用古民居或城市居民的空余房接待顾客，吸引追求简单、宁静生活的群体。例如，上海法租界的一些老洋房改造的民宿，保留了城市的历史风貌和文化底蕴，就属于此类。

按服务功能，民宿可分为单一服务型和综合服务型。单一服务型民宿仅提供住宿服务，通常靠近大型景区或城市，其他服务在周边解决。例如，北京故宫附近的一些小型民宿，主要提供住宿，游客可以方便地游览周边景点。综合服务型民宿除提供住宿外，还提供餐饮等服务，有的本身就是旅游吸引物，具备观光休闲的功能。例如，浙江莫干山的一些高端民宿，不仅提供住宿和餐饮，还提供休闲娱乐设施，成为独特的旅游目的地。

按规模，民宿可分为居家散落型、单独打造型、小簇集群型和连片新建型。居家散落型民宿的房主住在内，腾出多余房间接待顾客，使其体验家庭生活和当地民俗。单独打造型民宿则由一两户人家建造几栋民宅，提供特色餐饮和住宿。例如，安徽宏村的一些徽派建筑民宿，提供传统徽菜和住宿服务。小簇集群型民宿通过整体规划村庄或街道，依托古村古镇或民族地区，规模大且特色明显，如湖南凤凰古城的民宿群，保留了苗族和土家族的传统文化。连片新建型民宿则在新土地上成片规划建设，有的移植名村名镇的建筑风格，有的恢复历史名村的风貌。

按层级，民宿可分为一般民宿、精品民宿和潮流民宿。一般民宿主要是传统民宿，保留建筑物的原始状态，展示真实的生活和建筑风貌。精品民宿在保留外观的基础上，内部装饰高档，设计精美，体现当地文化。潮流民宿则依托异国异地、名村名镇进行建设，能让游客体验异地风情，吸引年轻人追逐潮流。了解这些民宿的分类，有助于根据个人需求选择最适合的住宿方式，享受独特的旅行体验。例如，大理的一些网红民宿，采用了现代时尚的设计风格，成为年轻人打卡的热门地点。

资料来源：作者根据网络资料/相关文献资料改写而成。

二、酒店的等级评定

酒店的等级评定是通过一系列标准化的评估程序来确定酒店的服务质量和设施标准。这个过程通常由政府机构、行业协会或独立机构执行。在中国，酒店星级评定标准由文化和旅游部设定，涵盖从一星级到五星级的酒店。

（一）评定标准

客房和公共区域的舒适度与设施是评价酒店质量的基本标准。在客房方面，除了基本的大小、布置和卫生标准，还包括噪声控制、床品质量、温度控制、照明和视觉美感等因素。良好的隔音设施和舒适的床品可以显著提升顾客的睡眠质量。同时，现代化的技术设施，如免费高速无线网络、智能电视和多功能充电站，也是现代旅客越来越关注的方面。公共区域的评估不仅关注其维护和功能性，还包括设计美感、可达性和环境氛围。例如，大堂是否提供舒适的休息区、艺术装饰是否吸引人、标识系统是否清晰易懂，都是评价标准的一部分。此外，公共卫生间、电梯的清洁和功能性，以及无障碍设施的完备也极为重要。

服务质量的评估覆盖了员工的亲切程度、响应速度、处理能力和知识水平。高标准的服务质量体现在每一位员工的行为上，无论是前台接待的第一印象，还是客房服务员的细致入微。训练有素的员工应能够识别并预见顾客的需求，提供个性化的服务建议，例如，推荐适合顾客口味的餐饮选项或安排特殊的庆祝活动。

餐饮服务不仅仅是提供食物，更是一种文化和体验的传递。高质量的餐饮服务应考虑到菜品的创新性和地方特色，同时在食材的选择上追求新鲜和高品质。此外，餐厅的布局、装饰和氛围也必须符合整体的酒店定位，并为顾客提供愉悦的就餐环境。对于有特殊饮食需求的顾客，餐饮服务应提供相应的菜单选项，如素食、无麸质或低糖餐点。

额外服务与设施的评估重点在于其现代性、功能性和顾客适用性。例如，健身房应配备先进的运动设备，商务中心应提供高效的办公设备和支持服务。对于会议和活动设施，需要考虑空间的灵活性、音响视觉设备的现代性以及现场支持服务的专业性。此外，提供的娱乐设施如游泳池、水疗服务和儿童娱乐区，都应保持良好的维护状态和安全标准。

安全措施的重要性不言而喻，应包括全面的监控系统、有效的门禁控制、紧急疏散计划以及训练有素的安保人员。除了基本的物理设施安全和财产安全，酒店还须关注网络安全，保护顾客的个人数据不受侵犯。定期的安全演习和员工安全培训也是必不可少的，确保在任何紧急情况下，员工都能够迅速而有效地采取行动，保障宾客的安全。

（二）评定过程

酒店星级评定的具体流程见图 1-2。

图 1-2　酒店四、五星级评定流程图

酒店星级评定的第一步是自我评估。这一阶段，酒店需要对自身的各个方面进行深入的检查和评估。自我评估涉及酒店的所有关键服务和设施，包括客房质量、员工服务态度、餐饮服务、额外设施如健身房和会议室的质量等。此过程旨在帮助酒店管理层全面了解酒店运营的当前状态，识别出服务和设施中的不足之处。酒店需要收集和分析顾客反馈、员工意见和管理记录，确保每一个评估点都能得到准确的自我反映。通过这一阶段的自我评估，酒店可以制订出有针对性的改进计划，为下一步的外部评审做好准备。

现场评审是由独立的第三方专家团队执行的。这些专家通常来自酒店业或相关行业，具备丰富的实践和评估经验。在现场评审过程中，评审团队会实地检查酒店的各项服务和设施，包括但不限于客房的舒适度、餐饮服务的质量、员工的服务效率和专业性、安全措施的完备性等。评审团队还会考察酒店是否遵循相关的行业标准和法规要求。此外，评审过程也会模拟顾客体验，以确保评估的结果能真实反映酒店对普通消费者的服务表现。最终，评审团队将根据酒店的整体表现给出综合评分。

在现场评审完成后，酒店将收到一份详尽的评审报告，里面包含了评审团队在评定过程中的观察和建议。这份报告对于酒店来说是极其宝贵的资源，因为它提供了改进现有服务和设施的具体指导。酒店需要根据报告中的反馈，调整或改进其服务流程、设施配置及员工培训等具体的工作。一旦酒店根据评审报告做出了相应的改进，并满足了评定标准，就可以获得相应级别的星级认证。

（三）等级评定对行业的影响

酒店的分类与等级评定在酒店行业中起着重要作用，它的影响不仅局限于消费者的决策，还深刻影响着整个行业的运作和发展。

首先，等级评定通过为酒店提供明确的服务和设施标准，帮助消费者在选择住宿时做出更加明智的决策。这种透明的评级系统使消费者能够根据个人的预算和需求选择最合适的酒店，从而提高消费者的满意度和信任度。

其次，等级评定系统推动了酒店业内的健康竞争，激励酒店不断提升服务质量和管理水平。酒店为了获得更高的星级评定，必须投资于设施升级、员工培训和服务流程的优化。这种持续的改进不仅提升了单个酒店的服务质量，也促进了整个行业标准的提高。

再次，等级评定还促使酒店进行精确的市场定位。通过明确自身的星级，酒店能够更有效地针对特定的顾客群体进行市场营销，同时，它也帮助酒店在激烈的市场竞争中区分自身，通过特定的星级吸引相应的顾客群体。

最后，星级评定可以作为酒店营销的有力工具。酒店可以将其星级作为品牌形象的一部分，在广告和推广中突出其服务和设施的优越性。高星级的认证不仅提升了酒店的品牌形象，也提升了市场认可度，使酒店能够在竞争中脱颖而出，吸引更多的顾客，并获得更高的收入。

第三节　酒店管理的概念和内容

酒店管理是酒店业成功的关键因素，涵盖了广泛的策略和操作，确保酒店能够有效地满足顾客的需求，提升经济效益，并在竞争激烈的市场中保持领先地位。

一、酒店管理的概念及发展

酒店管理涉及对酒店的人力资源、物理资产、财务资源和信息资源的综合协调和控制，以提供高质量的服务，满足顾客的需求，同时实现投资回报。它不仅包括日常的运营管理，还包括战略规划、市场定位、品牌建设等长期决策。酒店管理作为一门学科，其历史可以追溯到 19 世纪末期，随着旅游业的兴起和酒店业的扩张，逐步发展成为一个独立的专业领域。这一学科的演进反映了住宿业从简单的住宿服务到复杂的全球性业务管理的转变。

（一）初期阶段

早在 19 世纪末至 20 世纪初，随着铁路和蒸汽船的普及，旅游业开始向大众发展，对住宿设施的需求也随之增长。这一时期，酒店主要是服务于长途旅行者的简单住宿点，管理相对非正式。然而，随着城市化速度的加快和商业旅行的增加，旅客对酒店服务的需求变得更加复杂和多样化。

（二）专业化阶段

20 世纪初，随着旅游业的扩展和消费者需求的多样化，酒店业开始逐渐专业化。在 20 世纪 20 年代，美国出现了首批酒店管理课程，如康奈尔大学在 1922 年设立的酒店管理专业，标志着酒店管理作为学术学科的正式确立。这些课程旨在培养酒店管理的专业人才，强调服务质量、运营效率和财务管理。

（三）现代化与国际化阶段

第二次世界大战结束后，全球经济复苏和航空旅行的兴起推动了国际旅游的快速增长。酒店业务随之国际化，大型连锁酒店品牌如希尔顿和万豪开始在全球范围内扩张。这一时期，酒店管理学科引入了更多现代企业管理的理念和技术，如市场营销、人力资源管理和信息系统管理。同时，学科内部也开始注重可持续发展和全球战略。

（四）应对全球挑战阶段

21 世纪初，随着互联网和数字技术的发展，酒店业经历了深刻的技术变革。酒店管理课程开始强调数字营销、在线分销和客户关系管理（customer relationship management，CRM）。此外，面对全球竞争和市场变化，创新成为酒店管理学科的关键课题。这包括对新型服务模式（如共享住宿）、新技术（如大数据）的研究和应用。近年来，酒店管理学科更加关注全球性挑战，如气候变化、文化多样性和健康安全问题。学科内容不断更新，包括灾难和危机管理、健康旅游和生态旅游管理等。同时，酒店管理课程也越来越强调跨文化交流能力和全球视野的培养。

总之，酒店管理作为一门学科，其历史发展呈现出从非正式到专业化、从国内到国际化、再到应对全球化挑战的趋势。这一学科的演变不仅反映了全球旅游业的变化，也预示了未来酒店管理人才须具备的多样化技能和广阔视野。

二、酒店管理的内容

酒店管理是一个全面的过程，涵盖多个关键领域，旨在确保酒店的有效运营和顾客满意度。酒店管理与管理学之间存在密切的关系。管理学提供了一套理论和实践框架，涵盖组织行为、战略规划、人力资源管理、财务管理等领域，这些都是酒店管理中不可或缺的组成部分。酒店管理实际上是将管理学的原则和方法应用于酒店业的具体环境中，专注于如何提供优质的顾客服务，高效运营酒店，并实现商业目标。因此，有效的酒店管理依赖于深入理解和运用管理学的核心概念，以确保酒店的成功和可持续发展。

酒店管理与管理学虽然都涉及组织和运营的基本原则，但二者有明显的不同。第一，专业领域的差异。管理学是一门广泛的学科，涵盖了从金融、营销到人力资源等多个商业管理领域；而酒店管理则更专注于旅游和接待行业的特定需求，如客房服务、餐饮管理、前台运作等。第二，应用具体性的差异。管理学提供了一系列的理论和模型，适用于各种类型的组织。酒店管理则将这些理论应用于酒店的日常运营中，需要针对酒店业的具体环境和顾客需求做出调整。第三，顾客互动强度的差异。酒店管理更强调直接与顾客的互动和服务体验管理，这在传统的管理学课程中通常不是重点。这些差异意味着酒店管理不仅需要管理学的知识，还需要对接待行业有深入的理解和实践经验。

根据对酒店经营管理工作的分类和概括，酒店管理的内容及其应用主要包括以下几个方面，见表 1-3。

表 1-3　酒店管理的内容及其应用

酒店管理内容	管理学基础内容	酒店行业的应用
投资与规划管理	酒店资产的战略购买和长期规划	强调对地理位置、市场趋势和顾客需求的研究，以指导酒店的购买和发展策略
战略管理	制定酒店的长期目标和战略策略	酒店战略管理强调市场定位和竞争分析，需要根据旅游市场的季节性变化和消费者偏好调整战略
组织管理	制定酒店组织结构和组织制度	由于酒店业务的高异质性和高顾客接触性，管理者需要高度重视一线员工的服务态度和效率管理，包括对员工进行持续的培训，确保其提供一致且高质量的服务
服务质量管理	监控顾客服务的各个方面并提高服务质量	专注于创建卓越的顾客体验的方法，如顾客满意度调查和服务质量改进程序，确保服务的个性化和高标准执行
品牌管理	品牌的创建、维护、提升和推广	酒店如何塑造和维护其品牌形象，包括利用社交媒体和网络平台强化品牌知名度与顾客忠诚度
营销管理	设计和实施营销策略，吸引新顾客并维护现有客户关系	侧重于如何利用数字营销、事件和促销活动来吸引全球旅客，以及如何利用市场数据来制定营销战略
财务管理	预算制定、成本控制、财务报告和盈利性分析	在酒店行业中，这通常包括对季节性收入波动的管理和对酒店运营成本的精确控制
收益管理	优化定价策略和库存管理，以获得最大化收入	专注于通过高级定价策略和房间销售策略来最大化每间客房的收益潜力
人力资源管理	招聘、培训、评估和激励酒店员工	处理酒店行业特定的人力资源挑战，如季节性雇佣、员工多样性和持续的顾客服务培训等问题
设备物资管理	购买、存储和维护酒店的所有物理资产	设备和物资是酒店服务的一部分。酒店管理强调对建筑和室内装潢的维护，以及如何环保、高效地管理设施
安全危机管理	制定和实施安全策略来保护顾客、员工和酒店资产	酒店是一个兼具公开性和私密性的场所，酒店管理者要预防和应对突发事件，包括自然灾害和安全威胁
集团化管理	集团的战略定位、资源分配、风险管理和品牌一致性	适用于连锁酒店，特别强调品牌的一致性和服务标准的统一

酒店管理的这些领域相互关联，共同支撑酒店的整体运营和战略目标。有效的酒店管理不仅增强了顾客体验，提高了盈利能力，还能在竞争激烈的市场中为酒店赢得持久的竞争优势。

第四节　当代酒店业的未来发展趋势与挑战

一、当前社会经济背景的特征

（一）流动性社会

在现代社会，由传统的“稳定性社会”向“流动性社会”的转变，强调了流动性在形塑社会和文化关系、资本及其经济关系中的核心作用。这种流动性不仅促进了全球范围内的人、资本、信息和文化的广泛流通，也引发了不同文化间的相互作用和碰撞，进一步影响了社会结构和个体身份的形成。

从流动性社会的观点出发，旅游业的发展尤为凸显了这种转变。通过房地产投资信托基金（real estate investment trusts，REITs）等金融工具，旅游业资本的流动性得到了增强，不仅促进了全球酒店业的快速扩张，也加强了不同地区间的经济和文化联系。例如，当国际酒店集团通过REITs在不同国家和地区进行投资时，不仅带动了当地经济的发展，也促进了跨文化交流与互动，从而在目的地引发文化变迁。这种文化的流动和交融需要用“过程性”视角来审视。旅游不仅是一种经济活动，还是一个文化意义产生的过程。在这个过程中，旅行者与当地社群的互动、地方文化的体验和认知的转变共同作用，塑造了一个动态变化的文化景观。这种视角强调了旅游活动中文化意义的不断重构和重塑，而非单一的、静态的文化消费。

流动性作为一种现代社会的运转方式，它突出了地方性的动态本质和原真性的可能重塑。在这种背景下，地方不再是一个固定不变的地理或文化实体，而是一个不断流动和变化的活动场所。这种流动性使得地方性可以在全球化的背景下被重新定义和表达，使其具有更加丰富和多元的文化内涵。因此，理解和分析旅游业的文化与经济影响，须从流动性和过程性的角度出发，探讨其在全球化语境中的作用和影响。

（二）精致消费时代

随着城市化进程的加快，中国经历了几个明显的消费阶段，反映了经济发展和社会变迁的深刻影响。从计划消费阶段到精致消费阶段，这一转变标志着消费观念和行为的根本变化。

第一，计划消费阶段。在这一阶段，消费主要由国家计划和控制，消费品供应有限，主要满足消费者基本的生活需求。这一时期，消费者的选择非常有限，市场上的产品种类和数量都受到严格的控制。

第二，功能消费阶段。随着改革开放的深入，市场逐渐放开，消费者开始追求功能性和实用性。在这一阶段，消费者更关注产品是否能满足他们的实际需要，如耐用性、实用性等，消费模式仍然较为简单和直接。

第三，品牌消费阶段。经济的进一步增长带来了收入的提高，消费者开始追求品牌和身份的象征。品牌消费不仅关注产品的功能，还看重品牌所代表的社会地位和个人身份。这一时期，消费者对国内外知名品牌的偏好明显增强。

第四，精致消费阶段。这是最新的消费阶段，反映了消费者越来越注重生活质量和个性化需求。精致消费不仅仅是追求高端、奢华的商品，更强调消费的体验、个性化以及生态和健康等因素。消费者更倾向于选择那些能够提供附加价值、符合个人生活方式和价值观的产品与服务。例如，在酒店行业，消费者可能会选择那些提供定制服务、环境友好或具有独特设计理念的酒店。精致消费时代的到来，代表了中国消费市场的成熟和多样化。消费者从单一的价格和功能考量转向更加综合的生活方式选择。在这一背景下，酒店企业和品牌需要不断创新，以满足消费者对高质量、高体验和高个性化的需求。这种消费趋势不仅影响了产品和服务的供给模式，也促使企业在市场定位和营销策略上进行调整，以适应消费者的精致化、个性化需求。

（三）生活意识觉醒与去城市化

随着生活意识的觉醒和去城市化趋势的发展，人们的居住和消费模式发生了显著变化。这种变化不仅体现在对物质消费的态度上，还体现在消费者追求更高质量、更有意义的生活方式上。

第一，从在地化、去地化到再地化。这一趋势反映了人们对居住和工作环境选择的变化。在地化是指人们更加重视本地文化和社区的连接，倾向于消费本地产品和服务，以支持当地经济并减少环境影响。去地化则是指通过数字化和全球化，人们能够突破地理限制，享受全球资源和服务。再地化则是在全球化和去地化的背景下，重新发现和珍视地方特色与本地价值，强调可持续生活和社区的重要性。随着远程工作技术的发展和城市生活成本的上升，越来越多的人选择离开传统的大城市，转向郊区或乡村地区生活。这一趋势不仅减少了对大城市的依赖，也促进了郊区和乡村地区的经济和文化发展。去城市化使得人们可以享受更自然、更宁静的生活环境，同时也有机会重新接近自然，实现生活方式的可持续性。

第二，消费转型从购买奢侈品、参与休闲度假到文化消费。随着生活意识的提升，消费者越来越倾向于购买奢侈品、参与休闲度假和文化消费等活动，这些都是追求更高生活质量的表现。奢侈品消费不再仅仅是财富的象征，更成为个性表达和生活态度的一部分。休闲度假的增长反映了人们对平衡工作和生活、追求精神满足的需求。同时，文化消费的增长则表明人们开始更加重视精神和文化生活的丰富性，寻求更深层次的精神满足和自我提升。

（四）大众旅游时代的到来

随着中等收入群体的崛起和消费者群体的变化，我们进入了大众旅游时代。这一时代的特征是旅游消费的普及化和多样化，尤其在中国市场表现尤为明显。根据国家统计局，2023 年我国中等收入（家庭收入 10 万～50 万元）群体大约有 4 亿人，这一庞大的消费群体成为全球酒店业和旅游市场变化的重要推动力。随着收入水平和生活质量的提高，这个群体对旅游产品和服务的需求也越来越高，不仅追求物质满足，更注重精神和情感上的体验。

与此同时，现代消费者更加强调消费的个性化和体验化。这些消费者被描述为“有洞察力的、具备相关经验的且数字化的”。他们通过互联网和社交媒体进行深入研究，对比不同的旅游产品和服务，选择最符合自己期望的体验。这种消费者群体的成长促使旅游业提供更为精细化、个性化的服务，以满足他们对高质量旅游体验的期待。

此外，Z 世代已经成为消费群体中最大的一部分。这一群体的消费能力强，消费意愿高，他们特别看重各种体验，如场景体验、试用体验、触摸体验、画面体验、视像体验、观感体验、氛围体验和服务体验。对 Z 世代而言，旅游不仅仅是到达一个目的地，更是一系列富有沉浸感和互动性的体验。

大众旅游时代的到来，标志着旅游业从精英化向大众化转变，从单一的观光旅游向深度体验和情感参与转变。这一时代的旅游业需要不断创新和适应，通过技术整合、服务优化和体验升级来满足日益增长和变化的消费需求。全球酒店业和旅游服务提供商须重视这些趋势，以应对竞争日益激烈的市场环境。

（五）原真性与标准化悖论

当前，消费行为和旅游体验正面临着“原真性与标准化悖论”的挑战。随着全球化的推进，一方面，人们追求具有地方特色的原真体验；另一方面，全球标准化的服务和产品无疑带来了便利性和一致性，却也可能削弱了地方的独特性。

第一，从“消费地方”到“消费空间”。消费总是在特定的空间中发生，并与这些空间所在的特定地方建立着联系。例如，旅游体验的消费不仅仅是对景点的参观，更是对当地文化、风俗和生活方式的体验。然而，当旅游和服务业过度商业化时，可能会导致地方特色的流失，消费体验变得表面化，缺乏深度和联结。在“消费地方”这一概念中，消费不仅仅是购买商品或服务，更是一种文化和情感的体验，深深植根于特定的地理和文化环境中。消费行为在这里是与地方的历史、文化和社会环境紧密相关的。随着全球化和数字化的发展，消费活动越来越多地发生在去地方化的空间中，如在线平台、国际连锁店等。这些空间虽然提供了方便、快捷的服务，但往往缺乏地方特色，使得消费体验变得越来越标准化、同质化。

第二，从“符号原真”到“重塑原真”。“符号原真”指的是消费产品或体验中尝试模仿或保留的地方原真性，常通过营销和品牌化的方式来展示。这种原真性往往是被设计和包装过的，以吸引消费者的注意。在面对全球化和标准化的挑战时，不少地方开始寻求通过创新和重新设计来重塑其原真性。这涉及重新发现和强调地方文化的独特元素，能够创造与众不同的消费体验，使之既保持地方特色，又能满足现代消费者的需求。原真性与标准化悖论揭示了一个复杂的现象，即在全球化推进的同时，如何保持和强化地方特色与原真性。为了解决这一悖论，需要在提供标准化服务的便利性和保持地方独特性之间找到平衡。这要求消费空间的设计者和运营者更加注重创新与地方文化的整合，以创造更有意义、更具吸引力的消费体验。

（六）人工智能、虚拟现实介入旅游产品

随着人工智能（artificial intelligence，AI）和虚拟现实（virtual reality，VR）技术的迅速发展，旅游产业正在经历一场技术革命。虽然虚拟旅游尚未广泛普及，但相关技术的应用已经开始改变传统旅游产品的呈现方式和消费者的体验方式。目前，虚拟人和数字藏品在旅游和文化产业中的热度持续上升。文化旅游企业利用虚拟人技术，期待能够实现与用户的深度互动。例如，通过虚拟导游或虚拟接待员，可以提供更加个性化和互动性强的服务，增强游客的参与感。同时，许多景区和博物馆开始挖掘文化 IP（intellectual property，知识产权）属性，布局数字藏品，通过发行限量版的虚拟商品或数字艺术作品，吸引游客的关注并开拓新的收入来源。

VR 技术的应用正在逐步扩展到旅游领域，如 VR 选房、在线看酒店客房等。这些应用不仅提供了一种全新的信息获取方式，还可能改变人们的旅游决策过程。与传统的在

线评论相比，VR 技术能够提供更直观、更沉浸式的体验。通过 VR，用户可以“亲临其境”地预览酒店客房和旅游目的地，这种真实的视觉体验往往比基于文本的评论更能影响用户的感受和选择。VR 技术和传统的信息传递方式（如在线评论）之间存在潜在的交互效应。VR 提供的是一种直观的、基于体验的信息，而在线评论则更侧重于个人的主观感受和评价。两者结合使用，可以为消费者提供更全面的信息，帮助他们从多个角度评估旅游产品。例如，VR 可以展示酒店的实际环境和设施布局，而在线评论则可以提供关于服务质量和顾客体验的详细描述。

展望未来，虚拟旅游有潜力成为一种新型的旅游方式。随着技术的进一步发展和消费者需求的变化，虚拟旅游可能会提供一种无须远行即可享受旅游体验的选择，特别是对于行动不便的人群或在全球性健康危机期间。此外，随着越来越多的消费者追求低碳生活方式，虚拟旅游也可能成为一种环保的旅游选择。总之，AI 和 VR 技术的介入正在逐步重塑旅游产业的景观，为传统旅游产品和服务带来创新的替代方案，同时提供了更丰富、更互动的消费者体验。

二、酒店的未来变革趋势

（一）快速规模化

1. 未来的规模增长主要依靠中档酒店

在当前全球酒店行业的发展趋势中，中档酒店的增长显得尤为重要。这一趋势不仅体现在客房和酒店数量的增长上，更体现在其对整个行业发展的推动作用上。

首先，从数据上看，如 2021 年 *HOTELS* 杂志公布的全球酒店 10 强中，中国酒店集团如锦江国际、华住和首旅等的表现尤为突出。这些集团的快速增长，尤其是客房数和酒店数的增长更为显著，凸显了中档酒店在全球市场中的竞争力和吸引力。根据迈点研究院 2023 年的数据，锦江国际、华住和首旅酒店实现规模增长，客房数占到了“60 强”酒店集团的 44.89%，这一数字的增长率远超过其他档次的酒店集团。

其次，中档酒店的快速增长也与其较高的性价比和广泛的市场接受度有关。中档酒店通常提供合理的价格和较高的服务质量，满足了大众消费者的需求。这种酒店类型因其经济实惠而深受中等收入群体的欢迎，尤其是在经济波动或不确定性较大的时期，消费者更倾向于选择性价比高的住宿选项。中档酒店平均每间可售房收入（revenue per available room，RevPAR）比经济型酒店高出 50%～100%，但单房的投入成本只高出 30%～50%，良好的投资回报吸引了产业资本不断增加对中端酒店的投入。

再次，中档酒店集团通常拥有较强的市场适应性和灵活的扩展能力。中档酒店通过响应个性化需求的策略来提升盈利空间，这种策略不仅帮助酒店吸引和保留顾客，还能在竞争激烈的市场中提供独特的竞争优势。例如，锦江国际、华住和首旅等集团能够通过品牌多样化策略和有效的管理系统，迅速响应市场变化并扩大市场份额。

最后，中档酒店可以通过收集和分析顾客数据，了解顾客的偏好和需求，然后提供定制化的服务。例如，通过顾客以往的住宿记录来提供更符合其偏好的房间选择，或是根据顾客的业务需求提供特定的商务设施。中档酒店可以通过提供特定的套餐、增值服务或体验活动，如健身课程、当地文化体验等，来吸引顾客并促使其增加消费。这些服务不仅提升了顾客的入住体验，同时也为酒店创造了更多的盈利机会。

2. 股权市场成为旅游企业融资并购的主要来源

股权市场为旅游企业提供了一个强有力的融资平台，支持了它们的并购与扩张策略。这种资金支持不仅加速了企业的市场扩张和品牌建设，也促进了全球旅游市场的整合和优化，为行业带来了更多的增长机会和竞争优势。

首先，股权市场提供了必要的资金支持，使得旅游企业能够实施大规模的并购活动。例如，美诺国际（Minor International）斥巨资收购了西班牙 NH 酒店集团。这样的并购不仅扩大了美诺国际的市场覆盖，提高了其在全球酒店行业的竞争地位，同时也有利于 NH 酒店集团在欧洲市场强势布局。同样，温德姆环球以 19.5 亿美元收购了美国连锁酒店运营商拉昆塔控股公司（La Quinta Holdings）。此举显著扩大了温德姆的品牌组合和市场份额，在美国国内市场中的影响力得到了显著增强。这种并购活动充分展示了股权市场在提供高额资金以支持战略扩展中的关键作用。再如雅高集团以 5.6 亿瑞士法郎收购瑞士连锁酒店瑞享酒店及度假村（Movenpick Hotels and Resorts）。通过这种并购，雅高集团不仅强化了其在高端市场的布局，还扩展了其在全球的酒店网络。同理，凯悦酒店集团收购 Two Roads Hospitality，进一步扩展了其在奢华和精品酒店市场的存在。

中国的旅游和文化企业也活跃在股权市场。例如，美团整体收购 TripAdvisor（官方中文名：猫途鹰）旗下的酷讯旅游网，借助酷讯旅游网在互联网技术系统方面的深厚积累，提高并完善了旅游相关业务的数据能力。融创中国并购万达的 13 个文旅项目，则是通过股权市场融资来支持其在国内大规模的文化旅游项目开发的。

3. 酒店管理与投资分离

在未来酒店业中，酒店管理与投资分离会成为一种更为普遍的运营模式，特别是通过 REITs 的结构实现。这种模式允许企业将物业管理与资产所有权分开，从而吸引投资者专注于资产的财务回报，同时由专业团队负责日常运营管理，提升运营效率和服务质量。

通过 REITs，投资者可以在不直接购买和管理物业的情况下，投资于大型房地产资产，包括酒店。这种结构提供了资本流动性和分散投资风险的机会。例如，纽约证券交易所（简称纽交所）和纳斯达克上挂牌的四家酒店的 REITs 包括 Apple Hospitality，Hospitality Properties Trust，Ryman Hospitality Properties 和 Host Hotels& Resorts，都显示出强劲的财务表现。每家公司的营业收入都能达到 10 亿美元，净利润率保持在 10%左右，年平均股息率为 6%。这表明通过 REITs 实施的酒店管理与投资分离策略不仅稳定可靠，还能为投资者带来相对吸引人的收益。

酒店业通过 REITs 实现管理与投资分离，带来了几个显著优势。首先，这种模式通过让企业将资产出售给 REITs，可以有效地提升资本效率，释放资本用于其他更高回报的投资或用于还债。其次，REITs 允许投资者购买多个物业的股份，从而有效地分散了投资风险。此外，REITs 通常还享有税收优惠，如免税的分配利润，这进一步提高了投资者的实际回报。最后，由专业酒店管理公司运营这些资产，能够提升运营效率和顾客服务质量，进而增加 REITs 资产的整体价值和生成的收益。这种模式不仅增强了企业的财务灵活性，还为投资者提供了稳定且具有吸引力的投资回报。

（二）响应利基市场需求，完成微创新

在当今高度分化的酒店市场中，响应小众市场需求和完成微创新已成为酒店业的重要策略。这种市场环境要求酒店不断拓展渠道和推进产品创新，特别是针对具有特定需求和兴趣的客群。为有效地服务这些小众市场，酒店需要利用市场研究来了解特定消费者的偏好，并通过小规模的创新迅速适应这些需求。酒店可以通过提供定制化的体验和服务来吸引这些利基市场，如环境友好型住宿、文化探索套餐，或者专为家庭设计的娱乐活动。

随着工作和生活方式的变化，越来越多的人倾向于短途度假。为此，酒店开始改造设施以吸引这部分客群。这包括增设户外活动设施、提供多样化的休闲和娱乐选项，以及创建更多的家庭友好型设施并提供相应的服务。通过这些设施的改造，酒店能够为顾客提供一个从日常忙碌中短暂逃离的完美去处，从而吸引周末度假者和短期游客。

酒店业也在通过更好地服务本地社区来拓展其业务。例如，杭州西溪喜来登度假大酒店推出餐厅外卖服务，满足社区居民的需求。同时，一些酒店开始提供服务于社区的婚宴、寿宴、谢师宴等活动。此外，广州富力君悦大酒店通过灵活多变的餐厅格局，根据不同活动需要调整空间，这些都是酒店业如何通过调整其产品和服务来更好地服务本地社区的示例。

随着年轻消费者成为市场的重要力量，酒店业开始探索如何吸引这一群体。盲盒市场的兴起，尤其是 POP MART（泡泡玛特）的成功，显示了年轻人对于新奇和有趣体验的渴望。

（三）渠道竞争

1. 信息技术引发产业革命

随着信息技术的不断进步，酒店和旅游产业正在经历一场深刻的产业革命。携程作为在线旅游代理（online travel agency，OTA）平台的领军者，通过与艺龙、去哪儿的合并，不断强化其在机票、酒店、度假等领域的平台化布局。携程推出的景区酒店自由行方式极大地推动了度假业务的发展，并通过收购 Travelfusion 加速其海外市场的布局，拓展当地资源，抢占出境游市场份额。此外，携程还战略性地投资了包括途家、一嗨租车、蝉游记等在内的多个上下游产业链企业，并进一步加强其市场控制力。首旅酒店集团与阿里巴巴、石基信息进行战略合作，共同开发了酒店物业管理系统（property management system，PMS），布局酒店 O2O（online to offline，线上线下商务），面对在线预订系统利益空间不断压缩的困境，重组在线领域的预订系统成为一种趋势。

2023 年我国在线交通、在线住宿、在线度假交易规模达 7753 亿元、2568 亿元、792 亿元，占比 70%、23%、7%。由此可见 OTA 在旅游及酒店消费前端控制权的重要性。这种技术引发的产业变革不仅为消费者提供了更便捷的服务，也为企业创造了前所未有

的市场机遇，同时也带来了激烈的竞争和市场重组的挑战。酒店业和旅游业必须适应这种快速变化的环境，利用技术创新提高服务质量和运营效率，以维持其竞争力。

2. 新型生态系统

在当前的酒店行业中，大型酒店集团，如万豪、首旅和锦江国际正面临如何实现平台化运营的挑战。首旅和锦江国际这样的多元化旅游公司已具备丰富的上下游企业资源，但尚未形成一个完整的生态系统。为了维系平台化运营，关键在于增强消费者黏性和引流能力，这需要依托强大的消费者数据分析能力，以此为基础进行资源整合和业务引流。另外，中国的BAT（百度、阿里巴巴、腾讯）等科技巨头已经通过资本性收购模式搭建了自己的生态系统。酒店集团在这方面面临天然的挑战，因为它们需要决定是自行发展独立的生态平台系统，还是成为更大生态圈中的一个模块。这涉及战略选择和资源配置，酒店集团须评估自身的核心竞争力和市场定位，选择最有利于长远发展的路径。通过整合内部和外部资源，创建互补的服务和产品，酒店可以更有效地满足消费者的多元化需求，提升市场竞争力。

3. 景区、酒店与 OTA 之关系呈现分化趋势

在当前旅游业的市场格局中，景区、酒店与OTA之间的关系呈现出显著的分化趋势。这种分化主要体现在大型酒店集团与小型酒店企业的运营策略上。大型集团往往拥有足够的资源和品牌影响力，倾向于发展和强化自营渠道，通过自己的网站和移动应用来直接吸引与服务顾客。这种做法能够帮助它们更好地控制品牌形象，提高顾客忠诚度，同时减少对外部 OTA 平台的依赖，从而保留更多的利润。相比之下，小型或独立的酒店企业往往资源有限，缺乏足够的市场影响力，因此更多地依赖 OTA 平台来吸引顾客。这些平台如携程等能够提供强大的市场曝光和预订服务，帮助这些小企业拥有更广泛的潜在顾客群。然而，依赖 OTA 也意味着高昂的佣金费用和较小的定价自主权，这对于小型企业的盈利模式构成挑战。

此外，随着消费者预订旅游和住宿服务行为的变化，大型酒店集团和小企业都在寻求通过技术创新和服务优化来提升自身的竞争力。大集团通过加强与消费者的直接互动来收集数据和反馈，从而优化服务和个性化营销策略。小企业则需要在保持与 OTA 合作的同时，探索通过社交媒体和本地市场营销来提升品牌认知度，以提高直接预订的比例。总体来看，酒店业的这种分化趋势对行业的发展方向和竞争策略有重要影响，未来可能会进一步推动行业内的技术创新和市场重构。

（四）数字化赋能

1. 信息技术与酒店产业功能转型

随着信息技术的迅速发展，酒店产业正在经历一场功能性的转型。实体的银行、商场、餐馆和学校等传统业态正在逐步退化，而酒店则正逐渐成为主要的实体流量入口。这种转变意味着酒店不仅是住宿的地方，而且成为一种生活方式的引领者。在这个模式下，酒店、公寓、短租住所之间的界限变得模糊，无论是久住、长期租住还是短期租住，人们都可以根据个性化的需求进行选择。此外，随着顾客需求的不断变化，基于需求的

实时精确定价成为可能，价格可以根据需求量的波动进行实时调整，甚至可以实施以小时计的定价策略。在这个过程中，顾客行为数据和员工行为数据变得极其宝贵，成为酒店管理中最重要的资产。通过这些数据，酒店可以更精确地满足顾客每次旅行中的个性化需求，只要能够保证安全和质量，这种新型的服务模式将极大地提升顾客满意度和酒店运营效率。

2. 酒店数字化建设

员工端的数字化建设指的是通过技术工具和平台提高酒店员工的工作效率与服务质量。这包括使用移动应用、实时数据访问、在线培训系统等，以支持员工在服务提供中的实时沟通和决策。这种数字化转型有助于提高员工满意度，减少人力资源成本，增强团队协作，确保顾客服务的连续性和效率。例如，广州白天鹅酒店集团与蓝豆合作，计划完善内部业务服务平台，实现业务管理的即时化、移动化，提升员工线上化工作与管理能力。例如，客房员工在手机平台上记录房间清洁状态、客房主管即时查房，并将检查通过率，以及存在的问题发布在手机平台上，方便员工查看。

管理端的数字化建设关注通过高级数据分析工具和决策支持系统来优化酒店的管理和运营，包括数据集成系统、实时监控和预测分析等，使管理团队能够洞察业务趋势，做出更有效的战略决策。数字化工具提供了更广的信息视角和更深的业务洞察，帮助酒店提升财务表现、优化顾客体验和增强竞争力。中旅酒店集团联合石基信息在 2021 年升级商业分析平台，进一步接入十余个合作伙伴和数字化系统，如史密斯旅行研究公司（Smith Travel Research，STR）、金蝶财务系统、慧评舆情管理系统等，为集团酒店管理提供了更多维立体的分析维度，同时增加了强大的移动端展示，方便酒店和集团运营者随时了解国内酒店表现状况。2023 年，中旅酒店集团继续迭代商业分析平台，优化能耗管理系统、供应链管理系统等后台运营系统。

在酒店行业中，技术端的进展也尤为关键，它不仅影响顾客体验，还大幅提高后台管理的效率，尤其是在自动对账、能耗管理和供应链管理等方面，尽管更新迭代进程相对缓慢，但随着技术的成熟和外部合作的扩展，这些系统的优化已经变得尤为迫切。以自动对账为例，随着酒店合作的渠道和银行机构的增多，以及包价产品和多场景结算的复杂性增加，酒店财务与外部合作伙伴的对账、核账工作量急剧增加。这一背景下，石基信息的对账核账平台的优化显得尤为重要。该平台通过技术升级，大幅缩短了处理时间，如将处理渠道订单、酒店订单等对账业务时间从 6.5 天缩短到 6.5 小时，显著提高了工作效率，减少了人力成本，这不仅提升了对账精度，也提高了财务透明度。

同时，AI 技术的引入正在彻底改变酒店业的对客服务模式和管理方式。AI 技术可以利用大数据分析，为顾客提供更加精准和个性化的服务。例如，智能酒店平台可以根据顾客过去的喜好、行为和消费模式，定制化推荐优惠、活动和服务。这种个性化的服务不仅提升了顾客的满意度，也提升了顾客的忠诚度。此外，AI 和智能家居技术的结合使得酒店能够实时收集和分析顾客数据，从而优化顾客体验。通过智能设备，如智能调温系统、智能照明和语音控制设备，酒店能够在顾客入住期间自动调整房间设置以适应顾客的偏好。这种技术不仅提升了顾客的舒适度，也提高了能源使用的效率。酒店的数字化建设不仅包括提升顾客服务质量，还包括加强安全管理和预防措施。例如，通过视频监控和访问控制系统的集成，酒店能够更有效地监控安全隐患和预防潜在风险，确保顾客和员工的安全。

（五）酒店嵌入生活方式

1. 生活方式型酒店的含义

生活方式型酒店作为一种新兴的住宿业态，正在引领消费者对个性化和体验式住宿的追求。这种酒店类型超越了传统住宿的概念，强调提供与消费者日常生活方式密切相关的环境、产品和服务。生活方式型酒店不仅仅关注基本的住宿需求，更加注重展现特定的生活态度和文化价值，如健康、时尚、环保或艺术等，通过这些独特的内容和特性来吸引具有相同价值观的顾客。例如，一些生活方式型酒店可能会提供定制的健康餐饮服务、艺术展览或是环保活动，从而为顾客创造出一种品质生活的全新体验，满足其对于生活质量和个性表达的需求。

2. 生活方式型酒店的特征

1）独特的消费节奏美感

生活方式型酒店的核心在于其提供的独特消费节奏，这种节奏设计旨在营造一种与众不同的美感体验。与传统酒店相比，生活方式型酒店不仅仅是提供住宿的地方，更是一个能够体验和享受生活艺术的空间。这种酒店通常会有精心设计的内部装饰和独具匠心的环境布局，让顾客感受到每一个细节都在讲述一个故事。例如，一些生活方式型酒店可能会使用特殊的音乐、独特的香味或特定的色彩组合，来影响顾客的心情和感受，使得顾客在不同的时间段内体验到从平静到兴奋的过渡,从而显著提升整体的消费体验。

2）舞台般的场景空间

生活方式型酒店的空间设计强调将文化元素和现代设计理念融入每一个角落，使整个酒店空间成为一种具有舞台效果的展示场所。设计师和管理者通过创造性的布局与装饰，将传统酒店房间转变为能够引发情感共鸣和社交互动的场景空间。这种空间的设计不仅仅关注功能性，更加重视如何通过视觉和感官体验来传达酒店的品牌理念。艺术作品的展览、定制家具的摆放，以及环境的灯光音效等都被巧妙地利用起来，营造出独一无二的氛围，让每位顾客仿佛置身于一个精心编排的故事中。

3）非日常化的功能产品

以“休闲”的目标重新定义产品组合，以“情趣”的标准打造消费体验内容，以“沉浸”的方式营造独具情调的体验氛围是其最核心的要素。在生活方式型酒店中，产品和服务的开发都旨在提供非日常化的体验。这些酒店通常会提供一系列专门设计来满足现代消费者对休闲和情趣的需求。这可能包括特色健康疗程、主题体验活动或者是创新的娱乐设施。每项服务和产品都被精心设计，旨在促进顾客的身心放松，并且提供独特的消费内容，如手工艺品工作坊、瑜伽课程或者是个性化的美食体验。这种设计理念不仅反映了消费者对高品质生活的追求，也强调了在日常生活之外寻求精神愉悦和情感满足的重要性。

4）仪式化的服务流程

“复合型”活动能够创造更丰富的体验内容，展现更鲜明的生活方式，形成更紧密的连接。生活方式型酒店中的服务流程常常被设计得类似于仪式，每个环节都充满了深意和考究，从而创造出丰富的体验内容和强烈的参与感。这种服务流程可能包括一系列精心策划的活动，如主题晚宴、文化导览或者是特定的庆典活动，每一项服务都旨在强化顾客的体验感，并展现酒店的独特生活方式。通过这样的仪式化服务，酒店不仅仅是在提供住宿，更是在提供一个文化和情感交流的平台，让顾客在交流中了解彼此的生活理念。这种仪式化的流程不仅提升了顾客的参与度，还深化了顾客对酒店文化的理解和认同，增强了顾客与酒店之间的情感连接。

5）可述说的标志性符号

符号将酒店生活态度的连续性、产品创新发展的生动性、服务表现与演绎方式的独特性予以展现。生活方式型酒店中的标志性符号是其品牌个性的重要体现，这些符号通过设计细节、艺术装饰，或特殊的服务流程展现出来。这些符号不仅仅是视觉元素，更是酒店故事和理念的传递者。例如，酒店可能通过特定的艺术作品、建筑风格或者特色服务仪式来表达其独特的生活方式和价值观。这些符号性元素使得酒店不仅是提供住宿的场所，而且成为一种生活方式的展示和体验空间。顾客通过这些独特的符号和体验，能够感受到酒店独有的文化氛围和生活哲学，从而使酒店本身成为一种值得分享和讨论的话题。

3. 生活方式型酒店的未来

1）强调对生活、文化和习惯的引导

生活方式型酒店的未来在于其对生活、文化和个人习惯的深度影响与引导。这类酒店不仅提供住宿服务，更通过其环境和活动促进文化交流和生活方式的传播。例如，一些生活方式型酒店通过举办本地艺术展览、文化工作坊和社区活动，引导旅客深入体验当地文化，从而使其成为文化体验者。这种文化的深度融合，让顾客在享受服务的同时，也能自然而然地吸收新的生活方式和文化价值观，进而可能改变他们的生活习惯和态度。

2）生活化的住宿

面向未来的消费空间，培养人与自然的连接正在成为一种趋势。生活化的住宿趋势强调将酒店转变为一个与自然和谐共生的空间，这不仅满足了现代消费者对环境友好和可持续生活方式的需求，而且提升了他们的居住体验。在设计上，酒店可能采用生态建筑材料，利用自然光创建室内外连贯的绿色空间，如屋顶花园或垂直花墙，这些元素都有助于缓解城市生活的压力，提供一种回归自然的生活方式。通过这种设计，酒店不仅是一个住宿地，更具有了一个让人能感受到与自然连接的舒适环境。

3）精神化的空间

生活方式型酒店通过多样性的社区体验，创造多维消费场景，并以之作为人们生活方式、情感交流的载体，为消费客群传递幸福感、创建幸福能量场域、提升品牌价值。生活方式型酒店未来的发展也侧重于通过创造精神化的空间来提升顾客的整体幸福感。通过设立具有社区氛围的公共区域，如书吧、共享厨房或艺术工作室，酒店变成了一种生活方式和情感交流的平台。这些空间设计鼓励顾客参与到更多的社交互动中，从而形成了一种支持和鼓舞人心的社区环境。在这些空间中，顾客不仅可以放松身心，还能找到志同道合的人，共同分享和创造愉快的回忆。

4）精细化的投资

面对日益细化的市场需求，酒店需要重构物理空间，融入自然元素，其别具一格的美学设计为旅客提供多元化且沉浸式的幸福体验。对于生活方式型酒店而言，精细化投资是确保提供独特且高质量顾客体验的关键。这涉及在酒店设计和服务上的精细化投资，如采用可持续材料、提供定制化服务，以及开发与本地文化和自然环境密切相关的特色产品等。通过这些投资，酒店能够提供一个不仅满足基本住宿需要，而且能够提供沉浸式体验的环境。这种环境能够有效地吸引那些寻求不仅仅是物理舒适，更是心灵满足的旅客。

本 章 小 结

在当前全球化与信息化迅猛发展的背景下，酒店行业作为服务业的重要组成部分，正面临着前所未有的发展机遇和挑战。本章系统地介绍了酒店行业的基本概念、分类与等级评定，酒店管理的概念与内容，以及当前酒店业面临的未来趋势与挑战，提供了一个全面的行业概览。

酒店业作为提供住宿和其他服务的商业机构，不仅仅是一个提供临时住所的地方，更是旅游、商务和社交活动的集中地。酒店的分类多样，按服务类型可分为全服务酒店和有限服务酒店，按等级可分为经济型（1～2 星）至豪华型（5 星），各类酒店根据目标市场的不同，提供差异化的服务和设施，以满足不同顾客的需求。

酒店的等级评定是一个标准化的过程，旨在通过一系列的服务和设施标准来确立酒店的服务质量。在中国，这一过程通常由政府机构如文化和旅游部负责，涉及从一星级到五星级的评估，强调客房质量、服务质量和安全措施等关键方面。

酒店管理作为确保酒店有效运营的关键活动，涵盖了广泛的策略和操作，包括人力资源管理、财务管理、市场营销和日常运营等。酒店管理的专业化发展表明了从传统的直觉管理向系统科学管理的转变，反映了行业对于提高服务质量和经营效率的不断追求。

随着流动性社会、精致消费时代、数智化时代和大众旅游时代的到来，未来酒店业正面临诸多挑战与机遇。例如，快速规模化、微创新、渠道竞争、数字化赋能、酒店嵌入生活方式等。

案例分析与讨论

2023 年酒店行业七大现象

“百年变局仍在高速演变，一个 2023 年就足以令人头晕目眩。”在南方周末 2024 年的新年献词中提到，尽管全球地缘政治紧张、国际环境动荡，但人们依然积极生活，参与烧烤摊、演唱会等活动，在 CityWalk（城市漫游）中享受生活。尽管大环境不确定，中国酒店和旅游市场却在 2023 年表现出强劲的复苏动能与稳健的增长态势，推动中国经济高质量发展。2023年酒店行业呈现出七大现象。

第一，酒店房价飞速上涨。元旦和春节期间，西双版纳的住宿价格暴涨，部分经济型酒店的价格增长了5～10倍。类似的价格上涨在五一、暑假、中秋、国庆等节假日也出现，北京和上海等主要旅游城市的酒店价格引起了广泛关注。根据STR数据，截至2023年7月，中国酒店的平均房价已超过2019年同期水平。不仅中国，其他国家如日本和泰国的酒店价格也在上涨。

第二，高端酒店频繁交易。2023年，受市场复苏和产业结构调整的影响，酒店资产交易频繁。天津丽思卡尔顿酒店和上海宝格丽酒店等顶级酒店相继完成交易，显示出市场对高端酒店的强劲需求。

第三，新酒店品牌层出不穷。2023年市场复苏带来了新品牌的涌现，希尔顿、雅高、凯悦等国际酒店集团纷纷推出新品牌，如Spark by Hilton、Hyatt Studios等。新品牌具有明显的度假属性，迎合了消费升级和休闲旅游的趋势。

第四，中高端酒店快速扩张。2023年，中高端酒店的开业和签约数量显著增加。亚朵集团、维也纳国际酒店和希尔顿欢朋等品牌迅速扩展，进一步巩固了其在市场中的地位。

第五，文旅新趋势带动酒店市场。2023年，小众目的地和演艺活动成为酒店市场的新增长点。网红城市和演唱会活动极大地带动了地方酒店市场的发展。例如，淄博因烧烤而火爆，演唱会也显著提高了当地酒店的入住率。

第六，ESG战略[①]在酒店行业全面落地。2023年，锦江酒店、华住集团等品牌发布了ESG报告，推进绿色环保和可持续发展。7天酒店、康铂酒店等品牌也在产品和服务中融入了ESG理念，倡导环保生活。

第七，AI技术推动酒店行业数字化。ChatGPT等AI技术在2023年得到广泛应用，推动了酒店行业的数字化进程。携程和首旅等企业发布了各自的“酒店AI大模型”，加速了行业的智能化转型。

资料来源：作者根据网络资料/相关文献资料改写而成。

案例思考：

结合当前酒店业的七大现象，思考和分析酒店业的未来发展趋势。

思考与练习

1. 酒店的特征有哪些？
2. 酒店业的分类有哪些？
3. 酒店管理的内容包括什么？
4. 当前中国社会经济的特点是什么？
5. 未来酒店业的发展趋势体现在哪些方面？

---

① ESG战略是一种综合考量企业在环境（environmental）、社会（social）和公司治理（governance）三个维度的非财务绩效表现的战略。

参 考 文 献

谷慧敏, 宋潇潇, 徐凯伦. 2018. 加强文旅深度融合, 促进酒店业优质发展. 旅游学刊, 33(12): 3.

彭青, 曾国军. 2013. 饭店经营管理. 2 版. 北京: 中国人民大学出版社.

曾国军, 徐雨晨, 王龙杰, 等. 2021. 从在地化、去地化到再地化: 中国城镇化进程中的人地关系转型. 地理科学进展, 40(1): 28-39.

Aksoy L, Choi S, Dogru T, et al. 2022. Global trends in hospitality. Journal of Business Research, 142: 957-973.

Ali F, Park E, Kwon J, et al. 2019. 30 Years of contemporary hospitality management: uncovering the bibliometrics and topical trends. International Journal of Contemporary Hospitality Management, 31(7): 2641-2665.

Gursoy D, Li Y, Song H. 2023. Chat GPT and the hospitality and tourism industry: an overview of current trends and future research directions. Journal of Hospitality Marketing & Management, 32(5): 579-592.

King C A. 1995. What is hospitality?. International Journal of Hospitality Management, 14(3/4): 219-234.

第二章

中外酒店发展历史

本章导读

在本章中，我们将深入探讨酒店业的发展历程，覆盖从古至今的重要阶段和转折点。我们首先将探索国外酒店业的发展历史，从早期的客栈和旅馆开始，到今日的多样化和国际化酒店集团。其次，我们回顾中国酒店业的发展轨迹，从古代驿站到当代的国际品牌合作和自主品牌的崛起。最后，我们对国内外酒店管理的理念和实践进行比较，探讨酒店管理特征的整体演化历程。

学习目的

1. 了解国外酒店发展历程中的重要阶段、核心特征、代表性人物及酒店。
2. 了解中国酒店发展历程中的重要阶段、核心特征、历史背景及代表性酒店。
3. 学习国内外酒店管理在特征上和思想上的相似之处。

核心概念

商业酒店；酒店标准化；酒店连锁

导读案例

首家涉外五星酒店见证思想变革

四十多年前，中国开启了改革开放的大门。随后不久，一座名为“白天鹅”的酒店在广州沙面岛南部拔地而起。这家酒店不仅见证了改革开放的历程，也成为中国第一家涉外五星级酒店，曾迎来送往了众多国外显赫人物，如英国女王伊丽莎白二世、美国总统布什和尼克松、德国总理科尔、古巴领导人卡斯特罗以及美国国务卿基辛格等。白天鹅宾馆作为窗口，向世界展示了中国的新气象。

在白天鹅宾馆的展览室里，有邓小平的题字、英国女王使用过的餐具、美国总统布什和尼克松的留言等，展示了酒店的辉煌历史。许多港澳同胞和海外华人在这里团聚，留下了珍贵的全家福。白天鹅宾馆与改革开放密切相关。1978 年，中共中央提出改革开放，随后确定在广州建设五星级酒店。香港商界领袖霍英东积极响应，与国家旅游局合作，推动了白天鹅宾馆的建设。

白天鹅宾馆于 1979 年 7 月开工，1983 年 2 月开业，是内地首家由本土建筑师设计和施工的五星级酒店。霍英东坚持酒店必须“四门大开”，希望通过这家酒店让中国人民看到改革开放带来的美好生活。白天鹅宾馆是内地第一个允许非住客参观的高级酒店，吸引了大量普通百姓参观，进一步推动了改革开放的观念深入人心。

白天鹅宾馆三次迎来邓小平的莅临。1984 年 1 月 31 日，邓小平第一次到访，称赞宾馆的设施优于美国。白天鹅宾馆的开业对内地酒店业和计划经济体制产生了巨大冲击，尽管有人质疑与香港商人合作是否正确，但邓小平的肯定为改革开放注入了信心。

邓小平在白天鹅宾馆的多次访问，进一步推动了广东乃至全国的改革开放。从珠江三角洲到长江三角洲，再到沿江、沿海和沿边城市的开放，改革开放的步伐不断加快。白天鹅宾馆不仅见证了这些历史瞬间，还成为中国改革开放的象征，展示了一个不断前行、不走回头路的中国。

资料来源：作者根据网络资料/相关文献资料改写而成。

第一节 国内外酒店发展历史

一、酒店历史的重要性

酒店的产生和发展过程源远流长，已有几千年的历史。现代酒店，均是从中国的驿馆、中东的商队客店、古罗马的棚舍、欧洲的路边旅馆及美国的马车客栈演变而来。酒店作为人类社会的重要组成部分，其历史承载着丰富的文化、社会和经济信息，对于理解人类行为、社会演变以及商业模式的发展具有深远影响。学习酒店历史的重要性体现在几个方面。

第一，社会变迁的见证。酒店的历史是社会变迁的一面镜子。随着时间的推移，酒店业的变化反映了社会风尚、文化趋势以及经济条件的演变。例如，在工业革命期间，随着铁路的发展，酒店开始在火车站附近兴建，服务于越来越多的铁路旅客。在 20 世纪，随着汽车文化的兴起，位于主要公路沿线的汽车旅馆开始流行。这些变化不仅展现了交通方式的演进，也反映了人们旅行模式和生活方式的改变。

第二，商业模式的演进。酒店业在商业模式、管理方式和市场定位方面的演变非常有趣。从古代的客栈到现代的国际连锁酒店，学习酒店历史可以揭示商业策略、顾客服务以及市场创新在不同时期的变化和调整。酒店业的商业模式经历了从单一服务到多元化服务的转变。早期的酒店主要提供基本的住宿服务，而现代酒店则可能包括会议设施、健身中心、餐饮服务、娱乐活动等。此外，技术的发展如在线预订系统和数字化客房服务，极大地改变了顾客交互方式和服务流程，使得酒店能够提供更加个性化和高效的服务。

第三，经济发展的参考。酒店业是全球经济的一部分，对就业、旅游业收入和地方经济都有重要影响。酒店业的兴衰与地区、国家乃至全球的经济状况紧密相关。例如，旅游业的兴旺往往带动当地酒店业的发展，增加就业机会，推动地方经济增长；反之，经济衰退时期酒店业也会受到打击。通过研究酒店历史，我们可以了解酒店业如何随着经济周期、技术进步和全球化的变化而发展，为当前和未来的经济决策提供有益的参考。

第四，创新与设计启发。历史上的酒店设计和运营理念常常为现代酒店业提供灵感。从豪华酒店的奢华装饰到精品酒店的个性化服务，过去的成功案例可以帮助设计师和酒店管理者理解何种元素能够吸引顾客，提升体验。了解历史上的设计理念、建筑风格和顾客体验，有助于酒店业从中汲取灵感，为顾客提供更具独特性和吸引力的体验。

二、国外酒店发展历史

从公元前 600 年左右在欧洲出现设施简陋的客栈，到如今在全世界涌现大批知名的国际连锁酒店，国外酒店业的发展历史大致经历了以下四个重要阶段。

（一）客栈时期

在古希腊罗马，接待过路的旅人被视为神圣责任的一部分，体现了“xenia”或顾客之神的概念，这是一种深植于社会中的“给予与接受”的哲学。接待旅客不仅是出于好客，更是因为这种行为受到宗教和文化的推崇。例如，古希腊文学中经常描述神化身为旅人，考验人们的好客精神。在这种文化背景下，给予旅人食物和庇护被视为一种荣誉，同时也期望在将来获得相应的回报。进入中世纪，教会开始扮演接待旅人的关键角色。许多修道院和教堂不仅是宗教活动的中心，也是提供庇护所给穷人、朝圣者及旅行者的场所。

随着货币经济的发展和中世纪商业的兴起，住宿业开始逐步商业化。客栈作为早期商业性住宿设施的形式，在中世纪晚期开始流行，尤其在交通要道和城镇中心更是兴盛。

这些客栈提供的不仅是庇护，更是为了满足商旅人士的基本需求，提供食物、住宿甚至马匹照料等。

在 15 至 18 世纪间，客栈开始成为主要的住宿形式，在英国等地尤为盛行。这些客栈通常设立在繁忙的古道边、车马道路旁或驿站附近，主要服务对象包括传教士、朝圣者、外交官、商人等。客栈的规模和服务项目因地理位置和目标顾客群体的不同而有所差异，但多数客栈设施简陋、房租低廉，主要提供基础的食宿服务。安全和卫生条件常常不是优先考虑的事项，有些客栈甚至因为与盗匪勾结而声名狼藉。这段历史反映了住宿业从基本的人际互助到商业化服务的演变过程。客栈的出现标志着现代酒店业的萌芽，而它们在服务、规模和管理上的多样性也为今天的酒店业奠定了基础。随着时间的推移，住宿业继续发展和完善，最终呈现出现代酒店业的多样化和专业化服务的特点。

在探讨中世纪至近现代早期的住宿业时，泰巴旅店和美国的代表性酒店均扮演了重要角色，体现了酒店业从简单的客栈服务向更加专业化和商业化的现代酒店业的转变。15 世纪公共马车的出现为客栈业的发展提供了重要契机，这些客栈多位于马车线路沿线，为旅行者提供休息和补给的地点。客栈的服务开始多样化，除基础的住宿和饮食服务外，还有马匹照料等。这一时期的客栈逐渐从单一的住宿设施转变为集食宿、交通和社交于一体的综合服务中心。

美国的酒店业起步较晚，但发展迅速。1794 年，纽约开设的“城市旅馆”标志着美国式旅馆的诞生。这家旅馆提供的不仅是住宿服务，更是一个能够进行社交和商务活动的场所，体现了早期美国酒店业向高端市场的定位。1829 年建成的特雷蒙特酒店（Tremont Hotel）在波士顿开业，是美国 19 世纪初期的标志性酒店之一。该酒店当时有 170 间客房和一个能容纳 200 人的餐厅，首次引入了“酒店大厅”这一概念，奠定了现代酒店业的基础。特雷蒙特酒店的设计和服务理念对后来的酒店业产生了深远影响，特别是在提高服务标准和促进酒店功能多样化方面。这些代表性酒店不仅是住宿服务的提供者，更是社会经济和文化变迁的见证者。从泰巴旅店的社会聚会功能到特雷蒙特酒店的创新服务理念，这些酒店的演变反映了住宿业从简单的客栈服务向专业化、商业化和标准化的现代酒店业的转变。

（二）大酒店时期

在 18 世纪末至 19 世纪，酒店业经历了一次重大变革，即“大酒店时期”。这一时期，随着工业革命的推进，科技的飞速发展和机器的广泛使用催生了一场交通工具的革命，其中轮船和火车的发明尤为重要，它们比传统的马车更加舒适和快捷，极大地改变了人们的旅行方式。这种新的交通便利性促使越来越多的人开始选择远距离的旅行，尤其是王公贵族、富豪大亨及其他社会名流，他们不再受限于短途旅行，而是可以轻松地探访遥远的地方。在这种背景下，一家接一家的旅馆应运而生，尤其是那些专门为这些上流社会成员服务的大酒店更是兴盛起来。

这些大酒店的兴起，是为了满足这部分社会精英对于奢华和舒适的极致追求。它们的经营管理特征表现在几个方面：首先，酒店的价格定位非常高昂，确保了其专属性和独特性，通常只有社会上层人士才能够享受到这些服务。其次，这些酒店在建筑风格和内部装修上极尽豪华之能事，无论是客房、大堂还是公共区域，都采用了顶级的装饰材料和最精致的设计风格。此外，餐饮服务也达到了艺术级别，不仅菜品丰富，而且味道精美，常常聘请当时最知名的大厨来负责厨务，以满足顾客对食品品质的高标准期待。

更为重要的是，这些大酒店非常注重服务的特色和礼节，所有的服务人员都须经过严格的培训，以确保他们能以最专业的礼仪接待每一位尊贵的顾客。酒店服务不仅仅是提供基本的住宿和餐饮，更是一种尊贵体验的展现，服务人员在满足顾客需求的同时，还须巧妙地突出顾客的社会等级和身份，确保每一位顾客都能感受到与众不同的尊荣。因此，这一时期的大酒店不仅是住宿业的象征，更成为社会地位和生活方式的一种标志。它们不仅满足了上层社会对物质舒适的需求，也满足了他们对社会认同和个人地位确认的需求。大酒店成为一个交流社会信息、进行社交活动和展示个人财富与品位的重要场所。

在 19 世纪初，随着欧洲社会的繁荣和旅游业的兴起，奢华酒店的概念开始形成并迅速发展。德国巴登的巴典国别墅标志着这一趋势的开端，它不仅是德国而且是整个欧洲首家在真正意义上的奢华酒店。这座酒店以其精致的建筑风格和无与伦比的服务质量，成为欧洲贵族和上层社会人士休闲度假的首选之地。其间，其他几家标志性的酒店也相继在欧洲各大城市建立，每一家都以其独特的风格和卓越的服务定义了奢华酒店的新标准。巴黎大酒店（Crand Hotel de Paris）以其宏伟的建筑和豪华的内饰吸引了众多名流显贵。卢浮宫酒店（Hotel du Louvre）紧邻著名的卢浮宫博物馆，不仅便于游客欣赏艺术珍品，其自身的艺术氛围和历史感也使其成为旅客的热门选择。在伦敦，萨伏依酒店（The Savoy）的开业则标志着英国酒店业的一个里程碑。萨伏依酒店是英国首家采用电灯的酒店，也是首家拥有私人浴室的酒店，其创新的设施和卓越的服务水平为酒店业树立了高标准。萨伏依不仅成为社交名流的聚集地，其餐厅和酒吧也成为伦敦城内的文化图标。这些酒店共同定义了 19 世纪奢华酒店的典范，不仅在建筑和设施上追求极致的奢华，更在服务上提供了无微不至的关怀。它们成为欧洲社会经济发展中不可或缺的一部分，不只是提供住宿的地方，更是艺术、文化交流和社会活动的中心。这些酒店的成功也反映了当时社会对于奢侈和舒适生活方式的追求，以及旅游业作为现代生活方式一部分的兴起。

在此时期，酒店业的标志性人物是被称为“奢华酒店之父”的恺撒·里兹（César Ritz）。独具一格的品位、优雅的绅士风度和专业的服务精神使得里兹在欧洲成为赫赫有名的酒店经理人。1898 年，他创建了以自己名字命名的巴黎里兹酒店。恺撒·里兹对酒店行业的坚持和热爱，对身边事物和人的细致观察，对市场发展的灵敏触觉，以及不畏惧困难、追求精益求精、在逆境中坚持思考的精神，最终成就了自己。正是因为里兹这样讲求服务的高标准并不断精益求精，“The Ritz”成为“酒店管理的顶峰”的代名词。他提出的“The Guest is never wrong”（顾客永远不会错）也成为后来酒店的经营格言。

拓展阅读

恺撒·里兹："奢华酒店之父"

恺撒·里兹被誉为"奢华酒店之父"，他的一生充满传奇与辉煌。然而，这位曾经的欧洲名利场大亨，其成功背后却是艰辛和不断的努力。

- **平凡出身与早年困境**

1850年2月23日，恺撒·里兹出生在瑞士南部的一个小山村，家庭贫困。里兹从小便明白，出身无法选择，但命运可以通过努力改变。15岁时，他被送到语言学校，原计划学习后成为一名锻铁工，但不久后被学校开除。为了生活，他开始在布里格的一家酒店工作，并从此爱上了酒店业。然而，他没多久便被店主解雇，理由是"他不适合干这行"。

- **初露锋芒与战争动荡**

17岁的里兹离开家乡来到巴黎，当时的法国正经历拿破仑三世的市政改建，社会动荡。未成年的里兹只能靠打杂谋生，但他的聪明和勤奋使他逐渐在巴黎的酒吧行业立足，并以"快手恺撒"闻名。不久，他成为一名经理。然而，1870年普法战争爆发，他失去了工作。战乱中，里兹靠卖象肉渡过难关，随后回到瑞士，继续在奥地利和瑞士两地工作。

- **厚积薄发与创新**

里兹始终不放弃在酒店业成功的梦想。他再次前往法国，这次选择了蓝岸地区——里维埃拉，一个新兴的贵族度假胜地。他通过"应招服务郎"的工作，迅速掌握了当地各酒店的运作模式。27岁时，他成为蒙特卡洛大酒店的经理，上任一年内使酒店营业额翻倍。然而，霍乱的暴发让客房清空。里兹迅速应对，建立严格的卫生标准，并首次在客房内安装独立洗手间和浴室，大大增强了酒店的吸引力。

- **事业巅峰与里兹品牌**

30岁后，里兹的事业逐渐顺利。他在法国和瑞士两地管理酒店，声名远播。1898年，里兹在巴黎创建了以自己名字命名的"巴黎里兹酒店"，实现了多年来的心愿。该酒店开业当天吸引了全球名流。里兹不断收购豪华酒店，"Ritz"成为奢华的代名词。时至今日，巴黎里兹酒店仍是奢华酒店的象征。

- **酒店管理精神的传承**

恺撒·里兹于1918年去世，享年未满70岁。他虽然没有接受过专业教育，但凭借对酒店行业的热爱和坚持，建立了酒店管理的新标准。他的家族基金会为了传承他的理念，授权瑞士一所酒店管理学校以他的名字命名，这便是今天的瑞士恺撒里兹大学。

- **影响与遗产**

恺撒·里兹的一生伴随着困难、挑战与挫折前行。他通过智慧和努力，从贫困的小山村走向奢华酒店的巅峰。他的创新和管理理念至今仍影响着酒店业，激励着无数酒店从业者。他的精神不仅在瑞士恺撒里兹大学得到传承，也在全球各地的里兹酒店中延续。里兹的故事告诉我们，即便身处逆境，只要坚持不懈，努力创新，也终将有所成就。今天酒店管理专业的学生们，怀揣着同样的梦想，希望像里兹一样，建立自己的酒店王国，成为酒店业的翘楚。

资料来源：作者根据网络资料/相关文献资料改写而成。

（三）商业酒店时期

随着资本主义经济的迅速发展，交通工具不断更新，全球商务活动日益增多，商务、游览旅游者日益增多。以前设施简陋、偏远的小客栈，或者豪华昂贵的大酒店都无法满足商业旅行的需求，于是商业酒店应运而生。商业酒店时期是世界酒店史上最重要的阶段，从各方面奠定了现代酒店业基础。商业酒店的服务对象是普通大众，主要是商务旅行者，地点为城市中心及公路沿线。服务设施讲求舒适、方便、清洁、安全与实用，不刻意追求豪华与奢侈；价格合理，使顾客感到物有所值。经营管理上讲究经营艺术，注重质量标准化，通过降低成本以获取最大利润。

随着 20 世纪初资本主义经济的迅速扩张和交通工具的革新，全球商务活动与旅游业均展现出前所未有的增长。火车、汽车和稍后的航空旅行的普及，极大地增强了人们的移动性，商务和旅游需求随之激增。这种需求的变化推动了一种新型酒店的出现，即商业酒店，这标志着世界酒店业进入了一个关键的发展阶段。商业酒店的兴起是为了满足商务旅行者和普通游客对于实用、方便、舒适且经济的住宿需求。这类酒店通常位于城市中心或主要交通干线旁，方便顾客参加商务会议、处理事务或探索城市。与之前的豪华大酒店或偏远的小客栈不同，商业酒店着重提供高效、实用且价格合理的住宿服务。这些酒店的设计强调功能性与效率，如自助服务、快速办理入住和退房手续等，同时保证客房和公共区域的舒适度与清洁度。

在经营管理上，商业酒店强调标准化服务和成本效益，通过精细管理和运营优化来降低成本，并利用有竞争力的价格，使顾客感觉物超所值。这种经营哲学不仅仅是追求利润最大化，更是为了提高品牌形象和顾客的忠诚度。服务质量的标准化成为商业酒店的一大特色，无论顾客在哪一个地点入住，都能享受到一致的服务体验。

这一时期，最具代表性的酒店便是斯塔特勒酒店（Statler Hotel）。第一家斯塔特勒酒店，即布法罗斯塔特勒酒店，于 1908 年在纽约州布法罗开业。这家酒店开展了多项酒店行业的创新实践。斯塔特勒酒店提供“房间和浴室，每间一美元一晚”，这在当时是一种革新。斯塔特勒酒店的设计和运营强调效率和顾客满意，引入了许多现在看来理所当然的设施和服务，如每间客房配备独立的浴室、电话和免费新闻纸。这些标准后来成为酒店业的普遍要求。

随着 20 世纪中叶汽车工业的蓬勃发展，汽车旅馆（通常称为 motel）开始在全美国乃至全球迅速兴起，成为商业酒店时期的一个重要现象。这些旅馆的设计充分考虑到了驾车旅客的便利性，通常位于主要公路沿线，提供容易进出的停车场，使长途驾驶者方便停车休息。汽车旅馆的出现与汽车文化的普及密切相关，它们提供的是一种实惠且功能性强的住宿选择，非常符合中产阶级家庭旅行时的需求。

20 世纪初，许多现在著名的酒店品牌开始建立，这些酒店后来成为全球酒店业的重要成员。1919 年，康拉德·希尔顿收购得克萨斯州的莫布利酒店，正式开启希尔顿酒店品牌的传奇征程。1927 年，威拉德·马里奥特夫妇在华盛顿特区开设 Hot Shoppes 小餐馆，由此开启万豪国际集团的百年征程。

在此时期，酒店业的标志性人物是被称为“现代酒店之父”的埃尔斯沃思·M. 斯塔特勒。1908 年，斯塔特勒在美国布法罗建造了第一个由他设计并以其名字命名的酒店，该酒店是专门为旅行者设计的，拥有300间客房。斯塔特勒在酒店的每间客房里都设置了私人浴室、壁橱、24小时冰水供应、电话和门旁电灯开关。对客房采取的新举措包括在每个床前设置台灯和配备文具的写字桌。他的做法受到顾客的广泛好评，开业一周年就赚了3万多美金。斯塔特勒率先使用科学管理方法：预算法和控制法。通过引入工业预算和控制的方法，他可以预测一个月、一个星期或三天后的客房、餐位的销售情况。他还创造性地提出了经济收购的经营策略，通过廉价并购进行酒店投资。他所提出的"顾客永远是正确的"这一经典服务名言，迄今仍为酒店业主们推崇恪守。

拓展阅读

埃尔斯沃思·M. 斯塔特勒："现代酒店之父"

埃尔斯沃思·M. 斯塔特勒（Ellsworth M. Statler）是酒店业的传奇人物，被誉为"现代酒店之父"。他的故事与许多改变世界的伟大实业家一样，充满了传奇色彩。尽管他从未想过要"颠覆"什么，但他严苛改进的每一个细节，最终成就了一个名扬天下的酒店品牌，"斯塔特勒"这个名字也成为酒店业的标杆。

- **时不我待，开启斯塔特勒时代**

斯塔特勒酒店由埃尔斯沃思·M. 斯塔特勒于1908年创立，以其革命性的产品、服务、经营理念和管理方法为未来的酒店业建立了标准。斯塔特勒将酒店从贵族与富豪专属的豪华时代推进到现代的商业型饭店时代。

与创立华尔道夫酒店和瑞吉酒店的阿斯特兄弟不同，斯塔特勒出身贫寒，但凭借超前的商业眼光和坚定的信念，他白手起家，彻底改变了酒店业的格局。斯塔特勒9岁时便开始工作，13岁在一家大酒店当夜半门童，凭借勤奋和智慧，他逐步晋升，并立志拥有一家"一般人也负担得起的"酒店。

- **创新理念，现代酒店之父**

1915年，斯塔特勒在底特律开设了第一家拥有1000间客房的斯塔特勒酒店，他提出了"私人洗澡间"的概念，当时被认为是奢华酒店的专利。斯塔特勒创新性地提出"每两个房间合用一组供水、供暖和供电线路"的设计，极大地降低了独立卫浴的建造和维护成本。这种被称为"斯塔特勒管道柱"的设计，至今仍广泛应用于酒店、办公楼和学校。

斯塔特勒酒店的广告语"1间客房1浴室，1美元50美分"使其声名鹊起，许多竞争对手争相效仿。斯塔特勒注重每一个细节，他发现女顾客在昏暗的楼道找锁眼困难，便决定更换所有门锁。他察觉顾客对酒店内报纸加价销售和冰水收费不满，便决定报纸与街头同价，并为客房接入冰水管，免费提供冰水。

- **成本控制，标准化与规模化**

斯塔特勒在满足顾客需求的同时，对成本控制也极为严格。所有斯塔特勒酒店使用的家具、布草和餐具，全部直接从工厂定制标准款式，降低采购价格，提高用品使用率。他的酒店设计大体一致，巧妙地采用不同搭配的色彩，以避免视觉单调，同时便于酒店之间相互调配。斯塔特勒也是最早提出"成本核算"概念的酒店创始人。

斯塔特勒在浴室中增加了挂钩，方便顾客挂起毛巾并重复使用，节约了大量洗涤成本。他还首次在客房内放置了清晰的客房服务价目表，提高了服务效率，降低了运营成本。通过大规模建造酒店、批量采购标准化用品、应用标准化设计和管理，斯塔特勒在市场竞争中最大化地获取利润。

- **顾客至上，服务哲学**

斯塔特勒的最大贡献在于他的服务哲学："顾客永远是正确的"。他认为只有当员工没有后顾之忧时，顾客才能得到最好的服务。斯塔特勒要求每位员工随身携带并背诵服务准则，确保服务标准一致。他的服务理念已成为酒店业和其他服务行业共同遵循的标准。

斯塔特勒的服务哲学也体现在对员工的待遇上。他为所有员工提供了经济保障，如家属在员工去世后可收到一整年工资的抚恤金。斯塔特勒相信员工的满意度直接影响顾客的体验，他大力推行"员工授权"的管理方式，确保每一位员工都能践行"顾客第一"的服务理念。

- **选址策略，有效规模化**

斯塔特勒对酒店市场和生命周期的深刻理解，使得他的酒店选址策略非常成功。例如，他明智地在布法罗尼亚加拉广场这样的未来城市中心地带购置了一整个街区，这一战略举措为酒店的成功打下了坚实的基础。

- **传承与影响**

斯塔特勒通过创新和坚定的信念，改变了酒店业。他将酒店从奢华转向标准化和规模化，使得酒店业更具竞争力。他的服务哲学和成本控制理念至今仍影响着现代酒店业，成为行业标准。

斯塔特勒的精神在今天仍然闪耀，酒店业在他的影响下不断进化。通过标准化和个性化的结合，打造出符合新时代需求的生活方式型酒店，这是现代酒店业的方向。斯塔特勒的故事告诉我们，创新、成本控制和顾客至上，是成功酒店业的关键因素。

斯塔特勒的一生，为酒店业的发展奠定了坚实的基础，他的理念和精神仍在激励着无数酒店从业者。他用自己的智慧和努力，改变了一个行业，影响了整个世界。斯塔特勒的传奇故事，将永远铭刻在酒店业的历史中。

资料来源：作者根据网络资料/相关文献资料改写而成。

（四）现代酒店时期

第二次世界大战后的现代酒店时期标志着全球酒店业的显著转变与发展。随着经济的快速复苏和交通技术的进步，如航空旅行的普及，旅游业经历了前所未有的扩张，触发了酒店业的广泛变革。这一时期，旅游活动不再是社会精英的专属，而是逐渐成为大众的休闲方式，从而推动了酒店业向多元化和普及化方向发展。在这种背景下，酒店业开始迅速适应这种新的市场需求，形成了针对不同旅游目的和预算的酒店类型。度假型酒店应运而生，专为寻求休闲和娱乐的旅客设计，通常位于风景如画的海滩或山区；会议型酒店则专注于满足商务会议和专业活动的需求，常配备先进的会议设施和提供高质量的商务服务；经济型酒店则提供基本的住宿服务，以实惠的价格满足预算有限的旅客的基本需求。

随着酒店业竞争的日益加剧，酒店不仅在提供多样化的住宿选项上努力创新，还在服务和管理上寻求突破。服务开始更加综合化，许多酒店增加了餐饮、休闲、健身和娱乐设施，甚至提供购物和文化体验，以提升顾客满意度和住宿体验。同时，酒店管理也逐步科学化和现代化，广泛采用信息技术和数据分析来优化运营效率与顾客服务，如实施了在线预订、自动化客房管理和个性化客户关系管理等措施。此外，酒店管理理论也随着实践的深入而日渐成熟，重视人力资源管理和品质管理成为业界共识，这有助于确保服务质量和提升员工的职业素养。

随着全球化进程的加速，国际旅游和商务旅行需求显著增长，推动了酒店品牌跨国界的快速扩展。这些连锁酒店利用其品牌优势和运营标准化，迅速在全球各地建立了广泛的酒店网络，从而实现了规模化和国际化经营。国际连锁经营的优势在于能够提供一致的服务和质量保证，不论顾客在世界上哪个角落入住同一品牌的酒店，都能享受到相似的服务标准和住宿体验。这种一致性建立了顾客对品牌的信任，并增强了品牌的全球识别度。例如，希尔顿、万豪、洲际等知名酒店集团，在不同国家和地区设立分店，不仅扩大了市场覆盖范围，也利用当地市场的独特性来增强其全球品牌的吸引力。

现代酒店时期的这些发展不仅极大地丰富了酒店业的业务模式，也推动了全球旅游业的繁荣和多样化，使酒店业成为全球经济中不可或缺的一部分。

美国是世界上酒店连锁公司出现最早、规模最大和数量最多的国家，最著名的希尔顿、喜来登、假日酒店等在世界各地都拥有大量的客房。随着世界经济的发展和经营管理方法的增多，战略联盟和集团化等新兴的管理模式也在酒店业中得到发展。在此时期具有代表性的酒店品牌有希尔顿、洲际、万豪、凯悦和四季。

在此时期的代表人物是康拉德·希尔顿。他曾说“我的欲望是站在时代的前沿，做酒店大王”。希尔顿通过不断地收购和兼并进行资本扩张，发展酒店联合经营，进军全球，使之成为世界性的经营事业。

拓展阅读

康拉德·希尔顿：“酒店大王”

康拉德·希尔顿的一生充满了戏剧性和传奇色彩。他经历了家道中落、参军、从政、创业等多种人生境遇，最终在酒店业找到了属于自己的舞台。希尔顿凭借其顽强的意志和独特的商业眼光，成为名副其实的酒店业巨擘。

- **青年期的挑战与奋斗**

康拉德·希尔顿出生于一个富裕的家庭，但在 1907 年的银行危机中，家道中落，家庭被迫将位于火车站旁的房子改造成“家庭式旅馆”，以求生计。这是希尔顿第一次接触旅店业，尽管这段经历充满了辛苦和挑战，但也为他后来在酒店业的成功奠定了基础。

- **战争与新的开始**

1917 年，美国加入第一次世界大战，希尔顿应征入伍，被派往巴黎陆军军需部。战争结束后，希尔顿并没有接管家族生意，而是投身于更广阔的天地。当时，得克萨斯州因发现了大量石油储备，成为淘金者的乐园。希尔顿也来到了这里，初衷是买下一家银行，但命运却将他引向了酒店业。

- **首次涉足酒店业**

希尔顿最初只是想在得克萨斯州的一家小旅馆投宿，但发现这里生意兴隆，老板有意出售。经过一番筹措，希尔顿成为这家小旅馆的主人。他对旅馆进行了改造，通过增加床位、设立零售区和报刊区等方式，极大地提升了旅馆的效益。希尔顿深知团队精神的重要性，通过定期会议倾听员工心声，并将个人表现与收益挂钩，迅速提升了旅馆的口碑。

- **扩展酒店版图**

希尔顿的创业激情被彻底点燃，接连在得克萨斯州收购了多个小型旅馆，通过软硬两手改造将其迅速扭亏为盈。到 1924 年，希尔顿已经正式经营旅店近五年，并开始在达拉斯建造第一家希尔顿酒店。1929 年，希尔顿宣布在得克萨斯州的埃尔帕索市中心建造一座投资高达 175 万美元的希尔顿酒店。然而，纽约股票市场的崩盘和随之而来的经济大萧条让希尔顿的计划遭遇了巨大挑战。

- **战胜经济大萧条**

在大萧条期间，希尔顿的酒店也面临巨大压力，他不得不封闭部分客房，甚至停掉酒店的电话服务以降低成本。然而，希尔顿说服母亲和供应商通过众筹方式帮助他渡过难关。尽管面临巨大困难，但是希尔顿并没有放弃，1933 年，他通过投资石油获得了丰厚回报，最终重新拿回了希尔顿酒店的拥有权。

- **全国扩张与收购**

希尔顿将目光投向了更远的地方，开始在全美国范围内扩展希尔顿酒店的版图。1937 年至 1938 年，他连续收购旧金山的德雷克爵士酒店和长滩的布雷克尔斯酒店。1943 年，他获得了罗斯福酒店的经营权，1945 年拿下芝加哥的史蒂文斯大饭店和帕尔默饭店，1946 年将华盛顿的五月花旅馆收入囊中。希尔顿通过抵押贷款的方式，不断收购豪华酒店，逐渐建立起横跨美国的酒店帝国。

- **攻克华尔道夫酒店**

希尔顿一直梦想拥有纽约著名的华尔道夫酒店，这座酒店设施豪华，接待过许多国家元首和政府首脑。1949 年，希尔顿终于实现了这个梦想，希尔顿集团买下了华尔道夫 30 年的经营和管理权。

- **走向全球的酒店之王**

进入 20 世纪 50 年代，美国旅游业蓬勃发展。1954 年，希尔顿以 1.11 亿美元收购了斯塔特拉酒店系列，创造了当时世界上耗资最大的一宗不动产买卖。希尔顿因此成为无可争议的美国酒店之王。希尔顿酒店的经营范围不断扩大，成为美国第一个横跨内陆的酒店集团。

- **希尔顿的经营智慧与理念**

希尔顿不仅在经营管理方面有独到的策略，还深谙投资之道。他通过收购和抵押贷款的方式，不断扩展酒店版图。他的经营理念是“在顾客承受价格范围内，以合理的成本，尽可能为顾客提供更好、更全面的产品和服务”。

希尔顿深知团队精神和员工激励的重要性，通过建立定期会议和绩效挂钩制度，以激发员工的积极性和创造力。此外，希尔顿注重酒店选址和市场布局，通过购买战略位置的酒店，确保酒店的高入住率和高效益。

希尔顿的成功不仅在于他的商业成就，更在于他对酒店业的深远影响。他开创了现代酒店业的标准化范式，将酒店从贵族专属的豪华时代带入现代商业型酒店时代。他的服务理念和经营策略，至今仍被全球酒店业所遵循。希尔顿的一生充满了挑战与机遇，他凭借顽强的意志和独特的商业眼光，成为酒店业的传奇人物。他的故事不仅激励了无数酒店从业者，也为全球酒店业的发展奠定了坚实的基础。康拉德·希尔顿，这个名字，将永远铭刻在酒店业的历史中。

资料来源：作者根据网络资料/相关文献资料改写而成。

三、中国酒店发展历史

中国作为文明古国，酒店业历史悠久，是世界上最早出现酒店的国家之一。中国酒店业的历史大体上经历了三个发展阶段。

（一）古代酒店

在古代，酒店设施可以分为官办住宿设施和民间旅店两大类。

官办的住宿设施又可以分为驿站和迎宾馆两类，它们在古代酒店史上占有重要的地位。在3500多年前的殷商时代，四方夷狄纷纷前来朝贺，呈现出盛大的景象。正是在这样的背景下，中国最早开始建立驿站，这标志着中国历史上最古老的官办住宿设施的出现。驿站的住客一般是驿者、外国使臣、前往异地的官员等。到了唐代，驿站广泛接待过往官员及文人雅士。元代时，驿站除了接待信使公差，还接待过往商旅和达官贵人。驿站的规模比较大，一般都有几十个房间。第二种官办住宿设施——迎宾馆，是古代官方用来款待外国使者、外民族代表的住宿设施。在古代，曾有四夷馆（北魏）、四方馆（隋朝）、会同馆（元明清）等各种称谓。

与此同时，民间旅店的发展也非常早，可以追溯到周朝，周朝开启了中国酒店业官办和民办并行的先河。到了两汉时期，随着丝绸之路的开通和对外贸易的增加，长安等大城市内建立了许多供外国商人和使者住宿的“群郗”。南北朝时期的“邸店”则更多地具备了现代酒店的某些特征，如提供存货和交易服务。唐代“旅馆”一词的使用标志着民间住宿设施向现代意义上酒店的转变，这一时期的旅馆不仅提供住宿，还提供饭食和洗浴等服务。到了宋朝，随着经济和城市化的进一步发展，出现了更多专门的旅馆，它们为旅客提供了更加舒适和便利的服务。明清时期，科举考试的兴盛带动了会馆的发展，这些会馆专门服务于赶考的学子，提供住宿和餐饮服务。

（二）近代酒店

我国近代酒店阶段是从19世纪中叶到1949年中华人民共和国成立。1840年至1949年，中国的半殖民地社会性质使得中国的民族资产阶级没有平等的商品交易和竞争市场。随着帝国主义入侵，大批外国的资本家、冒险家、商人、传教士和军人进入我国。因而我国近代酒店主要分为西式酒店和中西式酒店两大类。

在19世纪初，西式酒店开始在中国的主要城市出现，这些酒店大多由外国资本建造和经营管理。这些西式酒店的出现，不仅代表了一种新的文化和生活方式的引入，而且在技术和管理上都有着明显的西方特征。这类酒店通常具有宏大的规模和华丽的装饰，设备先进，包括电梯、中央供暖系统、热水供应等，这在当时的中国是非常先进的设施。酒店的经营团队大多来自欧洲国家，如英国、法国和德国，他们将国外的服务方式、经营理念和管理方法引入中国，为中国的酒店业带来了许多新观念和新技术。这些西式酒店的主要顾客群体是来华的外国人，如商人、外交官和旅游者，但随着中国社会的变迁和经济的发展，越来越多的中国上层社会人士和达官贵人也开始光顾这些酒店，享受其提供的高端服务和营造的国际化氛围。

在上海，代表性的西式酒店包括和平饭店和礼查饭店（现浦江饭店）。这些西式酒店不仅提升了中国酒店业的服务质量和管理水平，还促进了中国酒店业向现代化、国际化的转型。通过这些西式酒店，不少中国人受到了专业的酒店经营管理教育和训练，逐渐形成了一批具有现代酒店管理观念和技能的专业人才，为中国酒店业的进一步发展奠定了基础。

受西式酒店的启发和影响，一批由中国民族资本投资建设的中西式酒店应运而生。这些酒店融合了国外的建筑风格与管理方式以及中国传统的元素和文化，形成了一种独特的中西合璧风格，标志着中国酒店业的现代化进程。中西式酒店在建筑上通常采用国外的设计理念和建筑技术，结合中国的装饰艺术和符号，创造出具有东方韵味的西式建筑。在内部设施和服务上，这些酒店引进了国外先进的设备和管理系统，如客房内的电话、热水供应和空调系统等，同时也提供中式的餐饮服务和礼仪接待，以满足不同文化背景顾客的需求。

在经营方式上，中西式酒店借鉴了国外的经营理念和方法，如标准化服务、专业化管理和营销策略，但也结合了中国的市场特点和消费者习惯，使其经营更具本土化特色。这种结合使中西式酒店在中国市场获得了巨大成功，并逐渐成为中国酒店业的主流形式。20世纪30年代，这种中西式酒店达到了鼎盛时期，一些代表性的酒店如广州的新亚大酒店、南方大厦酒店，上海的国际饭店，以及北京东方饭店等成为当时中国最为著名和奢华的酒店。这些酒店不仅成为社会精英和外国游客的首选住宿地，也成为中国社会和文化交流的重要场所。

通过结合国外的技术和管理优势以及中国传统的文化和服务理念，中西式酒店极大地推动了中国酒店业的现代化发展，为后来的全面国际化奠定了坚实的基础。这些酒店的成功经营不仅展示了中国酒店业的成熟与进步，也反映了中国在全球化浪潮中如何在保留传统文化的同时，吸收和融合外来文化，创造出具有全球竞争力的服务业形态。

（三）新中国成立以来的酒店业

新中国成立以来的中国酒店业经历了五个发展阶段（图 2-1）。

1949～1977年招待所阶段	→	1978～1983年旅游酒店的初创阶段	→	1984～1987年稳定发展阶段	→	1988～1993年酒店业推行星级评定制度，与国际接轨的阶段	→	1994年至今酒店业进入专业化、集团化管理的新阶段

图 2-1　新中国成立以来酒店业的发展历程

新中国成立后，特别是从 1949 年到 1977 年，中国酒店业主要处于招待所阶段。这一时期，国家兴建了大量政府高级招待所和一般招待所，这些招待所主要用于接待政府官员、外宾及其他来访的重要人物，且大多隶属于各级行政部门。招待所的运营不以营利为目的，实行实报实销的政策，虽然服务质量被强调，但由于服务项目有限，并未形成真正意义上的商业经营管理。

随着 1978 年中国改革开放的推进，特别是在党的十一届三中全会后，中国的旅游酒店业迎来了初创阶段。这一时期，随着境外人员访问量的显著增长，原本的政府招待所开始转型为涉外酒店，尤其是在沿海地区和主要旅游城市，以适应日益增长的国际旅游和商务需求。例如，广州东方宾馆就是在这一时期由原来的招待所改建为面向国际顾客的涉外酒店。这段时间，酒店业的发展呈现出三个明显的特征：首先，规模较大的旅馆开始逐渐面向市场，运营模式从事业单位向商业企业转变，开始注重经营效益和顾客服务；其次，随着政策的开放和市场经济的推广，外商独资或合资的大型酒店开始在中国陆续开业，这些酒店通常引入了先进的管理技术和国际服务标准；最后，酒店业成为中国对外开放程度较高的行业之一，与国际市场接轨较早，有效地促进了中国酒店业的现代化发展。这一时期的转型和发展，不仅极大地推动了中国酒店业的现代化进程，还为后来中国酒店业的快速发展和国际化奠定了坚实的基础。通过吸引外资和引进国际管理经验，中国酒店业开始逐步向更加市场化、国际化的方向发展。

从 1984 年至 1987 年，中国酒店业进入了一个稳定发展的阶段，特别是在科学管理方面取得了显著进步。这一时期的标志性事件是北京建国饭店的管理经验被全行业推广。建国饭店不仅是北京首家中外合资的酒店，也是全国第一家聘请海外酒店管理集团来进行日常运营的酒店。这种合资与国际合作的模式为中国酒店业引入了先进的管理技术和服务理念。1984 年，中央和国务院领导对此给予高度批示，决定将建国饭店的科学管理方法推广到全国，选定 102 家酒店进行试点。此举标志着中国酒店业正式走上科学化管理的轨道。此外，这一时期还见证了上海华亭、东湖和锦江集团等酒店集团的成立，这些新成立的集团不仅加速了酒店业的集团化进程，也推动了业务的多样化发展。通过这些集团的建立，中国的酒店业开始从单一的酒店运营向综合性的酒店管理和国际化标准迈进。

从 1988 年至 1993 年，中国酒店业迈入了与国际酒店业接轨的阶段，特别是通过实施星级评定制度来规范酒店的服务和管理。1988 年，国家旅游局正式颁布了《中华人民共和国评定旅游涉外饭店星级的规定》，开始对旅游涉外酒店进行系统的星级评定，这一措施显著提高了中国酒店服务质量，使其更加符合国际惯例，也为中国酒店业的标准化和国际化奠定了基础。

自 1994 年以来，中国酒店业进入了一个全新的阶段，特征为专业化和集团化经营。这一阶段，中国首批自主的酒店管理公司得到国家旅游局的批准成立，标志着中国酒店业管理向更加专业化的方向发展。与此同时，许多国际知名的酒店集团如希尔顿、万豪和洲际等也纷纷进入中国市场，不仅为中国酒店业带来了专业化管理的经验，也加剧了激烈的市场竞争。面对这种竞争，中国酒店业通过资产重组和创新管理模式，逐步向集团化和国际化迈进，为应对国际竞争和市场需求变化做好了准备。

第二节 中外酒店发展历史和管理思想演变

一、国内外酒店发展历史脉络对比

综合来看国内外酒店的发展脉络有相似也有不同（图 2-2）。

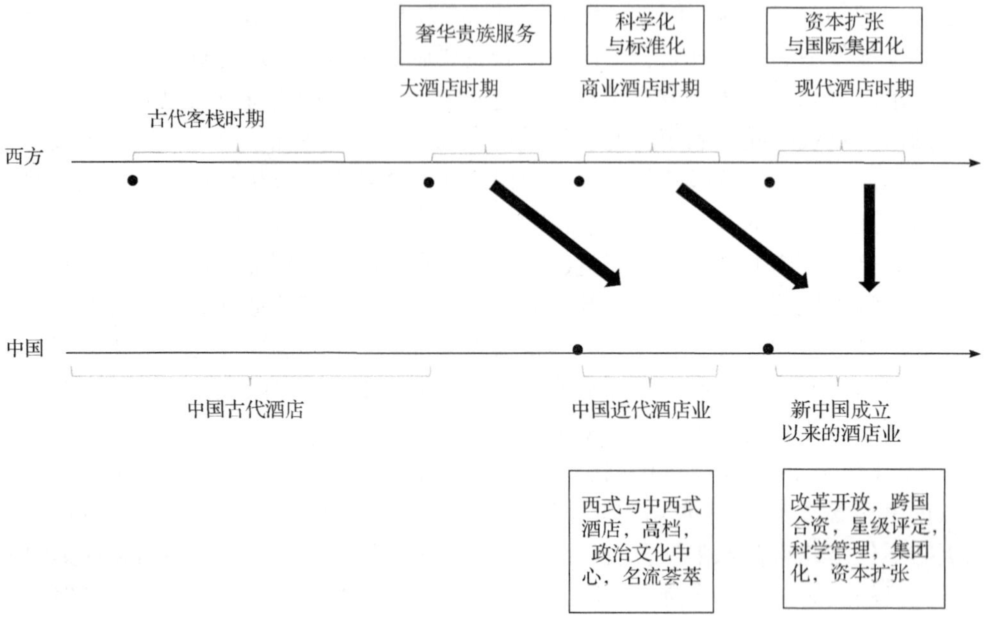

图 2-2 中西方酒店发展特征对比

总体而言，有以下三个结论。

第一，中国的酒店发展起源早于国外。在 3500 多年前的殷商时代，四方夷狄前来朝贺呈现盛大景象，在此背景下，中国最早开始建立驿站。驿站是中国历史上最古老的官办住宿设施，这也意味着中国是世界上最早出现酒店的国家之一。国外的客栈作为现代酒店的雏形，真正流行是在 12 世纪以后，盛行于 15～18 世纪，以英国的客栈最为著名。

第二，中国现代酒店业的发展时期较晚于国外。国外的酒店业在 19 世纪末进入了一个快速发展的阶段，特别是在美国和欧洲，大型商业酒店如纽约的华尔道夫酒店开始采用科学化和标准化的管理方式，这标志着现代酒店业的诞生。这些酒店不仅在规模上扩大，服务和管理方式也趋向系统化，如引入客房预订系统和统一的服务标准。相比之下，中国的现代酒店业发展较晚。直到 20 世纪 80 年代改革开放后，中国酒店业才开始引进科学化管理。

第三，中国在走上科学化管理道路之后，发展速度迅猛，逐渐缩小了与国外知名国际酒店的差距。改革开放以来，中国酒店业的发展速度十分迅猛。科学化管理的引入大大提高了操作效率和服务质量。中国酒店业不仅迅速吸收了国外的管理知识和技术，同时也开始通过并购、合资和自主品牌建设在国内外市场扩张。到 2019 年，中国的锦江国际集团、华住集团和首旅酒店集团已经成为全球前十名酒店集团的重要成员。

总的来说，中国和国外的酒店业虽然在起源与发展速度有所不同，但都体现出了向科学化管理过渡的全球趋势。中国酒店业的迅猛发展和在国际舞台上的迅速崛起，展示了我国学习和适应国际标准的能力，同时也反映出中国经济整体快速增长的时代背景。

二、国内外酒店管理思想的整体演变

尽管国内外酒店发展在历史轨迹和速度上有所不同，但是在酒店特征和管理思想上存在着相似之处，如从简陋的驿站到奢华的上流社会社交住所，再到商业化和标准化的大型酒店的演变是存在相似之处的。

（一）服务设施

从最高档最豪华、经挖掘每一寸生产空间，到为目标市场量身定做，服务设施的发展反映了酒店业对市场需求的适应与预见。在 19 世纪末到 20 世纪初，国外酒店如伦敦的萨沃依酒店和美国的华尔道夫酒店主张奢华和全面的设施，这些酒店成为豪华服务和精致生活方式的象征。它们不仅提供住宿，还提供高级餐厅、舞厅和会议设施，成为社交和商务活动的中心。在中国，近代酒店如和平饭店和北京饭店最初也强调奢华的设施，这些酒店既是国际交流的场所，也是政府举行接待活动的重要场所。

进入 20 世纪，随着希尔顿等品牌的兴起，酒店开始关注如何利用每一寸空间产生收益。20 世纪前 50 年希尔顿酒店的“挖金子”艺术，强调要充分利用每一寸空间。这不仅体现在客房数量的增加，也体现在会议室、商务中心、健身房等附加服务的增设，以满足不同顾客群体的需求。

20 世纪 70 年代以后酒店集团的多元化、多品牌、差异化发展战略则是要精准定位群体，为目标群体量身定做适合的服务设施。自 20 世纪 70 年代起，随着市场的分化，国外酒店集团如万豪和洲际采纳了多品牌策略，为不同市场段设计不同级别的服务设施，从经济型到豪华型，每个品牌都针对特定的消费者群体。进入 21 世纪，随着经济的快速发展，中国的酒店业也开始采取多品牌战略，如华住和如家等，通过不同品牌满足从经济型到高端的各种市场需求。

（二）服务理念

从“顾客永远不会错”，经“顾客永远是正确的”，到“我们是为女士和绅士提供服务的女士和绅士”。服务理念的演变反映了酒店业对客户关系的深化理解。最初的服务理念是“顾客永远不会错”，这一理念由恺撒·里兹提出，他创立的里兹酒店以至高无上的服务标准著称。这种理念强调无条件满足顾客的每一个需求，无论多么苛刻，旨在无限地满足和迎合贵族顾客的需求。20世纪初现代酒店之父斯塔特勒提出“顾客永远是正确的”，强调一种标准化和一致性的服务精神。该服务理念旨在通过可预见的高标准服务来满足中产阶级顾客的期望。再后来，丽思卡尔顿酒店的服务格言提出“我们是为女士和绅士服务的女士和绅士”，体现了服务理念的又一次演进。这个座右铭表达两层含义：一是顾客与员工是平等的，不是主人与仆人的关系，而是主人与顾客的关系；二是酒店提供的是人对人的服务，不是机器对人的服务，强调服务的个性化与人情味。

在中国，随着市场的开放和国际化步伐加快，服务理念也在逐步与国际标准接轨，同时融入中国传统的礼貌和尊重元素。许多顶级酒店不仅提供传统的中国式待遇，还强调服务的人性化和温情，使服务既有国际化的专业性，又有中国文化的特色。

（三）服务营销

从为王公贵族服务，经大众营销，到客户关系管理。早期的国外奢华酒店主要服务于王室、贵族等上层社会，这类客群仅依靠阶层口碑即可完成自然获客，无须主动营销。如今，随着大众旅游时代的来临，酒店业的市场营销转向更广泛的顾客基础。例如，希尔顿和万豪等大型酒店集团利用全球化的品牌策略和广泛的分销网络，通过标准化的服务产品来满足国际旅客的需求。20世纪80年代以来，随着市场竞争的加剧，客户关系管理成为酒店营销的重要工具。酒店开始利用数据库营销技术来细分市场，设计个性化的营销方案，以提升顾客忠诚度和回头客比率。例如，万豪的“万豪礼赏”计划通过为常客提供积分和奖励来增强顾客黏性。

中国酒店业的营销也经历了类似的变化，即从最初针对上层名流群体的中西式酒店到如今面向大众市场的连锁经济型酒店。中国酒店业通过本土化的营销策略和对消费者行为的深入了解，有效地扩展了市场。此外，随着数字化时代的到来，社交媒体营销成为提高品牌影响力的重要工具，中国酒店业越来越多地利用微博、微信等平台进行品牌传播和顾客互动。

本章小结

酒店业的历史不仅仅是一系列建筑的变迁，也是社会、经济和文化交织的缩影。从中国古代的驿站到现代国际连锁酒店，酒店业的发展历程展示了人类居住和旅行方式的演变，以及服务业模式的创新。

国外酒店业的发展历程可以追溯到公元前600年的欧洲，当时的住宿设施非常简陋。从那时起，酒店业经历了四个主要的发展阶段，逐渐演变成为今日全球性的连锁企业。

客栈时期，基督教教会通过提供食宿服务支持旅人，这不仅是一种宗教行为，也是对穷人和朝圣者的慈善。商业化的客栈在中世纪晚期开始出现，尤其是在交通要道和城镇中心开始兴盛。18 世纪末至 19 世纪，伴随工业革命的到来，新的交通工具，如轮船和火车开始出现，改变了人们的旅行方式，促进了大酒店的兴起。这些酒店以奢华和高端服务为特征，专为社会上层提供服务。随着时间的推移，酒店业获得快速发展，形成了现代酒店业的多样化和专业化服务的特点。

中国的酒店业历史悠久，可追溯至殷商时代，驿站的建立标志着官方住宿设施的起始。这些驿站不仅服务于国内外官员和使节，也逐渐成为文人雅士的聚集地。此外，民间旅店的发展历史同样相当悠久。近代酒店的发展则是在 19 世纪中叶，西式酒店在中国主要城市兴起，之后我国便引入国外的管理技术和服务标准，同时，受到西式酒店启发的中西式酒店融合了中国传统与国外元素，形成了独特的中西合璧风格，促进了中国酒店业的现代化进程。总体来看，中国酒店业的历史演变从古代的驿站和旅店到近现代的西式酒店和中西式酒店，不仅反映了社会经济和文化交流的变迁，也展示了酒店业对外来文化的吸收与本土化的创新过程，从而形成了具有中国特色的酒店业发展道路。

国内外酒店业的发展历程呈现出两者在时间线上的差异与融合。虽然国内外酒店业在起源和发展路径上有所不同，但都展现了从传统到现代的转型过程，以及在全球化背景下对科学化管理的普遍接受。这一转变不仅反映了管理理念的更新，也显示了两个文化体系在全球经济中逐渐融合的趋势。

案例分析与讨论

花园酒店博物馆

花园酒店博物馆是国内首座以住宿行业为主题的专业博物馆。花园酒店博物馆是广州岭南商旅投资集团有限公司（简称岭南商旅集团）在新时代背景下助力广州打造“世界文化名城”和“世界级旅游目的地”，参与人文湾区建设、传承文明、延续文化、活化历史的生动实践，也是岭南商旅集团推动文商旅融合发展、加快企业创新转型的重点项目。岭南商旅集团介绍，目前国内拥有专业级博物馆资质的酒店为数不多，以酒店住宿业为主题的博物馆更属首创。花园酒店博物馆以酒店住宿业为聚焦点和切入点，将视野拓展到酒店与历史、酒店与经济、酒店与城市、酒店与建筑、酒店与乡村、酒店与文化、酒店与旅游、酒店与研学、酒店与环保、酒店与智能、酒店与生活、酒店与未来等多个维度，彰显文旅融合特色，是国内首个，也是目前唯一聚焦中外酒店住宿业发展历程、展示未来趋势的行业博物馆，填补了业界空白，具有行业首创价值。

花园酒店博物馆总建筑面积约 1600 平方米，设有 6 个常设展厅、1 个专业展演厅、1 个 360°环幕沉浸式多媒体厅、互动文创区、轻餐饮等配套设施，集展览展示、收藏研究、公共教育及文创生活体验于一体。作为国内首个讲述中外住宿业前世今生的博物馆，花园酒店博物馆以“与民族同根、与开放同频、与老城同脉、与行业同辉、与品味同质、与世界同步、与时代同行、与受众同感”的“八个同”为建馆理念和核心展陈主线，通过讲述花园故事、酒店故事、广州故事和中国故事，旨在延展花园品牌价值内涵，传承住宿业历史文明，展示千年商都发展变迁，搭建产学研跨界对话平台，促进更广泛的行业交流，成为粤港澳大湾区引领性的文化高地和文商旅融合目的地。

● **博物馆六个展厅分别展示了六个单元的内容**

第一单元：古老行业，居停之道。酒店业在千年的发展中，大致走过了客栈时期、大酒店时期、商业酒店时期、现代酒店时期等；展厅主要从东、西方两个视角讲述酒店的发展历程，从视觉、听觉、触觉等不同维度带您领略住宿业的发展历史故事。

第二单元：千年商都，商埠商住。广州，这座从公元前214年秦朝建城的商都，肩负海上丝路重要港口的贸易使命，繁忙于连接中原与岭南的南粤古驿道；经历了从商都、商埠到现代城市的转变。海陆相接的天然优势，千年商都孕育酒店业的兴盛；您可在此找寻酒店业与这座城市相伴相生的印记。

第三单元：经济发展，酒店兴盛。珠江水东流不息，如千年商都源源不断的生命力，促进广州酒店业与城市的相生共荣。自近代起，广州的商业中心呈现自西向东移的趋势，经济的发展也孕育了服务业的兴盛，通过两条轴线的展现，您可在此于宏观观察广州酒店业、酒店建筑与城市商贸、经济、文化、时尚流行趋势等多维度伴随着争相绽放的精彩演绎。

第四单元：对外开放，酒店同频。广州作为中国对外开放的前沿阵地，秉承敢为人先的南粤精神，通过引进国际酒店前沿理念、模式、设施设备与人才的同时，助推本土酒店产业链的建设，既抢占了行业先机，也引领了现代生活方式

第五单元：经典非凡，花园酒店。花园酒店被誉为改革开放的标志之一，它沉淀而成的、独一无二的历史与文化元素，留下了一个大时代的印记，同时也与中国住宿业的传承与创新息息相通，与广州商都文化、花城文明一脉相连。

第六单元：景观之上，品质生活。酒店业作为旅游产业的三大支柱之一，形成了以星级标准、品牌标准和非标住宿三种形式并存的新格局，从狭义的酒店业到广义的大住宿业，在互联网+物联网的浪潮下，酒店行业跨入更广阔的产业空间，在新发展格局下，越来越成为人们探寻美好生活的重要空间载体之一。

物理空间上看，传统博物馆通常是一座专门的建筑，有分明的空间界限，花园酒店博物馆独特之处在于跨界文商旅融合。整个博物馆置于白金五星酒店之中，富有大隐隐于市的浪漫诗意。从精神内核上看，花园酒店博物馆不仅有酒店与历史、酒店与花城、酒店与商圈、酒店与未来等宏观性、史诗性内容，更注重围绕酒店与来往旅客的关系传递人文的情怀与价值，围绕酒店与社区的关系讲述本土居民的故事和生活，围绕酒店与员工的关系传递行业的专业标准和人文温度，围绕酒店与研学承载更多的人文教育功能与空间。花园酒店博物馆以自然平实的叙述方式，为受众提供“酒店到底是什么”的丰富释读空间，以现代国际展陈理念设计展览空间和陈列，在展陈方式上除保留传统实物陈列、图文展示外，更注重互动体验，综合使用投影、多媒体触控屏、电子相框、照片墙、光影装置、场景互动等数字化、智能化、高科技形式探寻酒店的奥秘，同时植入亲子互动、节能环保、酒店系统等内容，并与酒店中央的2.1万平方米的立体园林和大堂内的镶金壁画、水乡石刻壁画、百美图、百骏图，以及场馆周边的“红楼梦大观园”“金

龙藻井”“水乡风貌”“三国刘元帅”“木旋梯”等25个实景典藏相互映衬，使得酒店本身也成为一座博物馆，让观众和游客在互动中领略住宿业历史文明，在体验中感受酒店庞大系统的整体构成和运作，为观众和游客奉献一场具有核心故事的历史穿越之旅。将博物馆开进酒店，是文化圈、住宿圈和旅游圈的跨界融合新场景，不仅能为本地居民和游客提供更具融合力、感染力的文化产品和旅居休闲生活新空间，更是广州花园酒店打造旅游目的地的又一不可或缺的硬件元素和文化名片。未来，花园酒店博物馆有望成为国内外旅客广州打卡必去的文旅地标之一。

资料来源：羊城网及花园酒店官网。

案例思考：

结合案例中“博物馆+酒店”的模式，分析酒店业未来的发展趋势。

思考与练习

1. 简述国外酒店业的发展历史。
2. 简述中国酒店业的发展历史。
3. 简述中外酒店发展脉络的相似和不同之处。
4. 简述中外酒店管理思想的演变。
5. 为什么斯塔特勒能够成为“现代酒店之父”？
6. 你是否认同“顾客永远是正确的”这一服务理念？

参考文献

林璧属. 2016. 现代饭店管理概论. 大连: 东北财经大学出版社.
陆慧. 2013. 现代酒店管理概论. 2版. 北京: 科学出版社.
朱承强, 杨瑜. 2020. 酒店管理概论. 2版. 北京: 中国人民大学出版社.

模块二：酒店管理基础理论

本模块深入探讨了酒店管理基础理论的关键方面，涵盖酒店投资与规划管理、人力资源管理等全方位课题。通过对这些核心领域的基础理论的系统学习，本模块旨在为读者奠定坚实的理论基础和培养实用的管理技能。

第三章酒店投资与规划管理，主要学习如何进行酒店项目的投资决策，掌握项目规划的关键步骤和工具，以及如何评估项目的可行性和风险。

第四章酒店战略管理，旨在理解酒店业的战略管理框架，包括如何制定和实施战略以应对竞争。

第五章酒店组织管理，旨在理解酒店业如何建立有效的组织结构和组织制度来支持战略发展。

第六章酒店服务质量管理，要求掌握服务质量的基本原则和服务创新技术，学习如何通过管理服务质量来提升顾客满意度和忠诚度。

第七章酒店品牌管理，主要学习如何建立和维护强大的酒店品牌，包括品牌定位、品牌沟通和品牌忠诚度的构建。

第八章酒店营销管理，旨在理解酒店营销的核心概念和策略，掌握如何通过有效的市场分析和营销策略来吸引和保留顾客。

第九章酒店财务管理，主要学习酒店财务管理的基础，包括成本控制、预算编制和财务报告解读，以确保酒店的财务健康。

第十章酒店收益管理，旨在掌握收益管理的技术和策略，学习如何通过价格和收益优化策略来最大化酒店的收入。

第十一章酒店人力资源管理，旨在理解人力资源在酒店业中的重要性，学习如何招募、培训、激励和保留员工。

第三章

酒店投资与规划管理

本章导读

本章深入探讨了酒店开发的关键阶段，从酒店选址与投资环境分析开始，到建筑设计与功能布局，以及最终的筹建与开业管理。这一系列流程是酒店成功启动和运营的基石，涉及广泛的决策和策略规划。通过本章的学习，读者将获得理解并实施酒店开发各阶段关键活动的知识，这些知识将帮助投资者、开发商和酒店经理人有效地评估项目的可行性，优化酒店设计，并顺利推进酒店的建设和开业过程。

学习目的

1. 理解酒店选址与投资环境分析：掌握如何进行酒店选址评估和投资环境分析。学习识别地理位置、市场需求、竞争分析、政策环境和经济因素等关键因素，这些因素将直接影响酒店项目的成功与否。

2. 熟悉酒店建筑、功能布局和流线设计：深入了解酒店建筑的设计原则和考虑因素，包括如何有效地规划功能布局以优化运营效率和顾客体验。探讨不同类型的酒店结构设计和流线设计，分析它们如何满足特定的业务需求和美学要求。

3. 掌握酒店筹建与开业管理：了解筹建阶段的关键任务，包括项目管理、财务安排、合规性审查以及营运准备。同时，探讨开业前的管理策略，如员工培训、市场营销和服务标准的设定，确保酒店开业顺利并迅速实现运营目标。

核心概念

酒店投资环境分析；建筑设计；功能布局；流线设计；开业管理

导读案例

上海这座神奇酒店，为何要建在地下 88 米的废弃矿坑里？

在废弃矿坑中建造一座五星级酒店是什么样的体验？在上海的松江国家风景区佘山脚下，有一个深坑，这里建有一座海拔–88 米的五星级酒店，即上海佘山世茂洲际酒店。这座酒店曾被美国誉为“世界建筑史上的奇迹”，让我们一同探究为何要在深坑中建酒店，以及建设过程中遇到的挑战。

上海佘山世茂洲际酒店的前身是一个废弃的采石坑。抗日战争期间，这里的石材被掠夺性开发，导致生态环境无法恢复。松江旅游业发展迅速，当地政府决定将这个矿坑改造成酒店和娱乐中心，以促进旅游业的发展，同时保护附近的生态环境。将废弃矿坑变成酒店的想法虽然很好，但面临着前所未有的技术挑战。由于全世界没有类似的先例可供参考，再加上 2006 年提出设想时我国的技术尚不成熟，这个项目一度被搁置。2013 年 3 月，在技术成熟和资金充足的情况下，这个大胆的项目正式动工。为确保项目的顺利进行，酒店特别邀请了设计迪拜帆船酒店的世界顶级设计师马丁·约克曼担任建筑设计，并由中国建筑第八工程局有限公司负责施工。

施工难度可谓步履维艰。因为坑洞的形状不规则，所以需要对有障碍性的围岩进行爆破清除，同时确保岩体的稳定。工程师们采用预裂爆破与浅孔爆破相结合的方法，既保证了设计要求，又保持了围岩的稳定性。矿坑地形复杂，只有一条“之”字形栈道通往坑底，运输材料和机械非常困难。工程师们采用罐子输送流态混凝土和升降梯输送其他材料的方案。由于传统升降梯难以固定在倾斜的崖壁上，他们拆下塔机的大臂，将升降机固定在塔机标准节上。这种创新的运输方式被命名为异形断面施工升降机，并申请了专利。在施工过程中，工程团队始终考虑环保。大量爆破碎石和废弃混凝土被制成预制道路板，这些道路板上预留有钢筋吊钩，可以重复使用。这种做法不仅减少了废料，还提高了资源利用率。

历经 12 年，从设想到成品，2018 年上海佘山世茂洲际酒店终于宣布开业。这个建筑奇迹不仅展示了工程师们的智慧和创新能力，也体现了我国强大的工程技术水平。作为一座独特的五星级酒店，上海佘山世茂洲际酒店不仅提供了豪华的住宿体验，更让人感受到与自然的深度融合和环保理念的贯彻。对于这样一座神奇的酒店，你是否会想去住上一晚，亲身体验这种地下奇观呢？

资料来源：作者根据网络资料/相关文献资料改写而成。

第一节　酒店选址与投资环境分析

一、酒店选址的影响因素

酒店选址的重要性在酒店业成功中占据核心位置，是影响酒店长期盈利能力和市场竞争力的关键因素。正确的选址不仅可以增强酒店的市场竞争力，还可以在保证投资回报的同时，提升顾客满意度和品牌忠诚度。选址是一个复杂而多维的决策过程，需要综合考虑市场需求、投资效益、竞争态势及品牌战略等多方面因素。

（一）增强客源接近性

选址首先要考虑酒店靠近其目标顾客的程度。酒店应位于游客易于访问的地点，如靠近主要交通网络、旅游景点或商业中心。这不仅便于游客到达，也有助于提高酒店的曝光率和客房入住率。例如，城市酒店通常选址于商业区或文化活动丰富的区域，而度假酒店则多选择自然景观优美或独特的地理位置。

（二）对市场竞争的影响

正确的选址可以为酒店带来竞争优势。通过对竞争对手进行周密的分析，合理的选址策略应当使酒店能够在市场中占据有利位置，减少直接竞争，或者提供某些竞争对手无法比拟的独特服务和体验。选址决策还应考虑市场饱和度，避免进入已由多家酒店占据的成熟市场。

（三）成本与投资回报

选址直接关联到项目的初始建设成本及未来的运营成本。地理位置、土地成本、建筑规定及当地劳动力市场都会影响总投资额。此外，优越的地理位置虽然可能需要更高的初期投资，但酒店通常能通过更高的房价和入住率获得更高的投资回报。例如，位于繁华地段或具有独特景观的酒店通常能吸引更多的高消费顾客群。

（四）品牌形象与市场定位

酒店的地理位置反映了其品牌形象和市场定位。例如，高端酒店品牌常选择地理位置优越、环境优美的地区，以符合其豪华、高雅的品牌形象。相反，经济型酒店则可能更注重交通便利性和成本效益，选择靠近主要交通干线或商务区的地点。

二、酒店投资环境分析

酒店投资环境分析是评估一个地区或市场对于酒店投资吸引力的关键过程。这种分析涉及多个维度，包括政治、经济、社会文化、技术、环境和法律等因素（图 3-1）。

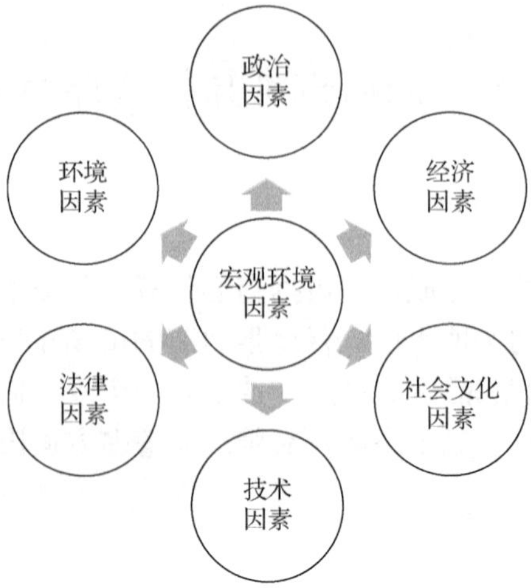

图 3-1 酒店投资环境分析

（一）政治因素

政治稳定性对酒店投资至关重要，因为它直接影响投资的安全性和吸引力。一个稳定的政治环境可以有效地保护投资，减少政治风险，如政变、政策突变等带来的损失，从而保障酒店业务的连续性和预测性。此外，政府对旅游业的积极支持，如通过税收优惠、土地使用的便利化及财政资助等措施，也是吸引国内外投资者的关键因素。例如，政府可能会为酒店开发商提供税收减免，或者在特定旅游区域提供额外的经济激励，以促进当地旅游业的发展。政府的开放政策对于国际投资者也尤为重要。一个对外资开放的政治环境不仅能够吸引外国直接投资，还可以通过引进国际酒店品牌和管理知识，提升本地旅游业的竞争力。这种开放性也表现在允许国际酒店集团进入市场、提供国际合作的便利条件等方面。

（二）经济因素

经济环境是影响酒店业绩的另一大重要因素，它直接关系到消费者的消费能力和旅游意愿。经济指标如国内生产总值（gross domestic product，GDP）增长率、消费者信心指数、就业率和通货膨胀率都是衡量一个地区旅游和酒店业潜力的关键数据。一个繁荣的经济环境通常意味着居民和游客有更高的消费能力和更频繁的旅游活动，这直接提高了酒店的入住率，增加了酒店的收入。此外，外汇汇率的波动也对国际旅游和酒店业有显著影响。汇率变化直接影响到国际游客的旅行成本和在目的地的消费水平。例如，当本币相对于外币贬值时，对于持外币的国际游客而言，旅游目的地的消费成本降低，这可能会增加旅游需求和提高酒店入住率。

（三）社会文化因素

社会文化趋势及人口结构对酒店业的影响深远。各地区的文化习惯和旅游偏好不仅驱动着酒店服务与产品的定制化设计，还影响了市场营销策略和顾客服务方式。文化的多样性要求酒店在服务提供上具有高度的灵活性和适应性，以满足不同顾客群体的需求和期望。文化差异可能影响顾客的餐饮偏好、住宿需求甚至是接待方式。全球化趋势促使酒店业务需要不断调整策略，以适应具有不同文化背景的旅客需求。这不仅体现在语言服务的优化和文化敏感性的增强，还体现在酒店设计、广告宣传和员工培训等方面的多元化。例如，酒店可能需要提供多语种服务，培训员工了解和尊重不同的文化习惯，以及在营销策略中融入更多元的文化元素。

年轻一代旅客，尤其是千禧一代和 Z 世代，对旅宿体验有着不同的期待。他们倾向于选择那些提供高科技服务和个性化体验的酒店。这一群体通常寻求独特且具有社交分享价值的体验，因此，酒店业正在逐渐转向更加数字化和体验式的服务模式。

（四）技术因素

技术的进步极大地改变了酒店业的运营模式和市场营销策略。从在线预订到顾客服务，技术在现代酒店业中扮演着越来越重要的角色。互联网和移动技术的普及使得在线预订成为常态。酒店不仅需要维护传统的预订系统，还必须投资建设和优化电子商务平台，确保平台的用户友好性、交易安全性，并能与社交媒体整合，以吸引和保持现代消费者的兴趣。智能技术，如智能房间控制系统、机器人客服以及基于 AI 的数据分析正在逐步改变酒店的服务模式。这些技术不仅提升了运营效率，还提高了顾客满意度，总之，随着技术的持续发展，酒店行业必须不断地适应新的技术趋势，以保持竞争力并满足现代消费者的期待。这要求酒店投资不仅要关注当前的技术实施，还要预见未来的技术发展，确保可以迅速适应市场变化，提供最新的服务和体验。

（五）环境因素

随着全球对可持续发展的重视日增，酒店行业也正面临着将环保理念融入商业运作的挑战与机遇。环保不仅关乎道德责任，也越来越成为提升竞争力和吸引消费者的重要因素。环保意识的提升已推动消费者在选择酒店时越来越多地考虑其环保措施和可持续发展实践。这种消费者行为的变化促使酒店业必须重新思考其环保政策，以确保它们既符合法律规定，又能满足市场需求。

（六）法律因素

酒店投资必须严格遵循当地法律法规，确保合规经营。这包括建筑标准、健康安全法规、消费者权益保护法以及劳动法等。合规的投资不仅有助于避免因违法而产生的风险和成本，同时也是维持投资长期稳定回报的基础。在全球化的经济背景下，酒店业的国际化投资也越来越普遍，这就要求投资者不仅要熟悉国内的法律环境，还必须了解和遵守国际法规与行业标准。例如，数据保护法规（如欧洲联盟的《通用数据保护条例》）对于处理国际顾客的个人信息有严格要求，不合规将承担重大法律责任。

第二节 酒店建筑设计和功能布局

一、酒店建造前的市场客源分析

市场客源分析，是指对某一具体地点或区域的客源分析。酒店具有不同档次、规模与类型，主要是因为客源本身有着不同的收入和消费水平，不同地点或区域的客源具有不同的流量和不同的旅游目的。建造酒店的投资不应是一种短期行为，必须从长计议。所以，投资者必须对酒店市场的供需关系进行调查与分析。在前述调查分析的基础上，市场供需关系的调查分析至少包括以下两个方面的内容。

第一，对具体市场现有的酒店状况进行调查和分析。这包括对市场内现有酒店的星级、正在建造的酒店、计划建造的酒店以及它们的数量、类型、规模、服务功能和经营状况等方面进行详尽的调查和分析（表 3-1）。首先，星级评定是衡量酒店服务质量和设施水平的重要标准，不同星级的酒店代表了不同的服务水平和顾客群体。市场上的星级酒店范围可能从经济型（如 1 星级或 2 星级）到豪华型（如 5 星级），各自针对不同的市场需求和消费层次。了解这些酒店的分布和数量，可以帮助我们评估市场的竞争状况和顾客偏好。其次，关注正在建造和计划建造的酒店是预测市场趋势与未来发展的关键。这不仅包括新酒店的数量，还应包括它们的规模、类型和预计开业的时间。例如，市场上是否有大量的奢华酒店正在建设，或者是否有大型会议酒店计划建设，这些信息对于预判市场动向和调整商业策略极为重要。再次，酒店的类型和规模也是分析的重要内容。市场上的酒店可能包括度假酒店、商务酒店、精品酒店等，它们可能是大型的综合性设施或小型的专属服务设施。了解这些酒店的主要功能和服务，如餐饮服务、会议设施、休闲娱乐选项等，能够帮助我们更好地理解其服务范围和目标顾客。最后，分析现有酒店的经营状况，包括其财务健康状况、客房占用率、顾客满意度等，这些都是评估市场竞争力和酒店表现的重要指标。通过这种分析，投资者和经营者可以识别市场中的机遇和挑战，制定相应的策略来优化他们的服务和运营。

表 3-1 市场现有的酒店状况调查表

酒店		1～2 星级	3 星级	4 星级	5 星级	正在建造	将要建造
数量							
类型	商务						
	度假						
	精品						
规模							
服务功能							
经营状况							
汇总							

第二，国民经济发展状况的调查与分析。宏观国民经济发展状况，包括经济结构和产业结构的调整、国家和本省（市）重点投资的项目及其分布、国际经济的重大变化等。还有具体市场以及周边区域交通状况的变化，它与宏观国民经济的发展相联系的经济发展和交通改善，必然引起客流量的变化，这正是投资建造酒店所必须了解的情况。随着城乡居民经济收入的提高，其消费水平也会相应提高，因此，同时还应把握城市居民消费习惯的变化等。

二、酒店的建筑设计

在现代酒店业中，建筑设计和功能布局对于酒店的成功至关重要。一个好的设计不仅能提升顾客的入住体验，还能有效地提高酒店的运营效率和市场竞争力。在这一节中，我们将深入探讨酒店建筑设计和功能布局的关键要素，包括建筑风格、客房设计、公共区域、环保设计以及技术集成等方面。

（一）建筑风格与环境融合

酒店的建筑设计应与其地理位置、文化背景和目标市场紧密相关。设计师须考虑如何将当地的建筑特色和现代设计元素结合起来，以创造出独特而引人入胜的外观。例如，位于历史名城的酒店可能采用传统的设计元素来呼应城市的历史文脉，而海滨酒店则可能选择开放式的设计来最大化海景的视觉效果。

（二）客房设计：舒适与功能性

客房是酒店的核心部分，其设计必须兼顾舒适性和功能性。现代酒店客房设计趋向于简洁而现代的风格，强调自然光的引入和高质量的睡眠体验。此外，随着技术的发展，越来越多的酒店开始在客房中集成智能设备，如配备自动窗帘、智能温控系统和高速互联网，以提升顾客的居住体验。

（三）公共区域：接待便利与休闲舒适

酒店的公共区域包括大堂、会议室、餐厅、健身房等，这些区域的设计应符合酒店的整体风格，并能满足不同顾客的需求。大堂是顾客的第一印象，其设计应体现酒店的品牌形象并提供舒适的等候区域。会议室和宴会厅的设计则需要灵活多变，以适应不同规模和类型的活动。餐厅和酒吧的布局则应考虑流线和视觉效果，营造宜人的用餐氛围。

（四）环保设计：可持续发展的实践

酒店设计越来越重视环保和可持续性。通过采用节能材料、利用可再生能源，以及实施废物回收等措施，酒店不仅能减少对环境的影响，还能在运营中节约成本。例如，利用地热能和太阳能为酒店提供热水和电力，使用 LED（light emitting diode，发光二极管）照明和高效隔热材料来减少能源消耗。

（五）技术集成：智能化的运营优势

随着科技的进步，将先进技术融入酒店设计和运营已成为行业发展的趋势。智能化系统可以帮助酒店更有效地管理房间预订、能源使用和顾客服务。例如，通过集成的顾客管理系统，酒店可以提供更加个性化的服务，同时通过数据分析优化运营策略和营销活动。

三、酒店的功能布局和流线设计

酒店的功能布局和流线设计是影响运营效率和顾客满意度的关键因素，涉及酒店内部每个空间的合理规划和整体流畅性的优化。一个良好的布局和流线设计不仅能提升顾客体验，还能提高员工的工作效率，确保服务质量和安全性。

（一）功能布局

酒店的功能布局的核心目的是优化空间使用，提升顾客体验，同时确保运营效率。一个合理的功能布局应考虑到顾客的便利性、服务流畅性以及员工的操作效率，确保各个功能区都能够实现合理配置与协调互动。

在酒店的功能设计中，科学、合理地分配各类设施的面积及其比例是至关重要的。这种面积、比例的优化直接影响着酒店的运营效率和经济效益。一个有效的面积配比不仅能满足经营需求，还能最大化每平方米的产出，从而提高酒店的整体盈利能力。酒店的类型不同，其区域面积的配比自然也会有所不同。例如，商务酒店可能需要较大的会议空间和商务中心，以满足商务顾客的需求，而度假酒店则可能更注重休闲娱乐设施如游泳池、健身房和广阔的庭院等。因此，在设计初期就需要根据酒店的定位和目标市场来合理规划各功能区的面积比例。

在设计布局时，整体空间的规划是关键。这包括共享空间和盈利空间的合理布局。共享空间，如大堂、休息区和其他公共设施，虽不直接产生利润，但对提升顾客体验和酒店形象具有重要作用。它们需要被设计得既美观又实用，能够使顾客感受到舒适和便利。盈利空间如客房、餐厅和会议室，则是酒店直接收入的来源，需要根据市场需求和顾客偏好来优化设计，以确保高效利用每一平方米的空间。

（二）流线设计

酒店流线设计是酒店管理中的一项核心任务，关乎人员和物品在酒店内部的高效、安全和便捷移动。这一设计不仅涉及水平与竖向的动线规划，而且涵盖了顾客流线、服务流线、物品流线以及信息系统流线的整合，每一种流线都可以针对不同的功能和需求进行优化。

对于顾客流线，设计的主旨是直接而明了，确保顾客从进入酒店到达房间的过程既简单又直观。对于住店顾客，酒店提供直接通往客房层的简捷通道，如使用专用电梯或设置客房在特定楼层，确保顾客能够在不受干扰的情况下快速进入和离开。对于参加宴会的顾客，酒店则设立专门的宴会出入口和直通宴会厅的通道，这样的安排既保证了宴会活动的顺利进行，也保障了住宿顾客的安静和私密性。

服务流线的设计则注重效率和适用性，要求紧凑而短捷。工作人员应通过专用的出入口进出，这些通道应与顾客流线明确分隔，以避免服务操作干扰顾客体验。此外，服务人员的动线还需要连接到酒店的关键服务区域，如厨房、洗衣房和行政办公室，确保员工在执行任务时能够高效、迅速地完成。

物品流线则更注重安全性和隐蔽性。酒店内的部件、食品及垃圾等物品的运输必须通过专用通道来完成，以减少对顾客的影响。此外，实行清污分流和生熟分流是必要的，特别是在厨房和洗衣区，这不仅有助于维护卫生标准，而且保障了操作的安全性。

至于信息系统流线，现代酒店越来越依赖智能化的管理系统来优化运营效率。这包括集成的预订系统、收银系统和办公系统，每一个系统都需要设计得既智能又便捷，以支持酒店的日常管理和顾客服务。同时，酒店的官网和在线服务通道也应设计得直观易用，确保顾客可以轻松访问并享用这些服务。

第三节　酒店筹建与开业管理

酒店筹建与开业管理是一个复杂的过程，涉及市场调研、立项规划、设计建造、资金筹措、法律合规、内部装修、员工招聘与培训、营销推广等多个环节。每一个环节都需要精心规划和管理，以确保酒店项目能够按预订计划顺利完成，并在开业后迅速进入良性运营阶段。

一、酒店的筹建阶段

酒店筹建阶段是确保酒店成功开业的基础，这一阶段主要包括立项与规划、资金筹措、法律与政策遵从，以及酒店开业准备阶段。

（一）立项与规划

立项是筹建阶段的第一步，需要进行深入的市场调研，分析目标市场的旅游需求、竞争对手情况、潜在顾客群，以及地区特色等。这些数据将直接影响到酒店的定位和规模。规划阶段则需要决定酒店的具体位置、设计风格、设施布局和服务范围。在设计过程中，建筑师和设计师需要考虑到功能实用与美观的平衡，同时也要预见未来可能的扩展或改造。此外，环保和可持续性也是现代酒店设计中不可忽视的因素。具体施工进度问题一般是由酒店建筑工程的承建方负责，但是作为投资方来说，也应该做到心中有数，并将其纳入通盘的规划当中。投资者应随时了解施工进度状况，尽量避免因资金问题或其他因素造成工程延期。投资者还需要充分考虑各种设备用品的购运因素，控制好购置设备的提前期。注意各种设备的规格、尺寸与安装、放置现场的空间配置问题。

（二）资金筹措

酒店项目通常需要巨大的初始投资，资金筹措因此成为关键步骤。资金可以通过多种渠道获得，包括但不限于私人投资、银行贷款、政府补助或是建立战略伙伴关系。每种资金来源都有其特定的优势和条件，选择合适的融资结构对于控制成本和降低财务风险至关重要。在筹资过程中，制订详尽的商业计划书是必不可少的。计划书应详细阐述项目的盈利模式、预期收入、回报率以及风险评估，以便说服投资者或贷款机构。

（三）法律与政策遵从

在酒店建设和运营过程中，必须严格遵守当地的法律法规。这包括获得所有必要的建筑许可证、经营许可证和环保批准。此外，酒店还须确保符合消防安全标准、卫生标准和劳动法规。合规不仅仅是法律的要求，更是企业社会责任的体现。一个合规的运营模式不仅可以避免法律风险，还能提升酒店的品牌形象和公众信任度。

（四）酒店开业准备阶段

在完成酒店筹建之后，即进入开业准备阶段，这是酒店从建设向运营转变的关键时期。此阶段主要包括内部装修与设施布置、人员招聘与培训，以及营销与推广。酒店开业前期所需文件包括营业执照、企业简章、劳动合同书，还包括各种会议决议、协议、合约以及酒店的各项管理规章制度等。其中最关键、最核心的部分是酒店经营管理的各项规章制度。

酒店的筹建过程见表 3-2。

表 3-2　某酒店的筹建过程

某酒店开业前时间	各项具体活动
开业前 18～前 15 个月	1. 完成工程初步设计（建筑方案概念设计） 2. 与政府部门确认法规合规性（建筑高度、消防等） 3. 聘请机电工程师团队（负责电梯、电气、空调、给排水系统设计）
开业前 15～前 12 个月	4. 确定项目融资方案并落实资金 5. 开展工程总包招标（含承包商资质审查） 6. 组建设计团队（室内/厨房/景观设计师，设计周期 3 ~ 4 周）
开业前 12～前 9 个月	7. 完成施工图深化设计 8. 取得规划、消防等部门审批文件 9. 申领建筑施工许可证 10. 工程正式开工（关键里程碑）
开业前 9～前 6 个月	11. 确定家具设备最终方案（含技术规格参数） 12. 完成厨房酒吧专项设计（周期 28 周） 13. 开展家具设备招标采购（周期 2 ~ 3 周）
开业前 6～前 3 个月	14. 设立项目筹备办公室（含通信系统建立） 15. 酒店总经理到岗 16. 建立营销体系（价格策略、渠道开发、宣传物料制作） 17. 部门经理招聘与到岗
开业前 3～前 1 个月	18. 基层员工招聘与培训 19. 设备安装调试与验收 20. 菜单最终定稿与印刷

续表

某酒店开业前时间	各项具体活动
开业前 1 个月	21. 开业庆典方案确定（含 VIP 邀请） 22. 营业物资全面到位并验收 23. 制订员工排班计划
开业前 1～前 3 周	24. 全员岗前培训与服务演练 25. 试运营测试（设备压力测试、服务流程模拟）
开业当日及之后	26. 举办开业庆典 27. 运营数据监测与优化

二、开业管理

开业准备阶段的各项工作都是为了确保酒店能够平稳过渡到日常运营阶段，并在开业之初就能吸引并留住顾客。

（一）内部装修与设施布置

内部装修与设施布置是塑造酒店形象和提高服务质量的重要步骤。这不仅涉及美学的考量，还要确保所有的设施都符合功能性和安全标准。装修风格应与酒店的整体定位相符合，无论是豪华型、商务型还是休闲型，装修的风格和材料选择都应该反映出其独有的品牌特色。在设施配置方面，从客房的床品、卫浴设施到公共区域的休息设施、餐饮设备，每一处的设计都需要考虑实用性与舒适性。此外，技术设备，如 Wi-Fi 系统、会议室多媒体设施等也需要精心布置，以满足现代旅客的需求。

（二）组织结构与人员配置

组织结构与人员配置主要有三种方式。第一，投资者或投资者的代理人具有经营管理酒店的经验，凭过去的经验在恰当的时候，按计划要求由其自行解决组织结构和人员配置问题。第二，投资者或其代理人本身没有经验，通过聘请其他酒店或某酒店集团，或某酒店经营管理公司代为解决问题。第三，无论投资方还是其代理人有无经验，本着一切从零开始的态度，聘请高校或者研究机构的经营管理创新专家，彻底摒弃和打破现存酒店按职能分工形成的、传统的组织结构模式，完全以顾客的需求为导向，以最优质的服务流程为核心，按照组织柔性化和结构扁平化的要求，创建全新的酒店经营管理组织结构模型。

（三）人员招聘与培训

优秀的员工队伍是酒店成功运营的基石。因此，招聘合适的员工并进行系统的培训至关重要。酒店需要从前台接待、客房服务员到餐饮人员等多个岗位精心挑选员工。在招聘过程中不仅要考虑应聘者的专业技能，还要评估其服务意识和团队协作能力。在新员工培训方面，为了确保员工能够提供高标准的服务，培训不应仅限于岗前培训，而应开设持续的职业发展和技能提升课程。培训内容应包括顾客服务、紧急情况处理、个人卫生规范等。

（四）营销与推广

开业初期的营销活动对于建立酒店的市场地位极为重要。有效的营销策略可以在开业之初就吸引客源，快速提升酒店的知名度。通过各种媒体渠道，如在线广告、社交媒体、传统媒体发布和公关活动，建立酒店品牌形象。开业典礼、特别优惠、合作伙伴关系和其他推广活动可以有效地吸引公众的注意力。建立顾客数据库，通过邮件营销、会员计划等手段维护老顾客，吸引新顾客。

本章小结

酒店选址和投资环境分析是影响酒店业成功的关键因素，涉及多个维度的考量。选址决策须考虑客源接近性、市场竞争、成本与投资回报、品牌形象与市场定位，以及可持续性发展。选址应靠近主要交通网络、旅游景点或商业中心，这样做有助于提高酒店曝光率和客房入住率，同时选址还须考虑竞争态势、成本效益、品牌匹配及环保因素。酒店投资环境分析则需要考虑政治、经济、社会、技术、环境和法律因素。投资决策须基于这些综合因素进行，以确保酒店长期成功和可持续运营。

酒店建筑设计和功能布局是确保其成功与高效运营的关键。首先，进行市场调研是基础，它涉及分析目标市场需求、竞争对手情况、潜在顾客群、地区特色等。具体到酒店的建筑设计和功能布局，强调必须考虑与环境的融合、优化客房的舒适性与功能性、设计符合整体风格的公共区域，并注重环保和技术的集成。设计应确保酒店内部空间的有效利用，优化顾客和服务流线，以提高运营效率和顾客满意度。

酒店筹建与开业管理涉及多个复杂步骤，包括市场调研、立项规划、资金筹措、法律合规、内部装修、员工招聘与培训，以及营销推广。筹建阶段包括进行市场调研以确定酒店定位、规模和设计，确保项目反映市场需求和区域特色。资金筹措通过多种渠道进行，确保有足够的资金支持项目实施。同时，必须严格遵守相关法律法规，获得必要的建设和运营许可。开业准备阶段需要完成内部装修、进行设施布置，以及员工的招聘和培训。酒店需要制定详细的管理规章和服务标准，同时开展有针对性的营销活动以明确市场位置和吸引客源。整个过程要求酒店管理者具有前瞻性和应对各种挑战的能力，确保从项目启动到酒店开业的各个环节都能高效、顺利地执行。

案例分析与讨论

东呈国际首家精品潮牌酒店——锋·态度酒店全球首店在广州开业

2019 年 6 月 30 日，东呈国际首家精品潮牌酒店——锋·态度酒店在广州火车站旁的三元里梓元岗路 82 号举行了盛大的全球首秀暨开业庆典。活动现场，潮人的狂欢与

DJ 的强劲节奏声交织，气氛热烈。东呈国际集团创始人、董事长兼首席执行官（chief executive officer，CEO）程新华与多位高管身着锋品牌专属 T 恤，彰显了品牌的独特风格。此次盛典还吸引了广东多档地方节目主持人李跃、网红大 V 丹妮、广州 Hip-Hop 老牌团队“精气神”成员 SouHan、《中国有嘻哈》人气选手 P.O.P 等众多明星大咖到场助阵。

广州火车站作为老广潮流文化的发源地之一，见证了无数潮流风尚的起源和演变。锋品牌全球首店选择落地于此，不仅是对广州本土潮流文化的致敬与传承，更是东呈国际探索酒店空间文化和美学消费价值的成功实践。东呈国际集团副总裁、精品生活事业群总裁、首席品牌官黎洪刚在开业致辞中表示：“我们可以很自豪地说，锋品牌为东呈注入了新的力量，也为国内生活方式型酒店提供了新鲜血液。锋·态度酒店必将在生活方式型酒店领域大出‘锋’头。”

锋·态度酒店是东呈国际旗下首个精品潮牌酒店品牌。酒店通过潮流的语言符号和丰富的陪玩服务，为年轻人打造了一个有范、有趣、有态度的场景式社交和旅居体验空间。东呈国际深刻洞察千禧一代消费者越来越追求个性化、时尚和潮流的住宿体验，推出锋品牌，不仅为年轻、时尚、潮流的消费群体提供了独特的生活方式体验，还填补了东呈国际在精品酒店市场的空白，进一步完善了东呈国际在大住宿产业的布局。

锋·态度酒店与商旅、度假、公寓、潮流和跨界等品牌一起，构成了东呈强大的品牌矩阵，以满足不同消费群体的个性化住宿需求。为了吸引千禧一代和追求时尚、潮流的消费群体，锋·态度酒店精心设计了多个特色亮点。酒店外观采用酷炫的涂鸦设计，十分吸睛。大堂是一个多功能、多场景的互动空间，为顾客提供丰富的社交和休闲体验。私人影院客房更是拒绝了传统差旅的枯燥无趣，让顾客尽享电影的乐趣。酒店的早餐时间也进行了创新，提供从早上 7 点持续至下午 1 点的超长待机早餐。此外，酒店还特设神秘的首席陪玩官，为顾客提供任性的陪玩服务，与潮流爱好者们一起，锋芒毕露，“娱”众不同。

锋·态度酒店的开业不仅标志着东呈国际在精品潮牌酒店领域的突破，也为国内生活方式型酒店市场注入了新的活力。通过不断地创新和探索，东呈国际将继续引领行业发展，为消费者带来更多元、更个性化的住宿体验。

资料来源：作者根据网络资料/相关文献资料改写而成。

案例思考：

在该案例中，东呈国际集团酒店的开业庆典仪式与开业酒店的风格特色是否一致？为什么要这么做？

思考与练习

1. 如何理解斯塔特勒这句话：对任何酒店来说，取得成功的三个最重要的因素是地点、地点、地点？

2. 酒店投资环境分析包括哪些方面？

3. 如何做好市场客源分析？

4. 酒店的建筑设计应遵循哪些原则？
5. 不同的酒店流线设计应该注意什么？

参考文献

栗书河，马磊. 2016. 饭店管理导论. 北京：中国轻工业出版社.
林璧属. 2016. 现代饭店管理概论. 大连：东北财经大学出版社.
马勇，周娟. 2013. 饭店投资策略与精细化建设管理. 天津：南开大学出版社.
曾国军，赵永秋. 2013. 酒店设计的原真性与标准化协调：理论构建与个案展示. 旅游学刊, 28(6): 94-101.
曾国军，赵永秋，李晓辰. 2012. 设计酒店的原真性与标准化悖论：基于地方文化和顾客感知的视角. 旅游规划与设计, (2): 18-29.
Cox L J, Vieth G R. 2003. Hotel investment in open area. Annals of Tourism Research, 30(2): 342-352.
Gilbert D C, Kapur R. 1990. Strategic marketing planning and the hotel industry. International Journal of Hospitality Management, 9(1): 27-43.

第四章

酒店战略管理

本章导读

本章深入探讨了酒店管理的核心策略和组织架构，涉及战略管理、核心竞争力的培育、组织管理的实质及组织制度的创新变革。通过对这些关键领域的分析，本章旨在提供一套全面的框架，帮助读者理解如何有效地管理和优化酒店业务的结构与战略，从而驱动持续的业务成功和增长。

学习目的

1. 理解酒店战略管理的概念，包括战略的规划、执行和监控。

2. 掌握战略管理的过程，包括内外部环境分析、战略制定、战略实施、战略评估和控制。

3. 掌握如何培育酒店核心竞争力：分析和识别构成酒店企业核心竞争力的要素，以及如何有效地培养这些竞争力。

核心概念

酒店战略管理；酒店企业核心竞争力；酒店愿景；酒店使命；酒店价值观

导读案例

汉庭酒店的蓝海战略及第二次蓝海战略

汉庭酒店在中国企业界成为蓝海战略实践的标杆案例，是蓝海战略在中国商业史上最成功的应用之一。2005年，季琦先生运用蓝海战略的方法创办了汉庭酒店，开创了中国经济型酒店的蓝海市场。蓝海战略，由欧洲工商管理学院的W. 钱·金教授和勒妮·莫博涅教授提出，其核心在于通过“剔除、减少、增加、创造”的四步动作，创造新的价值曲线，开拓无人竞争的蓝海市场，避免红海竞争。季琦先生洞察到当时中国酒店行业的两大缺陷：高星级酒店价格昂贵，普通人难以承受；而低价的招待所住宿条件又极其简陋。于是，他创立了汉庭酒店。

汉庭酒店在产品设计上，剔除了传统星级酒店的豪华大堂、大型会议室、KTV、餐厅等不必要的设施。因为出差人士往往业务繁忙，无法享受这些服务。因此，汉庭把客房作为唯一的产品，减少房间面积，去除奢华的装修，重点提升“洗好澡、睡好觉、上好网”的体验，价格设定在200元左右，这样的定位迅速吸引了大量顾客，成功开创了一个新的蓝海市场，使汉庭酒店迅速在中国酒店市场崛起。蓝海创新者在开创了新的市场空间后，通常能够在较长时间内保有蓝海市场，但随着巨大利润和增长效益的显现，竞争者必然会涌入，利润也会开始下滑。汉庭酒店在开创经济型酒店蓝海后，吸引了众多竞争者，到2015年底，汉庭酒店数量已达2000家，全国经济型酒店总量接近2万家，市场已变成红海。汉庭面临行业不景气，每间可售房收入连续三年下滑，产品老化，入住率下降，价格竞争激烈等问题。2016年2月，汉庭酒店提出品牌战略重塑的需求。

汉庭酒店的战略性基因是蓝海战略，在新的时期，汉庭酒店需要加强的关键点是什么？经过对全国各大城市的经济型酒店的走访和消费者访谈，发现相比“睡眠、安静”等硬件设施或服务水平，“干净卫生”是消费者入住经济型酒店的最大痛点。汉庭酒店在解决干净问题上投入巨大，超过其他经济型酒店。首先，汉庭酒店率先与行业领先的洗涤公司达成战略合作，从源头保障毛巾和床单严格洗涤，成本高出10%；其次，行业首创便携式消毒柜，每个水杯都经过紫外线和臭氧高温消毒10分钟；再次，采用从美国进口的艺康清洁剂，价格是国产的2倍，确保马桶有效除菌达99.9%；最后，启动内部自检工程，每月将5%质量不达标的酒店或房间下线停售。基于这些能力，汉庭酒店提出了第二次蓝海战略。通过压倒性的资源投入，把干净做到极致，甚至比五星级酒店更干净，形成新的蓝海。蓝海战略强调，一个好的战略需要一句清晰且令人信服的口号。一个好的口号不仅要传达清晰的信息，还要切合实际，否则顾客会失去信任和兴趣。检验一项战略是否有效和强有力的方法之一，就是看它是否有一句有力且真实的口号。

"爱干净，住汉庭"就是汉庭酒店第二次蓝海战略的核心口号，它要求企业将人力、物力、财力等所有资源集中投入在干净上：投入人力，投入时间，投入金钱。有人问，干净加强了，成本提高了，其他地方是否会减弱？其实，其他地方不能减弱，只需适度提高价格，以实现蓝海的更高溢价。因为红海竞争是不断降低价格的恶性竞争，经营的最高境界是货真价实，把产品做好，价钱自然会上来。

2017 年，汉庭酒店在干净方面的投入带来了显著成效。首先，每间可售房收入增长显著，营收溢价大幅上涨，成为行业奇迹。2017 年 12 月，华住 CEO 张敏发布的经济型酒店第三季度每间可售房收入业绩数据显示，汉庭遥遥领先，成为经济型酒店行业的第一品牌。2017 年全年，汉庭每间可售房收入平均增长 8%，汉庭新品每间房溢价 20 多元，是最佳竞品同店每间可售房收入增长的 2 倍。全年客房入住率上升 10%，达到 93.5%。开业 18 个月以上的直营店和加盟店总营收溢价大幅增长。对于一个大规模的成熟酒店品牌来说，这是一个奇迹。其次，没有进行硬件翻新的门店同样增长出色。汉庭酒店每间可售房收入的增长，不仅是由少数门店的硬件翻新改造带来的，更是由大多数没有进行硬件翻新的门店带来的，这些门店占汉庭酒店总数的 60%。由于贯彻了干净工程，它们同样获得了增长，而且相当出色。这打破了经济型酒店以往靠硬件翻新才能带来增长的行业桎梏，让干净工程进入一个可持续的良性循环。可以说，没有进行硬件翻新的门店的增长，是上万名清洁阿姨用抹布一点一滴擦出来的。

资料来源：作者根据网络资料/相关文献资料改写而成。

第一节　酒店战略管理过程

酒店战略管理是一种组织管理形式，旨在设定长期目标和策略，通过分析内部和外部环境来确保酒店资源的最优配置与利用，从而帮助酒店在竞争激烈的市场中获得竞争优势。它包括战略的规划、执行和监控，涉及目标的设定、环境的扫描、战略的制定和实施以及绩效评估。酒店战略管理过程包括以下部分：外部环境分析、内部环境分析、战略制定、战略选择、战略实施、战略评估与控制（图 4-1）。

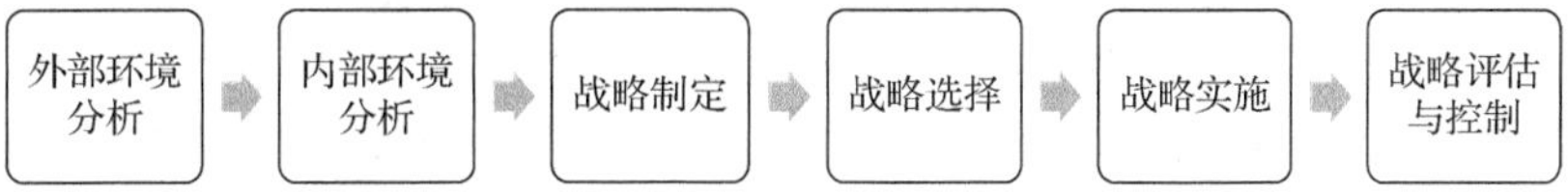

图 4-1　酒店战略管理过程

一、内外部环境分析

（一）外部环境分析

第一，宏观环境分析。酒店业受多种宏观环境因素的影响，这些因素可以通过 PEST 分析来系统地识别和评估。PEST 分析是评估企业外部宏观环境的有效工具，通过政治（political）、经济（economic）、社会（social）、技术（technological）四大维度分析影响企业发展的外部因素。政治因素包括政府政策、税率变化、贸易限制等，这些都直接影响酒店业的运营成本和市场可达性。经济因素涉及经济增长、汇率波动、就业水平等，这些都会影响消费者的旅游能力和消费意愿。社会因素包括人口统计变化、消费者偏好和生活方式的变迁，这些变化要求酒店业不断地调整其服务以满足新的顾客需求。技术因素则涉及新技术的发展。技术应用可以极大地提升顾客体验和操作效率。

第二，行业环境分析。通过使用波特五力模型，可以分析酒店业的竞争态势。模型包括竞争对手的竞争程度、潜在的新进入者威胁、替代品或服务的威胁、供应商的议价能力和顾客的议价能力。在酒店行业中，竞争通常很激烈，不仅来自同一地区内的酒店，还包括空中民宿等替代住宿选项。新技术的进入降低了市场进入门槛，增加了新竞争者的威胁。同时，供应商在食品、饮料和运营设备方面对酒店有一定的议价能力，而顾客的议价能力则随着市场信息的透明度的提高和替代服务的增加而增强。

（二）内部环境分析

第一，酒店资源与能力分析。酒店的竞争优势在很大程度上依赖于其资源和能力的配置。物理资源包括其地理位置、建筑特色及设施装备；人力资源涉及员工的服务技能和管理能力；知识资源则包括品牌知名度和管理经验。这些资源如何协同作用，决定了酒店能否在竞争中保持优势。例如，位于旅游热点地区的酒店，可以通过优越的地理位置吸引游客；而服务质量高的酒店，则能通过口碑获得更高的顾客忠诚度。

第二，酒店价值链分析。通过对酒店操作的各个环节进行价值链分析，可以识别增值点和成本节约的机会。从入住前的顾客接触点（如预订系统和顾客服务）到入住期间的服务（如客房服务、餐饮服务和休闲设施）再到退房后的客户关系管理，每一个环节都是创造顾客价值和提升效率的机会。优化这些环节不仅可以增强顾客体验，还可以提升酒店的整体运营效率和盈利能力。

二、战略制定

（一）明确酒店的愿景、使命和价值观

在酒店行业中，明确设定愿景、使命和价值观是确保长期成功与市场领导地位的关键。这些组织核心元素为酒店提供了明确的方向、目标和行为准则。

愿景是指酒店希望在未来达成的理想状态，它应具有启发性并能激励员工和吸引顾客。愿景应该足够宏大，能够引导酒店的长远发展。假设一个酒店的愿景是“成为全球最受欢迎的生态友好型度假目的地”，那么这个愿景不仅传达了酒店想要达到的市场地位，还强调了其环保的承诺。

使命定义了酒店的目的和核心目标，说明酒店存在的原因以及它如何服务于其顾客。使命应具体、清晰，并能反映酒店的主要业务。酒店的使命可能是“通过提供无与伦比的个性化服务和顶级设施，为全球旅行者创造独一无二的住宿体验”。这个使命清晰地描述了酒店提供的主要服务和顾客体验。

价值观是指导酒店日常运营和决策过程的核心信念与原则。它们反映了酒店的品牌精神和文化，是员工行为的基础。例如，顾客至上的价值观意味着始终将顾客的满

意度和体验放在首位。尊重和多样性的价值观传达了尊重员工和顾客的多样性，创造了一种包容的工作和服务环境。诚信经营的价值观表明酒店在所有业务交易和互动中保持最高的诚信标准。环境责任的价值观代表着酒店承诺采取可持续的业务实践来保护环境资源。

通过设定这些愿景、使命和价值观，酒店可以确保所有员工都朝着同一目标努力，同时向顾客传达其品牌的独特性和核心理念。这不仅有助于内部管理，还能增强顾客的信任和忠诚度，从而在竞争激烈的市场中获得优势（表 4-1）。

表 4-1　中外知名酒店的愿景、使命和价值观

酒店	愿景	使命	价值观
希尔顿	提供与众不同的卓越体验，让世界充满阳光，让大家都感受到热情的温暖。让每位宾客在每家酒店的每次住宿都倍感满意	成为全世界最热情友好的公司，为宾客提供体贴周到的真诚体验，为团队成员提供意义非凡的机会，为业主创造高价值，并为我们的社区带来积极影响	热情好客（hospitality） 正直诚实（integrity） 卓越领导（leadership） 团队合作（teamwork） 主人翁意识（ownership） 及时行动（now）
洲际	成为世界上在酒店业内最令人认可和称赞、最成功的酒店管理集团	创建一个世界顶级的供人相聚、令人放松、众人向往的地方	诚信、信任、尊重、团结、服务
华住	成为世界级的伟大企业	成就美好旅程	价值创造、团队共赢、实事求是、创新卓越
锦江	成为全球领先的民族酒店品牌	以为客户创造价值为中心，坚持高质量、高效率、高效益发展	创新、担当、快乐、成长
亚朵	做品质生活的引领者，成为领先的生活方式品牌集团	让人与人之间有温度地连接	用户第一、守正心、走正道、打破边界、团结合作、拿结果、有闭环、拒绝平庸
文华东方	粉丝汇聚的世界	每时每刻令我们的粉丝感到愉悦并被鼓舞	诚信、尊重、团队精神、卓越追求和乐于奉献

（二）目标设定

基于外部环境和内部环境的详细分析，酒店可以设定具体的战略目标。这些目标应该是可衡量的，并且与酒店的长期愿景和短期需求相一致。目标可能包括增加特定市场的市场份额、提高客房利用率或提升顾客满意度等。例如，希尔顿全球酒店集团针对亚洲市场制订了扩张计划，特别是在中国和印度这两个快速增长的市场更是如此。通过分析这些区域的经济增长、中等收入人群增加以及旅游业的发展趋势，希尔顿确定在这些市场增设新酒店，以增加其市场份额。

三、战略选择

酒店业的常见战略类型包括成本领先战略、差异化战略和集中化战略。成本领先战略要求酒店通过规模经济和效率优化降低成本，以较低的价格吸引价格敏感的消费者。

差异化战略则侧重于提供独特的服务或产品，如定制体验、高端设施或特色活动，以此吸引对品质有特殊要求的顾客。集中化战略涉及专注于一个细分市场，深耕细作，满足特定客群的独特需求。

拓展阅读

如家快捷酒店低成本战略

如家酒店品牌在短时间内迅速发展成为国内知名经济型酒店品牌，得益于其成功的经营管理策略，主要体现在以下几个方面。

1. 低成本运作策略

对于经济型酒店而言，降低生产成本是盈利的基本前提。如家摒弃了传统酒店的购地置产模式，而是采用低成本运作方式，租赁营业用房，并对原有房子进行装修和改造，使其符合酒店运营的标准。这种模式大大降低了经营成本，同时便于更多人加盟如家，实现了超常规、跨越式发展。此外，如家在日常经营管理中也注重降低成本。例如，两张床共用一盏床头灯；使用了地板替代地毯；牙刷手柄处塑料掏空，既不影响使用又节约成本；肥皂内薄外厚设计，既能保证顾客使用又避免浪费。上海的一家如家分店，采用了地板而不是地毯，既减少了清洁和维护费用，又降低了初期装修成本。这些精打细算的做法极大地降低了运作成本，提高了竞争优势。

2. 市场定位精准

中低档市场供给充足但质量欠佳。如家将目标顾客定位为中小企业商务人群和休闲游客。酒店的财源在于流动的人群，2013 年，根据国家旅游局的统计，休闲旅游和商务活动占城镇居民出行目的的绝大部分比例。中小企业的蓬勃发展使如家看到了其中的广阔市场。中小企业商务人士占如家客源的 75%，远高于中国经济型酒店的平均水平（37%）。如家的成功得益于其顾客导向的产品设计和品牌忠诚度的打造。它关注顾客的核心需求，在顾客所关心的特性中寻找有效的共性，而非差异，跳出现有的规则、惯例和行业传统框架，以满足顾客的核心需求。

3. 连锁扩张策略

连锁化经营可以形成规模效应和范围经济，从而提高企业的竞争优势。如家以超强的连锁复制力，综合采用“合资”、“直营”、“管理”和“特许”等多种经营方式，以平均每月开 1.5 家分店的速度，形成了四海建“家”的市场局面。在扩张过程中，如家严格坚持连锁特质，即品牌标识、经营模式、客源销售网络、管理系统、培训及服务标准和企业文化的统一，使各连锁店能够参照统一标准，确保如家产品的一致性。此外，如家在扩大行业知名度方面一直保持领先态势。当其他酒店还在星级酒店市场中激烈竞争时，如家为自己打开了经济型酒店的发展之门；当众多酒店还在竞争激烈的沿海地区挣扎时，如家率先启动了西部市场的拓展战略。如家清醒地意识到，只有制订适度超前的发展计划，采取速度制胜的竞争策略，尽可能地加快发展速度，才能在激烈的市场竞争中占据优势。

资料来源：作者根据网络资料/相关文献资料改写而成。

四、战略实施

（一）组织结构和文化

有效的战略实施依赖于酒店组织结构和企业文化的支持。组织结构应该灵活且高效，能够快速响应市场变化和内部决策需求。企业文化应鼓励创新、倡导协作并秉持顾客导向，这些都是实现酒店战略目标的关键因素。例如，万豪国际通过其灵活的组织结构和强大的企业文化，有效地支持其战略的实施。万豪国际的组织结构设计为分散管理，各地酒店拥有一定的自主权，可以快速适应当地市场的变化。此外，万豪国际的企业文化强调“人文关怀”，即重视员工发展和顾客满意度。通过持续培训和内部晋升机制，万豪国际激励员工创新和协作，这些都是实现其战略目标的关键。

（二）变革管理

酒店实施新战略往往需要变革管理，包括技术、流程以及人员的调整。有效的变革管理应包括建立充分的沟通、培训和支持系统，以确保所有员工都能理解变革的必要性并积极参与其中。在技术和市场快速变化的背景下，万豪国际实施了多项数字化变革，如推出移动应用以增强顾客体验。这一变革的管理包括广泛的员工沟通和培训，确保员工理解新系统的使用和背后的战略意义。万豪国际还设立了专门的技术支持团队，帮助员工和顾客在过渡期内解决技术问题。这种全方位的变革管理策略帮助万豪国际顺利过渡到更高效的运营模式，同时提高员工的参与感和顾客的满意度。

五、战略评估与控制

（一）绩效评估

绩效评估是衡量酒店战略实施成效的过程，通常包括财务和非财务两种指标。财务指标如收入增长、利润率和投资回报率等，直接反映了酒店的经济表现和盈利能力。非财务指标则包括顾客满意度、员工满意度、品牌知名度和市场份额等，这些指标帮助酒店评估其服务质量、员工参与度和市场地位。

（二）反馈和调整

根据绩效评估的结果，酒店需要灵活地调整其战略。这可能涉及改变服务提供方式、重新定位市场、调整价格策略，或者提高内部管理和运营效率。反馈机制确保酒店能够及时地识别问题并采取措施加以解决，从而维护其市场竞争力和领先地位。

第二节　酒店企业核心竞争力的培育

一、酒店企业核心竞争力的定义

酒店企业核心竞争力的形成是确保其在激烈的市场竞争中脱颖而出的关键。核心竞争力是指企业在多个竞争领域中能够显著超越竞争对手，为顾客提供独特价值的能力。这些能力不易被模仿，能够持续为企业带来竞争优势。在酒店业中，核心竞争力可能涉及品牌力量、服务质量、技术创新及人才和文化等方面。

二、酒店企业核心竞争力的构成要素

（一）品牌力量

品牌力量是酒店核心竞争力的重要组成部分，它不仅包括品牌知名度，还包括顾客对品牌的忠诚度和信任感。强大的品牌可以使酒店拥有更高的定价权，占据更多的市场份额，如希尔顿酒店集团，凭借其广泛的全球网络和标志性的顾客服务（如希尔顿荣誉会员计划），形成了强大的品牌力量。

（二）服务质量

在酒店业中，卓越的服务质量是赢得顾客满意和忠诚的关键。这包括从前台接待到客房服务的每一个接触点的服务标准。例如，文华东方酒店以其卓越的个性化服务而闻名，如定制化的迎宾服务和极具特色的餐饮体验。

（三）技术创新

利用技术创新来提升运营效率和顾客体验是酒店企业形成核心竞争力的重要方式。这包括利用数据分析优化客房销售策略，或通过数字化客房服务提升顾客体验。例如，万豪国际通过引入移动设备自助入住和退房系统，改善了顾客体验并提高了效率。

（四）人才和文化

企业文化和人才管理也是构成酒店核心竞争力的关键因素。一种支持创新和重视员工发展的企业文化可以持续吸引和保留顶尖人才。例如，瑞吉酒店通过其标志性的“管家服务”，培养了一支高度专业的服务团队，成为其品牌的核心竞争力之一。

三、酒店企业核心竞争力的培育方式

培育酒店的核心竞争力是一个系统的过程，涉及多个层面的策略和持续的努力。核心竞争力使酒店能够在竞争激烈的市场中脱颖而出，为顾客提供独特的价值，并实现长期的业务成功。

（一）构建和维护独特的企业文化

构建和维护独特的企业文化对于酒店的长期成功至关重要，因为这直接影响员工的行为、工作态度，以及顾客的整体体验。这样的文化环境能够提升员工的忠诚度，提高工作效率，同时提升顾客的满意度和品牌忠诚度。首先，要明确每家酒店都应该有一套清晰的核心价值观，这些价值观应当被整合进酒店的每一个运营和服务环节中，从前台接待到房间服务，甚至是后勤支持均是如此。其次，通过持续的培训和发展计划，员工可以更好地理解并实践企业文化，从而提升服务质量和团队协作效果。最后，管理层的行为对员工具有强大的示范作用，是培养企业文化的关键。

（二）利用技术创新提升竞争优势

在酒店行业，技术的运用不仅可以显著提高运营效率，还可以大幅度提升顾客体验，从而在竞争中获得优势。通过数字化转型、数据分析和自动化技术的应用，酒店能够创新服务方式，满足现代消费者的需求，并优化资源配置。首先，数字化顾客体验。数字化技术使得顾客体验更加便捷和个性化，提升了顾客满意度和忠诚度。其次，大数据分析。大数据分析允许酒店更精准地理解市场需求和顾客行为，优化业务决策和营销策略。最后，自动化和 AI 技术。自动化和 AI 技术的应用可以减少人力成本，提高服务效率，同时也能在某些服务环节提供无人化选项。

（三）品牌建设和市场定位

品牌是酒店赢得市场份额和提高顾客忠诚度的关键因素，强大的品牌不仅提升了酒店的市场地位，也为其提供了与众不同的竞争优势。通过有效的品牌建设和市场定位策略，酒店能够在激烈的市场竞争中突出重围。第一，品牌传播关注通过一致的品牌信息和视觉身份来增强品牌的市场识别度。这不仅涉及广告和促销活动，还包括社交媒体、公关活动和所有对外的品牌接触点。第二，确定目标市场和顾客群体是品牌成功的关键。通过精确的市场定位，酒店能够根据特定市场需求和顾客偏好来制定定制服务和营销策略。第三，通过与其他品牌或企业建立合作关系，酒店可以扩展其服务范围和市场影响力，同时为顾客提供增值服务。

本章小结

酒店战略管理是一种确保资源最优配置的管理方式，目标是在竞争激烈的市场中为酒店赢得优势。这种管理方式包括战略的规划、执行和监控，涉及从目标设定到绩效评估的全过程。酒店战略管理的特征主要包括全局性、长远性、竞争性和纲领性。

酒店战略管理过程包含从环境分析到战略实施和评估的一系列活动。首先，内外部环境分析通过 PEST 分析和波特五力模型来识别宏观环境与行业竞争态势，以及评估酒店的资源和能力。其次，在战略制定阶段，酒店需要明确其愿景、使命和价值观，并设定具体的战略目标。战略选择包括成本领先战略、差异化战略和集中化战略，以适应不同的市场需求和竞争条件。在战略实施阶段，酒店须调整组织结构和企业文化以支持战略的实施，并进行技术和流程变革，确保所有员工的理解和参与。最后，战略评估与控制通过财务和非财务指标的绩效评估来衡量战略实施的成效，并根据评估结果进行战略调整，以适应市场变化和优化内部运营。

酒店企业核心竞争力是酒店企业在多个竞争领域中超越对手、为顾客提供独特价值的能力，包括品牌力量、服务质量、技术创新以及人才和文化。培育这些核心竞争力需要构建和维护独特的企业文化，利用技术创新提升竞争优势，并有效地进行品牌建设和市场定位。这个过程确保酒店能够在竞争激烈的市场中能够持续获取成功，并通过提供无可比拟的顾客价值来维持其市场地位。

案例分析与讨论

亚朵如何在红海中找到新风口，实现差异化发展？

2005 年，全球有限服务连锁酒店客房数量增速高达 200%，但随后增速逐渐放缓，到 2013 年降至 30%以下，2016～2017 年进一步降至 15%以下。这反映了酒店行业由快速发展阶段逐渐进入平稳阶段。2013 年，亚朵开设了第一家门店。截至 2023 年底，亚朵在营酒店数量已达到 1210 家，注册会员数突破 6300 万名。亚朵的成功不仅归因于消费升级的市场趋势和对高性价比中端酒店的需求增加，更重要的是其实施的以用户为中心的超级产品战略。

- **市场背景与定位**

过去，中档酒店发展缓慢，市场主要被经济型连锁酒店占据。经济型酒店凭借低廉价格和良好地段迅速占据市场份额，但也因此留下了门槛低、品质不高的印象。高档酒店虽然品质高，但价格昂贵，中档酒店则一直处于尴尬位置。然而，消费升级为中档酒店的发展带来了机会。相比经济型酒店，中档酒店能提供更高水平的服务，同时又比高档酒店性价比更高。亚朵作为中档酒店的初创品牌，通过“与其更好，不如不同”的理念，在竞争激烈的市场中找到了自己的位置。

- **亚朵的创新与差异化**

亚朵通过以下创新举措实现了差异化。

第一，文化体验与个性化服务。亚朵打破了传统酒店单纯“卖房间”的模式，强调文化体验。在房间内展示优秀摄影作品，大堂提供 24 小时免费借阅书籍和跨店还书服务，吸引了大量用户关注。亚朵在服务上强调“个性化需求”，从顾客第一次入住到再次入住的整个过程设置了 12 个关键节点，每个节点都打磨出一套具有个性化需求的流程和标准。

第二，选址与市场切入。亚朵选择在诸如西安和重庆等未饱和且具有商旅资源的二线城市和西部市场切入。在形成一定影响力后，逐渐进入竞争激烈的华南、华东和北京市场。

- **超级产品战略的实施**

自 2016 年起，亚朵的超级产品战略从两个方向进行布局。

第一，强化品牌形象，提高品牌价值。亚朵关注用户的“非住宿需求”，通过引入 B2C（business to consumer，企业对顾客）电商、消费金融和旅游服务等第三方资源，丰富空间场景的内容。通过跨界合作打造 IP 酒店，将亚朵客房和公共空间作为 IP 的线下展示场景，扩大企业影响力。这是亚朵超级产品战略的“纵轴”。

第二，扩大门店规模，覆盖用户群体。亚朵对门店进行大规模扩张，覆盖更多用户群体。针对不同用户细分出不同的住宿需求，并进行布局，如亚朵轻居、中长期公寓、度假酒店等，横向拓展企业的空间场景。这是亚朵超级产品战略的“横轴”。

- **新零售与众筹策略**

亚朵在互联网领域积累了影响力后，开始探索零售变现。亚朵在酒店内提供旅行箱、化妆品套装、U形枕等高频消费品供顾客购买。此外，亚朵采用了“众筹”策略，将酒店项目作为众筹对象，吸引用户投资，并获得经营分红。大多数众筹者都是亚朵会员，这不仅解决了资金问题，还增强了用户黏性，使他们成为企业的最佳口碑传播者。

- **长期竞争优势**

亚朵的超级产品战略维系着其在酒店行业的竞争优势。通过强化品牌形象和扩大门店规模，亚朵不仅满足了用户的核心需求，还获得了差异化的竞争优势。最终，亚朵回归酒店行业的本质：做好服务。这一战略使亚朵在竞争激烈的市场中脱颖而出，成为中端酒店的领导品牌。

亚朵酒店的成功源于其以用户为中心的超级产品战略。通过创新和差异化，亚朵在红海中找到了自己的蓝海，迅速扩大了规模，在中档酒店市场处于领先地位。

资料来源：作者根据网络资料/相关文献资料改写而成。

案例思考：

请结合差异化战略的内容，分析亚朵酒店集团如何实现差异化发展？

思考与练习

1. 酒店的愿景、使命和价值观是什么意思？
2. 酒店战略管理的过程包括哪几个步骤？
3. 酒店战略一般分为哪三种，如何选择？
4. 结合当今社会经济背景，酒店应该如何培育自己的核心竞争力？

参考文献

王楠. 2009. 经济型酒店核心竞争力分析：以锦江之星为例. 中国市场, (9): 45-46.

魏卫. 2019. 酒店管理概论. 武汉：华中科技大学出版社.

杨劲松. 2013. 酒店战略管理. 北京：机械工业出版社.

曾国军. 2006. 跨国公司在华子公司战略角色演变的影响因素与路径：以业务范围和竞争能力为框架. 管理学报, (6): 692-696, 702.

曾国军, 李浩铭, 杨学儒. 2024. 战略节奏推动酒店企业惯例更新的过程与机制：以本土酒店碧水湾为例. 旅游科学, 38(3): 101-119.

Bilgihan A, Okumus F, Nusair K, et al. 2011. Information technology applications and competitive advantage in hotel companies. Journal of Hospitality and Tourism Technology, 2(2): 139-153.

Kim B Y, Oh H. 2004. How do hotel firms obtain a competitive advantage?. International Journal of Contemporary Hospitality Management, 16(1): 65-71.

Porter M E. 1997. Competitive strategy. Measuring Business Excellence, 1(2): 12-17.

第五章

酒店组织管理

本章导读

本章深入探讨酒店管理的核心策略和组织架构，涉及组织管理的实质和组织制度的创新变革。通过对这些关键领域的分析，本章旨在提供一套全面的框架，帮助读者理解如何有效地管理和优化酒店组织结构与组织制度，从而驱动持续的业务成功和业绩增长。

学习目的

1. 掌握组织管理的基础：了解酒店组织管理的基本概念，以及如何优化组织结构以达成业务目标。

2. 掌握酒店不同组织结构的优缺点和适用范围。

3. 推动制度创新：评估和实施组织制度变革与创新的策略，以应对不断变化的市场和技术环境。

核心概念

酒店组织管理；组织结构；组织制度；组织制度变革；组织创新

导读案例

干部扑到一线去——东呈组织变革方法论

自2007年创业以来，东呈集团依托过硬的产品服务、高效的运营管理、扎实的市场耕耘，实现“五年十倍速”发展，成为中国大众刚需住宿市场的引领者。面对宏观经济不确定性增强和行业竞争的加剧，立足大众市场、强调长期主义的东呈，正在通过积极主动、持续深入的组织变革，不断打造高效率的组织形态，进一步强化一线赋能，培育酒店业的新质生产力。

● **打造高效组织 培育新质生产力**

早在2022年底，东呈已开始推动系统的组织变革升级。2024年，东呈继续朝着“强一线、精中台、轻后台”的方向发展，基于继续提高一线运营效率的目标，东呈向业务条线和市场前端加大投入，将集团总部进一步进化为赋能型的平台，为加盟商、各层经营区域赋能，让高管压实一线，更有效地感知市场、响应市场，提高经营决策的效率。

东呈组织连续变革的大背景是中国酒店市场的不断变化。近年来，中国出行住宿市场整体进入缓行周期，高速发展、高红利时代已经结束，行业不确定性增多，竞争日趋激烈，低效运营者正被时代所淘汰；同时，大众酒店市场正在形成更多细分需求，同样要求酒店管理集团快速提升前端效率。

东呈组织变革的核心目标，正是在提高效率的基础上建立一个一线、开放、具有活力的组织，从而在中国酒店行业进入缓行期的新阶段，为东呈乃至行业探索行稳致远、持续保持高竞争力的组织形态，具体如下。

一线：减少层级，简化扁平，让各级干部扑到一线去，直接做事、趴下干活。岗位层级繁多重叠，因人设事等组织旧形态，导致工作流程冗长，领导只依靠下级办事，导致效率低下。因此要去除多余的中间层，让各级干部都能够参与一线工作，直接做事，趴下干活。

开放：拒绝封闭，培养开放的心态，充分对接外部资源，为我所用。层级复杂、人员冗余、“小而全”的结构，容易导致小农思维，闭门造车，造成低水平的自我运转和重复建设。因此要引导组织自我简化，与外部先进资源合作，充分对接外部资源，并为我所用。

活力：有进有出，促进活水流动和自我更新，始终保持队伍活力。不思进取、无所作为的岗位对部门效率形成了反作用，组织“胖老懒散”，单纯堆积人力的低效扩张更会拖累整体运营效率。“流水不腐，户枢不蠹”，健康的组织必然是不断去除冗余岗位，精简配置，防止旧患反弹，保持队伍的活力。

在组织变革进程中，东呈创造性地使用“人店比”作为重要的衡量指标。人店比是指连锁酒店集团中后台管理人员数和旗下门店数的比例关系，直观反映了连锁酒店集团赋能一线的管理效率。因此，东呈的组织变革也是一个持续对标顶尖酒店集团、达到行业领先水平、不断提升公司人店比的过程。

从长远目标来说，东呈组织变革是为了培育中国连锁酒店行业的新质生产力。新质生产力以全要素生产率大幅提升为核心标志，摆脱了旧有的增长方式和生产力发展路径，具有“高科技、高效能、高质量”的特征，主要由技术革命性突破、生产要素创新性配置、产业深度转型升级而催生。东呈将以新技术去提升组织生产力，包括摒弃低效的手工作业，全面推广 AI 系统工具等。东呈也将以专业合作、业务外包等新模式去替代所谓“天然合理”的旧有工作模式，精减人员配置，提升管理效能。

东呈组织变革也在重新定义企业对员工“爱”的概念。从过往经验教训来说，企业如果让员工虚度青春不能成长，或者让员工在繁冗流程中变成大小官僚，或者让低效员工做无效工作且不提供对外价值，这都不是企业对员工真正的爱。东呈认为，只有严进选优，为员工配置最恰当的岗位，助力他们事业成长，并让他们得到合理的回报，成就职业的收获感，这才是企业对员工真正的爱。

- **独特的“弓弩理论”　东呈始终追求极致高效率**

效率是东呈竞争力的核心组成部分，也是东呈总结既往、开创未来的核心关键词。东呈组织进化正是围绕“高效率”这一核心主题不断进阶，不断革新的。2022 年底，在明确提出“二次创业”之后，东呈推动系统的组织变革升级，加速朝着“品牌化经营、平台化赋能、区域化发展”的全新组织形态和强矩阵化管理运作模式进化。这是东呈历史上首次将事业部制全面应用到旗下的所有主力品牌与核心业务。同时，公司总部定位为“引领、赋能、监督”，打造服务一线、支持业务发展的精干队伍，“总部是服务一线的，一线是服务客户”。这次组织优化变革，在东呈内部也确立了更多的经营主体，带来了更多权力的下沉，新的变革让更多的优秀员工进入经营场景，走上面向一线的管理岗位，培养出新一批综合型经营人才。这些新干部逐步成长为东呈未来的经营管理者，为东呈的远期发展提供长久支持。

作为中国 TOP5 酒店集团，东呈集团拥有独特的竞争力模型：弓弩模型。该模型由东呈集团创始人、董事长兼 CEO 程新华总结凝练，并且在 2024 年 3 月于东呈加盟合作生态大会上提出。弓弩模型归纳了东呈酒店事业自创业以来的竞争力源泉和基础增长逻辑，也是中国大众连锁酒店管理集团穿越周期、行稳致远、追求卓越的标志性理念。

弓弩模型的核心是“聚焦×效率×文化”。其中代表效率的弓弦，正是东呈发展的最大动能所在。“将弦拉满，使其张满于扳手之上，就可以达到最大的发射能量。”始终追求拉满，始终追求极致的高效率，正是东呈酒店事业从无到有、从小到大、从地方走向全国的核心动力，也是公司运营管理和生态赋能的核心目标。

东呈相信，通过打造精干、开放、具有活力的组织形态，东呈必定可以打造出一个高效、专业、具有活力、有爱的连锁酒店管理团队，为所有优秀的酒店人提供发展机遇和有效激励，为中国大众酒店事业培育新质生产力，秉承“让大众出行者花更少的钱，住更好一点”的坚定使命，成为世界一流酒店集团，奔向大众酒店市场的星辰大海。

资料来源：微信公众号“东呈酒店集团”，《干部扑到一线去——东呈组织变革方法论》，2024-06-04。

第一节　酒店组织结构

酒店组织管理是指在酒店企业内部对人力、物力、财力和信息资源进行有效配置和系统管理，以实现酒店的业务目标和战略愿景的过程。这涉及酒店的结构设计、流程优化、领导作用、团队协调和绩效管理等多个方面。企业为了实现各种目标而建立了各种组织，这些组织之间都存在着各种关系，有着不同的责任、权利和义务。组织与组织之间也存在相互协调、权力分派等关系。为了明确组织成员之间、组织与组织之间的各种关系，组织往往用组织机构的形式来表达和确定彼此的责任、权利与义务。

一、酒店组织结构的类型

（一）简单直线组织结构

简单直线组织结构是最基础和最古老的管理形式，特点是结构清晰、管理层次少，领导直接指挥下属，权力高度集中（图 5-1）。

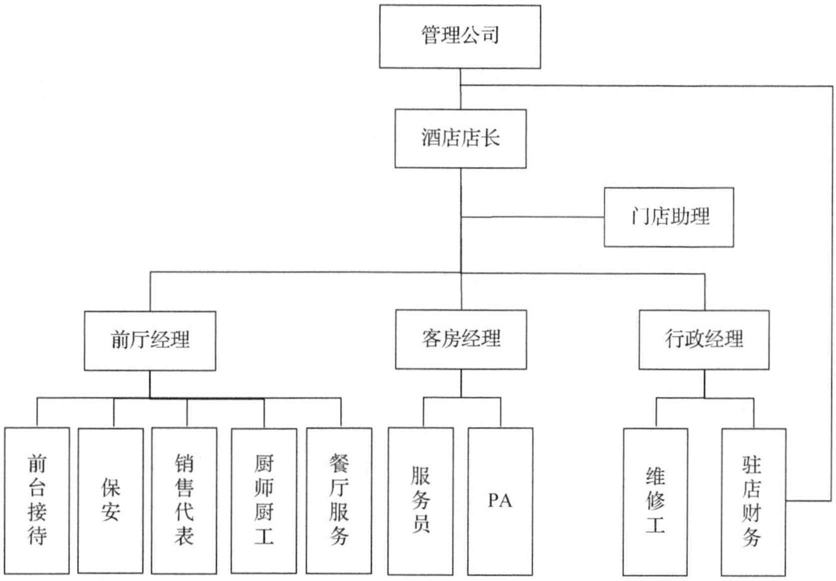

图 5-1　简单直线组织结构

PA 英文全称 public area，即公共区域保洁员

在酒店管理的组织结构中，小型家庭式旅馆或民宿通常采用简单直线组织结构。这种结构适合规模较小、业务相对简单的运营实体，主要是因为它能够加速决策过程并简化管理操作。在这种组织模式下，旅馆的所有者不仅扮演经理的角色，而且直接管理所有员工，包括前台接待、清洁服务和维护人员。这种紧凑的管理层次有助于业主迅速响应顾客的需求，维持较高的服务标准。

由于规模较小，这些酒店或民宿的设备设施较为有限，管理范围和部门划分相对简单。员工通常需要具备多方面的技能，能够灵活地跨越不同的工作类型，如前台接待人员可能同时负责一些基础的顾客服务和日常的行政任务。此外，很多具有专项技能要求的服务，如特别的清洁保养、布草洗烫等，往往会外包给专业公司处理，这不仅可以减少内部员工数量，还可以提高运营效率。

简单直线组织结构的优点在于管理的直接性和个性化程度高。业主作为直接管理者，可以确保服务的质量和对顾客需求的快速响应。这种个人化的服务往往是小规模酒店或民宿能够在竞争激烈的市场中脱颖而出的重要因素。然而，这种结构也有其明显的缺点。首先，它要求管理者不仅要具备全面的经营管理知识，还需要有较强的综合协调能力和指挥能力。管理者需要统筹酒店前台服务、财务管理、市场营销、人力资源等各个业务板块，这对个人的能力和精力是一个很大的挑战。其次，由于权力高度集中，缺乏足够的横向协调和支持，一旦业务扩展或遇到复杂问题，这种结构可能会显得力不从心。如果酒店经营规模有所扩大，或者业务变得更为复杂，简单直线组织结构可能就不再适应，而是需要通过引入更多的管理层次和专业部门来优化管理效率与应对更广泛的挑战。

（二）职能型组织结构

职能型组织结构按职能划分部门，如营销部、财务部、行政部等，每个部门承担特定的职能任务（图 5-2）。组织机构把从事着相似的工作和具有相似的技能的人们分配到同一部门。员工用同一动作持续不断地进行工作，比起单个人完成一件产品的全过程，有着更高的生产率。

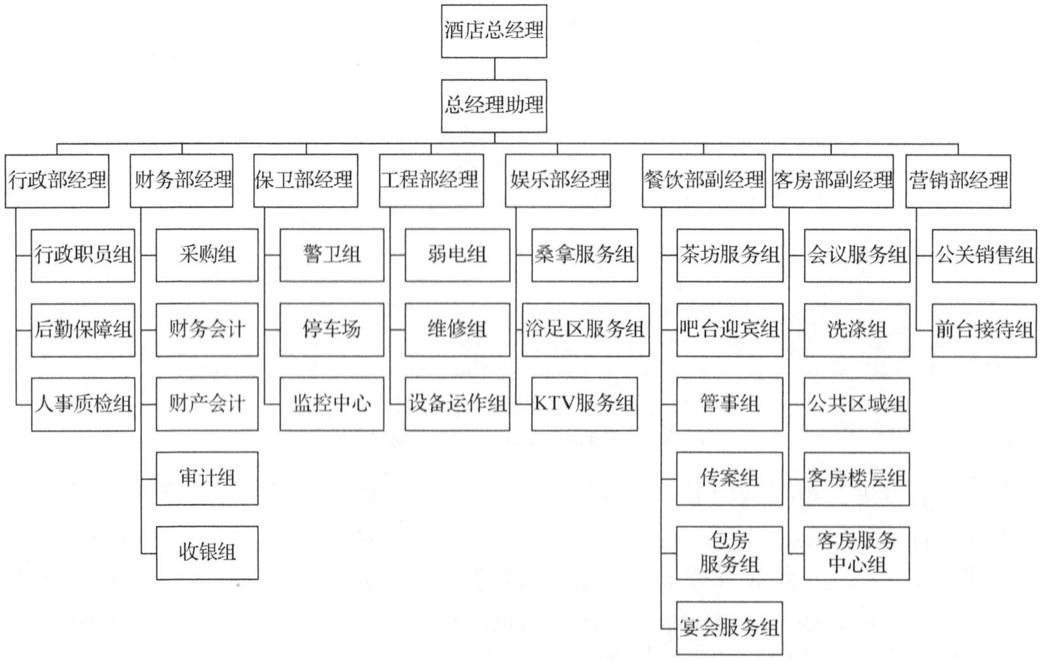

图 5-2 职能型组织结构

大中型酒店通常具有庞大且复杂的组织结构，这种结构的特点包括多样的分支机构、高度的专业化、齐全的工种岗位、细致的职责分工以及较大的用工规模。这样的组织结构允许酒店能够覆盖广泛的服务领域，从而满足不同顾客的需求。

职能型组织结构的主要优点在于其促进了专业化管理。每个部门都能集中精力提升其专业技能，从而实现高效运营。例如，一个大型城市酒店通过职能型组织结构可以确保餐饮部在提供美食的同时，还能有效地管理库存和成本，而客房部则可以专注于提升客房清洁和维护的标准。这种高度的专业化有助于提升整体的服务质量和顾客满意度。

然而，这种组织结构也存在一些缺点。各部门职能划分明确，可能会导致部门间沟通和协调的难度增加。每个部门在追求自己目标的同时，可能会忽视与其他部门的协作，从而影响整体的运营效率。为了应对这一挑战，酒店需要建立高效的跨部门沟通机制，确保各部门间能够顺畅交流、共享信息并协调工作。例如，可以定期举行跨部门会议，或者使用企业管理软件来促进信息流通和任务协调。

（三）直线-职能制组织结构

直线-职能制组织结构是一种混合型组织形态，结合了直线制和职能制的优点，设有专门的职能部门提供支持和建议，而业务部门则负责日常操作（图 5-3）。

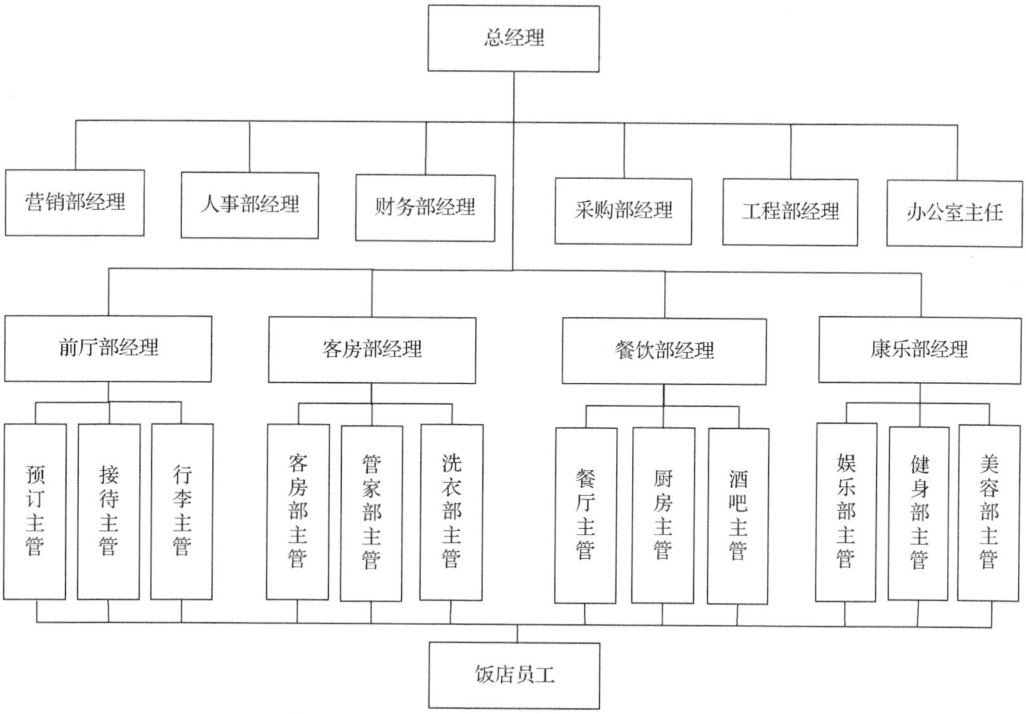

图 5-3　直线-职能制组织结构

该组织结构适用于需要平衡日常运营与专业支持需求的大型酒店或度假村。在这种结构中，直线部门，如营销部负责酒店的日常顾客服务和前线业务，而职能部门如财务部、人事部等则负责提供策略支持、资源管理和专业建议，确保运营部门能够高效、有效地执行其职责。这种组织结构的设置可以使得酒店在保持操作灵活性的同时，还能保持较高的管理效率，使得酒店能够充分利用其组织中的各种资源。

直线-职能制组织结构的优点在于，它能够确保运营的灵活性和职能支持的专业性。营销部门能够专注于顾客服务和日常管理，而职能部门则能够集中精力提供专业知识和支持，这样的分工有利于提高整体效率和服务质量。例如，营销部门可以迅速响应顾客需求，而人事部门则可以专注于员工培训和发展，以确保服务质量。

然而，直线-职能制组织结构也存在一些缺点。首先，由于组织结构较为复杂，决策过程可能较为缓慢。其次，这种结构中的行政领导可能倾向于包揽决策，减少职能部门的实际影响力。这可能导致职能部门的专业建议未能及时传达或被充分利用，影响整体运营效率。最后，直线部门与职能部门之间可能存在一定程度的沟通和协调问题。由于各自职责的界定，直线部门和职能部门可能在业务指导和实际操作上存在矛盾或冲突，如何平衡这些矛盾，确保双方协同工作是直线-职能制组织面临的挑战。例如，直线部门可能更注重快速响应和灵活性，而职能部门则可能更侧重于规则遵循和长期规划，这种差异需要通过有效的内部沟通机制来协调。

（四）事业部型组织结构

事业部型组织结构在大型酒店集团中应用广泛，因为它将集团旗下的各个品牌或地理位置的酒店视为独立的业务单元（图 5-4）。在这种结构下，每个事业部都拥有自己的职能部门，如营销部、人事部、财务部等，并根据具体市场需求自主制定战略。例如，洲际酒店集团就采用事业部结构管理其全球品牌如假日酒店和皇冠假日酒店等，每个品牌根据不同地区市场的特定需求灵活地调整市场策略，同时确保与集团的总体战略保持一致。

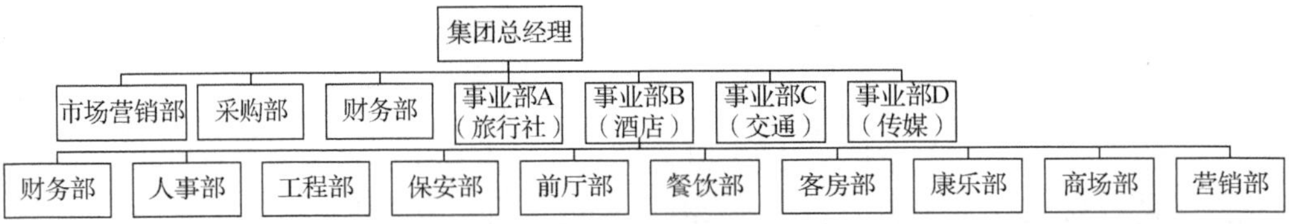

图 5-4 事业部型组织结构

事业部型组织结构的主要优点之一是它支持高层集权和分权管理的平衡。总经理或集团高层确定总体战略方向，而各事业部根据自身的市场环境和内部情况独立安排工作。这种管理方式使各事业部在努力完成集团统一目标的同时，具有足够的灵活性和自主权，有助于快速响应市场变化，有效地推动业务增长。

然而，事业部型组织结构也存在一些缺点。首先，各个事业部可能会形成部门狭隘的观念，过分关注自身利益，而忽视集团整体利益，或与其冲突。这种“孤岛效应”可能导致资源配置不当和策略不一致，从而削弱集团的整体竞争力。其次，每个事业部都设有独立的职能部门，这可能会导致机构重叠，增加管理费用。此外，不同事业部间的利益协调也可能成为一项挑战，尤其是在资源分配和市场定位上，需要高效的内部沟通和协调机制来化解潜在的冲突。

（五）矩阵式组织结构

矩阵式组织结构是一种复杂而高效的组织模式（图 5-5），它通过整合职能和项目两种管理维度来运行，特别适合需要管理多地区、多项目的大型跨国酒店集团。这种结构的核心优势在于它能够同时利用职能部门的专业能力和项目组的灵活性来驱动业务。例如，万豪国际就是在全球范围内采用矩阵式组织结构来管理其众多品牌和地理位置的酒店的。在这种结构下，不同的酒店品牌根据其地理位置和市场定位进行分类管理，而集团层面的职能部门，如市场部、人事部和财务部则跨品牌提供支持。这使得万豪能够在全球范围内更好地协调资源，优化全球战略，并快速响应市场变化。

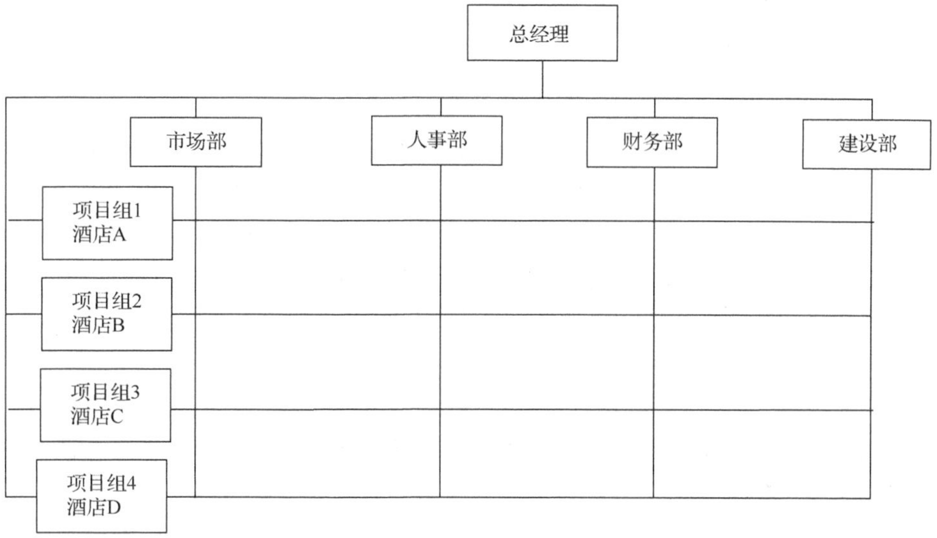

图 5-5　矩阵式组织结构

矩阵式组织结构的另一个显著特点是其职能交叉性，即员工可能同时向多个上级报告，这在理论上可以增强灵活性和创新，但在实际操作中也可能带来一些挑战。例如，在酒店行业这种高度顾客导向和服务密集型的环境下，矩阵式组织结构可能会导致职责不清和指令冲突，员工可能会不确定在冲突指令中应该听从哪位上级的命令，这种情况可能影响工作效率，甚至导致服务质量下降。

尽管存在一些不足，但是矩阵式组织结构在一些场合下仍然是一个非常有用的工具，尤其是对于中小型酒店的部门管理来说更是如此。在这些环境下，部门经理可以同时负责部门的日常运营和人事招聘等多方面工作。这种做法不仅能增强管理的灵活性，还可以提高资源的利用效率，尤其是在资源有限的情况下更是如此。例如，一个部门经理可以根据实际业务需要和团队状况灵活地调整人力资源配置，从而更有效地响应顾客需求和市场变化。

二、酒店组织结构设计的原则

在设计酒店组织架构时，必须遵循一系列原则以确保结构能够有效地支持酒店的运营和业务目标。

（一）适配性

酒店业是一个高度竞争和快速变化的行业，因此组织结构必须具备足够的适配性，以应对不断变化的市场条件和顾客需求。例如，小型精品酒店可能采用简单直线组织结构，因为它简单且高效，适合管理简单的操作和少量员工；而大型酒店集团则可能需要采用矩阵式组织结构或事业部型组织结构，以便管理跨地区、跨品牌的复杂运营。

适配性还体现在组织结构的可调整性上，即酒店需要能够根据业务扩展或收缩灵活地调整其管理层次。例如，当酒店集团扩展到新市场或增加新服务时，可能需要引入更多的职能部门或调整管理层级，以保持运营效率和服务质量。

（二）责任清晰、职能明确

在酒店组织结构中，确保每个部门和个人的责任与职能清晰明确是至关重要的。例如，大型酒店集团通常将客房服务、餐饮服务和前台接待等作为独立的部门运作。这种分工不仅有助于专业化管理，还确保了服务质量。在责任分配明确的情况下，酒店能够确保每个部门专注于提升其服务领域的效率和质量，如客房服务部专注于房间清洁和维护标准的执行，而餐饮服务则专注于食品质量和顾客餐饮体验的提升。

（三）监管得力、统一指挥

有效的监管和统一指挥对于确保酒店运营顺畅非常关键。以万豪国际为例，尽管其全球范围内有多个品牌和地点，但所有运营活动都受到总部的统一管理和监督。这种集中式的决策机制使得万豪能够在全球范围内保持品牌一致性，并有效地管理其多样化的资产。统一指挥还确保了在危机情况下，如遇全球性健康危机或经济不稳定时，酒店能够迅速做出响应，并调整其全球策略。

（四）传递顺畅，运行高效

组织结构应支持高效的信息流通。例如，希尔顿酒店通过其高效的内部通信系统，确保从基层员工到高级管理层的信息能够快速流通。这种流畅的沟通机制不仅使管理层能够迅速掌握前线的运营状况，还使得员工能够及时了解管理层的决策和指示。此外，希尔顿还定期进行员工培训和召开会议，进一步确保信息的准确传递和执行效率，从而提高整体的运营效率。

（五）成本节约

在组织结构设计时考虑成本效率至关重要。例如，许多酒店通过外包非核心业务如洗衣服务和设施维护，以降低运营成本。此外，通过使用集中采购系统，如凯悦酒店集团能够减少供应链成本，因为集中采购可以利用规模经济减少单件成本。这种成本控制策略不仅优化了资源使用，还提高了盈利能力。

第二节　酒店组织制度

一、酒店组织制度的含义、原则

（一）酒店组织制度的定义

在酒店企业的组织管理中，制度是关键的管理工具，用于引导、约束、激励全体组织成员的行为，并确定办事方法及规定工作程序。酒店组织制度包括各种章程、条例、守则、规程、程序、标准和办法，这些都是以文字形式表述的规范与准则。这些制度的目的是确保酒店的日常运营高效、有序，并且符合法规要求，同时维护员工和顾客的利益。

（二）酒店组织制度的原则

“火炉原则”是一种基于警示性惩戒的管理学原则，其核心理念源于传统寓言中“热炉”的隐喻。该原则主张，组织在制定行为规范时应如同设置高温火炉一般，使员工明确认知违规行为的必然后果，即一旦触碰规则边界，便会像接触炽热火炉那样立即受到清晰、可预见的惩戒。

拓展阅读

火炉原则在酒店行业中的应用

所谓火炉原则，就是把火炉烧得红红的，放在那里，本身并不会主动烫人，但只要有人敢于触摸，它就必烫无疑，不会顾及触摸者的身份，人人平等，谁摸烫谁，而且立即处罚，没有下不为例。

火炉原则有如下四个特性。

第一，警示性。

一个火炉放在那里，熊熊火苗，告诫旁人不能轻易触碰和跨越，自然具有威慑力。制度就是规范，也应具有警示作用，起到事前的一个约束与预防作用。例如，酒店可以在员工手册中明确规定各项制度，并通过培训、公告等方式反复提醒员工遵守这些制度。某高档连锁酒店集团通过在员工休息室张贴行为规范海报，并定期举行培训，强化员工对制度的认识，从而减少违规行为的发生。

第二，及时性。

一个红彤彤的火炉，如果你去触碰它，你会马上被灼伤，而不是摸上去，等一下再感觉到热。违背制度就会马上得到相应的惩处，应承担相应的责任，及时性是奖惩的一个重要原则。在酒店管理中，及时处理违规行为可以有效地防止问题扩大。例如，某五星级酒店规定，员工上班迟到三次将被立即警告并扣除相应工资。通过这样的及时性处理措施，酒店有效地减少了员工的迟到现象，保持了良好的工作纪律。

第三，必然性。

如果你去触碰火炉，你必然会被灼伤，而不会这次碰了会灼伤，下次就不会灼伤。违背制度必然会承担相应的后果，而不会因为时间、地点的改变而改变。例如，某酒店集团规定，员工如被发现盗用顾客财物，将被立即解雇并追究法律责任。这种必然性措施让员工清楚地知道，任何违反规定的行为都会有严重的后果，从而自觉遵守酒店的各项规定。

第四，平等性。

无论身份高低，触碰火炉都会被灼伤。在酒店管理中，制度面前人人平等，任何人违反规定都会受到相应的处罚。例如，某豪华酒店规定，无论是普通员工还是管理层，凡是被发现接受顾客贿赂的，都会被立即解雇并在公司内部通报。通过这样的平等性措施，酒店树立了良好的管理风气，增强了员工对制度的尊重。再比如，酒店集团应该实行全员绩效考核制度，无论是基层员工还是高层管理人员，每季度都要接受绩效评估。评估结果直接关系到员工的奖金和晋升机会。通过这种平等的考核机制，酒店可以确保所有员工都能公平地接受评估和管理，提升了整个团队的工作积极性和凝聚力。

从这四个方面来看，用火炉来比喻制度和制度的执行，倒也显得十分贴切。换言之，对于制度建设，教育和规劝违法乱纪的社会行为确有必要，但还应与“严厉的惩罚”相结合，方能产生“治标”的同时，更能“治本”的效果。“教育规劝”也好，“培养守则意识”也罢，都只是寄托在“行为人能够自觉遵守”这一点上；而严厉的处罚，则是强制行为人必须遵守，是对上述“行为要求”所实施的一种必要的配套措施。

资料来源：作者根据网络资料/相关文献资料改写而成。

二、酒店组织制度体系

酒店的组织制度体系是确保酒店运营顺畅和保持酒店文化的关键。一个全面的组织制度体系通常包括基本制度、部门制度、专业管理制度和工作制度，每一种制度都针对不同的运营和管理层面，共同构成了酒店管理的框架（图 5-6）。

（一）基本制度

在酒店管理中，基本制度构成了整个制度体系的根基，它包括酒店管理方案、经济责任制、岗位责任制和员工手册等关键组成部分。酒店管理方案是一套综合的规章制度，旨在规范酒店运营，提升服务质量，确保财务健康，并促进员工和企业的发展。经济责任制旨在确保每个部门及其员工对自己的财务表现负责，通过明确的财务目标和奖惩机制来激励员工达成业绩。岗位责任制则通过详细描述每个岗位的职责、权限和工作目标，确保员工明确自己的职责范围，从而提高工作效率和质量。此外，员工手册是向员工提供所有工作相关政策、行为规范和公司文化的重要文档，它帮助新员工快速融入组织，同时也是现有员工参考规章制度的依据。

图 5-6　酒店组织制度体系

（二）部门制度

部门制度是酒店运营管理中不可或缺的一环，它涉及业务运行、设备设施管理、服务质量、部门纪律、物品管理、劳动考核、岗位责任和部门财务等多个方面。业务运行责任制度确保业务流程的顺畅执行，设备设施管理制度规定如何维护酒店的硬件资源以延长其使用寿命并确保安全。服务质量管理制度旨在通过持续改进服务流程和提升顾客满意度来维持酒店的品牌声誉。部门纪律和物品管理制度分别保证了部门的正常运作和物资的正确使用与保管。劳动考核制度通过评估员工的工作表现和行为来进行激励和奖惩。岗位责任制通过明确每个岗位工作职责和责任来确保每个员工都清楚自己的工作内容、目标和承担的责任。部门财务制度负责监督部门的预算和支出，确保财务的透明与合规。

（三）专业管理制度

专业管理制度包括行政性制度、人事制度、安全保卫制度和财务制度，这些都是酒店管理中的重要制度。行政性制度规定了行政管理的框架和标准，如内部通信、资料管理等。人事制度涵盖了招聘、培训、晋升和离职等人力资源管理方面的政策。安全保卫制度则关注于保护酒店财产安全和顾客安全，包括消防安全、公共安全等。财务制度规定了财务管理的各种原则和程序，确保酒店经济活动的合规性和透明性。

（四）工作制度

工作制度包括会议制度、总结制度、决策和计划制度以及质量监督制度。会议制度规定了不同类型会议的召开频率、参与人员和议程安排，以确保信息的有效传递和决策的及时性。总结制度帮助组织回顾过去的工作，识别成功经验和待改进的地方。决策和计划制度涉及如何制定策略、执行计划并进行调整，这是管理有效运营的核心部分。质量监督制度则是确保酒店服务和产品质量符合标准，通过定期的质量检查和顾客反馈来促使酒店进行持续的改进。

第三节 酒店组织变革与创新

一、酒店组织变革

酒店行业正处于快速变化的环境中，受到全球化、技术革新、消费者行为变化以及经济波动等多重因素的影响。为了保持竞争力和适应市场需求，酒店必须不断进行组织变革。组织变革通常涉及改变结构、改变方法和改变人这三个关键领域。

（一）改变结构

酒店行业的结构变革通常涉及调整内部组织架构以提高效率和增强响应市场变化的能力。随着业务的扩展和市场需求的变化，许多酒店集团采用了更为灵活的组织结构，以促进快速决策和提高服务质量。这可能包括重新设计部门职能、合并或拆分部门，以及引入新的层级系统来提高决策效率和响应速度。首先，去中心化管理。为了更快速地响应地方市场的变化，许多酒店集团正在推行去中心化管理，将决策权下放到更接近顾客的层级。其次，扁平化结构。简化管理层级，提高管理效率，增强员工的责任感和参与度。结构层次减少以后，由于层次少，经理们直接与一线员工打交道，这有利于贯彻思想。另外，加强部门之间的衔接工作，明确各种衔接工作的责任与权力，有利于杜绝扯皮现象的出现。许多部门之所以相互拆台，主要是由部门衔接制度不完善、责权不分造成的，只要理顺这种关系，原有结构上的缺陷自然会消失。

（二）改变方法

方法变革涉及更新和优化酒店的运营流程和服务方式。这包括引入新技术、采用新的服务协议、改进顾客互动方式以及优化内部流程等。在现代酒店管理中，技术的应用可以极大地提升服务效率和顾客体验。例如，许多酒店开始利用移动应用程序，允许顾客通过手机进行房间选择、快速入住、服务请求和结账。此外，智能房间技术如智能恒温控制、自动窗帘、语音控制设备等，不仅提升了顾客的居住体验，还帮助酒店节约了能源和减少了运营成本。服务协议的更新也是提升服务质量的一个重要方面。这包括对员工的培训和服务标准的重新定义。内部流程的优化是提高酒店运营效率的关键。例如，通过改进库存管理系统和采用自动化的供应链管理解决方案，酒店可以更有效地管理其日常运营所需的物资和设备。

（三）改变人

人员变革涉及对酒店员工的重新培训、调整或更换，以确保团队能够适应新的业务需求和文化变革。这通常包括加强员工培训、推广新的工作文化、引进关键人才或进行组织重组。

二、酒店组织创新

（一）酒店组织结构创新

酒店组织结构的创新主要关注提高决策效率和操作灵活性。在网络化结构中，酒店不再仅仅依赖内部的垂直层级，而是形成一个由多个独立实体组成的网络，这些实体包括外部合作伙伴、供应商和分支机构。优点是可以提高灵活性，能够快速适应市场变化，更好地管理多元化业务。此外，将酒店的不同业务单元管理作为独立的模块来运营，每个模块都有自己的资源和预算，但彼此之间可以根据需求共享资源。模块化管理的优点是可以提升各部门之间的合作与资源使用效率，同时保持了业务的灵活性和可扩展性。

（二）酒店组织制度创新

组织制度的创新旨在优化内部政策和流程，以提高效率和员工满意度。

灵活工作制度是现代酒店管理中越来越受重视的一部分，尤其是在吸引和保留人才方面起到关键作用。通过引入灵活的工作时间和远程工作选项，酒店能够更好地适应员工的个人需求和生活方式，从而提高员工满意度，降低流动率，并吸引更多优秀人才。

建立有效的反馈机制是提升酒店服务和内部管理质量的重要手段。系统化的反馈机制鼓励员工积极地提出改进建议，而管理层则需要定期审查这些意见，并根据实际情况更新组织制度和流程。

在人事管理中，晋升制度的透明度和公平性极其重要，尤其是在减少员工间的不必要猜忌和竞争方面效果明显。实施“软硬竞选核定”制度能够在晋升过程中提供清晰、公正的标准。

本章小结

酒店组织管理涉及在酒店企业内部对人力、物力、财力和信息资源进行有效配置和系统管理，目标是实现酒店的业务目标和战略愿景。管理过程包括结构设计、流程优化、领导作用、团队协调和绩效管理等方面。

企业为实现各种目标而建立了多样化的组织结构，每个组织结构中的目标和角色之间存在明确的责任、权利和义务关系。在酒店行业中，小型家庭旅馆常采用简单直线组织结构，特点是管理层次少，决策迅速，适合小规模运营；而大型酒店则可能采用职能型或事业部型组织结构，这些结构因其能在专业化管理与资源优化间取得平衡而被采纳。直线-职能制组织结构结合了直线制和职能制的优点，适用于需要平衡日常运营与专业支持需求的场景。矩阵式组织结构则通过整合职能和项目管理来运行，特别适合跨国大型酒店集团，允许同时利用职能部门的专业能力和项目组的灵活性。设计酒店组织结构时，需要考虑到适配性、责任清晰、监管有效、信息流通顺畅和成本效率等原则，以确保结构既支持业务目标的实现，又能高效、灵活地适应市场变化。

酒店组织制度是确保酒店运营高效、有序的关键管理工具，包括各种章程、条例和规程，旨在引导、约束及激励员工，并确保服务质量和操作标准。酒店的组织制度体系分为基本制度、部门制度、专业管理制度和工作制度，涵盖从日常运营到战略决策的各个层面，其中每个制度都旨在优化特定的管理或操作领域，共同构成了酒店管理的完整框架。

酒店组织制度的变革与创新是酒店行业应对快速变化环境的关键策略。现代组织理论强调充分放权给员工。倒金字塔服务思想转变了管理者的角色，从权威型领导到服务型支持，增强了员工的责任感和服务能力。同时，关注员工的情感，增强了员工自主性和创造力。酒店组织变革涉及结构、方法和人的调整，以提高决策效率和操作灵活性。酒店组织创新，如网络化结构和模块化管理，旨在提升灵活性和资源利用效率，同时制度创新如灵活工作制度和反馈机制，能够确保组织的持续适应和发展。

案例分析与讨论

中国酒店集团组织变革这场风越刮越猛了

2024 年 6 月 4 日，东呈酒店集团微信公众号发布《干部扑到一线去——东呈组织变革方法论》一文，官宣将启动新一轮组织变革。令人意外的是，东呈此番组织变革，无论在具体措施上，还是态度言辞上，都透露出浓厚的改革迫切性。东呈罕见提出，集团存在“层级复杂”“冗余低效”等诸多沉疴，在市场竞争越发激烈的大环境下，低效运营者迟早要被行业淘汰。

东呈并非近两年国内首家提出组织变革的酒店集团。2020 年起，华住、锦江、东呈、尚美等一批国内酒店集团相继启动组织变革，业内为此将 2020 年称为“酒店组织与管理模式重塑元年”。2023 年以来，中国酒店集团的组织变革不但没有停止，反而暗潮涌动。一方面，上一轮组织变革进入攻坚期，需要更多时间成本消化；另一方面，旅游经济复苏出现的种种新变化让酒店集团疲于应对，通过新一轮组织变革以强化自身应对外部变化能力势在必行。

2024 年，东呈打响深化组织变革第一枪。东呈本轮组织变革提出三个关键词：一线、开放与活力。从大方向来看，公司人员变化的目标是强化一线，即强一线、精中台、轻后台。具体来看，就是减少层级，简化扁平，让各级干部扑到一线去，直接做事、趴下干活。为什么需要这样的调整，文章直截了当地给出解释：岗位层级繁多重叠，因人设事等组织旧形态，导致工作流程冗长，领导只依靠下级办事，导致效率低下。因此，要去除多余的中间层。这种组织调整，通常发生在公司面临激烈市场竞争的时刻。一个可参考的案例，是2024年初阿里集团主席蔡崇信，提出公司存在“大公司病”，并强调保持创业精神的决心。这种观点，诞生于阿里与拼多多等竞品的残酷搏杀中。阿里前任CEO张勇的一个得意手笔，正是“大中台”战略。但最终，阿里在2023年迎来史上最大的一次组织架构调整，中台被拆得荡然无存。东呈此轮变革（强一线、精中台、轻后台），与阿里的逻辑类似。核心主旨总结起来其实就一条：裁撤冗余岗位，引入外部资源，各级负责人全部压向一线。

值得注意的是，东呈是国内少有的短短两年时间先后两次公开发起大规模组织变革的酒店集团。2022年，东呈发起“应对未来关键五年”的组织变革。从东呈两次组织变革思路来看，本轮组织变革是对上一轮组织变革的延续。

东呈组织变革并非孤例。2020年起，中国酒店集团组织变革的风暴已经悄然刮起，这一年也被业内称为“中国酒店组织与管理重塑元年”。2020年，锦江宣布组织变革，设立锦江中国区，一方面将锦江都城集团、维也纳酒店集团、铂涛酒店集团进行后台重组并宣布一系列高层人事调整；另一方面，锦江中国区设立九大中心，实现后台重新梳理。2020年，华住宣布组织架构调整，设立华住集团和华住中国两个管理架构。紧接着在2022年，华住集团发起组织变革，成立六大区域公司。2022年，尚美生活集团宣布组织变革，将集团一拆为七，新成立的七家公司都是独立架构，独立人员预算，并成立支持所有公司的中台，同时开启品牌升级计划。国内酒店集团围绕组织变革还形成了各自的方法论。锦江酒店中国区CEO王伟在总结锦江组织变革时提出过一个变革函数公式：想发起change（变革），有三个必备要素分别是dissatisfaction（对现状不满意）+model（优化商业模式）+process（落地执行力），最后还要加上一些luck（运气）。

2024年，东呈发起组织变革只是一个开始。未来1～2年，几乎所有国内酒店集团都会相继开启新一轮组织变革。刺激酒店集团的一大诱因在于国内旅游消费日渐从2023年的报复性消费中回归理性，随着国内人均旅游消费持续下行，酒店集团的获客难度持续加大。大众开始对于国内酒店价格，尤其是经济型酒店价格居高不下产生了非常大的抗拒情绪。有业内人士指出，国内经济型酒店价格居高不下，存在酒店集团通过维持较高每日平均房价（average daily rate，ADR），在客房出租率（occupancy rate，OCC）有所下降的前提下，依然保持每间可售房收入稳定增长的意图。但是这种局面难以长久维系，国内酒店集团需要在公众情绪引爆前在实际运营中找到更好的增长途径。

另一个需要注意的情况就是国内酒店集团必须直面组织变革带来的种种阵痛甚至负面效应。例如，裁员引发的舆论风波。诚然，裁员是组织变革必须要走出的一步，但是每一次裁员都是酒店集团在优胜劣汰的激烈竞争中，通过组织换血来激发企业活动，进而更好地应对未来竞争。再比如，组织变革过程中引发的矛盾冲突。2023年，华住华东地区一位加盟商店长给华住高层写的投诉信刷爆业内，这位店长控诉华住在组织变革过程中存在“考核制度作假”“工作重复低效”“区域公司管理混乱”“企业内斗不止”等系列问题，侧面反映出酒店集团组织变革的复杂性。

酒店集团组织变革从来不是一蹴而就的短期行为，而是一场漫长的利益博弈。王伟在谈及组织变革的历程时曾感叹，从 2020 年发起组织变革算起，锦江酒店中国区 2024 年才真正完成“三合一（锦江都城、维也纳和铂涛）”，合并成为统一总部，确立了全新的共同目标和文化。程新华也承认，东呈组织进化是一个不断进阶、不断革新的过程。既然无法避免，那么就坦然接受。中国酒店集团组织变革这场风必然越刮越猛了。

资料来源：劲旅君，《中国酒店集团组织变革这场风越刮越猛》，2024-06-07，https://caifuhao.eastmoney.com/news/20240607111025383415950。

案例思考：

1. 结合该案例思考和分析，酒店集团通常在什么情况下需要进行组织变革？
2. 组织变革的时候需要注意什么？

思考与练习

1. 职能型组织结构适合什么类型的酒店？优点和缺点分别是什么？
2. 事业部型组织结构适合什么类型的酒店？优点和缺点分别是什么？
3. 酒店组织结构设计需要遵循什么原则？
4. 酒店组织制度体系包括哪几类？

参考文献

丁蕖. 2020. 企业组织结构变革. 南京：南京大学出版社.

黄妙娟. 2016. 饭店管理基础. 北京：科学出版社.

陆慧. 2013. 现代酒店管理概论. 2 版. 北京：科学出版社.

毛蕴诗，曾国军. 2004. 网络组织框架下的外部流程再造. 现代管理科学，(10): 3-5.

杨云. 2022. 旅游企业人力资源管理. 广州：中山大学出版社.

Lan J B, Huo Y Y, Cai Z Y, et al. 2020. Uncovering the impact of triadic relationships within a team on job performance: an application of balance theory in predicting feedback-seeking behaviour. Journal of Occupational and Organizational Psychology, 93(3): 654-686.

Pereira-Moliner J, Pertusa-Ortega E M, Tarí J J, et al. 2016. Organizational design, quality management and competitive advantage in hotels. International Journal of Contemporary Hospitality Management, 28(4): 762-784.

第六章

酒店服务质量管理

本章导读

本章深入探讨了酒店服务质量的各个方面，涵盖了从服务质量的核心内容和特征，到评价体系的建立，以及有效的管理方法的使用等。通过这一系列的讨论，读者将能够全面理解如何在酒店业提升服务标准，确保顾客满意度，并维持竞争优势。本章旨在帮助读者识别和应用最佳服务实践，以优化服务质量，并通过系统的评价和管理手段持续改进服务。

学习目的

1. 理解酒店服务质量的内容和特征：掌握酒店服务质量的定义和组成，包括它的多维性质，如可靠性、响应性、移情性、保证性和有形性。

2. 熟悉酒店服务质量的评价体系：了解如何构建和应用有效的服务质量评价体系，包括了解不同的评价工具和技术。学习如何利用这些工具收集和分析顾客反馈，以评估服务表现。

3. 掌握酒店服务质量的管理方法：探讨如何通过各种管理策略和技巧，如培训、标准设定和持续改进，来提高服务质量。了解如何通过领导力、员工激励和技术支持等手段实现服务质量的持续优化和顾客满意度的提升。

核心概念

服务质量；服务质量评价；全面质量管理方法；服务创新

导读案例

亚朵服务方法论

亚朵酒店创业以来，始终坚持以服务为核心的突破口。那么，亚朵的服务方法论是如何构成的呢？以下是其服务机制和逻辑的详细解析。

一、峰终和触点

诺贝尔经济学奖获得者、心理学家丹尼尔·卡尼曼提出了“峰终定律”，即人们对一段体验的评价主要取决于其最强烈的体验（峰值）和最后的体验（终值）。亚朵酒店将这一理论应用到服务中，将服务细化为 17 个触点，以细化运营、服务和管理。

二、服务产品化

亚朵不再依赖传统的标准化操作程序，而是采用“服务产品化”理念，基于 17 个触点开发了四五十个服务产品。例如，根据不同的顾客群体推出醒酒茶饮和身心灵动等服务。亚朵通过发掘用户的真痛点，将这些触点提炼成卖点，最终形成产品交付。服务的设计注重三个关键时刻。

- 初见时刻：亚朵设计了奉茶产品，顾客在进入酒店时会收到一杯 70 摄氏度的温茶，消除旅途的疲惫。
- 峰值时刻：根据不同地域，亚朵设计了当地特色的早餐，并提供打包早餐服务。
- 终值时刻：每个酒店都有一个小的保温箱，提供 40 摄氏度左右的温水，让顾客感受到温暖和舒心。

亚朵在服务上注重边界，保持邻里般的服务态度。顾客进入房间后，工作人员不会打扰顾客，而且会保护顾客的隐私。

三、标准个性化

亚朵巧妙地将标准化和个性化融合，用标准化体系满足不同人群的个性化需求。例如，铂金会员会收到绣有姓氏字母的定制拖鞋，而欢迎卡则是手写的，让顾客感受到定制的用心。

四、全员授权

为了提高服务效率，亚朵推行了全员授权，每位工作人员都有 500 元额度（或一天房费的权利）去解决用户反馈的问题。全员授权分为三个阶段：敢于、善于和乐于。一个成功案例是，西安南门亚朵酒店的前台工作人员在遇到顾客被困电梯的情况时，利用全员授权免除了顾客的房费，赢得了顾客的满意和管理层的奖励。

五、行为反馈的监督闭环

亚朵建立了一整套监督反馈制度，包括内部、外部和第三方监督。例如，亚朵坚持"差评不过夜"的理念，任何顾客的问题或差评都在2～3小时内解决。每位总经理每天早晚会收到一份好评、差评单，并在总经理大群中通报差评原因和整改措施。通过这种行为反馈和监督闭环，亚朵在系统上优化了许多空间，并开发了新产品。亚朵积累了近千万条网络点评，其中很多好的想法都来自用户。

资料来源：作者根据网络资料/相关文献资料改写而成。

第一节　酒店服务质量的内容和特征

一、酒店服务质量的定义

在酒店行业中，对服务质量的理解和定义极其重要，因为它直接关系到顾客的满意度和酒店的整体表现。这个定义可以从狭义和广义两个层面来理解，每种定义都为酒店管理提供了不同的指导和关注点。

从狭义上讲，酒店服务质量被定义为酒店服务员直接提供给顾客的服务劳动的水平，这种定义专注于无形的交互过程和行为表现，排除了任何实物形态的服务。这种服务包括但不限于：前台接待的服务态度，包括员工对顾客的问候、办理入住和退房的效率，以及处理顾客询问的能力；客房服务的质量，涉及房间清洁人员的清洁标准、效率，以及对顾客特殊要求的响应速度；餐饮服务的互动质量，取决于餐厅服务人员的服务态度、对菜品的了解以及推荐和调整菜品以适应顾客的口味偏好的能力。

从广义上讲，酒店服务质量是一个综合性概念，包括所有服务要素（图6-1）。这不

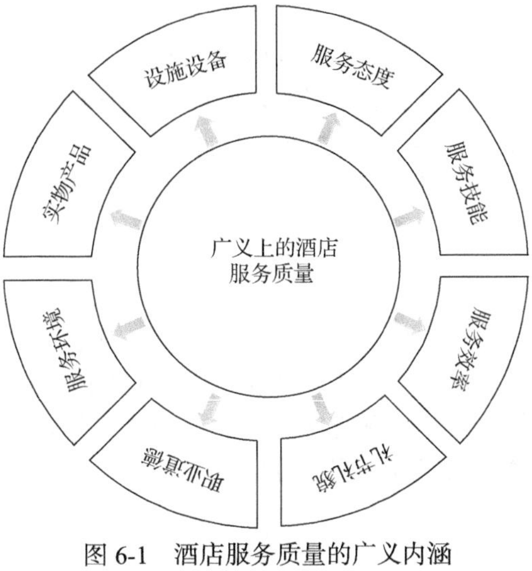

图6-1　酒店服务质量的广义内涵

仅涵盖服务人员所提供的直接服务相关要素，如服务态度、服务技能、服务效率、礼节礼貌和职业道德，还包括设施设备、实物产品及服务环境等方面，以及这些服务在满足顾客物质和精神需求的程度。

二、酒店服务质量的评价

（一）酒店服务质量的评价主体

酒店服务质量的评价是一个多元化的过程，涉及多个主体，每个主体都从不同的角度对服务质量进行评价和反馈。这些评价主体的多样性确保了酒店服务质量评估的全面性和客观性，帮助酒店更好地理解服务的优势和不足，从而持续改进和优化服务。酒店服务质量的评价主体主要有四个（图 6-2）。

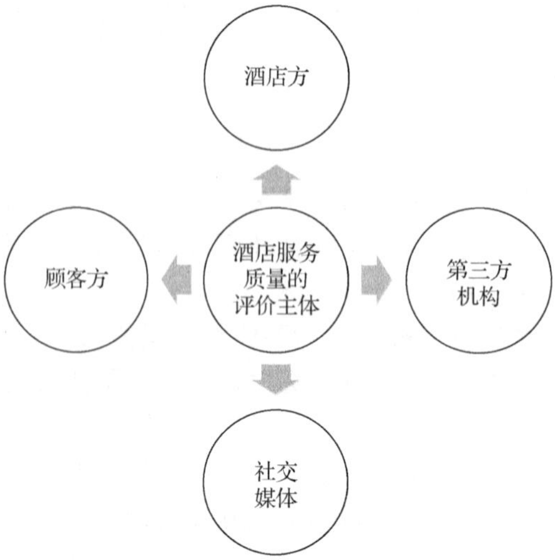

图 6-2　酒店服务质量的评价主体

1. 顾客方

顾客是评价酒店服务质量的最直接的和最核心的主体。顾客方的评价基于其对服务质量的预期与实际体验之间的比较，以及他们对服务所感知的价值。顾客方的反馈通常涵盖他们对酒店的整体满意度、服务人员的态度、房间的舒适度、餐饮质量、设施的完善程度以及价格的合理性等方面。顾客方的评价往往直接影响酒店的声誉和未来的客流量。

2. 酒店方

酒店方本身也是服务质量评价的重要主体。许多酒店设有服务质量管理委员会、服务质量监督部门以及服务质量检查评价工作小组等，这些机构负责监控和评估酒店的服务标准，确保服务质量符合或超过预定的标准。通过内部评估，酒店能够及时发现问题并制定改进措施，提升顾客满意度和忠诚度。

3. 社交媒体

社交媒体在现代酒店服务质量评价中扮演着越来越重要的角色。平台如微博、微信、小红书、抖音以及在线旅游服务网站如携程和艺龙等，为消费者提供了表达和分享他们住宿体验的空间。用户生成的内容如评分、评论和照片，成为潜在顾客选择酒店时的重要参考信息，也为酒店提供了宝贵的第一手市场反馈。

4. 第三方机构

第三方机构，包括各级旅游行政管理部门、各类酒店行业协会组织以及全国旅游星级饭店评定委员会等，他们根据行业标准和规定进行服务质量的评估。这些评估通常更加系统和标准化，能够提供公正、权威的酒店服务质量信息，帮助消费者做出更加明智的选择。

（二）顾客对服务质量的评估

顾客在评估酒店服务质量时通常依据几个关键标准，这些标准为服务的整体评价提供了全面的框架（图 6-3）。

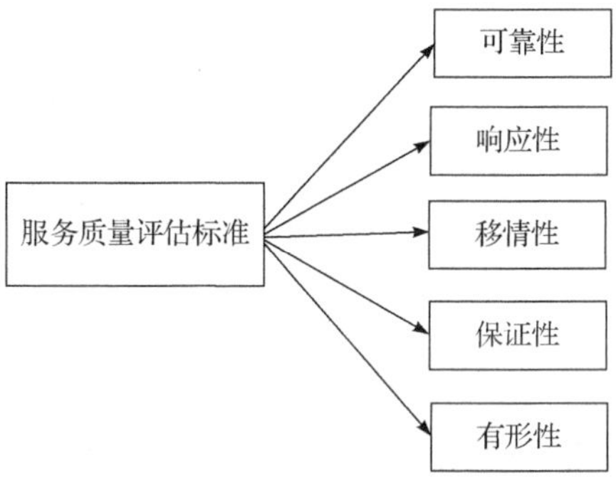

图 6-3　服务质量评估标准

首先，可靠性是衡量服务是否可信赖和一致的标准，它关注服务是否能够持续地以同样的标准被提供。响应性强调服务人员对顾客需求的快速反应能力，即在顾客提出需求后，服务人员能迅速且有效地提供解决方案。移情性则涉及员工对顾客的关心和理解程度，展示了员工在对待顾客时的情感投入和同理心。保证性关注员工的专业知识和能力是否足以让顾客感到安心，确保他们信赖所提供的服务。有形性则是指服务的物理环境和设施，如客房的舒适度、公共区域的清洁度和设施的现代化程度，这些都直接影响顾客的感知和满意度。

除了这些基本评价标准，服务补救措施也是评估服务质量的重要部分。这涉及酒店在面对服务失败和顾客投诉时的处理方式。有效的服务补救措施不仅可以挽回顾客的信任，还能在一定程度上提升顾客的满意度。酒店通过迅速和恰当的响应措施来解决问题，显示出对顾客关切的重视，这种积极的补救行为往往能够加深顾客的好感并提升其忠诚度。通过这样的全面评估系统，酒店能够持续改进其服务质量，提升顾客体验。

第二节　酒店服务质量过程

酒店服务质量过程可以分为服务质量设计、服务质量控制和服务质量改进三个主要阶段（图 6-4）。

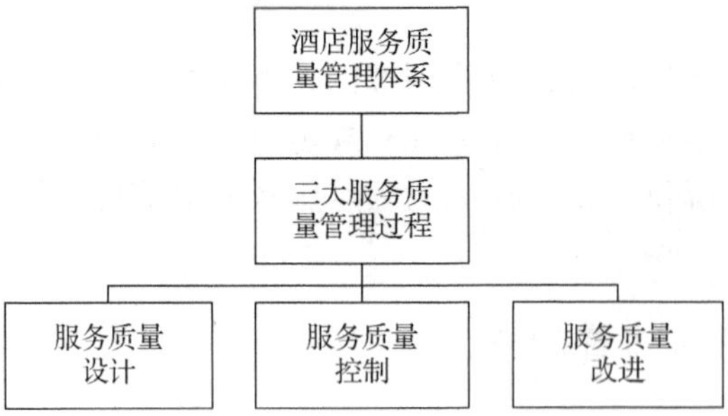

图 6-4　酒店服务质量管理过程

一、服务质量设计

服务质量设计是制定酒店服务提供方案的基础阶段，它关乎服务流程的规划、服务标准的设定以及服务交付的方式。有效的服务质量设计需要全面考虑顾客的需求和期望，同时平衡服务提供的可行性和经济性。这一阶段的设计直接影响到后续服务的执行效率和顾客满意度，是建立优质服务体系不可或缺的一部分。

（一）顾客需求分析

为了设计出符合顾客期望的服务质量，酒店必须先要准确理解目标顾客群的具体需求和偏好。这不仅要求员工具备敏锐的观察力和同理心，还需要酒店建立一种正确的服务观念，即服务是为了提升顾客的整体体验和满意度。首先，通过问卷调查、顾客反馈、社交媒体监控和直接对话，收集并分析顾客需求和期望。例如，一家位于旅游热点地区的酒店可能会发现其顾客特别重视快速入住和退房服务，因为游客多为时间敏感的旅行者。通过这样的分析，酒店能够识别出哪些服务是顾客最为关心的，从而对这些服务加以重点优化。其次，通过培训和内部沟通强化“顾客至上”的服务理念。让每位员工都理解，超越顾客期待是每一次服务交互的目标。

（二）服务标准制定

基于顾客需求的深入分析，酒店接下来需要制定具体的服务标准和操作程序。服务标准定义了服务的具体内容，如房间清洁标准、餐饮服务质量等；服务人员的行为规范，如顾客服务人员的着装、言谈举止等，以及服务的时间标准，如客房服务的响应时间。例如，一家高端商务酒店可能设定 24 小时客房服务、15 分钟内解决顾客问题的标准，以满足商务顾客对效率的高要求。

（三）服务流程优化

设计流畅且高效的服务流程是确保优质服务交付的关键。这包括确保服务的每个环节都能顺畅衔接，减少顾客等待时间，提高服务效率。例如，通过引入自助入住和退房系统，酒店可以大幅度减少前台排队时间，提高入住和退房的速度，从而提高顾客满意度。此外，内部工作流程的优化，如简化清洁和维修流程，也是提高整体服务效率的关键部分。

拓展阅读

酒店服务策划师的职责和作用是什么

酒店服务策划师是一个关键的职业，他们专注于设计和优化酒店的服务产品以提高顾客满意度和推动酒店收入的增长。酒店服务策划师的工作不仅仅限于创建新的服务产品，还包括对现有服务的改进，确保酒店能够在竞争激烈的市场中保持领先地位。

1. 酒店服务策划师的职责

（1）服务产品设计：开发新的服务产品和程序，如定制体验、主题活动、假期套餐等，以吸引不同类型的顾客群体。为特殊事件如婚礼、会议和其他大型聚会提供创意规划建议和执行支持。

（2）市场调研：进行市场调研，了解顾客需求、市场趋势和竞争对手的服务产品。分析顾客反馈和行业报告，以识别服务创新和改进的机会。

（3）策略制定：根据市场研究制定服务发展战略，确定目标市场，设计服务推广策略。与市场营销团队合作，制定促销活动和广告策略，增加服务的市场知名度和吸引力。

（4）质量管理：确保服务质量符合或超过行业标准和顾客期望。设定服务质量基准，定期评估并调整服务标准和流程。

（5）团队协作：与酒店的其他部门如市场营销、客房服务、餐饮部门等紧密合作，确保服务产品得以成功执行和优化。培训和指导员工，确保团队成员理解并能够有效执行新服务策略和标准。

2. 酒店服务策划师需要具备的关键技能

（1）创新思维：能够设计独特和吸引人的服务产品来满足多变的市场需求。

（2）组织和项目管理：在多任务环境中有效管理项目和时间。

（3）沟通和人际关系：与内部团队成员和外部供应商建立有效的沟通。

（4）分析和解决问题能力：能够分析复杂的数据，识别问题并制订有效的解决方案。

（5）顾客服务：深刻理解顾客服务的重要性，能够从顾客的角度思考。

资料来源：作者根据网络资料/相关文献资料改写而成。

二、服务质量控制

服务质量控制是确保酒店服务达到或超过预定标准的关键阶段。这一过程不仅涉及服务的实时监控和质量评估，还包括对员工表现的管理。通过系统的质量控制，酒店能够保证服务的连贯性和高标准，同时识别并改进任何可能的服务短板。

（一）分工协作

服务质量控制的一个重要方面是明确的职责分工和有效的团队协作。在酒店中，不同的部门必须根据各自的功能和角色紧密合作，以确保服务流程的流畅和高效。例如，前台部门负责顾客的迎接和登记，而客房服务部门则确保客房的清洁和舒适。餐饮部门则需要提供高质量的食物和餐饮服务。这些部门之间需要有明确的协作流程和通信机制，如使用内部通信系统来及时交换信息和解决跨部门的问题。

（二）全员参与

酒店服务质量控制还要求全员参与。这意味着不仅是服务人员，从管理层到基层员工，每个人都应参与到服务质量的维护中来。通过定期的员工培训，可以提高员工对服务标准的了解程度，并增强他们的执行力。同时，通过激励机制，如对表现优异的员工进行奖励，可以进一步增强员工的服务意识和动力。这种全员参与的策略确保了从各个层面对服务质量的关注和承诺。

（三）定期评审和反馈

为了有效地控制服务质量，酒店需要定期对服务质量进行评审。质量检测可以通过多种方式进行，如顾客反馈、神秘顾客测试和内部审计等。例如，在一家城市商务酒店中，酒店管理层实施了一个“即时反馈”机制，允许顾客通过酒店的 App 即时评价接受的服务。这些即时的顾客反馈被直接传递给相关部门的经理，确保任何问题或不足可以快速得到响应和解决。这种反馈机制不仅提高了问题处理的速度，也提升了顾客的满意度，因为顾客看到他们的反馈能够被认真对待，并且能够及时改进。

（四）妥善处理顾客投诉

1. 正确认识顾客投诉

首先需要从顾客的投诉中识别酒店的潜在问题。这要求酒店管理者和员工具备自我反省的能力，真正地理解投诉背后的原因，而不仅仅是表面的事件。通过积极响应和解决投诉，可以将不满的顾客转变为酒店的忠实支持者。酒店在处理投诉的过程中展现的诚意和专业性，往往能够增强顾客的信任感和满意度。

2. 顾客投诉原因

通常，顾客的投诉原因主要集中在三个方面。首先，服务员的服务态度、专业技能或行为不当，在这种情况下，顾客可能感觉不被尊重或服务不够专业，从而产生不满。其次，设施的老旧、损坏或不符合预期标准也是常见的投诉原因，如房间设施不完善、卫生条件差或者公共区域维护不良都可能导致顾客体验不佳。最后，有时候顾客的期望过高或特殊需求未能得到满足也会引起投诉，如对房间的特殊布置要求没有达到或是对服务的个性化需求未能得到满足。

3. 程序和方法

处理顾客投诉的程序和方法需要详细且系统化的规划，以确保每一步都能有效地缓解顾客的不满并提升顾客满意度。以下是具体的程序和方法。

（1）做好接待准备：通过训练前台和客服团队，确保他们具备处理各种投诉的能力，随时应对可能出现的问题。

（2）引至隐蔽处，设法让顾客消气：在处理投诉时，应将顾客引导到一个较为私密的地方进行交谈，同时给予顾客一定的时间来平复情绪，这有助于双方更加冷静地处理问题。

（3）认真倾听并记录：耐心地倾听顾客的诉求，并详细记录关键信息，确保所有重要细节都被准确捕捉，这是后续解决问题的基础。

（4）表达同情与歉意：对顾客的遭遇表示理解和同情，同时表达真诚的歉意。这种情感的共鸣是缓解顾客不满情绪的关键。

（5）尽快解决问题并进行补偿：根据预先设定的流程快速解决问题，并根据问题的性质和严重程度提供适当的补偿。

（6）跟进投诉处理过程：确保投诉被妥善处理，并监督改正措施的实施，以确保不再发生相同的问题。

（7）询问处理结果的满意度并表示感谢：在问题处理完毕后，确认顾客对处理结果的满意度，并对其表达感谢。顾客的反馈是改进服务质量的宝贵资源。

三、服务质量改进

服务质量改进是酒店管理中一个持续的过程，酒店不断通过顾客反馈和业务表现来追求服务的优化和创新服务。这一过程的目的是确保酒店能够适应不断变化的市场需求和顾客期望，从而维持和提升其市场竞争力。

（一）人力资源的培训与发展

人力资源管理的一个核心方面是对人力资源的持续投资，特别是员工的培训和职业发展。酒店通过提供技能培训、服务理念教育以及职业晋升的机会，可以确保其员工保持高动力和高效率。例如，一家豪华酒店可能会定期为员工提供顾客服务技能培训、紧急情况应对训练和最新酒店技术的使用教程。这些培训帮助员工提升个人能力，同时也提高了整个酒店的服务质量和顾客满意度。

（二）全面实行标准化服务，并积极提供个性化服务

标准化服务确保了服务质量的一致性，而个性化服务则能够满足不同顾客的特殊需求，两者结合可以大大提升顾客满意度。酒店需要制定详细的服务操作标准，确保所有服务环节都能达到预定的质量要求。根据顾客的偏好和历史行为，如特殊饮食需求、房间配置偏好等提供定制化服务。

（三）持续改进文化

建立一种鼓励创新和接受改变的组织文化对服务质量的持续改进至关重要。这种文化鼓励员工不仅接受现有流程的改进，还敢于提出创新想法。例如，某国际连锁酒店推出了名为“服务革新计划”的项目，鼓励前线员工提出改进服务流程的建议。这些建议通过内部评估且成功实施后，酒店不仅给予提议员工奖金，还会将这些创新应用扩展到全球其他分店。这不仅有效增强了员工的参与感，激发了他们的创造力，还切实推动了全球服务标准的提升。

第三节　酒店服务质量管理的思想和方法

酒店质量管理就是指通过制定各种标准和采用各种手段，使酒店的设施和服务质量能满足顾客需求的一种管理方法。

一、酒店服务质量管理思想

在酒店行业中，服务质量的管理与传统制造业中的产品质量管理存在显著的区别。制造业的产品质量工作通常关注物理产品的一致性、缺陷率和生产效率等硬性指标，这些指标相对容易量化和标准化。然而，在酒店这样的服务行业中，服务本身占据了产品的核心地位，它的质量不仅取决于服务的可靠性和专业性，还涉及顾客的主观感受和情感满意度。因此，直接照搬制造业的质量管理方法到服务业是不合适的。服务型企业必须将关注点放在整个产品和服务组合的质量管理上，只有这样才能有效地提高消费者感觉中的服务质量。

酒店服务质量管理思想包括以下几个重要方面。

（一）注重情感服务

酒店服务的一个核心组成是情感服务。酒店工作人员的态度、表情以及提供服务的方式都可以显著影响顾客的情绪和整体体验。例如，一个微笑和主动帮助的态度可以大大提升顾客的满意度，使得整个服务体验更加温馨和个性化。

（二）注意环境服务

服务环境同样对顾客的体验有着深刻影响。这包括酒店的清洁度、装饰风格、音乐氛围以及整体布局等。一个舒适和吸引人的环境可以使顾客感觉放松，增加其对酒店的好感。

（三）顾客参与服务过程

顾客的参与不仅能提升其对服务的满意度，还能增强服务的个性化。例如，顾客在餐饮服务中参与食材或调味料的选择，可以提升他们对食物的满意度和整体就餐体验。与顾客的有效沟通是保证服务质量的另一个重要因素。清晰的沟通可以有效预防误解和错误的发生，确保提供的服务更加契合顾客的期望和需求。

（四）生产过程和消费过程同时发生

在酒店服务中，服务的生产和消费几乎是同时进行的，这意味着服务质量的好坏会立即反映在顾客的体验中。因此，实时的服务质量控制和即时的问题响应机制非常关键。

（五）客户关系管理

与顾客建立持久良好的关系对于服务质量的感知至关重要。顾客与酒店建立信任和情感联系，可以提高他们对服务质量的整体评价。

（六）可控与不可控因素

服务质量受到多种因素的影响，包括可控因素如员工表现，和不可控因素如顾客当天的心情。识别这些因素并对可控因素进行有效管理是提升服务质量的关键。

二、酒店服务质量分析方法

为了更有效地管理和提升服务质量，酒店可以采用多种分析方法。

（一）ABC 分析法

ABC 分析法也叫帕累托分析法、重点分析法、排列图法。ABC 分析法是一种通过识别酒店运营中的关键因素来优先处理问题的方法。它基于帕累托原则，即 80/20 法则，认为大部分问题（80%）通常由少数关键原因（20%）引起。酒店可以使用 ABC 分析法来确定哪些服务问题最频繁或对顾客满意度影响最大。例如，通过分析顾客投诉数据，酒店可能发现大部分顾客的不满来源于几个关键问题，如入住登记延迟、房间清洁不达标等，然后优先解决这些关键问题。

（二）因果分析图法

因果分析图法也叫鱼刺图和树枝图。因果分析图法是一种帮助识别和展示问题根源的工具，通过图形化的方式将潜在原因分类并表现出来，形成形似鱼的骨架。酒店可以利用因果分析图来探究顾客服务中出现的具体问题（图 6-5）。例如，如果顾客对酒店的房间清洁服务表示不满，管理团队可以使用因果分析图来分析导致清洁服务不满意的各种可能原因，如清洁人员的培训不足、清洁工具的不当使用、清洁流程的不合理等。

（三）PDCA 循环法

PDCA 循环法是一种迭代的质量管理方法，由计划（plan）、执行（do）、检查（check）、处理（act）四个阶段组成。在酒店服务质量管理中，PDCA 循环可以应用于新服务的引入或服务流程的改进。例如，酒店可能计划引入一项新的快速入住服务，然后执行这一计划，通过顾客反馈和内部评估检查其效果，并根据反馈优化服务流程以达到更高的服务标准。

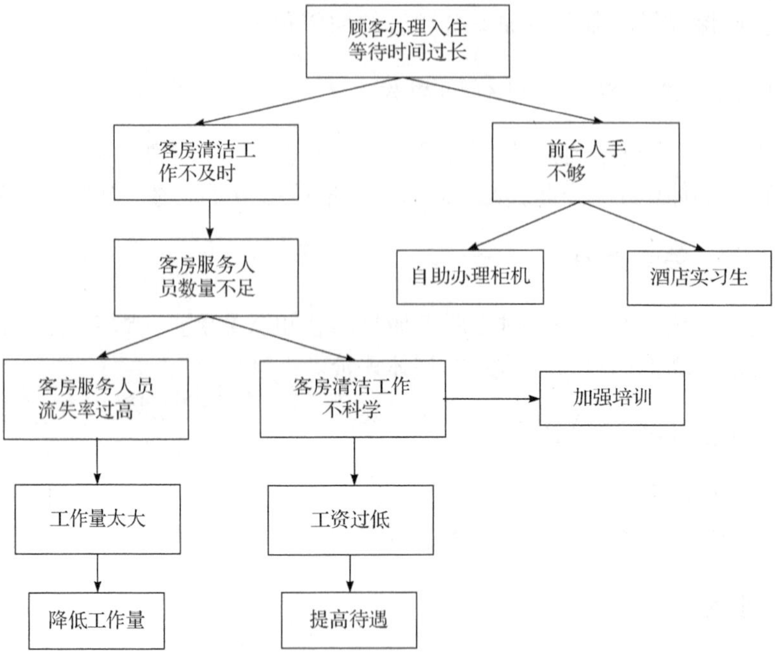

图 6-5　因果分析图示例

（四）零缺点管理法

零缺点管理法也叫 ZD（zero defects，零缺陷）管理法。零缺点管理法是一种旨在通过预防措施消除缺陷和错误，实现零缺点的质量管理方法。在酒店行业，零缺点可以应用于提高客房服务的质量。通过制定严格的房间检查流程和标准，确保每个房间在新顾客入住前都达到完美状态，从而最大限度地减少顾客投诉。

三、全面质量管理方法的特点和原则

全面质量管理（total quality management，TQM）是一种管理哲学和方法，强调组织中每一个成员都应参与到质量管理中。它涵盖了从前台接待到房间服务的每一个方面，目标是通过全员参与提高整个组织的质量管理水平。

（一）酒店全面质量管理的特点

第一，酒店全面质量管理注重整体性。酒店全面质量管理的首要特点是其整体性。这意味着质量管理不仅仅局限于某一个部门或服务环节，还涉及酒店的每一个层面和每一个过程。从前台服务到客房清洁，从餐饮服务到设施维护，每一个环节都被视为整体质量管理的一部分。这种整体性的管理确保了酒店能够提供一致且高标准的服务体验给所有顾客。

第二，酒店全面质量管理注重软、硬件的管理。酒店全面质量管理同时注重硬件和软件两方面。硬件方面关注的是酒店的物理设施和设备的维护与更新，确保所有的设施都能够符合安全标准和功能性标准，从而为顾客提供舒适和安全的环境。软件方面则关注服务人员的培训、服务流程的优化以及服务文化的建设。

第三，酒店全面质量管理要求全员参与决策。全面质量管理要求每一个员工都参与到质量管理和决策过程中。这种全员参与确保了从最高管理层到前线员工每个人都对提升服务质量承担责任。全员参与的策略不仅能够增强员工的归属感和责任感，还可以利用来自不同层面的独特视角和创意，促进问题的快速发现和解决。

第四，酒店全面质量管理要以不断创新为保证。在竞争日益激烈的酒店行业，持续创新是保持竞争优势的关键。全面质量管理强调通过不断地创新来改善服务和优化流程。这包括采用新技术、改进服务方法或重新设计工作流程等方式。

（二）酒店全面质量管理的四个原则

第一，提供顾客百分之百满意的产品。这一原则的核心是确保每一位顾客都能获得完美的服务体验。在酒店行业，这意味着从顾客的预订开始到他们离开酒店的整个过程中，每一个细节都必须达到或超过顾客的期望。为了实现这一点，酒店需要不断监测和评估服务质量，并对顾客的反馈做出迅速响应。

第二，以市场为中心。以市场为中心的原则强调酒店必须以市场需求和顾客期望为导向，制定服务标准和业务策略。这意味着酒店需要对市场趋势保持敏感，了解竞争对手的动态，并据此调整自己的服务产品。

第三，以改进创新作为企业生存之道。在竞争激烈的酒店业，不断地改进和创新是企业保持竞争力的关键。这一原则鼓励酒店不断寻求新的服务方法、改善流程和提升产品质量。这可以通过采纳新技术、更新服务设施或重新设计顾客服务流程来实现。

第四，建立协作的团体并充分授权。酒店必须营造一种团结协作、彼此信任的工作环境，并给予员工充分的授权，使他们能在日常工作中快速做出决策。这种授权让员工感到自己的贡献被重视，增强了他们的责任感和工作积极性。

第四节　酒店服务创新

在当今快速变化的旅游和酒店业市场中，服务创新是酒店持续增长和保持竞争力的关键因素。服务创新可以帮助酒店提升顾客体验，开辟新的收入渠道，以及增加品牌的吸引力和市场份额。

一、技术驱动的服务创新

随着数字技术的发展，酒店业已经开始利用各种高科技手段来提供创新服务，以提高效率和顾客满意度。引入智能设备系统，允许顾客通过智能手机或语音命令控制房间的灯光、温度、窗帘甚至娱乐系统。使用 VR 和 AR（augmented reality，增强现实）技术提供虚拟酒店参观、增强现实导览等服务。开发移动应用，使顾客可以远程办理入住和退房手续，预订餐饮服务和活动，从而提高服务效率和顾客满意度。

为了提升酒店的服务质量和运营效率，把酒店产品质量管理进行数据化是一个关键步骤。通过将无形服务和有形产品的各个方面量化，酒店可以更系统地监控、分析和改进其服务与设施。无形服务的数据化涉及将酒店提供的服务转化为可量度和可分析的数据。例如，餐厅和酒吧服务的效率可以通过顾客等待时间、订单处理时间以及顾客满意度调查得分进行量化。劳动强度和服务效果可以通过员工的工作时间、完成任务的数量以及顾客反馈来评估。客房服务的质量可以通过房间清洁度检查、顾客投诉次数和解决问题的速度来衡量。工程维修服务的效率则可以通过维修完成时间、维修次数以及后续问题的发生率进行数据化。前厅服务效率可通过顾客办理入住和退房的平均时间、顾客在前台的等待时间以及前厅接待人员的服务态度评价来量化。

有形产品的数据化则关注物理环境和设施的具体参数。例如，客房室温可以通过温度传感器持续监控，确保整日维持在最优舒适的区间。电梯的舒适温度也可以通过类似的技术手段进行监控和调整，保证乘客体验的一致性。卫生间的灯光标准可以通过光照度计量化，确保照明符合安全和舒适的标准。通过这些数据化措施，酒店可以获得关于其服务和设施表现的实时数据，这些数据不仅有助于及时发现问题并迅速解决，还能为长期的服务改进提供依据。此外，数据化管理还可以帮助酒店更好地理解顾客需求，预测业务趋势，从而做出更加精准的业务决策和战略规划。这种基于数据的管理方式，将极大地提升酒店的竞争力和市场适应能力。

二、绿色和可持续的服务创新

随着全球对环保和可持续发展议题的重视日益增强，酒店业也在逐渐调整其服务和运营模式以适应这一趋势。绿色和可持续的服务创新成为酒店吸引现代消费者的关键策略。许多酒店已开始提供有机餐饮服务，使用来源可追溯、生产过程符合环保标准的食材，以此来满足顾客对健康和环保的需求。此外，这些酒店还采用环保材料制作的床上用品和洗浴产品，不仅提升了顾客的使用体验，同时也减轻了对环境的负担。在废物管理方面，酒店通过实施垃圾减少和回收计划，有效地减轻了其环境影响。在设施管理上，越来越多的酒店正在安装节能设备和系统，如使用 LED 照明、智能恒温系统，以及在适宜的地区利用太阳能或其他可再生能源，这些措施不仅帮助酒店降低了能源消耗，还减少了运营成本。

三、定制化和个性化服务

随着大数据和分析工具的发展，酒店现在能够更精准地捕捉并理解每位顾客的具体需求，从而提供定制化和更加个性化的服务。通过分析顾客的历史偏好、社交媒体活动和反馈数据，酒店可以提供个性化的欢迎信息、定制房间设施以及特别的餐饮体验，这些高度个性化的服务极大地增强了顾客的价值感知（图 6-6）。这些价值感知包括文化价值、心理价值、身份价值、情感价值和沟通价值。最终，个性化服务提升了顾客的满意度和忠诚度。

文化价值	心理价值	身份价值	情感价值	沟通价值
• 显示出酒店服务人员的素质和文化内涵	• 尽可能地让客人感到酒店的诚意和温馨	• 让客人受尊重的心理得到最大满足，进而使顾客的身份价值得到提高	• 揣摩顾客心理并提供服务，顾客接受并心存感激的过程实际上也是酒店和顾客情感交流的过程	• 酒店与顾客之间的有效沟通促进酒店产品和服务品质提升

图 6-6　个性化服务给顾客带来的特殊价值

四、健康和福祉服务类创新

随着现代顾客对健康和福祉的日益关注，酒店业务必须适应这种需求，通过创新服务来提高顾客满意度和吸引更多的健康意识强的顾客。

（一）健康餐食

健康餐食是现代旅游的一个重要趋势。酒店可以通过提供个性化餐食选择，包括低卡路里、高蛋白、无麸质或植物基饮食等，以满足不同健康需求和饮食偏好的顾客。酒店可以聘请营养师为顾客提供专业的饮食建议，帮助他们选择最适合自己健康需求的食物。另外，酒店可以使用当地采购的有机食材和可持续生产的食材，不仅支持当地农业，还能为顾客提供新鲜、营养的食物。

（二）瑜伽和冥想课程

提供瑜伽和冥想课程是提升顾客体验的另一种方式，有助于吸引那些寻求身心平衡的顾客。酒店可以设立专门的瑜伽和冥想区域，提供定期的课程或工作坊，并由专业教练提供指导。利用酒店的自然环境，如海滩或花园，提供户外瑜伽和冥想课程，增强这些活动的吸引力。

（三）全面的水疗和康复服务

高品质的水疗和康复服务可以显著提升酒店的吸引力，特别是对于那些有放松和恢复需求的顾客来说更具吸引力。针对顾客的特定需求，如伤后恢复或慢性疼痛管理，酒店可以提供由物理治疗师或康复专家定制的个人康复计划，以及提供多样化水疗选项，包括按摩、热石疗法、泥浆疗法等。

（四）设计专门的恢复区域

为了提供更全面的福祉体验，酒店可以设计专门的恢复区域，专注于提供放松和减压的服务。酒店可以利用芳香疗法和音乐疗法的放松效果，创建一个舒缓的环境，帮助顾客从忙碌的旅途中恢复元气。酒店还可以设计静谧舒适的休息空间，使用柔和的照明和舒缓的音乐，提供茶水和轻食，让顾客在不受打扰的环境中放松身心。

五、文化主题类服务创新

目前，我国正繁荣发展文化事业和文化产业，坚持以文塑旅、以旅彰文，推进文化和旅游深度融合发展。通过融入当地文化元素或创建独特的主题体验，酒店能够吸引那些寻求非传统和记忆深刻住宿体验的游客。

（一）本地文化体验

酒店可以通过整合当地的艺术、手工艺、历史和风俗，来提供独特的文化体验。这不仅有助于提升顾客的整体满意度，还能增强酒店与当地社区的联系。具体来讲，酒店可以展示当地艺术家的作品，并定期举办艺术展览或手工艺工作坊，如陶瓷制作、织布或传统绘画等来为顾客提供独特体验。安排当地音乐、舞蹈和戏剧表演，使顾客能够沉浸在地方文化中。提供以当地食材和传统烹饪方法制作的特色菜肴。例如，在墨西哥的一些度假酒店中，餐厅提供地道的墨西哥美食和特色鸡尾酒，同时组织玛雅文化之夜，包括传统的玛雅音乐和舞蹈表演。

（二）历史文化体验

通过历史主题的服务创新，酒店可以为顾客提供穿越时空的体验，了解地区的历史背景和故事。设计房间或公共区域，模仿某一历史时期的风格，如维多利亚时代、20 世纪的复古风格等。提供历史导览服务，解说酒店及其所在地的历史和重要事件。例如，在法国的一些城堡酒店中，顾客不仅能享受到豪华的住宿体验，还可以参加由专业历史学家带领的城堡历史之旅。

（三）生态文化体验

结合生态旅游和文化体验，强调环境保护和可持续旅游。酒店可以组织导览活动，介绍当地的自然景观和生态系统，教育游客关于环境保护的重要性。实施可持续的运营策略，如使用太阳能、雨水回收系统，并为之提供有机食品选项。例如，在哥斯达黎加的一些生态酒店中，游客不仅可以参加热带雨林探险和野生动物观察活动，还可以了解酒店采取何种行动来保护当地生态。

本章小结

酒店服务质量的内容和特征涵盖了从直接服务劳动到环境和设施等综合要素，目的是满足顾客的物质和心理需求。服务质量从狭义上主要关注员工的直接服务劳动，如前台接待、客房服务和餐饮服务的互动质量。从广义上看，它包括实物形态的服务如设施设备的现代化和环境氛围的营造，以及附加值服务如娱乐活动和个性化服务。酒店服务的质量标准要同时满足顾客的方便、舒适与安全需求以及心理满足。其原则包括服务的短暂性、连贯性、情感性和异质性。这些原则指导酒店制定服务标准和提升实践，以确保每次服务都能使顾客的需求得到有效满足或超过顾客的期望。

酒店服务质量过程包括服务质量设计、服务质量控制和服务质量改进三个关键阶段，以确保提供高效且满足顾客需求的服务。在服务质量设计阶段，酒店须通过顾客需求分析来制定服务标准和优化服务流程，确保服务设计符合顾客期望并实现服务流畅交付。服务质量控制阶段关注实现服务标准和监控服务实施过程，涉及分工协作、全员参与和定期评审，以确保服务的连贯性和高标准。服务质量改进则是一个持续的过程，注重人力资源的培训与发展，不断引入服务创新，并通过持续改进文化，激励员工参与和创新，以适应市场变化和提升顾客满意度。整个过程确保酒店服务能持续满足和超越顾客期待。

酒店服务质量管理涵盖了思想和方法，这些组成部分共同确保酒店能够有效满足和超越顾客的期望。在思想层面，酒店服务管理强调情感和环境服务的重要性，并重视顾客的主动参与和实时服务生产消费的特点。此外，酒店管理还需识别服务中的可控与不可控因素，同时关注客户关系管理。在方法方面，酒店采用多种分析和操作方法来监控、评估和改进服务质量，包括 ABC 分析法、因果分析图法、PDCA 循环法、零缺点管理法等。这些方法帮助酒店识别关键问题、分析问题原因并实施有效的改进措施。全面质量管理提供了一个整体性的管理框架，强调全员参与和持续改进，以确保服务质量的一致性和顾客的高满意度。

在当今快速变化的市场中，酒店业的服务创新是保持竞争力和实现持续增长的关键。这包括通过技术驱动的创新来提升顾客体验和效率，如应用智能家居系统和移动应用，让顾客能更便捷地控制房间环境和办理入住手续。绿色和可持续的服务创新也越来越受到重视，酒店通过实施提供有机餐饮服务、使用环保材料和实施废物回收等措施来吸引环保意识强的消费者，并减少环境影响。此外，个性化服务的提供，如定制化的房间设置和餐饮体验现在可以通过大数据和分析工具来更精确地满足顾客需求。酒店还引入了健康和福祉服务，如瑜伽课程和全面的水疗服务，来回应现代消费者对健康生活方式的追求。最终，通过融入当地文化元素或创造独特的主题体验，酒店能够提供记忆深刻的住宿体验，以提升顾客的整体满意度和品牌忠诚度。这些创新策略不仅能开辟新的收入渠道，还能显著提升酒店的市场份额和品牌吸引力。

案例分析与讨论

酒店服务，标准化与个性化之争!

在酒店行业中，标准化操作程序的存废一直是一个备受争议的话题。核心问题在于，标准化操作程序是否阻碍了个性化服务的发展。换句话说，我们应如何正确看待标准化服务和个性化服务的关系。

一、标准化与个性化的争议

标准化服务和个性化服务的争议，实际上是围绕着如何更好地满足顾客需求展开的。标准化服务的支持者认为，实施标准化和相关技术政策可以整合和引导社会资源，推动自主创新与开放创新，加速科技进步和产业升级，从而实现经济、社会和环境的可持续发展。

坚持标准化的理由有很多，主要有两点。第一，提升市场竞争层次。市场竞争已经从低层次的价格竞争向以质量、品牌和管理模式为核心的非价格竞争层次提升。服务的无形性要求酒店制定一系列标准，将科学、精细、规范的操作流程渗透到服务的每一个节点，避免随意性，保持长期稳定的质量，减少宾客的风险心理。例如，微笑、问候、姿态、仪容仪表等在服务中至关重要，需要形成具体规定，如鞠躬时弯腰的角度、微笑时露出几颗牙齿等，否则服务容易走样。第二，适应国际竞争。旅游业高度竞争，国际知名酒店品牌不断进入国内市场，只有尽快适应国际惯例，制定规范而科学的管理原则，并按此规范实施管理，才能积蓄竞争优势，拓展更广阔的发展空间。世界知名酒店集团能在全球取得成功，标准化和高效率是主要因素。

当然，单纯依靠规范的笑脸是远远不够的，更重要的是给顾客实实在在的帮助，使服务更有内涵。提供的服务不仅要满足顾客的期望，还应“雪中送炭、锦上添花”，让顾客感到“满意加惊喜”，这是酒店所要追求的境界。

服务沿着“情绪化服务—经验型服务—标准化服务—个性化服务”的轨迹向前演进，个性化作为标准化的延伸，两者是一个辩证、互动、包容的过程。标准化服务不能一成不变，它的内涵需要不断丰富和发展，只要顾客的需求和酒店内部资源结构、战略目标等因素变化，服务就必然面临创新；个性化不是随意化，个性化成熟后，又必然以制度的形式、规范的程序与标准的服务加以固化。

在市场细分的基础上，个性化服务主要用于特定细分市场的服务项目设计，形成市场“卖点”，加大品牌在市场上的区隔度。“服务项目个性化，服务过程标准化”的竞争战略备受推崇。

没有标准化，个性化就像是缺少养分的大树，活力不足；没有个性化，则不能使顾客产生惊喜，对酒店忠诚。两者同步协调发展，定能将服务推向顶峰。不过，值得注意的是，目前国内酒店业最缺的仍然是标准化、规范化服务的建立和执行，这是我们酒店业需要着力改进的重点。

二、个性化服务在酒店的应用

个性化服务以其鲜明的针对性和灵活性成为酒店服务的趋势。它增强了顾客与酒店间的亲和力，是提升市场竞争力的重要因素。为了有效实施个性化服务，服务员在职业素养上须具备以下要求。

（1）熟悉规范化程序和各岗位操作规程：规范化服务是个性化服务的基础，反映了酒店的整体服务水平和特色。实施个性化服务时，服务员须熟悉和了解酒店各部门的操作规程，必要时打破部门的局限，为顾客提供及时的服务。

（2）掌握相关业务知识：酒店业是一个知识更新快的行业，服务人员须快速更新和掌握相关业务知识，如当地的气候、旅游动态、商务信息等。这些知识能帮助服务员在服务过程中做到有的放矢。

（3）具备超前意识：个性化服务要求服务人员具备超前意识，想顾客之所想，急顾客之所急。例如，当顾客有客到访时，主动提供额外的茶具，或为询问景点路线的顾客准备中英文双语的短句和纸笔等。

（4）减少与顾客的陌生感：服务员须尽快熟悉顾客的个人资料和生活习惯，拉近与顾客的距离，为他们创造一个“家外之家”。

（5）个性化服务要具有持续性：个性化服务应具有持续性，不论是天数还是顾客入住的次数，只要是相同的顾客，服务就应保持一致。例如，记录顾客对咖啡方糖的数量、房间的摆设等，确保每次入住都能提供相同的满意服务。

在实际操作中，不同酒店集团在标准化和个性化服务上都有各自的策略和成功案例。例如，亚朵酒店通过峰终定律，将服务细化为 17 个触点，强调服务产品化、标准个性化和全员授权，让每位员工都能在第一时间解决顾客的问题。这种标准个性化的方式不仅提高了服务效率，还提升了顾客的满意度和忠诚度。总而言之，个性化服务是新时代的潮流，酒店应不断突出自身的个性。未来，个性化与标准化仍会遵循“二八定律”，即 20%的产品是个性化生产的，80%的产品是标准化生产的。酒店行业应在标准化的基础上，通过个性化服务提升顾客的满意度和忠诚度，达到更高的服务水平。

资料来源：作者根据网络资料/相关文献资料改写而成。

案例思考：

1. 个性化服务和标准化服务之间的关系是什么？二者是否可以兼容？
2. 如何做好个性化服务？

思考与练习

1. 酒店服务质量的广义和狭义的定义分别是什么？
2. 酒店服务质量的评价主体有哪些？
3. 酒店如何做好服务质量设计？
4. 全面质量管理方法的特点和原则是什么？
5. 结合当下的消费者特点分析，未来的酒店服务创新点有哪些？

参考文献

程兴. 2001. 饭店服务标准化和个性化问题的探索. 成都大学学报（自然科学版）, (4): 47-49.
郭琰，孙靳. 2022. 酒店管理. 南京：东南大学出版社.
陆慧. 2013. 现代酒店管理概论. 2 版. 北京：科学出版社.
徐虹，吕兴洋，秦达郅. 2013. 国内经济型酒店服务创新比较研究. 旅游科学, 27(1): 41-51.
Lan J B, Gong Y Y, Liu T, et al. 2022. How emotional regulation and conscientiousness break the reciprocal circle between customer mistreatment and surface acting: an experience sampling study. International Journal of Contemporary Hospitality Management, 34(11): 4007-4028.
Nikolaidis D, Chrysikou S C, Alexandris K. 2016. Testing the relationship between hotel service quality and hotel brand personality. International Journal of Hospitality and Event Management, 1(4): 355-369.
Yarimoglu E K. 2014. A review on dimensions of service quality models. Journal of Marketing Management, 2(2): 79-93.

第七章

酒店品牌管理

本章导读

本章专注于酒店品牌的构建与管理，涵盖从品牌的基本概念，到品牌的创建、维护和推广，以及品牌提升与创新的策略。通过对这些关键话题的详细讨论，本章旨在帮助酒店经营者和市场营销专业人士深入理解如何有效地建立和管理一个强有力的酒店品牌，以及如何通过创新保持品牌的市场竞争力和相关性。通过探索这些核心议题，读者将获得必要的工具和知识，以在竞争激烈的酒店业中成功推广其品牌。

学习目的

1. 理解酒店品牌的含义：掌握酒店品牌的基本定义。

2. 熟悉酒店品牌的创建、维护和推广：学习如何从零开始创建一个酒店品牌，包括品牌定位、命名、标志设计和品牌故事的构建。探讨如何通过各种市场策略和活动来维护与推广品牌，确保品牌形象的一致性和市场的持续关注。

3. 掌握酒店品牌的提升与创新：探索如何通过创新思维和战略来提升已有的酒店品牌。

核心概念

品牌管理；品牌创建；品牌维护；品牌推广；品牌创新

导读案例

白玉兰酒店的品牌重塑

如今，越来越多的酒店通过推行 IP 概念进行品牌重塑，以“活化”暗淡的酒店面貌。迪士尼酒店凭借其经典的卡通 IP 形象，如米老鼠、唐老鸭等，成功将品牌精神与顾客体验结合起来。每间客房、餐厅甚至工作人员的着装都融入迪士尼元素，让顾客在酒店内外都能体验到迪士尼的魔法世界。乐高乐园酒店通过乐高积木这一全球知名 IP，将房间、公共区域甚至餐厅都设计成乐高主题，吸引了大量乐高爱好者和家庭游客。乐高乐园酒店不仅提供住宿，还为顾客提供乐高主题的娱乐活动和工作坊，增强了顾客的互动体验。

然而，一些酒店只是盲目跟风，与 IP 擦边，并未与消费者产生共鸣和联系。玉兰花酒店的品牌重塑是一个很好的例子，展示了如何通过精准的 IP 概念重塑品牌形象并成功吸引消费者。

1997 年，国内第一家经济型酒店锦江之星在上海锦江乐园问世。2018 年，该经济型酒店品牌重塑为白玉兰品牌，定位为中档的生活方式类酒店。此次重塑推出了业内第一对情侣 IP——玉先生和兰小姐。这对 IP 人物成为白玉兰酒店与消费者沟通的重要桥梁。白玉兰酒店的 IP 是住宿业中唯一一个自创并培育出来的酒店品牌。白玉兰借“玉先生和兰小姐”这对 IP 人物向消费者传递“追求精致生活”的品牌精神。IP 的推行不仅是品牌宣传，还是品牌故事的讲述和品牌精神的表达。IP 的存在需要时间沉淀，否则只是一具没有灵魂的躯壳，这与“跨界”有本质的区别。

白玉兰酒店的 IP 打造充分体现在其设计与营销上。

- **融合本地特色**

白玉兰酒店通过不同性别、性格、穿着打扮和生活态度的玉先生与兰小姐，将其融入酒店装修、房间主题等方面，吸引不同的消费客群。每入驻一个城市，酒店将当地代表风物结合 IP 人物形成一幅城市画卷，将其作为酒店前台背景和视觉素材，让消费者一踏入酒店就能感受到当地人文特色。酒店内部也随处可见 IP 人物元素的装饰品。

- **IP 互动活动**

白玉兰酒店策划了多种 IP 互动活动。例如，通过 IP 人物对话形式，吸引读者参与填色设计游戏，并提供福利。这不仅创造了粉丝与品牌接触互动的机会，拉近彼此距离，还借用莫兰迪色的“舒雅精致的高级感”再次强调品牌调性。

- **网络互动**

当时，为了庆祝“玉先生和兰小姐”一周年生日，白玉兰各区域酒店员工创意拍摄的围绕八大主题展开的白玉兰 IP 人物故事短片在酒店官方抖音、微信、微博等渠道发布，邀请大家参与有奖互动评选。同时，白玉兰 IP 人物表情包也正式对外发布，进一步提升了品牌的网络互动性和粉丝参与度。

● **线下零售空间**

白玉兰酒店通过打造线下零售空间，将“粉丝经济”变现。自创 IP 形象衍生出一系列产品，如徽章、情侣 T 恤套装、水杯等，因其独特标签更易让消费者买单。白玉兰酒店还与汪裕泰、熊本熊、老凤祥、卓玛泉、大白兔等各大流量 IP 合作，让跨界融合成为品牌创新驱动力和品牌符号，同时牢牢圈住 IP 粉丝。白玉兰酒店结合 IP 人物创新打造了线下门店“兰选集”，售卖潮玩用品及白玉兰品牌周边，并于 2021 年 2 月正式上线“兰选集商城”，酒店月收入因此增长了 25%左右。

通过白玉兰酒店的品牌重塑案例，我们看到，成功的 IP 品牌重塑不仅需要创新和创意，更需要深度理解消费者需求，将品牌精神和消费者体验紧密结合。通过融合本地特色、策划互动活动、增强网络互动和打造线下零售空间，白玉兰酒店不仅提升了品牌形象，还实现了经济效益的增长。

资料来源：作者根据网络资料/相关文献资料改写而成。

第一节　酒店品牌的含义

酒店品牌的建立是一个复杂而精细的过程，旨在通过一系列独特的标识，使消费者能够快速识别其服务并将其与竞争对手区分开来。一个成功的酒店品牌不仅体现在其可视化的标识上，还包括其背后的品牌策略、文化理念、服务质量以及顾客体验，主要分为三部分：酒店品牌商标、酒店品牌标志和酒店品牌名称（图 7-1）。

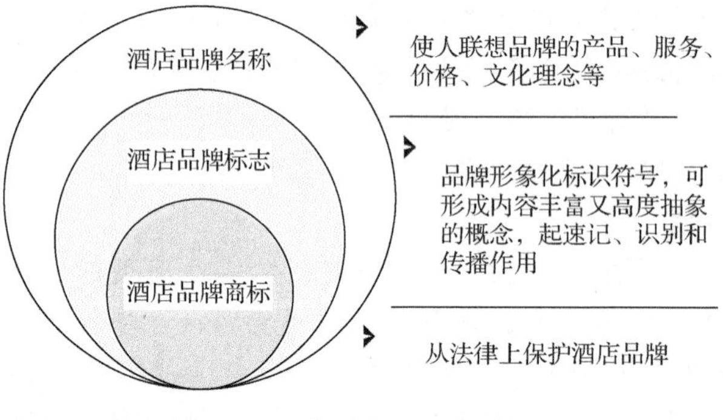

图 7-1　酒店品牌的含义和构成

1. 酒店品牌商标

酒店品牌商标是酒店品牌在法律上的保护，确保品牌的独特性和专属性不受侵犯。商标可以包括图形、文字、符号甚至特定的颜色组合，这些都是酒店向公众展示其品牌身份的法律认证工具。注册商标保护酒店免受品牌盗用和误用的风险，可以确保所有市场推广活动的投资回报最大化。商标不仅是法律保护的标识，还是酒店财产的一部分，增加了品牌的资产价值。

2. 酒店品牌标志

酒店品牌标志是品牌视觉识别的核心，它通过形象化的符号传达酒店的品牌精神和核心价值。这些标志往往设计精美，易于记忆，能快速引发消费者的品牌认知。一个有效的品牌标志可以在极短的时间内传达酒店的主要特征和业务范围，增强品牌的市场识别度。很多时候，酒店品牌标志还承载着文化和地域的象征意义，帮助酒店在全球化市场中保持独特的地域识别度。例如，希尔顿酒店的品牌标志是一个简洁而优雅的字母“H”，这个标志不仅代表了希尔顿的首字母，还象征着全球性和包容性。希尔顿的标志设计简洁而优雅，很容易被消费者记住，并且在所有的广告和品牌物料中一致使用，从而增强了品牌的辨识度。

3. 酒店品牌名称

酒店品牌名称是酒店识别系统的另一个关键元素，通常通过言简意赅的方式向消费者传达品牌的属性和企业理念。名称通常包含或暗示酒店的特点、服务质量、地理位置或所属集团，是品牌形象和文化的直接传播者。品牌名称易于传播和记忆，是所有营销和广告活动中不可或缺的元素。例如，四季酒店这一名称不仅传达了其高端的服务和设施，也暗示了酒店能够在一年四季为顾客提供舒适和高质量的服务。四季酒店的品牌名称简洁、容易记忆，而且与其宣传的奢华和精致的顾客体验相匹配。

在建立和维护酒店品牌时，企业需要整合上述元素，创建一致且具有吸引力的品牌形象，塑造和讲述连贯的品牌故事，增强品牌的情感吸引力和市场竞争力。

拓展阅读

全季酒店关于“东方美学”的品牌塑造

消费从功能时代，进入到美学时代，其背后的逻辑是在物资极大丰盈的当代，人们的需求已经从低级的功能性需求，转变到了高级的审美需求和其他心理需求。人们追求的点不再是简单的产品“能不能”，而是开始极大地偏向产品“美不美”。小米的联合创始人黎万强就是设计师出身，他在《参与感》一书中建议到，未来任何类型的创业团队都需要有一个做设计出身的创始人，其原因就是他感知到了未来大众对产品美观的极大热衷。消费美学的时代业已来临，其背后的本质，是一批有着文化素养和审美能力的从业者，试图满足消费者的审美需求，而企业模式的改革，一定是以获得具有新思维的人才为第一位的。

季琦在创立华住酒店集团的过程中，于 2010 年带领团队推出了全季酒店这一品牌，旨在提供高性价比的优质住宿体验，满足中高端市场消费者的需求。在国际和本土竞争激烈的酒店市场，全季酒店通过融入东方美学，提供了与西式现代简约风格不同的选择，满足了消费者对文化多样性和新体验的需求。在全球化和文化多元化的背景下，东方美学的独特魅力和文化深度为酒店品牌提供了一种与众不同的竞争优势。全季酒店致力于打造东方美学，体现了对市场需求的精准把握以及对品牌独特性的追求。随着消费者对旅行质量和文化体验需求的提升，东方美学的元素成功吸引了寻求深度文化体验和心灵休憩的顾客。对于中国的消费者而言，东方美学不仅仅是审美，更是文化认同和情感共鸣的表达。全季酒店通过这种方式增强了消费者对品牌的情感连接和忠诚度。

全季酒店在具体的酒店设计和装饰上大量采用东方元素，如将中国传统的红木家具、书法艺术、水墨画作为室内装饰，并采用了中国传统园林的设计理念。这些元素被巧妙地融合在现代设计中，创造出既古典又现代的视觉效果。全季酒店在服务上也体现东方文化的礼仪之美。例如，酒店员工在服务中融入传统的东方礼仪，如微笑、鞠躬和用双手递交物品等，展现东方的温文尔雅和尊重。

全季酒店的餐饮服务中也深入体现东方美学，提供地道的中式菜肴，使用传统餐具，并在装盘和菜品选择上融入东方美学，如强调色彩搭配和食材的新鲜度，提供养生茶饮等。全季酒店常常举办茶艺表演、书法和国画教学等文化活动，不仅让住客体验东方文化的独特魅力，也提升了酒店服务的文化内涵。

通过这些方法，全季酒店成功地将东方美学融入品牌之中，不仅为顾客提供了一个充满东方文化氛围的住宿环境，同时也增强了品牌的市场竞争力。这种深度融合传统文化与现代经营理念的做法，有效地提升了顾客的满意度和品牌忠诚度。

资料来源：作者根据网络资料/相关文献资料改写而成。

第二节　酒店品牌的创建、维护和推广

一、酒店品牌创建的流程

创建一个成功的酒店品牌是一个系统的过程，主要包括以下几个部分。

（一）深入的市场理解和精确的战略定位

第一，成功的酒店品牌建设始于对顾客需求的深入理解。了解顾客的期望、偏好和行为模式对于设计能满足他们需求的服务和产品至关重要。利用市场调查、顾客反馈和在线数据分析等工具来收集信息，这些信息可以帮助酒店了解顾客的基本需求和未被满足的需求。通过焦点小组、一对一访谈或顾客旅程映射等方法，酒店管理者可以更深入地探索顾客的期望和体验痛点。分析竞争对手如何应对这些需求，可以揭示市场的缺口和机会。

第二，确定市场细分。通过细分市场，酒店可以更精确地定位其目标顾客群，为其设计专门的产品和服务。酒店管理者可以根据地理位置、人口统计特征、生活方式、消费行为等多种标准进行市场细分，并且选择最有潜力的细分市场作为目标市场。这需要考虑市场的大小、成长潜力、竞争情况和品牌的核心竞争力。比如，一家酒店决定专注于为年轻家庭提供服务，那么它可能会在酒店内增设儿童游乐区，提供家庭友好的房间布局和特色亲子活动，以吸引这一细分市场的顾客。

第三，创造产品价值。这要求酒店在提供的服务和体验上不断创新，确保与顾客期望和品牌承诺相匹配。明确酒店能为顾客提供什么独特价值，如独一无二的位置、定制服务、独特的餐饮体验等。通过独特的设计、卓越的服务或特色设施等要素，酒店品牌可以与竞争对手明显区分开来。

（二）创建品牌名字和标识

品牌名字和标识（logo）不仅是酒店对外的第一印象，也是传达其价值主张和文化的重要工具。品牌名字的创造是一个既需要创意也需要策略的过程。好的酒店品牌名字应简洁、易记、有意义，并能够传达酒店的独特性和价值。酒店可以考虑将地域文化或特定地点融入品牌名字，如使用城市、地标等，增强品牌的识别度和吸引力。对于计划进行国际化运营的酒店品牌，名字需要易于在不同语言中发音，并且在不同文化中都具有正面含义。

确保品牌名字的独特性，避免与现有品牌混淆，并且能在相关法律框架下注册。品牌标识是视觉识别的核心，有效的标识设计可以显著提升品牌的辨识度。酒店的标识设计应考虑视觉元素，包括颜色、形状和字体等，这些元素需要与酒店的整体设计和内部装饰风格保持一致。标识设计应简洁易懂，无论是在大型广告牌上还是手机屏幕上都应清晰可辨。设计应能触动人心，与顾客建立情感联系。例如，使用温暖的颜色和柔和的线条可以营造出舒适和放松的氛围。在设计时还要考虑文化的敏感性，确保标识在不同文化中都是适宜和受欢迎的。

在品牌名字和标识的最终确定前，应广泛收集内部和外部的反馈。这包括从行业专家、目标顾客群体以及公司内部员工中获取意见。通过焦点小组、市场调查等方式测试品牌名和标识的效果，确保它们能有效传达品牌信息并与目标市场产生共鸣。通过注册商标来防止未经授权的使用，确保品牌名和标识的法律保护。这不仅保护了酒店的知识产权，还保障了品牌的独特性和市场竞争力。

拓展阅读

知名酒店的名字起源

在酒店行业，名字不仅仅是一个品牌的标志，更是其文化和历史的象征。很多知名酒店品牌的名字都有其独特的来源和故事，这些名字往往能传达出品牌的核心价值和文化内涵。下面，我们来看看一些著名酒店品牌名字的由来。

- **以创始人名字命名**

许多国际知名酒店品牌直接以创始人的名字命名。例如，万豪酒店以创始人 J.Willard Marriott 的姓氏命名。希尔顿酒店以创始人康拉德·希尔顿的姓氏 Hilton 命名。凯宾斯基酒店以创始人贝特霍尔德·凯宾斯基的姓氏命名。

有一些酒店名字是不同创始人的名字合体。例如，丽思卡尔顿酒店源自巴黎丽兹酒店和伦敦卡尔顿酒店的结合，这两家酒店都是由“酒店之王”恺撒·里兹创办的。华尔道夫酒店的全名是“Waldorf-Astoria”，源自威廉·活尔多夫·阿斯托兄弟创建的两家酒店，象征着两个堂兄弟的合作和竞争。这种做法不仅体现了创始人对品牌的重视，也能增强品牌的个人色彩和信任感。

- **一些品牌名字的由来充满了故事性和创意**

香格里拉酒店这个名字源于郭鹤年与顾客乔治·托比的一次闲聊。乔治灵光一闪，提出了“香格里拉”这个名字，充满浪漫主义色彩。

六善酒店的名字来源于一种独特的体验理念，旨在通过六种感官体验为顾客提供全方位的享受。这六种感官包括：视觉、听觉、嗅觉、味觉、触觉和精神感知。通过这些感官的综合体验，六善酒店希望为顾客创造一种可以平衡身心、恢复活力的环境。

- **有些品牌名字来源于创始人的灵感和巧合**

四季酒店的创始人伊萨多·夏普原本想用“雷鸟”命名酒店，但这个名字已被注册。朋友提到德国一家叫 Vier Jahrzeiten（德语中意为四季）的酒店，于是便用了这个名字。

亚朵酒店的名字来源于云南怒江边中缅边境的一个小村庄，这个村庄以其自然、静谧、温暖、朴实的特色而闻名。亚朵品牌的创始人王海军在一次旅行中意外走进了这个村庄，被当地的自然风光和淳朴的民风所触动，因此决定以“亚朵”为名创立自己的酒店品牌。

- **“以老带新”的品牌命名策略**

很多酒店品牌在成功后，会通过“以老带新”的策略推出新品牌。例如，万豪推出的万怡酒店（Courtyard By Marriott），通过“By Marriott”来背书；喜达屋酒店集团推出的新品牌福明喜来登（Four Points By Sheraton）也采用了 By 的方式，这种命名方式不仅便于品牌的延伸和识别，还能借助母品牌的影响力提升新品牌的认知度。

取名其实并没有那么神奇，很多名字的选择往往是机缘巧合或灵光一闪的产物。就像父母给新生儿取名一样，人们往往认为名字对未来有决定性影响，但实际上，最终是品牌自身的实力和文化定义了名字的意义。酒店品牌的名字不仅是一个简单的标识，还是品牌历史、文化和价值观的体现。从以创始人名字命名到灵光一闪的创意，这些名字背后都有着丰富的故事和深厚的内涵。名字不仅仅是品牌的象征，更是品牌与消费者之间沟通的桥梁。正如人们最终会以自己的行动和成就来定义自己的名字一样，成功的酒店品牌也是通过其卓越的服务和独特的文化来赋予名字以生命力。

资料来源：作者根据网络资料/相关文献资料改写而成。

（三）塑造全方位的品牌形象

酒店应积极推进品牌形象物化方面的建设，按照企业统一的商标、标志和企业标准设计并完善酒店的形象识别系统，在视觉层面塑造一目了然的酒店品牌形象。一旦定义了视觉元素，下一步就是创建一个全面的视觉识别系统。这个系统将涵盖酒店所有的视觉传播材料，包括室内外标识、员工制服、文具、宣传册、网站、社交媒体页面和广告材料等。视觉识别系统的目的是确保在所有顾客接触点上保持品牌形象的一致性，从而加深顾客的品牌印象。例如，W 酒店就非常擅长使用其鲜明的 logo 和特定的紫色调在所有媒介上保持视觉上的一致性，无论是酒店的入口还是其网站和广告，都能让顾客一眼识别。每一个与顾客互动的点都是塑造品牌形象的机会。酒店需要确保在所有品牌触点上，顾客的体验都与酒店的品牌形象相符。这包括前台接待的服务流程、房间的布置、餐饮服务的质量，以及额外服务如水疗或健身中心的体验等。品牌形象的建设不是一次性的项目，而是一个持续的过程。酒店需要定期评估其品牌形象的效果，监控品牌健康状况，通过顾客反馈、市场调研以及竞争分析等方式，不断调整和优化其品牌策略。

二、酒店品牌维护

酒店品牌维护是确保品牌长期健康和市场竞争力的关键活动。酒店品牌的维护通常分为法律上的维护和经营上的维护两个方面，每个方面都包含一系列的策略和措施。

（一）法律上的维护

法律上的维护主要是通过法律手段来保护酒店品牌的独特性和专有权，防止侵权行为，确保品牌资产不受损害。最基本的法律保护措施是注册商标。这不仅包括酒店的名字和标识，也包括独特的标语和其他识别性设计。商标注册可以在法律上防止其他公司使用相同或近似的标识，从而避免市场混淆和不正当竞争。注册商标后，酒店还需要监控市场，确保没有未经授权使用其品牌标识的情况。这可能需要与律师合作，对侵权行为进行法律追究。在国际市场运营的酒店尤其需要关注跨国的商标保护。

（二）经营上的维护

经营上的维护关注通过策略和操作来提升酒店品牌的市场表现和顾客忠诚度。对于酒店行业来说，品牌维护不仅是保护视觉标识的问题，更关乎服务质量、顾客满意度和持续创新，主要包括以下策略。

第一，采取全面服务质量管理。服务质量是酒店品牌的核心。进行全面的服务质量管理可以确保所有的酒店服务都达到高标准，并且保持一致性，从而强化品牌的信誉和顾客的信任。

第二，整合线上与线下品牌体验。在数字化时代，酒店还需要在线上世界中同样维护其品牌形象。这包括酒店的网站、在线预订系统、社交媒体互动以及通过电子邮件进行的顾客服务。酒店需要确保线上的体验与线下的实体体验相辅相成，提供无缝的品牌体验。

第三，有效处理消费者投诉。及时并有效地处理消费者投诉是维护品牌声誉的关键。这不仅可以解决即时的问题，还可以防止负面影响扩散。

第四，妥善防范与处理品牌危机。品牌危机可能因各种原因突然发生，严重威胁到品牌的声誉和业务。有效的危机管理是预防和减轻潜在伤害的关键。

三、酒店品牌推广

酒店品牌推广是一项复杂而多维的活动，旨在通过各种营销和沟通策略提升酒店品牌的知名度、吸引力和市场份额。

（一）利用多渠道营销

在当前的数字时代，酒店品牌推广已不再局限于传统广告，而是利用多种营销渠道来触及更广泛的受众。以下详细探讨了各种现代和传统营销手段的结合，以及如何通过合作伙伴关系来扩大酒店品牌的影响力。

第一，数字营销。通过社交媒体、搜索引擎优化、电子邮件营销和在线广告来推广品牌已成为酒店品牌最便捷、最有效、最经济的传播手段。酒店积极利用酒店营销平台、团购网站、论坛、微博、微电影、微信、抖音等新媒体的载体发布吸引人的内容，如酒店介绍、特色房间介绍、顾客评价、入住体验和特别优惠等。优化酒店网站的关键词，确保当潜在顾客搜索相关旅游或住宿信息时，酒店网站能够排在搜索结果的前列。

第二，内容营销。创建有价值的内容，如旅游指南、顾客见证和视频故事，来吸引和保持顾客的关注。例如，用微电影的方式展示真实顾客的评价和故事，增加潜在顾客的信任感。例如，制作高质量的宣传视频和顾客见证发布在其官网和社交媒体上，通过讲述酒店的独特故事来吸引高端顾客。酒店还可以制作关于酒店设施、服务和周边环境的视频，生动展示酒店的魅力。

第三，传统媒体。尽管数字营销日益重要，传统媒体，如电视、广播和印刷广告等仍然在某些市场和目标群体中发挥作用。在高峰时段投放广告，尤其是在旅游高峰期和假日期间，可以吸引广大观众的注意。在旅游杂志、商业杂志和地方报纸上投放广告，特别是那些针对高端市场的出版物依然会发挥良好的宣传作用。

（二）建立合作伙伴关系

通过第三方的支持树立酒店品牌自身积极形象和培育消费者偏好。与文化和旅游部、OTA、航空公司和其他旅游相关企业建立合作关系，可以扩大酒店品牌的影响力和可见度。酒店应该与员工、顾客、政府、新闻界、行业协会、学术界等保持良好的关系，利用集团内外部新闻发布会、社交活动、各类会展、对危机事件的处理等时机，宣传与推广旗下酒店品牌形象与内涵。具体方式有以下两种。第一，联合营销。酒店与航空公司或旅游代理合作提供“住宿+航班”套餐，吸引那些寻求一站式服务的顾客。第二，跨品牌活动。酒店与非竞争品牌合作举办活动，以增加品牌曝光率和吸引新顾客。

第三节　酒店品牌的提升与创新

一、品牌提升的含义

品牌提升在酒店行业中扮演着至关重要的角色。它不仅涉及提高品牌知名度，还包括塑造品牌美誉度和建立顾客的品牌忠诚度（图 7-2）。

（一）提高品牌知名度

品牌知名度是指社会公众对品牌的认知程度，包括品牌的知晓和理解，以及品牌的社会影响广度和深度。这是衡量酒店品牌现状的一个关键“量”的指标。

第一，顾客知名度。酒店品牌需要确保目标顾客群体能够轻松识别和记住其品牌。这可以通过有效的广告宣传、参与行业展会，或在社交媒体和在线平台上的活跃表现等方式来实现。例如，通过在旅游网站上发布吸引眼球的广告或通过与知名旅游博主的合作来增加品牌曝光。

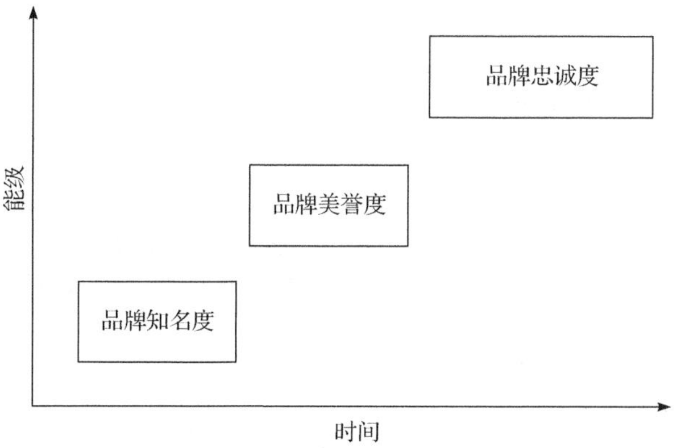

图 7-2　品牌成长路径

第二，行业知名度。在行业内建立一个强有力的品牌形象。这包括获得行业奖项、参加行业会议、发布行业研究报告等方式，以提升品牌的行业地位和认可度。

第三，社会知名度。通过参与社会公益活动、赞助公共事件或与大众媒体合作来提升品牌在更广泛公众中的认知度。这不仅能提高品牌知名度，还能改善品牌形象，使品牌在社会上获得积极的关注。

（二）形成品牌美誉度

品牌美誉度关乎公众对品牌的信任和赞美程度，以及品牌在社会中的影响力。首先，酒店持续提供高质量的服务是构建和维护美誉度的基石。例如，确保每位顾客都能获得一致且高质量的服务体验。其次，酒店要进行有效的公关管理，及时响应媒体和公众的询问，透明地处理任何负面事件，这都是保持和提升美誉度的重要措施。最后，通过客户关系管理系统收集顾客反馈，并据此改进服务，主动解决顾客的问题，从而在顾客心中建立起正面的品牌形象。

（三）建立品牌忠诚度

品牌忠诚度是衡量消费者对某一酒店品牌的感情依赖度，这种忠诚可以转化为持续的营业收入和市场份额。酒店通过提供量身定制的服务，如基于顾客偏好的房间配置和专属优惠，可以提升顾客的满意度和忠诚度。酒店要设计并实施有效的忠诚度激励计划，如积分奖励、会员专享优惠等，鼓励顾客重复消费并传播品牌口碑。酒店需要通过社交媒体或定期活动与顾客保持联系，持续提供有价值的信息和优惠，加强顾客对品牌的情感连接。

二、酒店品牌资产和价值的评估

酒店品牌资产和价值的评估是一个复杂的过程，涉及众多量化和定性的指标。这一过程对于投资者、酒店管理者以及在并购活动中的各方均具有重要意义。通过对品牌资产的评估，相关方可以更好地理解品牌的市场地位、潜在价值，以及未来增长的可能性。对酒店品牌资产和价值的评估可以采用多种方法。

（一）客观财务评估

第一，成本法：估算创建或重建品牌所需的全部成本。

第二，市场法：通过比较同行业内相似品牌的销售或收购情况来评估品牌价值。

第三，收益法：基于预测品牌将在未来产生的收益来估算品牌的现值，通常使用的技术包括净现值（net present value，NPV）计算或利润贡献分析。例如，华住集团会利用收益法，通过分析其忠诚顾客计划“华住会”带来的长期收益来评估品牌价值。

（二）客观非财务评估

第一，品牌知名度调查：通过市场调研来评估消费者对品牌的认知度。

第二，顾客满意度和忠诚度调查：通过顾客反馈来评估品牌的忠诚度和顾客满意度。

第三，品牌力指数：使用专门的评分系统来综合评估品牌知名度、忠诚度和关联度等因素。主流的酒店品牌强度指数（brand strength index，BSI）的提供机构有英国品牌评估咨询公司“品牌金融”（Brand Finance）和迈点。

Brand finance是全球性的独立第三方品牌价值评估和咨询机构。该公司通过提供品牌估值、分析、战略及交易等服务，帮助顾客进一步了解其业务和无形资产的价值。在其品牌价值排行榜中使用“特许费率法”来计算品牌价值。最核心的评价标准为品牌强度，由三部分构成，分别是现有表现、顾客评价和未来预期。其中，现有表现包括利润、销售额、市场占有率、定价支持；顾客评价包括知名度、联想度和美誉度；未来预期可以用重复购买、竞争者策略等指标衡量。Brand finance有四大数据来源，分别是上市公司官网及相关金融机构获取上市公司财务表现、通过专业的数据咨询公司购买市场表现数据、营销机构合作进行消费者印象问卷调查、在线许可协议数据库中获取许可相关数据。Brand finance最重要的报告为每年发布的“全球品牌价值500强”榜单。

迈点是另一家提供市场研究和品牌评估的公司。迈点品牌指数（Meadin brand index，MBI）监测对象广泛，涉及目前大住宿业业态，包括国际高端酒店、国内高端酒店、精品酒店、全服务中档酒店、有限服务中档酒店、经济型酒店、平价酒店、客栈民宿、服务式公寓、短租公寓。旅游住宿业迈点品牌指数的计算方式主要从搜索指数、舆情指数、运营指数、媒体指数四个维度分析品牌在互联网和移动互联网的影响力。在实际应用中，酒店集团如希尔顿、万豪或洲际等可能会利用这些品牌力指数来监控其品牌的全球表现。通过对比不同年份的指数，酒店可以评估其品牌战略的有效性，如新的营销活动、顾客服务改进或全球扩张策略的影响。

三、酒店品牌创新的途径

（一）跨界IP：酒店+IP

酒店业的跨界IP合作是近年来旅游和酒店业中的一种流行趋势，涉及酒店品牌与其他行业或热门IP进行合作，以创造新的顾客体验、扩大市场影响力和增加收入来源。这种合作方式允许酒店通过与电影、动漫、艺术、时尚等其他文化产品和品牌的联名，吸引更广泛的顾客群体，同时为顾客提供独特和难忘的住宿体验。例如，W酒店在中国的某些地点与漫威合作，推出了漫威英雄主题的客房，特别是在漫威电影上映时期，吸引了众多漫威粉丝预订。W 酒店还与美国时装设计师协会（Council of Fashion Designers of America，CFDA）合作，为旅行中的时尚设计师提供住宿，并在全球 W 酒店举办时尚秀和建立快闪店（Pop-Up）。这种合作使得 W 酒店在时尚界的影响力大大增强，吸引了大量追求时尚的年轻顾客。一些精品酒店与当地艺术家和设计师合作，将酒店变成艺术展览空间，为顾客提供艺术沉浸式的住宿体验。

酒店跨界 IP 合作的优势体现在多方面。第一，通过与知名 IP 的合作，酒店可以利用这些 IP 的粉丝基础和市场影响力，吸引新的顾客群体，尤其是年轻一代消费者。第二，跨界合作使酒店能够提供独特的主题体验，如主题客房、特色餐饮和定制活动，这些都有助于提升顾客满意度和忠诚度。第三，联名合作往往伴随推出限量版商品、活动或套餐，为酒店带来额外的营收机会。

实施跨界 IP 合作也面临诸多挑战。第一，要注意品牌匹配和一致性。选择与酒店品牌定位相符的合作伙伴至关重要，否则可能会损害酒店自身的品牌形象。第二，在提供独特体验的同时，保持酒店的服务质量和高标准是一大挑战，需要精心设计和管理。第三，版权和合法性问题。与 IP 所有者的合作必须确保所有法律条款得到遵守，包括版权、商标和其他知识产权的使用。

（二）酒店数字化：酒店+互联网

酒店结合互联网技术已成为行业发展的一大趋势，这种融合不仅改变了传统酒店业务的运作方式，还极大地提升了顾客服务体验和运营效率。

互联网最直接的应用之一就是在线预订系统。这使得顾客能够通过酒店的官方网站、移动应用或第三方预订平台（如 Booking.com、Expedia 等）方便、快捷地预订房间。互联网提供了全球范围内的曝光，帮助酒店吸引更广泛的顾客群。互联网技术的进步使得酒店能够通过先进的客户关系管理系统管理顾客信息和行为数据。根据顾客的预订历史和偏好提供定制化服务，如房间选择、餐饮偏好和特殊需求。通过积分奖励、专属优惠和定期沟通等手段提升顾客的重复预订率。利用电子邮件、短信或社交媒体与顾客保持联系，提供实时服务，并更新促销活动信息。

互联网的另一项重要应用是在酒店运营中实现智能化，包括智能客房、自助入住/退房服务和能源管理系统等。智能房间可以通过应用或语音控制来调整灯光、温度、娱乐系统等，为顾客提供高度个性化的住宿体验。利用物联网（internet of things，IOT）技术监控和管理酒店的能源使用情况，降低能源成本并实现可持续经营。自助服务减少了前台的拥堵状况，提升了顾客满意度和工作效率。例如，位于中国杭州的阿里巴巴未来酒店（FlyZoo Hotel）利用阿里巴巴的技术实现了高度自动化的操作，从入住到退房无须与人互动，全部通过 App 和面部识别技术完成，大大提升了运营效率和顾客体验。

（三）文化主题酒店

文化主题酒店是通过将特定的文化、历史或地域特色融入酒店的设计、装饰、服务和整体体验中，提供给顾客的不仅仅是住宿，更是一次深入的文化探索之旅。这种酒店类型不仅吸引那些寻求不同于传统酒店体验的旅行者，还为希望深入了解某一地区文化的游客提供了理想的住宿环境。文化主题酒店最大的益处是文化和旅游的跨界融合。把当地的文化资源转换为酒店的文化资本，是体验经济时代改革的产物。它能创造需求，把酒店本身作为旅游目的地，还能将民族的非物质文化遗产盘活起来，使之能够看得到、摸得着、带得走。目前很多酒店都已经融合了各式各样的文化，如道家文化、红色文化、纸文化、茶文化、藏族歌舞艺术文化、道家养生文化、五行养生文化等。

本章小结

在酒店行业中，品牌不仅是一系列可识别的标识，如商标、标志和名称，而且还是一个全面的商业战略，涉及品牌的文化、情感及其与顾客的关系。品牌理论的核心包括符号论、形象论和关系论，这些理论分别关注品牌的视觉识别、品牌所传达的深层意义以及品牌与产品类别之间的关系。酒店品牌通过这些元素构建其独特性，提升市场识别度和顾客忠诚度。一个成功的酒店品牌能够增强顾客的感知价值，支持更高的定价策略，促进投资和业务扩张。

创建、维护和推广酒店品牌是一个系统化的过程，涉及深入了解市场、精确战略定位、创建品牌名称和标识等多个方面。首先，酒店需要通过市场调研和顾客反馈深入了解顾客需求与行为模式，确立清晰的细分市场和目标顾客群，从而为其设计专门的产品和服务。其次，酒店须注册并创造独特的品牌商标和标志，这些标识不仅在法律上保护品牌独特性，也在市场上提升品牌辨识度。最后，塑造全方位的品牌形象是关键，涉及从视觉识别系统到实际的顾客接触点的一致性维护。在品牌维护方面，酒店需要通过全面的服务质量管理、线上与线下品牌体验、有效的消费者投诉处理来增强品牌的市场表现和提升顾客忠诚度。法律保护也至关重要，包括商标注册和监控，确保品牌专有权不受侵犯。品牌推广通过多渠道营销和建立合作伙伴关系开展，采用数字营销、内容营销、传统媒体等策略，以提升品牌的市场可见度和吸引力。

在酒店业中，品牌提升不仅可以提高知名度，也可以形成美誉度和建立顾客忠诚度。这包括通过利用社交媒体、参与行业会议或赞助公共事件来增加品牌曝光。同时，要提供一致的高质量服务并进行积极的公关管理，从而建立和维护品牌的美誉度。

案例分析与讨论

亚朵酒店的品牌塑造之路

亚朵酒店品牌的塑造之路是中国酒店业从传统服务向体验转变的典范。亚朵酒店不仅仅提供一个休息的空间，更成为体验文化、享受休闲娱乐、探索美食以及健康养生的综合体。用亚朵创始人、CEO 王海军的话来说，“亚朵的每一个酒店空间都是人们感受所在城市人文特色，感受个性化、设计感、人文关怀的场所”。

在中国中高端酒店及生活方式型酒店领域，亚朵已经成为行业领头羊。根据弗若斯特沙利文的报告，亚朵在这些领域的排名位居首位。截至 2021 年，亚朵已遍布中国 135

个城市，拥有654家酒店，会员数达2700万。这一成就标志着亚朵在中国新住宿经济中处于领导地位，其品牌与盒马、星巴克齐名，成为衡量城市时尚度的新标杆。

亚朵品牌的成功归功于其在产品、服务、组织和文化方面的创新。这些创新使亚朵能够在国内市场稳步成长，并与国际五星级酒店竞争。在价格策略上，亚朵敢于在同一商圈中的五星级酒店中设定更高的价格，同时保持顾客满意度在4.9分以上，显示出其品牌价值和市场接受度。

创立初期，亚朵面临的选择是：侧重标准化的服务，还是创造独特的顾客体验。选择后者的亚朵，决定通过提供高附加值的服务来构建品牌，并深化顾客忠诚度。这一策略基于一个深刻的市场洞察：体验经济的兴起。亚朵认识到，未来的市场将重视提供独特体验的产品。在服务与体验的区分上，亚朵明确了两者的差异。服务是解决顾客即时需求的直接行为，如迅速提供一瓶水；而体验则是在服务中加入情感元素，如晚上提供温暖的牛奶，提升顾客的整体满意度。通过创造独特的服务场景，亚朵旨在提供难忘的体验，从而区别于其他酒店品牌。

亚朵为什么挑战中高端？中端是定价区间在200～400元的酒店，但是中端仅仅是消费升级的过渡，它不是一个战略节点。因为对于经济型、中端酒店而言，价格竞争只能拼成本，无法建立起一种长期的壁垒。中高端虽难，但是随着新消费的兴起，追求美好生活和品质的消费者群体越来越庞大，在酒店领域可以形成一个规模化的市场容量。如果亚朵能够立足体验，让体验成为企业的核心，企业就能够突破成本竞争的瓶颈。

亚朵的品牌战略是在经营模式中加入体验元素，这使得其能够从一个简单的住宿提供商转变为一个生活方式品牌。这种转变不仅帮助亚朵避免了酒店行业普遍存在的价格竞争，还使其在市场上脱颖而出，连续多年获得高用户评分，并在行业中设立了新的服务标准。

展望未来，亚朵的目标是继续扩大其在中高端市场的影响力。随着中国消费者对高品质生活的追求，预计中高端市场将迎来快速增长。亚朵通过持续的创新和对体验的重视，期待在中国乃至全球市场上继续扩展其品牌影响力。

亚朵的成功也揭示了一个更广泛的趋势：现代消费者越来越重视品牌所提供的整体体验。因此，酒店不再仅仅是提供临时住宿的地方，而是成为体验文化、享受服务和享受生活方式的平台。对于亚朵而言，持续的创新和对市场动态的敏感是其保持品牌竞争力的关键。通过这些策略，亚朵希望不仅在中国，也能在全球范围内塑造和维护其作为生活方式领导者的品牌形象。

资料来源：作者根据网络资料/相关文献资料改写而成。

案例思考：

亚朵是如何抓住新消费人群，进行差异化定位和品牌建设的呢？

思考与练习

1. 酒店品牌的构成要素有哪些？
2. 酒店品牌创建的流程是什么？

3. 新媒体时代下，酒店品牌如何推广？
4. 如何评估酒店品牌资产和价值？
5. 酒店品牌创新的途径有哪些？

参考文献

戴斌. 2016. 酒店品牌建设与管理. 北京：高等教育出版社.

魏卫. 2019. 酒店管理概论. 武汉：华中科技大学出版社.

吴金林，高玲. 2016. 酒店品牌建设与管理. 北京：高等教育出版社.

曾国军，万常青，张婧. 2016. 奢侈品的酒店业品牌延伸及其对母品牌的反馈. 旅游学刊, 31(11): 55-64.

张辉，牛振邦，张新圣. 2016. 酒店品牌资产述评：兼论基于员工的品牌资产的管理. 旅游学刊, 31(3): 70-78.

Barreda A A, Bilgihan A, Nusair K, et al. 2016. Online branding: development of hotel branding through interactivity theory. Tourism Management, 57: 180-192.

Li X, Yen C L, Liu T. 2020. Hotel brand personality and brand loyalty: an affective, conative and behavioral perspective. Journal of Hospitality Marketing & Management, 29(5): 550-570.

O'Neill J W, Mattila A S. 2010. Hotel brand strategy. Cornell Hospitality Quarterly, 51(1): 27-34.

第八章

酒店营销管理

本章导读

本章全面探讨酒店营销的关键方面，从营销的基本含义、特征和作用开始，深入到具体的营销内容和策略，最终探索营销管理的创新方法。酒店业的成功在很大程度上依赖于有效的营销策略，这不仅能吸引顾客，还能提升品牌价值和市场份额。通过本章的学习，读者将能够理解酒店营销的复杂性，掌握实施有效营销策略的技巧，并通过创新来适应快速变化的市场环境。

学习目的

1. 理解酒店营销的含义和作用：掌握酒店营销的基本概念，包括营销在酒店行业中的目的和重要性。了解营销如何帮助酒店提升知名度，吸引和保留顾客，以及它在提升整体业务中的作用。

2. 熟悉酒店营销的内容和策略：深入了解酒店营销策略的多样性，包括市场细分、目标定位、营销组合（产品、价格、地点、推广）的策划与执行。探讨不同类型的营销活动，如在线营销、事件营销和忠诚顾客计划等，以及它们如何协同工作以最大化营销效果。

3. 掌握酒店营销管理的创新：探索在酒店营销管理中应用创新的方法，包括利用最新的技术趋势，如数字营销、大数据分析和社交媒体策略。学习如何通过创新思维和新兴技术，不断改进营销策略以适应消费者行为的变化和市场竞争的加剧。

核心概念

市场细分；酒店产品组合；市场营销组合策略

导读案例

酒店春节营销活动案例

在春节这样一个特殊的时刻，无论是豪华度假村还是繁忙的城市商务酒店，都在积极寻求与众不同的方式来庆祝春节，同时吸引全球顾客体验独特的节日魅力。中外酒店业的从业者面临着如何将传统春节元素与现代创新理念相结合的挑战，以创造出既具有文化特色又符合时代趋势的春节庆典。

一、独特布置

2024 年农历春节之际美国内华达州拉斯维加斯百乐宫酒店在春节与当地知名活动公司艾莉安娜（Aliana Events）合作，将中国传统文化与现代设计风格完美结合。庆典中不仅有彩带舞者和武术表演者的精彩表演，还有一场气势磅礴的舞龙巡游，为宾客营造了浓厚的春节氛围。活动地点被布置成了一个奢华的帐篷晚宴会场，其中，花艺设计师艾迪·扎拉提安设计了引人注目的红黄色花卉装饰，与赛萨·德·佩兰提供的蓝白色瓷器相得益彰。

在春节期间，北京王府井希尔顿酒店大堂内摆满了象征着繁荣和吉祥的金色与红色的装饰，包括挂满红灯笼的大型装置艺术，以及充满东方风情的花卉布置。上海浦东香格里拉酒店为庆祝春节，特别设计了以十二生肖为主题的装饰，每个区域展示不同生肖的传统故事，极具象征意义。

二、主题活动

新加坡嘉佩乐酒店邀请宾客参与独特的庆祝活动，共同迎接充满希望的龙年。2024 年 2 月 11 日和 16 日，酒店策划了一场特别的灯笼绘画工坊，由中国艺术传统的传承者叶安迪主持。这场工坊活动不仅是一次穿越时空的旅程，更是对春节象征的万象更新与文化丰富性的颂赞。参与这一活动的宾客将有机会亲手绘制灯笼，并在新年佳节中体验到家人团聚的温馨氛围。

广州四季酒店举办了一场以“传统市场”为主题的活动，重现了春节期间的传统庙会氛围，包括手工艺品展销、地方小吃摊位以及传统的中国戏曲表演。深圳瑞吉酒店策划了一场春节特别活动，包括书法家现场展示书法艺术，向宾客介绍中国汉字的美和春节的文化意义。

三、新年套餐

马来西亚乐高乐园度假酒店在春节期间的庆祝活动独具匠心，为游客带来了丰富多彩的套餐体验。游客可在“繁荣秘密花园”深入了解春节传统，享受如樱花盛开的“智慧树”许愿和传统舞狮及高杆舞狮表演。酒店精心策划了全新的中国传统文化表演，包括新年舞蹈、生肖舞蹈和孙悟空的故事等，让游客沉浸在春节文化氛围中。孩子们则有机会学习传统手艺，如空竹、毽子和丝带舞等。此外，探索海洋生物馆寻找红灯笼，还能换取特别礼物。乐高乐园度假酒店推出了“自制龙影”活动，让家庭共同参与创造独一无二的龙模型。酒店还安排了与趣味角色的见面，包括淘气的孙悟空、成都戏曲角色和新年装扮的奥立龙，让游客拍照留念。同时，顾客每天都能享受乐高主题的欢乐派对，包括跳舞时刻、乐高角色的主题表演。

四、新春飨宴

香港文华东方酒店的顾客可在酒店 25 楼的粤菜餐厅满华厅或米其林星级现代法餐厅皮埃尔（Pierre）享用特别的新年菜单，同时观赏烟花表演。除此之外，顾客还可选择在 Clipper Lounge（快船廊）享用自助餐，然后在客房内观赏烟花。同时，酒店还提供含有糯米糕、XO 酱和利是封的中国新年礼品篮供顾客选择。

在春节期间，香港半岛酒店的米其林餐厅特别推出了以“福、禄、寿”为主题的菜单，菜品精致，融合了传统与现代的烹饪技艺。

资料来源：作者根据网络资料/相关文献资料改写而成。

第一节　酒店营销的含义和作用

一、酒店营销的含义

酒店营销是指酒店营销管理者将酒店现有的资源进行整合，不断提高服务质量和产品形象，同时利用传播、沟通等手段深入了解顾客需求，通过顾客主动购买行为实现酒店经营目标的过程。

有效的酒店市场营销管理应该包括明智的营销分析、营销计划的制订、营销活动的组织与执行及科学的营销评估和控制等管理工作。酒店营销分析包括对市场营销环境、顾客行为、酒店客源、酒店市场竞争形势的分析研究等。酒店营销计划包括对酒店营销形势的总结、酒店营销目标的制订、酒店营销策略和具体行动方案的构思，以及营销计划的调整等。酒店营销组织与执行通常指根据营销计划而对酒店市场营销组合进行具体的设计和落实，具体包括酒店产品的设计和调整、价格政策的制定、销售渠道建立与调整、促销活动的开展。酒店营销控制指根据既定的酒店营销目标和方针，在实施过程中对酒店营销活动进行督导并在营销活动结束后进行分析比较与评估，以便及时采取措施，调整酒店营销活动，提高酒店营销管理的效率。

二、酒店营销的作用

酒店营销是酒店经营中至关重要的组成部分，它不仅影响着酒店的即时收益，还对酒店的长期品牌形象和市场定位产生深远的影响。酒店营销的核心目的在于让顾客知晓、喜爱、偏爱、信服并最终光顾酒店，这一系列层层递进的营销目标构成了酒店营销策略的核心（图 8-1）。

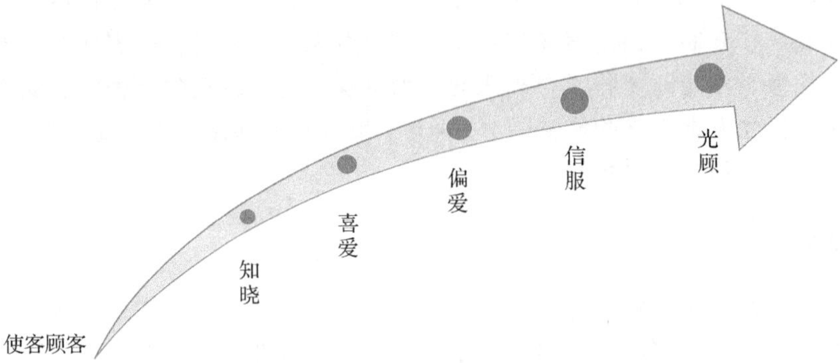

图 8-1　酒店营销层层递进的目标

（一）使顾客知晓

在竞争激烈的市场中，首先需要确保潜在顾客对酒店的存在有所了解。这一步骤是酒店营销的起点，涉及广泛的品牌曝光和认知度提升。通过有效的广告活动、公关活动、在线和离线营销策略，酒店可以增加其在目标市场中的可见性。此外，参加各种展会、参与社交活动和合作伙伴关系的建立也是提高知名度的有效途径。

（二）使顾客喜爱

仅仅知道酒店的存在是不够的，酒店还需要通过提供卓越的服务、优质的设施、舒适的环境和吸引人的氛围来让顾客产生好感。酒店可以通过故事讲述、品牌个性化以及创造独特的顾客体验来实现这一点。例如，一些酒店通过提供定制的旅游体验、文化活动或特色餐饮服务来吸引顾客，使他们不仅对酒店的基本服务满意，还能感受到与众不同的个性化关怀。

（三）使顾客偏爱

在顾客对酒店产生好感的基础上，进一步的营销目标是使酒店成为顾客的首选。这需要酒店在市场中明确其独特的卖点（unique selling proposition，USP）和差异化优势。酒店需要通过持续的品牌建设和市场定位策略，明确自己在服务、质量、价格或地理位置上的优势，使目标顾客在众多选择中偏爱自己的品牌。

（四）使顾客信服

顾客在最终决定预订前，往往需要额外的推动力来确认他们的选择是正确的。这就要求酒店在营销中提供充分的信服理由，如展示顾客评价、获奖证明、安全保障措施或是环保实践等。此外，酒店可以通过提供无风险预订、价格保证或其他优惠政策来减少顾客的预订顾虑，增强其决策的信心。

（五）使顾客光顾

最终的营销目标是促使顾客实际上选择并入住酒店。这一步骤需要酒店通过有效的销售策略和渠道管理来实现。酒店需要确保预订过程的便捷性，提供多样的支付选项，以及在顾客入住期间提供无缝和高效的服务。此外，酒店通过忠诚顾客计划、定期的促销活动和个性化的沟通策略，可以极大地提升顾客对其的忠诚度。

第二节 酒店营销的内容和策略

酒店营销是一个多层次、多方面的过程，涉及从市场研究到战略实施的多个环节，包括市场研究、市场细分、市场目标化、市场竞争形势分析和市场定位。

一、酒店市场调研和分析

（一）酒店市场调研

酒店市场调研是指为了实现营销管理目标而对那些与酒店营销决策或问题相关的信息进行系统地收集、分析和报告的过程。酒店营销使命指酒店或酒店集团所做营销决策的指导性纲要，文字简明扼要，且高度概括。它主要根据营销决策分析情况，对酒店的市场、产品竞争、消费者行为等的过去、现在及将来做出高度概括和总结。以下是酒店市场营销调研的步骤和过程（图 8-2）。

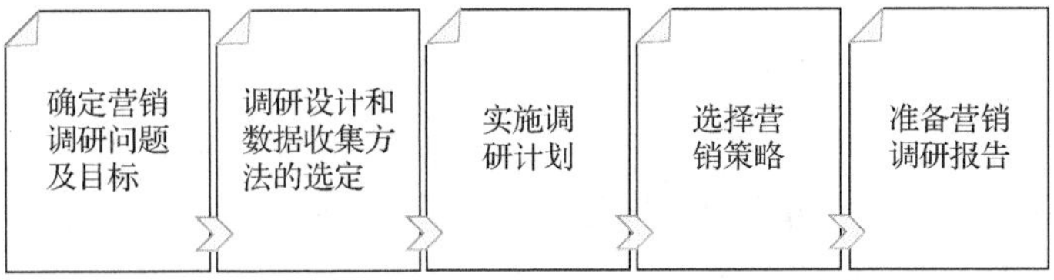

图 8-2 酒店市场营销调研的步骤和过程

第一，确定营销调研问题及目标。酒店营销目标指酒店在一定时期内所要达到的一种理想境界。这种理想境界既可以用定性的方式来表达，也可以用定量的方式来表示，因此，酒店营销目标可分成定性目标和定量目标两种。定性目标包括市场形象、服务质量、市场竞争地位等目标；而定量目标通常包括酒店市场占有率、营销收入、利润、投资回报率、客房出租率、销售量、平均房价等目标。

第二，调研设计和数据收集方法的选定。在酒店业中，精确的营销调研是制定有效的营销策略的基础。为此，合理设计调研项目并选择适当的数据收集方法至关重要。在数据收集方法的选择上，酒店可以采用定量调研的方式，如在线调查、电话访问或现场问卷，这些方法适合收集大量数据，便于进行统计分析和趋势预测。同时，也可以采用定性调研的方式，如深度访谈、焦点小组讨论或观察法，这些方法更注重获取深层次的见解和理解顾客行为的动机。技术的运用也极为重要。当前，数字技术如在线调查工具和社交媒体分析软件提供了收集和分析大规模数据的便利。此外，AI 和机器学习的应用可以帮助酒店从海量数据中提取有价值的信息，更准确地预测市场趋势和顾客行为。与此同时，二手资料包括行业报告、市场分析、已发表的研究结果，以及公共数据库中的统计数据等能够帮助酒店节省资源和时间，尤其是在进行市场趋势分析和竞争对手分析时非常有用。

第三，实施调研计划。酒店市场营销计划是一份详细的书面文件，用以指导酒店在特定时期内的各种营销活动。根据计划期的长短，营销计划可分为长期、中期及短期计划。酒店营销计划通常包括以下几个核心内容：酒店的营销使命、营销目标、营销策略、营销行动计划及营销政策。营销行动计划详细规定了实现营销目标和执行营销策略所需的具体行动步骤，这些步骤包括活动的内容、主要负责人、开始与结束日期、费用预算、日程安排及评估办法等，是营销策略的具体化表现。

第四，选择营销策略。酒店营销策略是为实现酒店既定营销目标而制定的一系列设想和计划，通常围绕目标市场、竞争环境及营销组合等多个因素展开。具体策略包括市场定位策略、竞争对策策略、产品开发策略、定价策略、销售渠道选择及促销活动等。此外，酒店营销政策为营销活动提供指导性的规定和指示，包括价格政策、客房优惠政策以及 VIP 顾客会员制等。

第五，准备营销调研报告。营销调研报告是将调研活动的成果形式化的文档，通常包括以下部分：封面、目录、内容提要、序言、调研方法、调研结果、调研分析、结论与建议、附件以及文献目录。报告应详细记录调研的过程、结果和分析，以便于理解调研的全貌，并根据调研结果提出实际可行的建议，以指导未来的营销活动和决策。

（二）酒店市场分析的方法

成功的酒店营销始于深入的市场研究和分析。最常用的市场分析方法是 SWOT 分析①。酒店经营管理及其营销活动受到来自酒店内部和外部众多因素的影响。其中，优势和劣势是内部因素，机会和威胁是外部因素。

（1）酒店的营销优势与劣势诊断。酒店营销优势指有利于酒店营销活动顺利有效开展的内部因素，如酒店优良的组织机构及现代化经营思想、优秀的员工、雄厚的内部资源等。反之，则是劣势。酒店组织机构、酒店文化和酒店资源是判断酒店营销优劣势的三个重要因素。组织机构方面的因素包括决策者的观念与素质、部门的设置和分工、中层管理者的素质和基层员工的职业形象。酒店文化方面的因素包括全体员工拥有的职业

---

① SWOT 分析是一种常用的战略规划工具，通过对企业自身的优势（strengths，S）、劣势（weaknesses，S）、机会（opportunities，O）和威胁（threats，T）进行全面、系统、准确的研究，帮助企业制定相应的发展战略、计划以及对策等。

偏向、信念、期望、价值观及职业化工作习惯。酒店资源方面的因素包括人、财、物、时间、管理经验和技术。

（2）酒店的营销机会和威胁诊断。酒店营销机会指有利于酒店开拓市场、有效开展营销活动的酒店外部环境因素，如良好的国家经济政策、高速增长的市场等。反之，则视为威胁。外部营销环境通常会给酒店带来营销机会或威胁。外部宏观营销环境包括国际国内经济、政治、社会、文化、人口、技术、教育和法律等众多因素。外部微观营销环境包括市场信息、消费者、供应商、销售代理商、劳动力市场和竞争者等。其中，市场信息是指在市场运行过程中，各种事物发展变化和特征的真实反映，是反映它们实际状况、特征、相关关系的各种消息、资料、数据、情报等。市场信息反映市场动态，反映消费者心理，反映竞争及市场营销活动，并不断扩散。酒店消费者行为指消费者购买酒店产品前、消费过程中及消费后整个过程中的所思所为。消费者行为是受文化因素、社会因素、个人因素和心理因素共同作用而产生的。

拓展阅读

民宿 vs. 酒店的 SWOT 分析

选择住在酒店还是民宿，这已经成为许多寻找住宿的用户的一个常见疑问。然而，在五年前，这根本不是问题，因为那时酒店业正处于鼎盛时期，而民宿还未被广泛认识。共享经济，特别是共享单车的兴起，对整个住宿市场的发展和用户培养起到了重要的推动作用。

如今，国内民宿市场已经形成四家独大的局面，爱彼迎、途家、木鸟和小猪分别占据市场的一块区域，共同推动了短租市场的增长，使民宿成为越来越多普通用户的旅行住宿新选择。酒店和民宿究竟各有什么优势和劣势呢？今天，我们可以通过 SWOT 分析来深入探讨这个问题（表 8-1 和表 8-2）。

表 8-1 民宿的 SWOT 分析

S：优势	W：劣势
1. 房型丰富 2. 轻资产模式 3. 房东服务人性化，用户体验好 4. 个性化需求得到满足 5. 房源覆盖范围广	1. 用户接受度低 2. 法律的灰色地带 3. 一些非标准化的东西依然存在
O：机会	**T：威胁**
1. 旅游消费升级，住宿需求多样化 2. 网红民宿崛起，俘获年轻用户 3. 个人闲置房源数量多，创业意愿强 4. 共享经济意识接受度、认可度高 5. 全域旅游、乡村旅游发展成为大趋势 6. 政策倾斜、行业标准的制定 7. 消费场景扩充	1. 摄像头等安全、卫生问题 2. 酒店转型升级 3. 顾客素质参差不齐

表 8-2 酒店的 SWOT 分析

S：优势	W：劣势
1. 用户接受度高 2. 标准化程度高 3. 经济实力雄厚	1. 房型有限 2. 卫生问题、信息泄露问题层出不穷 3. 服务呆板，不够人性化 4. 重资产模式
O：机会	**T：威胁**
1. 旅游消费升级，住宿需求旺盛 2. 主题酒店转型，迎合用户需求	1. 外来酒店的冲击 2. 个性化非标化民宿产品的冲击

正如表 8-1 和表 8-2 所示，酒店的优势往往是民宿的不足之处，反之亦然，这意味着酒店和民宿在优劣势上互补，各有侧重。消费者可以根据自己的具体需求来选择适合的住宿方式。如果你偏好标准化服务和传统住宿体验，选择酒店会更适合你。相对而言，如果你追求个性化和独特的住宿体验，民宿可能会更吸引你。

在酒店与民宿的市场竞争中，两者吸引的用户群体明显不同。酒店主要提供标准化的住宿服务，适合商务差旅等传统场景；而民宿则提供更加个性化的住宿体验，适合追求享乐和休闲的旅行者。随着旅游消费的升级，越来越多的旅行者开始寻找非传统的住宿方式。

从中国住宿市场的趋势来看，预计在未来相当长一段时间内，酒店和民宿将继续共存，各自可以引入对方的特点来优化自身服务。酒店可能会尝试加入更多非标准化或个性化的元素，而民宿则可能引入某些标准化的流程来规范运营。最终，酒店和民宿都将朝着融合的方向发展，以便更好地满足不同用户的需求。

资料来源：作者根据网络资料、相关文献资料改写而成。

二、酒店市场细分的含义、步骤和原则

（一）酒店市场细分的含义

市场细分概念是美国市场学家温德尔·史密斯在 20 世纪 50 年代中期提出的。市场细分，就是从区分消费者的不同需求出发，根据消费者购买行为的差异性，按照一定的标准，把整体市场划分成两个或两个以上具有类似需求的亚市场群，从而确定酒店目标市场的过程。市场细分是酒店营销的一项重要的基础性工作。酒店市场细分是指酒店经营者依据选定的标准或因素，将一个错综复杂的酒店异质市场划分为若干个需要和要求大致相同的同质市场，即亚市场，以便能有效地分配有限的资源，以及展开各种有意义的营销活动。市场细分的重要变量有：地理变量、人口统计变量、心理变量和行为变量等。

（二）酒店市场细分的步骤

酒店市场细分的流程主要包括 7 个步骤（图 8-3）。

第一，选定酒店产品市场范围。这一步是市场细分过程的起点，需要酒店明确其服务的主要领域和目标市场。这可能包括商务旅行、休闲度假、会议和活动等。确定市场范围有助于酒店聚焦其资源和营销努力，确保精准投放。

图 8-3 酒店市场细分的流程

第二，列举潜在顾客的潜在需求。在明确了市场范围之后，酒店需要研究并列举出潜在顾客可能的需求。这包括对住宿的基本要求，如房间类型、餐饮服务、位置便利性，以及更具体的需求，如免费 Wi-Fi、健身设施、宠物友好政策等。

第三，分析潜在顾客的不同需求。进一步分析顾客需求的多样性，理解不同顾客群体之间的差异。例如，商务旅客可能更注重酒店的商务设施和服务效率，而家庭旅客则可能更关心儿童娱乐设施和家庭友好的服务。

第四，找出潜在顾客的共同需求。尽管不同的顾客群体有着不同的特定需求，但也存在一些普遍的需求。识别这些共同需求对于优化酒店的基础设施和服务至关重要，如干净舒适的住宿环境、高效的顾客服务等。

第五，划分相应的顾客市场群。基于需求的分析和共性，将市场划分为具有相似特征或需求的顾客群体。这可能基于地理位置、消费能力、购买行为或生活方式等因素。

第六，分析各个细分市场的具体特点。对每个细分市场进行深入分析，理解它们的具体特征、大小、成长潜力和竞争状况。这一步骤对于决定哪些市场细分值得投资和开发具有重要意义。

第七，评估各个细分市场。评估每个细分市场的吸引力和可行性。这包括分析市场的利润潜力、可达性、服务需求的可满足性以及当前的竞争程度。这些信息将帮助酒店制定有针对性的营销策略，并规划出高效的资源分配方案。

（三）有效的酒店市场细分的条件

有效的酒店市场细分还应具备以下三个条件。

第一，可测量性，即各个细分市场的消费能力和规模大小能够测量。市场细分的可测量性意味着酒店能够准确评估每个市场细分的消费能力和规模。这一条件是基础性的，因为只有当市场的具体特征和经济潜力能够被量化时，酒店才能进行精确的目标设定和资源分配。例如，酒店可以通过市场调研获取关于特定细分市场的人口统计数据、消费习惯、购买力和偏好等信息。这些数据使酒店能够评估潜在顾客的数量和他们的消费潜力，从而制定适当的产品和服务策略。

第二，可进入性，即酒店企业有能力进入所选定的细分市场。市场细分的可进入性关注酒店是否有能力实际进入并有效服务于选定的细分市场。这包括考虑酒店的现有资源、技能、技术和地理位置等因素。如果一个市场虽然有很大的潜力，但酒店因为地理位置偏远、缺乏必要的服务设施或技术支持而难以服务这一市场，那么这个市场就不能视为一个有效的细分市场。因此，酒店需要评估其是否具备进入目标市场的条件，包括是否能提供符合市场需求的服务、是否能在竞争中占据优势，以及是否能达到服务该市场的成本效益。

第三，有实际价值，即企业所选定的细分市场规模足以使企业有利可图。市场细分的实际价值是指所选市场的规模和利润潜力是否足以为酒店带来可观的利润。这一点至关重要，因为一个市场虽然可能易于进入，且需求量可测量，但如果其市场规模太小或者竞争过于激烈，以至于不能产生足够的利润，那么这个市场就不具备实际的商业价值。因此，酒店在选择市场细分时，需要进行彻底的盈利性分析，确保所选市场能够为酒店带来足够的收入和利润增长潜力。

三、酒店市场目标化的含义、作用和策略

酒店市场目标化是指酒店经营者在市场细分化的基础上，根据酒店的资源和目标选择一个或几个亚市场作为本酒店的目标市场，这种营销活动称为酒店目标营销或市场目标化。市场目标化对酒店企业的发展具有重要的作用。

（一）发掘最佳的市场机会

市场细分帮助酒店经营者识别并专注于最有潜力的顾客群体，这对于资源的有效利用和市场定位至关重要。例如，经济型酒店的出现正是对市场需求的精准回应。随着旅游市场的普及化和预算意识的增强，经济型酒店通过提供基本的住宿服务，以较低的价格满足了大众市场的需求，从而成功切入了竞争激烈的酒店市场。这类酒店通常位置便利，服务简化但高效，吸引了大量寻求性价比的顾客。

（二）指导或改进产品

通过了解不同市场细分的具体需求，酒店可以更准确地调整现有产品或开发新产品以满足这些需求。这种策略不仅提高了顾客满意度，还增加了市场的响应性。例如，针对商务旅客，酒店可能会开发具备高速网络连接、具有多功能会议室的客房，并提供24小时商务中心服务；而针对家庭旅行者，酒店可能会提供带儿童游乐区的家庭套房、儿童餐饮服务和定制的家庭活动。这样的产品开发和服务改进确保酒店能够满足不同顾客的具体需求，从而增强其市场吸引力。

（三）制定合理的营销策略

细分市场还允许酒店为每个目标市场制定具体的营销策略，这些策略可以是定价、促销、分销或沟通策略。这种定制化的营销努力可以更有效地吸引和保留顾客。例如，针对年轻旅行者的酒店可能会在社交媒体上进行更积极的营销，并提供在线预订折扣或与流行文化事件相关联的特别套餐。相反，针对高端商务顾客的酒店可能会通过专业杂志、直邮和合作伙伴关系来进行营销，强调其专属服务和豪华设施。

市场目标化策略主要有三种：无差异化营销策略、差异化营销策略和集中化营销策略。

第一，无差异化营销策略。无差异化营销策略主要以酒店市场的共性为主要依据来设计酒店营销组合，以满足市场顾客的需求。这是一种求同存异的营销策略，即以整个市场中的共同部分为服务对象，无论亚市场存在何种差异，只求满足绝大多数顾客的共

性需要。这一策略在供不应求的卖方市场情形下有一定的生命力。然而从企业经营的长远角度来看，采用这种策略的酒店常常严重缺乏个性特征，经营者缺乏独特的创造力和想象力。

第二，差异化营销策略。在市场细分的基础上，酒店经营者选择多个亚市场作为目标市场,并针对各目标市场分别设计和构思不同的营销组合方案来满足不同的目标市场，差异化营销策略在满足目标市场顾客的需求方面远胜于无差异化营销策略，且能创造出较高的销售额。由于针对不同的目标市场，开展不同的营销活动，必然会使酒店营销成本提高，也对酒店的经营者提出了更大的挑战。因此，酒店经营者在考虑这种营销策略时，要权衡市场及营销组合究竟差异化到何种程度对酒店最为有利。

第三，集中化营销策略。酒店经营者选择一个或几个需要和要求相接近的亚市场作为目标，制定出一套有别于竞争对手的营销组合，集中力量争取在这些亚市场上占有很大的份额，而不求在整个市场上占有较小的份额。集中化营销策略能充分体现市场营销中的二八法则，即酒店宁可在小范围内享有较大的市场占有率，而不愿在整个客源市场的大范围内占有极小的市场份额。集中化营销策略有利于酒店深入了解特定市场的需要和要求，实行专门化经营，从而能节省费用，增加酒店盈利，也有利于提高酒店及产品的知名度。集中化营销策略尤其适用于资源有限、实力不强、规模小的酒店。但是，若目标市场过于集中，则风险较大。选定的目标市场若发生变化，极有可能导致酒店亏损。

拓展阅读

希岸酒店的市场细分

希岸酒店（Xana Hotelle）是一家全球知名的连锁酒店品牌，以其高品质的顾客服务和豪华的住宿设施著称。这家酒店品牌通过对市场进行细分，能够有效地针对不同顾客群体的需求，提供定制化的服务和产品，尤其是针对当今时代的新女性。这一核心客群具有独特的特质：年轻、时尚、内心成熟，独立且追求高品质生活，尤其注重细节和质感。

希岸酒店为了满足这些新女性顾客的需求，特别推出了一系列对女性友好的设施与服务，体现了酒店对女性顾客群体的深度理解和关注。这些设施与服务包括以下几点。

（1）专属女性客房：考虑到女性在出差或旅行中对安全和私密性的高需求，希岸酒店设置了仅限女性入住的客房。这些客房位于专属楼层，通过安全门禁系统保障入口安全，确保女性顾客的安全与隐私。

（2）女神专属车位：为了提供更加便捷和安心的停车体验，酒店在停车场设置了专为女性设计的车位，不仅位置便利，而且车位宽度增加 0.5 米，使得停车更为舒适，尤其适合开车的女性顾客。

（3）女神优先高跟鞋通道：考虑到穿着高跟鞋的女性顾客在酒店内行走不便，希岸酒店在主要入口处设置了专为高跟鞋设计的通道。这些通道铺设了防滑软垫，确保既舒适又安全，允许女性顾客优先通过，以便她们能够尽快到达房间放松。

此外，希岸酒店还考虑到女性顾客对健康和美容的重视，因此在酒店内设有专业的美容中心和健身房，提供从面部护理到身体按摩等一系列美容健康服务。健身房配备了最新的健身设备，还为女性提供专用健身课程，如瑜伽和普拉提，确保女性顾客即使在旅途中也能保持最佳状态。

希岸酒店通过这些精心设计的服务和设施，不仅仅满足了女性顾客的基本需求，更是为她们提供了一种既安全又舒适的高端住宿体验，使得希岸酒店成为女性差旅的首选之地。这种有针对性的市场策略展示了希岸酒店对市场变化的敏感度和对顾客需求的深入理解，使其在竞争激烈的酒店行业中脱颖而出。

资料来源：作者根据网络资料/相关文献资料改写而成。

四、酒店市场定位和竞争地位选择

（一）酒店市场定位

酒店市场定位是指根据目标市场竞争形势、酒店本身条件及顾客追求的关键利益，确定酒店在目标市场上的竞争地位。具体说，就是为了使本酒店或产品-服务组合在目标市场顾客的心中占有明确、独特、深受欢迎的地位而做出的相应决策和进行的营销活动。市场定位是酒店品牌策略中的关键步骤，它可以帮助酒店在竞争激烈的市场中突出自己的特色，吸引并保留顾客。一个清晰且具有吸引力的市场定位可以使酒店从众多竞争者中脱颖而出。影响酒店市场定位的因素有酒店的设施、服务、价格、地理位置、安全、建筑风格、名气与声誉、优良的习惯与传统、气氛等。酒店市场定位的过程包括以下五个步骤（图 8-4）。

图 8-4　酒店市场定位的步骤

第一步：明确关键利益。在这一步骤中，酒店需要深入了解目标市场中顾客所关心的核心利益或要素。这包括顾客最关注的服务特点、设施优势或价值提案。例如，商务旅客可能更关心酒店的地理位置和商务设施，而度假旅客可能更看重休闲设施和家庭友好的服务。通过市场调研、顾客反馈和竞争分析，酒店可以确定哪些要素是对其目标市场至关重要的。

第二步：形象的决策和初步构思。一旦确定了顾客所关心的关键利益，接下来的任务是构思酒店的市场形象。这个形象应该能够回答两个关键问题："该酒店能为我做些什么？"和"我为什么偏要选这家酒店而不选择别的酒店？"这要求酒店经营者不仅要展示酒店的功能性特点，还要传达其独特的情感价值，如何与顾客的需求和期望相匹配，并且区别于竞争对手。

第三步：确定与众不同的特色。酒店需要确定并强化自己的独特卖点。这些特色可能包括但不限于管理风格、服务水平、价格竞争力、优越的地理位置、建筑风格、历史背景等。确定这些特色后，酒店就能在市场中塑造一个明确且吸引人的品牌形象，让潜在顾客一眼就能识别并记住酒店的特色。

第四步：形象的具体设计。利用图像、文字、色彩、音乐和口号等元素，设计酒店的视觉和感官形象。这一步是将抽象的品牌特质和优势转化为具体可感知的形象元素，这些元素需要在不同的品牌触点上保持一致，从而在顾客心中建立起一致的品牌形象。

第五步：形象的传递和宣传。最后一步是通过有效的宣传手段将设计好的形象传达给目标市场。选择合适的宣传时机和媒介至关重要，包括在线广告、社交媒体、传统媒体广告、公关活动等。酒店需要确保所有宣传材料和活动都能准确地反映酒店的品牌形象，并能有效地触达目标顾客群。

（二）酒店市场竞争地位选择

一般来讲有四种竞争地位可供酒店选择。

第一，市场主导者，指在相关产品的市场竞争中占有领先地位的酒店，通常为同行所公认。市场主导者一般采取以下三种策略：一是扩大市场需求量，包括发掘新顾客、开辟产品的新用途、增加顾客对产品的使用量等，并保持市场占有率。二是在产品创新、服务水平的提高等方面做出不懈努力，同时抓住对手的弱点进行主动出击。三是提高市场占有率，主要通过调整酒店营销组合策略。

第二，市场挑战者，指那些在市场中处于次要地位的酒店，为了争取市场主导地位而向竞争者挑战。市场挑战者一般采取竞争策略：通过各种进攻性策略对市场主导者或对与自己实力相当者展开进攻，以提高市场占有率。

第三，市场跟随者，指那些居于次要地位，在共存状态下尽可能获得多收益的酒店。市场跟随者通常采取的策略是：跟在市场主导者之后自觉地维持共处的局面。

第四，市场利基者，指那些专门关注市场上被大酒店或集团忽视的某些细小部分，在这些小市场上通过专业化经营来最大限度地获得收益，也就是在大企业的夹缝中求得生存与发展。策略就是寻找大企业忽视或不屑一顾的市场，并在该市场最大限度地取得利益。

第三节　酒店市场营销组合策略

4P 理论是传统市场营销的核心概念之一，由杰罗姆·麦卡锡（Jerome McCarthy）于 20 世纪 60 年代提出，并被菲利普·科特勒（Philip Kotler）广泛传播，成为市场营销领域的经典框架。这一理论将市场营销活动细分为四个主要组成部分：产品（product）、价格（price）、地点（place）和促销（promotion）（图 8-5）。这些组成部分被称为营销组合的四个“P”，是企业制定有效市场策略的基础。

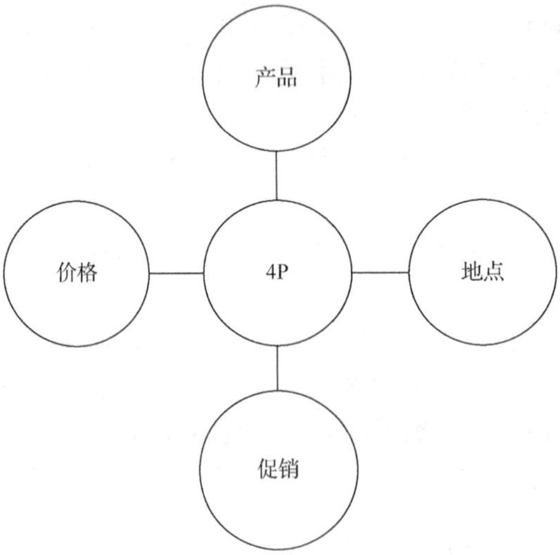

图 8-5　营销 4P 理论

一、酒店产品策略

（一）酒店产品的概念和内涵

产品是指企业提供给市场以满足消费者需求或欲望的任何东西，可以是实体商品、服务，或者二者的组合。在 4P 理论中，产品决策包括产品的设计、品质、功能、品牌名称、包装、服务等。企业需要考虑如何通过产品的特性来满足目标市场的需求，包括产品的创新、用户体验和附加值等方面。产品策略的关键是确保产品能够准确地满足目标顾客群的特定需求和预期。

酒店产品是酒店为顾客提供的一种在酒店消费、感受的经历，包括两个因素，一是产品的有形特征，二是产品通过物理特征提供给消费者的各种利益。酒店产品不仅仅是顾客入住时的基本住宿服务，也是一种综合体验，涵盖了从预订到退房的整个过程，包括顾客与酒店互动的每一个触点。酒店产品的分类通常可以分为三个层次，即核心产品、形式产品和延伸产品，每个层次都对顾客的吸引力和满意度起着关键作用（图 8-6）。

核心产品是酒店提供的基本服务或商品的本质功能，即提供住宿。核心产品满足顾客的基本需求，如一个干净、舒适、安全的住宿环境。核心产品是顾客选择酒店的最基本原因。

形式产品在核心产品的基础上，增加了额外的有形和无形特征来增强顾客体验。这包括酒店的设计和装饰、房间配置（如高质量的床上用品、现代化的浴室设施）、技术设备（如免费 Wi-Fi、智能电视），以及其他便利设施（如健身房、游泳池）。形式产品使酒店能够在市场上与其他竞争者区分开来，并为顾客提供更舒适和便利的体验。

延伸产品提供额外的服务和体验，超越顾客的基本期望，旨在增强顾客的整体满意度和忠诚度。这些可能包括客房服务、洗衣服务、班车服务、特色餐饮服务、会议和活动设施等。此外，延伸产品还可能包括个性化服务，如定制旅游计划、专职管家服务等。

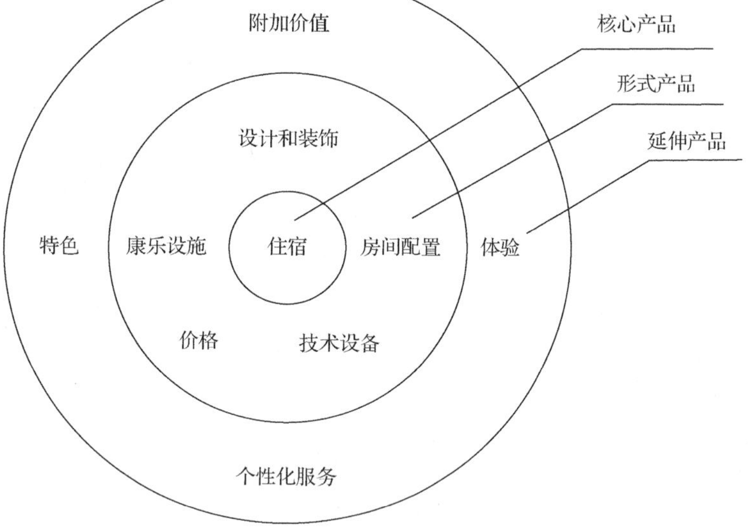

图 8-6 酒店产品的构成

总的来说，酒店通过这三个层次的产品不仅满足了顾客的基本住宿需求，还通过形式产品和延伸产品提升了顾客的入住体验，从而在竞争激烈的市场中脱颖而出。这种分层的产品策略有助于酒店更好地理解和满足顾客的多样化需求，提高顾客满意度和忠诚度。

（二）酒店产品组合的概念和内涵

酒店产品组合是指酒店向市场提供的所有产品和服务的总和，包括不同的产品线和项目。这种组合需要精心设计，以覆盖不同顾客群体的需求，同时也要考虑到经济效益和市场竞争。产品组合的多样化有助于酒店吸引更广泛的顾客群，提高市场占有率。产品体验范围涉及酒店提供的各种体验，如住宿、餐饮、娱乐、健康和会议等服务。体验范围的广泛性可以满足不同顾客的需求，从商务旅客到休闲游客，每个人都能在酒店找到符合自己需求的服务。产品组合结构关注产品线和项目之间的组织方式。良好的结构设计可以使酒店更有效地管理资源，如人力、物资和财务，同时确保各项服务的高效运作。

酒店产品线是指酒店中相互关联或性质相似的一系列产品，这些产品可以按照功能、目标顾客或服务方式进行分类，如餐饮产品线包括自助餐、快餐、零点（小吃）、多功能宴会厅及早茶等。这些产品满足从日常餐饮到特殊场合的不同需求，如婚宴、商务会议等。

酒店产品项目指产品线中不同的品种、规格质量和价格的产品。每条产品线下又细分为多个不同的产品项目，这些项目在品种、规格、质量和价格等方面各不相同。比如，自助餐作为餐饮产品线的一部分，可以进一步细分为高档自助餐和低档自助餐。高档自助餐可能提供国际菜品和高端海鲜，而低档自助餐则提供更经济的选择，满足不同消费水平顾客的需求。

（三）酒店产品组合设计和策略

酒店的产品组合策略涉及产品的广度、长度、深度以及产品之间的一致性。

产品组合的广度指的是酒店提供的不同种类的产品线数量。增加产品组合的广度通常意味着酒店业务的多元化。例如，酒店可以增加客房类型、引入多种餐饮服务（如中餐厅、西餐厅、咖啡厅），以及提供多样的娱乐设施（如健身房、水疗中心、夜总会）。这种多元化策略可以吸引不同偏好和需求的顾客，以提高顾客的入住率和增加其他消费活动。

产品组合的长度是指所有产品线中的产品项目总数。例如，如果一个酒店有三种类型的客房、三种餐饮设施和两种娱乐项目，则其产品组合的长度为 8。产品组合的长度反映了酒店能提供服务的多样性和选择的丰富度。通过扩展产品长度，酒店可以覆盖更广泛的市场需求，从而提高各类顾客的满意度和忠诚度。

产品组合的深度涉及每个产品线中各种产品的规格、品种或风格的数量。例如，在餐饮服务中，酒店可能提供高档、中档和低档的餐饮选项，以及中式和西式的风格，使得产品深度为 6（三种规格 × 两种风格）。通过增加产品深度，酒店能够为顾客提供更细致和个性化的选择，满足不同消费水平和口味偏好的需求。

产品组合的一致性是指产品线之间在使用、生产、销售和促销等方面的相关性。高度一致的产品组合可以提高运营效率和成本效益，因为相似的产品可以共享资源和营销策略。例如，一个以健康和休闲为主题的酒店可能会提供健康餐饮、瑜伽课程和水疗服务，这些服务在推广和执行上具有高度的相互关联性。一致性的调节有助于提高品牌形象的清晰度和市场营销的效果。

二、酒店价格策略

（一）酒店价格的含义和影响因素

价格是消费者为获取产品或服务所支付的金额。价格策略不仅影响销售，还直接关系到企业的利润水平。在制定价格策略时，企业需要考虑成本、市场需求、竞争环境、品牌定位和消费者的支付意愿等因素。价格策略包括定价方法（如成本加成定价、目标回报定价）、定价策略（如渗透定价、撇脂定价）以及价格调整策略（如折扣、促销、分期支付等）。酒店产品价格是顾客为获得酒店提供的产品和服务所支付的货币总额，这个价格不仅反映了产品本身的价值，还影响着酒店的市场定位和收益状况。

酒店价格是由酒店产品所包含的社会必要劳动时间的消耗。在酒店行业，这包括了有形的物质产品（如客房的实际物理设施）和无形的服务产品（如客房服务、前台服务）的价值。这些因素共同决定了酒店产品的基本价值。

除此之外，酒店价格还受产品成本、市场需求、竞争环境、营销目标、营销组合策略、汇率变动、政府干预等因素的影响和制约。在这些影响因素中，有些可控，有些不可控。具体因素描述请见表 8-3。

表 8-3 酒店价格影响因素分类和描述

影响因素类型	影响因素	具体内容
可控制	定价目标	酒店可以设定不同的定价目标，如利润最大化、市场渗透或高质量服务
	成本控制	通过优化运营效率和成本管理，酒店可以在不牺牲服务质量的情况下调整价格
	产品特性	通过改善或调整产品的特性，如提升服务质量或增加额外服务，酒店可以合理提升价格
	资源管理	优化资源的使用，如人力资源配置和能源管理，也可以帮助控制成本，从而支持灵活的定价策略
不可控制	政策法规	政府可能对特定类型的酒店或服务实施价格控制
	政治经济	政治不稳定或经济危机可能导致需求下降，迫使酒店降价
	文化因素	不同地区的文化差异可能会影响顾客支付意愿和消费习惯
	市场状况	市场竞争和经营状况

（二）酒店价格组合的构成和设定

酒店价格组合是一个复杂的策略，涵盖了基本价格、优惠政策以及合同价格。这三者共同构成了酒店的整体定价框架，使其能够适应不同的市场环境和顾客需求，同时优化利润。

1. 基本价格

基本价格是酒店对外公布的标准价格，通常是顾客在没有任何折扣或特殊协议的情况下需要支付的金额。基本价格的定价方法类型和具体描述见表 8-4。

表 8-4 基本价格的设定方法

设定方法	具体内容
成本导向法	此方法基于酒店的运营成本来设定价格，确保所有成本得到覆盖并能获得预定的利润率。这种方法考虑了房间维护、员工工资、日常运营成本等。酒店管理者通常根据客房造价来确定房间价格，即将每间客房的价格确定为客房平均造价的千分之一，是成本定价的主要方式
利润导向法	侧重于实现特定的利润目标。通过此方法设定价格时，先确定期望的利润额，然后在成本基础上加上该利润。此方法也叫收益管理定价法。收益管理既考虑了需求的变化，也充分考虑了酒店利益。它可以依据不同的顾客、未来时期顾客对酒店的预订情况以及酒店客房的储备情况，在不同的季节、不同的时间以及一天中不同的时段，随时调整和改变客房价格，以期实现酒店收益的最大化
营销导向法	依据市场需求和顾客支付意愿来设定价格。这种方法尝试最大化市场潜力，常常通过市场调查来确定
竞争导向法（随行就市法）	通过比较竞争对手的定价来设定自己的价格。这种策略确保酒店在价格竞争中既不会定价过高失去顾客，也不会定价过低影响利润

2. 优惠价格

优惠价格是酒店基于各种条件对基本价格进行的折扣。这些优惠可以吸引更多顾客，增加客房销售量，提高顾客满意度。优惠折扣的类型和具体内容见表 8-5。

表 8-5 常见的优惠价格

设定方法	具体内容
数量折扣	基于预订房间数量给予折扣，通常用于大型团体或长期住宿的顾客
季节性折扣	在需求较低的季节提供折扣，如淡季
时段折扣	在特定时段（如午夜到清晨）提供的折扣，用以提高这些时段的房间占用率
付款条件折扣	如提前付款或非退款预订提供的折扣
现金折扣	对于直接使用现金支付的顾客提供的折扣

3. 合同价格

合同价格，或称批发价，是酒店给予长期合作伙伴或中间商的特殊定价。这些中间商包括旅行社、企业顾客、会议组织者等，他们通常代表一批顾客，可以带来大量的预订量。合同价格通常较基本价格有显著优惠，以反映合作关系和保证双方的共赢。一般包括两种类型。第一，长期合作协议。中间商与酒店通过协商确定固定的价格，适用于未来一段时间内的预订。第二，优惠策略，如提供特别活动或额外服务以增加吸引力。

4. 酒店其他定价策略

酒店产品的定价策略是多种多样的，酒店须根据自己的定价目标和原则，以及本酒店的实际情况和市场供求状况，选择最有利于实现定价目标直至营销目的的定价方法和策略（表 8-6）。

表 8-6 其他定价策略

定价策略	类型	具体内容
差别价格策略	地理差价策略	根据酒店所在地理位置的不同，如市中心与郊区，或不同国家和地区的经济状况，设定不同的价格
	时间差价策略	依据预订的时间和入住的季节或时间段调整价格，例如，在旅游高峰季节或周末提高价格
	质量差价策略	根据房间的大小、视野、设施等级等质量差异来设定不同的价格
	批量差价策略	为大量预订提供折扣，通常用于团体旅行或企业顾客
新产品定价策略	撇脂定价策略	对于独特或高端的新服务，初始设定较高的价格，以吸引对新颖性或豪华体验有高需求的消费者
	渗透价格策略	以低于市场平均水平的价格推出新产品，快速吸引大量顾客，迅速提高市场占有率
	满意定价策略	设置一个公认为公平的价格，旨在建立长期的客户关系，提升顾客满意度和忠诚度
心理价格策略	尾数定价策略	设置价格时使用如￥99 或￥199 的尾数，这种价格看起来比整数价格更低，更容易吸引顾客

续表

定价策略	类型	具体内容
心理价格策略	整数定价策略	对于高端产品或服务，使用整数价格（如￥200 而不是￥199.99）来传达产品的高质量或奢华感
	声望定价策略	设置较高的价格来强化品牌的高端、高质量形象
	招徕定价策略	通过低价的特定产品吸引顾客进店，然后通过其他正常定价的产品来实现盈利
	分级定价策略	提供不同级别的产品或服务，每个级别都有不同的价格，满足不同消费能力的顾客需求

三、酒店渠道策略

（一）酒店渠道的含义和分类

在营销组合中，“地点”指的是产品从生产者到消费者的传递方式，涵盖了分销渠道、物流和分销地点的选择。有效的地点策略能够确保产品在适当的时间、地点以及以消费者期望的方式呈现给市场。地点策略的目标是使产品对目标消费者尽可能地可获取，包括选择合适的分销渠道（如零售商、在线销售、直销等）和地理位置。

酒店渠道是用来让顾客更容易购买酒店产品而在酒店与顾客之间建立起的由组织或个人所组成的一种“桥梁”结构，分为直销渠道和分销渠道两大类（表 8-7）。直销渠道指顾客直接预订或直接进入酒店住宿或进行其他消费，没有第三方参与。分销渠道指通过某种媒介的推荐入住或预订酒店客房的，也就是酒店产品是通过中间商的转移而到达顾客手中的。这类中间商包括旅行社、航空公司、各企业事业单位、酒店销售代理机构、独立的酒店预订介绍组织及酒店集团的预订系统等。

表 8-7 酒店直销渠道和分销渠道的优缺点

渠道类型	代表性方式	优点	缺点
直销渠道	酒店官网、酒店前台、电话预订、移动应用	1. 酒店可控制预订过程，包括价格、可用性和顾客信息 2. 成本降低，不用给第三方渠道支付佣金 3. 直接与顾客互动有助于提升客户关系质量和忠诚度 4. 更容易收集顾客数据用于市场分析和定制营销活动	1. 难以覆盖第三方渠道所能触及的广泛客户群体 2. 须自行投入更多资源于营销和广告活动
分销渠道	OTA、旅行社和旅游运营商、全球分销系统（GDS）、会议或活动策划公司	1. 能够接触到更广泛的顾客基础，尤其是国际市场 2. 利用第三方渠道的营销资源和技术 3. 酒店只需在成功产生预订时支付佣金	1. 支付给第三方平台的费用通常占预订总额的较大比例 2. 价格和库存的控制权较弱且客户关系主要由第三方平台维护 3. 在第三方平台，酒店须与其他酒店竞争

注：GDS 全称 global distribution system，即全球分销系统，是旅游行业中的关键技术平台

综合直销渠道和分销渠道的优缺点，酒店通常采用多渠道策略来最大化覆盖和收

益。通过合理调整直销渠道和分销渠道的使用比例，酒店可以更有效地提高整体运营效率和盈利能力。

（二）酒店渠道组合设计的原则

酒店渠道选择策略是一个复杂的决策过程，涉及渠道的长度、广度以及渠道成员的选择。渠道长度指的是从产品或服务生产者到消费者之间的中间环节数量。对于酒店而言，渠道长度可以从直接销售（最短）到通过多层代理和合作伙伴销售（较长）。短渠道通常包括酒店自己的销售团队、官网、前台直销等。这种渠道可以使酒店更好地控制顾客体验和定价策略，加强与顾客的直接联系。长渠道涉及多个中间环节，如 OTA、GDS、旅行社等。长渠道可以帮助酒店扩大市场覆盖面，特别是在国际市场更是如此。

渠道广度涉及酒店选择多少种不同类型的渠道来分销其产品。广泛的渠道可以增加市场覆盖和顾客接触点，但也可能增加管理复杂性和成本。通过多种渠道向市场提供服务，如结合直接销售和多种间接销售渠道，以确保各类消费者都能方便地访问酒店服务。选择少数渠道合作伙伴进行销售，通常是为了维护品牌形象或提供专属服务。这种策略常见于高端酒店品牌。

选择合适的渠道成员对于确保渠道效率和维护品牌声誉至关重要。酒店需要评估各渠道成员的信誉、市场力量以及与自身服务匹配的程度。具体来讲，酒店要注意销售渠道的信誉，分析其债务偿还能力并查明其是否有过拖债赖账的现象。注意各销售渠道的销售量和销售能力。注意销售中间商档次的控制，应与酒店的定位相匹配。酒店选择分销渠道的标准包括渠道成员的市场覆盖能力、顾客服务质量、技术能力、合作历史、费用结构等。合作模式可以是合约关系，也可以是更为灵活的合作协议，常根据市场需求和策略调整来进行优化。酒店方需要注意建立销售渠道的佣金制度，明确中间商要求的报酬或佣金的多少、价格折扣率的高低及付款方式等内容。

拓展阅读

OTA 和酒店逐渐加剧的矛盾

OTA 和酒店之间的关系变得越来越复杂。尽管双方曾共存多年，但现在关系出现紧张，特别是在“会员忠诚度”方面更是如此。全球在线旅游巨头 Booking 因在西班牙阻止酒店在自家网站上提供更低价格而面临巨额罚款。与此同时，酒店集团如万豪和洲际也开始减少通过 OTA 预订的高级会员的优惠待遇，如不再提供免费的酒廊或房间升级等 VIP 服务。

事实上，共荣共生这些年，酒店和 OTA 做的一些事情越来越像。酒店在搭建自己的会员体系，携程、飞猪等的会员体系也正在变得越来越吸引人。以携程金钻会员为例，包含其平台合作酒店的免费酒店早餐无限次、行政酒廊 4 次、酒店免费取消无限次、房型升级无限次、延迟退房无限次。OTA 相对酒店集团，运营成本是偏小的。毕竟虽然 OTA 和酒店都从事营销相同酒店房间的业务，但 OTA 不必支付酒店打扫房间等硬成本。

酒店业和 OTA 之间的竞争在顾客忠诚度方面越发激烈。2023 年，随着酒店业的迅猛发展，两者间的矛盾也不断增加。本质上，OTA 不愿意将顾客一次又一次地送到同一家酒店。Booking 和携程等大型 OTA 借助 AI 等技术手段，不仅提供随机或推荐的住宿选择，还精心设计了从预订到离店后的整个流程，帮助顾客实现从旅行灵感到实际体验。目前，携程等 OTA 通过 AI 插件可以根据顾客的语气和预订历史来调整推荐的酒店和房型。OTA 利用算法优化，逐渐变得更像是一个高度个性化的内容平台，向用户推荐符合其旅行目的地的多样化品牌和体验。顶级 OTA 的网站界面越来越类似于短视频流，将酒店服务简化为旅程的一个环节，同时提供越来越多的会员福利，这无疑吸引了那些寻求便利的消费者。

虽然对顾客而言这可能是个好消息，但对酒店业而言却是一种挑战，因为酒店仅成为 OTA 销售的众多碎片化产品中的一部分。OTA 能够指导顾客选择餐厅、景点和预订接送服务，而酒店的角色被简化为仅提供住宿。这降低了顾客对酒店的忠诚度，增加了他们对 OTA 的依赖。OTA 的这种逆向忠诚度策略引起了酒店集团的警觉。OTA 销售的不仅是住宿，还包括整个旅程的活动、餐饮和推荐服务。与此同时，酒店尽管也提供接送机和当地体验等服务，但在产品多样性上仍不如 OTA。因此，我们看到酒店集团在第三方平台上不断减少福利，并持续强调直销的重要性，因为依赖第三方平台的订单并非全然有利。尽管酒店集团全力以赴，但有数据显示 OTA 依然占据了更大的市场份额。这表明酒店集团有机会从 OTA 的经营模式中学习，以更好地提供消费者期望的流畅入住体验。

过去单调的会员积分系统已明显过时，消费者很容易比较出官网价格通常比 OTA 平台高出许多。与 OTA 在价格和会员福利上的激烈竞争往往会造成双输的局面。OTA 的优势在于他们对旅客整个旅程的全面了解，酒店集团提升顾客忠诚度的关键也在于此。酒店集团应更加关注于适应和洞察顾客需求，提供定制化产品。目前，诸如华住之类的酒店集团已经认识到，为了在体验消费时代中胜出，必须跳出传统框架，释放会员体系的真正潜力。通过利用 AI 和大数据模型，提供一个互动且个性化的平台，是夺回会员忠诚度并抗衡 OTA 的有效策略。在未来，消费者通过酒店官网搜索住宿时，应得到根据家庭大小、旅行目的或商务需求定制的不同套餐和房型。酒店集团需要通过 AI 利用顾客数据来开启个性化服务的新纪元。如果酒店不了解访客的浏览阶段、感兴趣的页面或套餐，就无法提供真正有吸引力的定制体验。光有数据还不够，酒店必须通过 AI 和机器学习技术对其进行深入分析和应用。只有这样，酒店才能洞悉顾客的行为模式和偏好，创建独立的生态系统，深入解读顾客资料，并重获那些忠实和有价值的消费者。这一过程不仅是对 OTA 的模仿，更是对他们成功策略的学习，以建立与顾客直接且有意义的联系。

资料来源：作者根据网络资料/相关文献资料改写而成。

四、酒店促销策略

（一）酒店促销及促销策略的含义

促销是企业用于增加产品知名度、吸引消费者、提升销量和建立品牌形象的所有活动，包括广告、公关、销售促销、直接营销和个人销售等手段。有效的促销策略应当能够清晰地传达产品的价值主张，激发市场的购买意愿，并通过各种促销活动与消费者建立持久的关系。酒店促销是指酒店经营者将有关酒店及其产品的信息通过各种方式传递给顾客和消费者，促进其了解、信任并购买本酒店的产品，最终达到扩大销售的目的。酒店促销组合是一个综合性概念，包括广告、人员推销、公共关系、营业推广等多种方式。

（二）酒店促销策略的实施

促销策略是指对促销对象或领域、促销任务、促销目标、促销效果、促销投入、各种限制条件等进行科学的选择、配置、控制和分析，使信息宣传、沟通手段与过程系统化和规范化，尽量提高促销活动的效果、效率，使促销活动低投入高产出。在设计促销组合策略时为了保证促销活动的有效性，酒店应周密考虑各种不可控因素或不确定因素对促销活动带来的影响以及相应的对策。

第四节　酒店营销管理创新

一、体验营销

当下的体验经济强调的是产品或服务提供的独特体验和情感价值，而非仅仅是功能性或物质性的满足。这一转变对酒店行业来说，提供了新的视角和动力，促使其更加重视体验营销的实施。在众多酒店品牌和选项中脱颖而出的最有效方法之一是提供无法复制的顾客体验。体验经济强调的是独一无二的个性化体验，这迫使酒店业者思考如何利用其独特的地理位置、文化背景、设计和服务来创造区别于竞争对手的体验。

体验营销在酒店行业中越来越受到重视，因为它不仅关乎产品本身，更关乎顾客的全方位感受。体验营销以满足消费者的体验需求为目标，以服务产品为舞台，以有形产品为载体，营造一种氛围，设计一系列事件，让顾客主动参与其中而产生深刻而难忘的体验，这种生产和经营高质量产品的活动就构成了体验营销。

体验营销的关键要素有四点，包括情感连接、个性化服务、环境营造和互动性（图 8-7）。

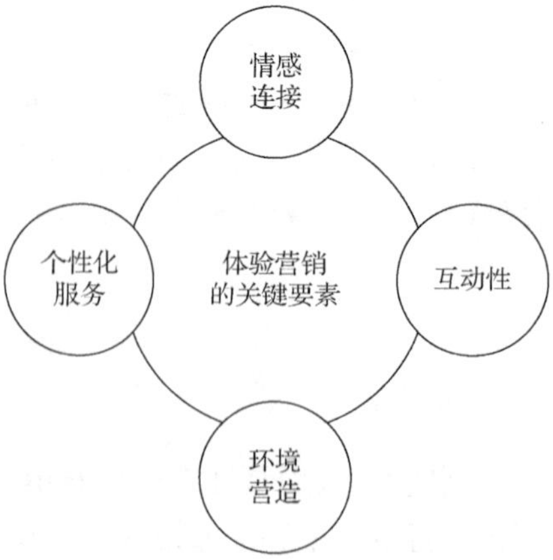

图 8-7　体验营销的关键要素

二、绿色营销

绿色营销指的是社会和企业在充分意识到消费者日益增强的环保意识和由此产生的对清洁型无公害产品需要的基础上，发现、创造并选择市场机会，通过一系列理性化的营销手段来满足消费者以及社会生态环境发展的需要、实现可持续发展的过程。

（一）实施绿色操作和实践

为了推动可持续发展，酒店业正采取一系列绿色营销策略。首先，酒店通过安装节能设备，如LED灯具、节能空调和加热系统以及节水效率高的洁具，显著提升了资源节约能力。其次，酒店通过利用太阳能、风能或地热能，将可再生能源纳入其日常运营的一部分，甚至纳入全部能源解决方案中，进一步减少了对传统能源的依赖。在废物管理方面，酒店实施了废物分类回收程序，减少了一次性产品的使用，并优先采购可再生或可降解的材料，从而最小化了环境影响。最后，酒店在新建或翻新项目中采用绿色建筑标准和材料，提升了建筑的能源和资源效率，确保了建筑设计与可持续发展的目标相符。这些措施共同作用，不仅提升了酒店的环境绩效，也增强了对具有环保意识的顾客的吸引力。

（二）发展绿色产品和服务

酒店业正在积极采取措施，通过各种绿色服务和活动，推动环境可持续发展。首先，酒店提供绿色会议选项，包括使用电子文档服务以减少纸张使用，采用可回收材料，并提供来自本地的有机食品和饮料，这样不仅降低了会议的环境影响，也促进了当地的可持续发展。此外，酒店还创建了与当地自然和文化保护项目合作的生态旅游包，如生态旅游探险和志愿者体验活动，这些活动让游客能够亲身参与到保护环境和文化遗产的行动中。同时，在酒店的餐饮服务中，酒店强调使用有机认证和当地采购的食品，这不仅减少了食物的碳足迹，还支持了当地农业，使顾客能在享受美食的同时，为环保贡献自己的一分力量。这些措施共同体现了酒店对环境保护和可持续发展的承诺，同时也提升了顾客的入住体验。

（三）促进环保意识和教育

酒店业正在通过一系列综合措施提升其环保行动的影响力和可见度。首先，通过在酒店内部使用标识、信息册和数字媒体，积极宣传酒店的绿色实践和成果，确保顾客能够明确看到酒店在环保方面的努力和成就。此外，酒店对员工进行环保培训，以确保每位员工不仅了解酒店的绿色政策，还能在日常工作中贯彻实施这些政策，从而形成一个环保意识强的工作团队。同时，酒店积极参与社区环保项目，如组织海滩清洁活动或参与当地的绿化项目，这些活动帮助酒店建立了其在社区中的绿色形象，并促进了与社区的良好关系。通过这些策略的实施，酒店不仅提升了自身的环保标准，也促进了顾客和社区对可持续发展价值观的认同和支持。

（四）利用营销和宣传工具

为了加强其在市场上的绿色形象和信誉，酒店采取了一系列营销和宣传工具。首先，酒店积极争取国际认可的绿色认证，如能源与环境设计先锋（leadership in energy and environmental design，LEED）认证或“绿钥匙”（Green Key）认证，这些认证不仅证明了酒店在环保方面的承诺，还大大增强了其在公众和潜在顾客心中的绿色信誉。此外，酒店在广告和促销活动中大力突出其绿色实践，采用讲述故事的方式，展示酒店如何积极地影响环境和社区，从而深化消费者对酒店环保行动的认知和感情。同时，酒店也利用社交媒体、博客和新闻等渠道，积极分享其绿色故事和成就，通过这些渠道与持有相似环保理念的组织建立合作关系，进一步扩大其绿色营销的影响力。这些策略共同作用，不仅提升了酒店的环保形象，也增强了其在竞争激烈的酒店市场中的吸引力。

（五）监测和报告

为了确保绿色策略的有效实施和持续改进，酒店需要采取一系列监测和报告措施。首先，通过定期监测和评估能源与水的使用量、废物减量和回收率等关键性能指标，酒店能够实时了解其绿色策略的成效，并据此调整和优化相关措施。其次，酒店还承诺每年发布一份详尽的可持续性报告，该报告不仅总结了过去一年的环保成果，还阐述了酒店未来的绿色计划和目标。这些报告不仅向顾客和利益相关者展示了酒店的环保责任和成就，也强化了酒店在公众眼中的绿色品牌形象，促进了透明度和信任关系的建立。通过这样的监测和报告体系，酒店确保其绿色实践不仅符合当前的环保标准，还能持续适应未来的环保趋势和要求。

三、主题营销

（一）主题营销的含义

酒店企业在组织开展各种营销活动时，根据消费时尚、酒店特色、时令季节客源需求、社会热点等因素，选定一个或多个主题为吸引标志，向宾客宣传酒店形象，吸引公众的关注并令其产生购买行为。它的最大特点是赋予一般的营销活动以某种主题，围绕既定的主题来营造酒店的经营气氛。这个主题可以是文化、历史、艺术、时尚、科技或任何具有独特吸引力的概念，旨在通过创造独特和一致的体验来吸引特定市场的顾客。

（二）主题营销的原则

酒店主题营销的成功在很大程度上取决于其能够吸引和满足顾客需求的能力，同时为顾客提供独一无二的体验。为此，制定一系列明确的原则是至关重要的（图 8-8）。

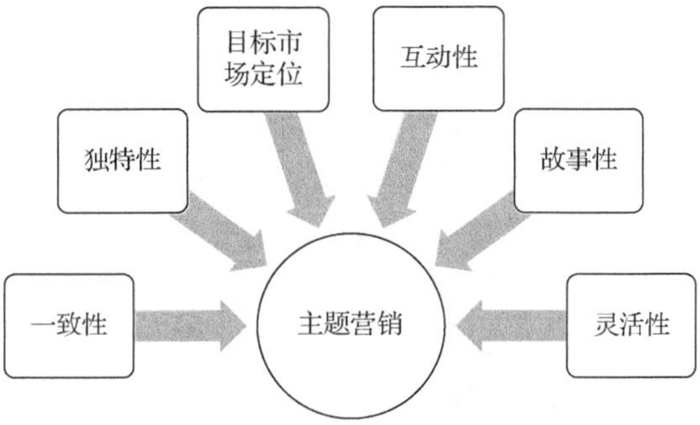

图 8-8 主题营销的原则

1. 一致性

确保主题在酒店的所有方面都得到一致体现，从室内装饰、员工服装、活动组织、服务方式到营销材料等。这种一致性有助于加强顾客的整体体验，使主题更加深入人心。例如，长隆熊猫酒店的每个角落都细致地体现了熊猫主题，包括熊猫雕塑、熊猫图案的床单和窗帘，甚至餐厅也提供熊猫造型的食品。这种全方位的主题体验使得顾客能够在整个住宿期间持续感受到熊猫文化的魅力。

2. 独特性

选择独特、区分度高的主题，使酒店在市场中突出显示。这不仅能够吸引目标市场中寻求特定体验的顾客，还能使酒店在竞争激烈的行业中脱颖而出。长隆熊猫酒店不仅提供住宿服务，还致力于教育游客关于大熊猫的知识和保护工作。例如，酒店组织讲座和活动，由熊猫专家介绍这些珍稀动物的生活习性和保护状况。这种结合教育与体验的方式提升了游客的参与感，同时也强化了酒店作为保护倡导者的形象。

3. 目标市场定位

深入理解并明确定义目标顾客群体的需求和偏好。主题营销应紧密围绕目标市场的兴趣和期望进行设计，确保所选主题能够吸引并满足这一群体的特定需求。

4. 互动性

设计互动元素使顾客能够积极地参与到主题体验中来，从而提升顾客参与度。通过互动体验，顾客不仅是被动接受服务的对象，更是活动的一部分，这样可以增强体验的记忆点，提升顾客满意度和口碑传播效果。

5. 故事性

强化主题背后的故事讲述，创建有说服力和感染力的故事，以增强主题的吸引力。好的故事可以让顾客产生共鸣，也能够使体验更加丰富和多维。

6. 灵活性

虽然保持主题的一致性很重要，但在实施主题营销时也需要一定的灵活性，以便根据市场反馈和顾客需求进行调整和改进。这种灵活性有助于确保主题始终保持新鲜感和相关性。

四、网络营销

酒店网络营销指的是酒店行业利用互联网的各种资源和渠道，如网站、社交媒体（微信、微博、小红书和抖音等）、电子邮件、搜索引擎等，来推广品牌、吸引顾客、提升预订率和增加收益的一系列活动。随着互联网技术的普及和发展，网络营销已经成为酒店营销策略中不可或缺的一部分。酒店需要通过持续发布有价值的内容，如文章、视频、播客、微电影等，来吸引和保持顾客的兴趣，增强品牌形象。

网络营销作为现代企业营销策略的重要组成部分，具有多个显著的特点（图 8-9）。这些特点不仅定义了网络营销的工作方式，也揭示了为什么它在当今的商业环境中变得如此重要。

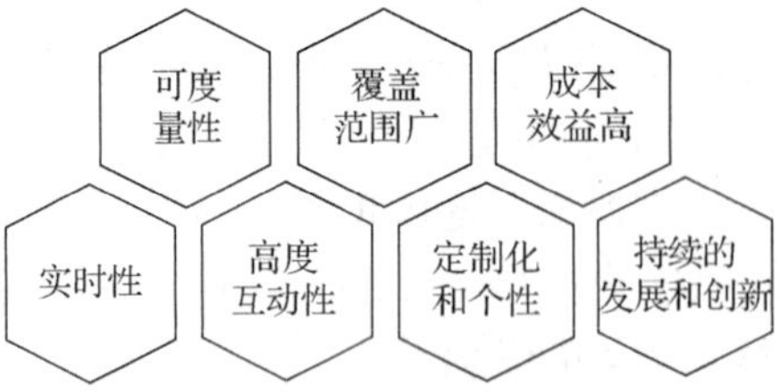

图 8-9　网络营销的特点

本 章 小 结

酒店营销是一种全面而系统的管理过程，通过整合酒店资源，不断提升服务质量和产品形象，并利用各种传播手段深入了解顾客需求，促进顾客购买行为，以实现酒店的经营目标。酒店营销的目的是增强酒店的市场知名度、美誉度和顾客忠诚度，通过有效的市场分析、策略制定、营销执行和结果评估，酒店能够在激烈的市场竞争中提升其竞争力。这包括但不限于通过广告、公关活动、在线营销等手段提升品牌知名度，通过高质量服务和客户关系管理提升顾客满意度和忠诚度，以及通过灵活应对市场变化，利用营销策略调整来应对季节性和市场波动带来的挑战。

酒店营销涉及一系列多层次和多方面的过程，从市场研究到战略实施。首先是市场调研，酒店通过科学方法收集、分析市场相关信息，以适应市场环境变化、满足消费者需求、应对市场竞争并为经营决策提供依据。其次是市场细分，根据消费者购买行为的差异性，将市场划分为需求相似的子群体，这有助于酒店更有效地分配资源和开展营销活动。再次是市场目标化，在市场细分的基础上，选择一个或多个亚市场作为营销的焦点。酒店通过明确目标市场，可以更有针对性地发展产品和服务，制定营销策略。最后是市场定位和竞争地位选择。市场定位是确定酒店在目标市场上的竞争地位，通过塑造独特、深受欢迎的品牌形象，使酒店在竞争中脱颖而出。整个酒店营销过程包括市场调研、细分、目标化、竞争形势分析和定位，这些步骤相互关联，共同作用于制定和执行酒店的营销策略，以达到吸引并保持顾客的目的。

酒店市场营销组合策略依据 4P 理论（产品、价格、地点、促销）进行制定，是酒店成功运营的核心。产品策略包括定义酒店提供的核心产品、形式产品和延伸产品，确保通过提供满足顾客基本及额外需求的综合体验来提升顾客满意度和忠诚度。价格策略考虑成本、市场需求、竞争环境、品牌定位和消费者的支付意愿，采用不同的定价方法来优化利润。点策略，或促销策略，涉及选择合适的销售渠道以确保产品对目标消费者尽可能地可获取，这包括直销和利用第三方分销渠道。促销策略则使用广告、公关活动和各种销售促进手段来提高知名度、吸引消费者并提升销量。这些组成部分相互作用，共同确保酒店能在竞争激烈的市场中有效地吸引并保留顾客。

在酒店营销管理创新中，体验营销成为核心策略，强调通过创造独特且难忘的顾客体验来区分市场竞争。

案例分析与讨论

酒店如何找到线上营销新规律？

中国酒店营销正在经历分化，从过去的渠道营销进入内容营销、品牌营销、新媒体营销。未来是私域流量+公域流量的时代，酒店该如何找到线上营销的新规律？从 OTA 到微博、微信再到抖音、小红书、B 站、微信视频号……哪里有流量，哪里就有营销。近年来，我们不断看到越来越多的民宿、单体酒店甚至酒店集团/品牌，活跃在各大社交平台上。一方面，酒店市场竞争越来越大，酒店从以前号称“现金奶牛”的投资洼地，变成了一片红海，酒店在渠道的获客成本也在不断上升。另一方面，随着“Z 世代”这群互联网原住民逐渐成为市场消费的中流砥柱，他们的社交和消费习惯也不断地在倒逼平台、品牌改变营销体系。

据巨量引擎城市研究院发布的报告，截至 2023 年 9 月，共有 10 万+酒店在抖音开设官方账号。结果，除拥有大体量的集团外，有“网红气质”的设计酒店、度假酒店更容易在直播中吸引眼球。在竞争本就激烈的中高端商旅赛道，想要突出重围并不容易。直播的本质是低价，营销的本质是匹配。通过低价直播获得流量，匹配并转化到潜在用户并不是酒店数字营销的目的。品牌困于流量和转化，而平台掌握着海量的用户和内容，酒店如何精准匹配？

一、短视频流量须重视

相关数据显示，2022 年春节期间，短视频平台抖音 DAU（daily active user，日活跃用户数量）首次突破 7 亿人次，微信视频号 DAU 也接近 5 亿人次。当消费者开始步入短视频的世界，短视频也为酒店带来了新的流量获客渠道。2020 年，锦江酒店便开通了在短视频全平台的多领域账号，布局短视频线上营销。短视频在为酒店带来新流量的同时，酒店线上营销也变得更加生动、多元，正好迎合了年轻一代的消费心理。Z 世代年轻人对一些业界公认的老牌酒店认知度并不高，他们对酒店的了解更多是从小红书、抖音、B 站这些短视频媒体中获取的。因此，即便是已有知名度的酒店也不能固守现有的营销阵地，而是需要在年轻人喜欢的渠道中“刷存在感”，让酒店营销触达年轻圈层。

如何抓住每个平台的流量并为“我”所用，如今仍然是一大难题。目前各大平台的定位和倾向也有不同，公众号偏深度内容、对品牌理念的传递。小红书定位种草和生活方式、通过社区化的内容去黏聚年轻的（潜在）顾客群体。流量非常大的抖音平台则更多地承担客流转化的重任。但无论在哪个平台，不变的策略都是集团带头、单店协同，同时集团出具陪跑指导，对标准门店采用可复制性的营销方式、对特色/度假门店进行一对一卖点再提炼，从而一起合力形成优势矩阵。

二、营销内容要抓人

酒店打造内容生态精准触达更多顾客，也非常关键。大数据给了我们进行精准人群触达、转化、建立深度链接的可能性。传统渠道是先把产品上架，顾客再主动搜索，通过图文、关键词、点评分、位置、商圈等信息匹配后下单，是人找货。数字营销是货找人，利用产品及中间平台渠道，通过创作内容来生成品牌或酒店标签，再和他方用户人群进行标签匹配，最终用产品找到匹配的用户，实现种草和转化。新时代的数字营销将品牌方的注意力放在了用户身上，围绕用户展开各种精细化的工作及合作。比如，如何搭建引人入胜的客房套餐产品（营销+运营合力）、如何针对性地打标签（技术系统）、如何选择出奇制胜的销售联动（销售打法）、如何将流量散播在正确的人群（联合服务商），就成了营销的重点。比如，酒店要有更多的跨界内容，设计不同的消费场景，包括结合酒店的特点，打造涵盖吃、住、游、玩、购物的内容组，来满足顾客多层次的出行需求。事实上，每个酒店都有不可替代的差异性内容，需要酒店或者第三方营销机构将其挖掘和展示出来，通过线上平台进行推广。这就是以内容做抓手，让更多的顾客“种草”。当然，如果酒店在线上营销时，能够讲一两个故事，那些能够带给顾客更多心灵触动的交流，要比平铺直叙地讲解营销更加有说服力。

三、消费者点评很关键

无论在哪个互联网平台，消费者在“下单”之前，甚至是被“种草”之时，都会翻看点评，因为这是消费者产生的真实内容。点评可以直接影响消费者的消费决策。所以，很多酒店都会在鼓励顾客“写好评”上下功夫。当然，酒店仅关注点评的营销作用是不够的，好评与差评之间的距离其实就在于酒店的实际服务是否能达到顾客在预订时的期望值，如果其体验值高于期望值，酒店就会得到高分好评，如果没有达到预期值，可能顾客就会做出低分的差评。因此，现在有很多管理工具帮助酒店重视顾客的点评，将一条差评作为抓手，找到酒店提升的方向。这也是酒店做好线上营销的坚实基础。

四、从公域到私域的闭环营销

除了公域的传播和转化，酒店也需要持续探索并实现从公域到私域的闭环营销，从而使酒店和品牌利益最大化。例如，用户在抖音或小红书主动搜索时，即可进入逸扉酒店的小程序，还没到店就可以加企业微信门店小助手：在顾客入住酒店前逸扉的专属小助手就可触达顾客，提供贴心的服务；在入住中，通过与运营团队的联动及逸扉的数字化技术，提升顾客的住宿体验；最后，评价及复购也将回归到私域，完成整个营销链路线上到线下再到线上的完整闭环。

在酒店产品、运营服务高度同质化的今天，数字营销俨然是一个重要的突破口。酒店需要通过正确的种草和内容共鸣有效触达心智，以直播等手段实现深度转化完成交易闭环，再到集团化运作公私域、链接技术实现顾客管理，最后数字赋能线下提升体验创新。

资料来源：作者根据网络资料/相关文献资料改写而成。

案例思考：

1. 数字化营销和传统营销有什么区别？
2. 酒店在新时代的营销如何精准拉新和进行数字化表达？

思考与练习

1. 酒店营销的作用是什么？
2. 酒店如何进行市场细分？需要遵循哪些原则？
3. 酒店如何确立自己的市场定位？
4. 酒店价格组合的构成是什么？
5. 酒店可以通过哪些方式进行营销管理创新？

参 考 文 献

郭琰. 2010. 酒店营销. 郑州: 郑州大学出版社.

李伟清, 贺学良, 李菊霞. 2010. 酒店市场营销管理与实务. 上海: 上海交通大学出版社.

伍剑琴. 2011. 酒店营销与策划. 北京: 中国轻工业出版社.

谢宇. 2015. 基于4P理论的麓溪峪酒店假日营销研究. 湘潭: 湘潭大学.

Baker M A, Magnini V P. 2016. The evolution of services marketing, hospitality marketing and building the constituency model for hospitality marketing. International Journal of Contemporary Hospitality Management, 28(8): 1510-1534.

Gursoy D. 2018. Future of hospitality marketing and management research. Tourism Management Perspectives, 25: 185-188.

Jauhari V. 2016. Hospitality Marketing and Consumer Behavior. New York: Apple Academic Press.

Line N D, Runyan R C. 2012. Hospitality marketing research: recent trends and future directions. International Journal of Hospitality Management, 231(2): 477-488.

第九章

酒店财务管理

本章导读

本章将全面探索酒店财务管理的核心概念，从基本的含义、特点和目标入手，进一步深入分析酒店营业收入和利润的管理策略，以及成本和费用的控制方法。通过本章的学习，读者将了解酒店财务管理的重要性，学会如何有效地监控和优化酒店的财务状况，以确保业务的可持续增长和盈利。

学习目的

1. 理解酒店财务管理的含义、特点和目标：掌握酒店财务管理的基本定义和目标，了解其在酒店业务中的核心作用，包括资本的有效配置、风险控制，以及确保企业的财务健康和长期可持续性。

2. 熟悉酒店财务管理的各项指标：详细了解酒店营业收入的构成和利润管理的策略。了解财务数据的基本结构和相应财务指标（偿债能力指标、营运能力指标、盈利能力指标，以及发展能力指标）。

3. 掌握酒店投资和筹资的基本概念和初步技术：学习如何通过成本分析、现金流量计算和效率提升措施来判断投资和筹资的可行性，提升酒店未来的财务表现。

核心概念

投资决策；筹资决策；股利分配决策；风险管理；偿债能力指标；营运能力指标；盈利能力指标；成本和费用管理；现金流量分析

导读案例

首旅酒店（600258.SH）2024年第一季度财务报表分析

首旅酒店发布2024年第一季度财务报表，通过财务报表可以进行如下分析：

2024年一季度，实现营收18.45亿元，同比增加11.5%；实现归母净利润1.21亿元，同比增加49.8%；实现扣非归母净利润0.97亿元，同比增加102.2%。

酒店利润恢复显著，景区经营态势良好。2024年一季度，公司酒店业务实现营收/利润分别为16.39亿/0.52亿元，分别同比增长11.5%/649.8%，主要原因是出行需求持续释放以及2023年一季度利润基数较低；景区业务实现营收/利润分别为2.06亿/1.21亿元，分别同比增长10.9%/5.7%。受益于休闲旅游需求高涨，2024年一季度南山景区入园人数为247万人，同比增长+17.3%，再创历史新高。

每间可售房收入同比提升，中高端酒店布局提速。2024年一季度首旅如家全部酒店每间可售房收入/每日平均房价/客房出租率分别为131元/217元/60.1%，分别同比增长0.1%/1.4%/–0.8%。2024年一季度首旅如家不含轻管理酒店的全部酒店每间可售房收入/每日平均房价/客房出租率分别为147元/233元/63.4%，分别同比增长2.0%/2.2%/–0.1%。ADR为推动每间可售房收入增长的主要因素。分档次，经济型/中高端/轻管理每间可售房收入分别同比增长1.3%/–0.3%/–2.1%。经济型酒店每间可售房收入提升，推测原因主要是居民消费降级以及商旅差标下降。开店方面，2024年一季度新/净开店数量分别为205/32家。新开店中，经济型/中高端/轻管理分别为36/66/103家，中高端酒店占比达到32.2%，同比增长11.2%。公司持续进行酒店产品结构优化，加速布局中高端酒店。

经营提质，营收增长推动盈利能力改善。2024年一季度公司毛利率为36.6%，同比增长5.9%，主要原因在于公司实施精准市场策略，优化运营管理并抓住节假日机遇推动营收规模增长。期间费用率为27.6%，同比增长2.3%；其中，销售费用率/管理费用率/财务费用率分别为8.2%/13.4%/5.2%，分别同比增长2.2/1.3/–1.3%。2024年一季度公司归母净利率为6.5%，同比增长1.9%。

本章的主要内容即在讲解上述指标的意义、计算方式以及如何通过上述指标来对公司进行财务分析与财务管理。

资料来源：作者根据上市公司公开材料/相关文献资料改编而成。

第一节 酒店财务管理的含义、特点和目标

一、酒店财务管理的含义

酒店财务管理作为酒店运营的核心环节，涉及资金的筹集、分配、使用和监控，其目的是通过科学的预算制定、成本控制、收入管理、风险评估和税务规划来优化财务资源配置，实现经济效益的最大化。酒店管理者通过对财务报表的定期分析，能够准确把握财务状况，做出明智的投资决策，并确保所有财务活动符合法律法规和行业标准，为酒店的稳定发展和长期盈利提供坚实的财务保障。酒店业作为一种特殊行业，其产品主要是无形的服务，这要求管理者不仅须掌握财务分析能力、预算规划技巧和风险管理知识，还须研究服务的使用价值和价值，以实现对服务这种特殊商品的综合性管理。

马克思曾指出："服务无非是某种使用价值在发挥效用，而不管这种使用价值是商品还是劳动。"在酒店业中，服务的使用价值体现为旅游者在品尝地方风味美食、享受酒店员工热情周到的服务后，不仅消除了疲劳，心情也变得愉悦，从而对酒店留下了美好的印象。这种服务的使用价值，尽管与有形商品不同，表现为无形产品，但同样具有价值，因为它是人类劳动的成果。

服务性劳动作为人类劳动的一种表现形式，其产物——服务，与商品一样，具有价值。服务的价值并不取决于其是否有形，而是因为它是用于交换且对人们有用的劳动成果。价值的本质不在于其形态，而在于它是一般人类劳动的消耗。因此，酒店的商品，无论是有形的还是无形的服务，都是使用价值和价值的统一体。在酒店的再生产过程中，劳动者将消耗的生产资料价值转移到产品上，并创造新的价值，通过销售实现酒店商品的价值。

酒店的生产经营活动同样涉及资金运动，其存在的客观基础是市场经济的特性。在这个过程中，酒店通过提供服务，不仅实现了使用价值的生产和交换，也完成了价值的形成和实现。这表明，酒店财务管理在确保资金的有效筹集、分配、使用和监督方面发挥着至关重要的作用，它通过对企业生产经营过程中价值的规划与控制，促进了企业经济价值的增长。

酒店的财务管理活动体现了资金在酒店运营和再生产中的连续流动和周期性循环。从经济活动的角度来看，酒店的资金流动主要包括投资、筹资以及股利分配等关键环节。因此，酒店财务管理的核心组成部分包括对投资决策、筹资决策和股利分配决策的管理。

（一）投资决策

酒店的投资活动旨在通过将货币资金投放于不同资产形态以实现资源的增值。投资可分为实物投资和金融投资，前者涉及购置设备、扩展经营规模等，而后者则包括股票、债券等金融资产的购买。随着经济金融化趋势的加强，现代酒店在投资决策中更倾向于金融投资。鉴于资源的稀缺性，酒店须有效利用资源，提高投资效率。财务管理在此过程中的任务是评估投资项目的财务可行性，支持投资决策的科学制定，确保投资结构的

合理性，平衡收益与风险，以实现经济价值的最大化。投资项目的财务可行性主要通过NPV来评估，正的NPV意味着项目能够为酒店带来增值。

（二）筹资决策

筹资决策是酒店为满足资金需求而进行的资本筹集和集中过程，涉及资金需求量的确定、筹资方式的选择以及权益资本与长期负债比例的规划。资本结构，即长期负债与权益资本的比例关系，对酒店的长期发展具有战略性影响。筹资决策需要确定酒店的资产负债率，即在资本总额中负债所占的比例，并考虑股权结构的安排。筹资方式的选择对酒店的财务风险和资本成本有显著影响，因此，财务管理人员须基于酒店的具体情况，选择成本最低的筹资来源。

（三）股利分配决策

股利分配决策关乎酒店税后净利润在股东股利和留存收益之间的分配。由于留存收益也是酒店筹资的一种形式，股利分配决策实际上是筹资决策的一部分。决策需要考虑的问题包括：何种股利政策最适合酒店、应采取何种股利分配形式（股票股利、现金股利、负债股利或财产股利）、是否进行股票分割或回购，以及现金股利分配给股东的比例等。财务管理人员应基于增加酒店价值的原则，结合酒店的实际情况，做出合理的股利分配决策。

二、酒店财务管理的特点

作为酒店价值管理的财务管理，其基本原理和方法与其他行业的财务管理没有本质上的差别。但是，作为综合性服务企业的酒店企业本身所具有的与其他行业企业不同的经营特点，决定了酒店财务管理又有其自身的特点。酒店财务管理的特点主要体现在以下几个方面。

（一）现金流量的季节性特征

旅游产品需求的季节性主要由气候条件决定，同时受到学校假期、节日及传统旅游模式的影响。这种季节性需求导致酒店现金流入和流出也呈现季节性波动。在年度的某些时段，如旅游旺季，酒店可能会积累大量可用于投资的现金盈余；而在淡季，则可能需要向银行贷款以满足支付需求和其他开支。因此，酒店财务管理须进行细致的现金流分析，并制定策略以缓解季节性现金流量问题。

（二）涉外业务的汇率风险

相较于其他行业如制造业，涉外酒店的经营更易受外汇汇率波动的影响。有效的汇率风险管理对于酒店的盈利水平至关重要。涉外酒店须正确理解汇率变动带来的风险，并采取适当措施进行管理。虽然准确预测未来汇率变动具有挑战性，但酒店，特别是小型酒店，不应忽视这一风险，而应谨慎地进行风险管理。

（三）内部控制的重要性

内部控制在所有行业中都至关重要，酒店业尤其需要建立严格、完善的内部控制系统。酒店作为直接面向顾客的服务行业，员工的行为直接影响顾客体验和酒店声誉。为维持高服务标准，酒店必须提升内部管理水平。此外，随着酒店规模的扩大和业务的多样化，收入和支出的环节增多，酒店需要通过内部控制来确保营业收入的安全完整和营业支出的合理性。酒店管理者意识到，对内部错误和不当行为的忽视会迅速侵蚀员工队伍，损害酒店声誉。因此，酒店业通常会投入大量资源加强内部控制。

（四）资产更新改造的必要性

酒店的建筑物及其附属设施和设备等固定资产具有商品属性。与一般商品不同，酒店的建筑既是固定资产也是提供给顾客的服务设施。设施和设备的新颖程度对酒店业务有显著影响。为适应业务发展和市场变化，酒店需要定期对设施和设备进行装修、改造和更新，以保持最佳状态，确保顾客始终享受最新服务。酒店的固定资产管理更为复杂，因为许多资产是供顾客使用的服务设施。财务管理人员须研究资产的经济寿命和管理方法，寻找最佳的更新时机和维护策略，以实现最佳经济效益。

三、酒店财务管理的目标

酒店财务管理的目标是指导酒店通过其财务活动所追求的根本目的。在现代财务管理的理论框架和实际操作中，确立一个合理的财务管理目标是至关重要的，因为它是做出各种财务决策的基础，也是衡量这些决策是否恰当的标准。一个科学的财务管理目标不仅有助于酒店日常财务管理的规范化，促进科学理财观念的形成，还能提升酒店的财务效率，并支持酒店的长期可持续发展。在这一过程中一般广泛应用三种财务管理目标。

（一）产值最大化

在传统的集中管理体制下，企业的财产所有权与经营权高度集中，企业的主要任务是完成国家规定的总产值目标。企业领导的晋升和员工利益的多寡，往往取决于总产值计划的完成程度。这导致企业将总产值最大化作为经营的主要目标。然而，随着时间的推移，人们开始意识到这一目标存在若干缺陷：①过分强调产值而忽视效益。②注重数量而忽略质量。③注重生产而忽略销售。④重视投入而忽视潜力挖掘。鉴于这些缺陷，将总产值最大化作为财务管理的目标，并不符合财务运作的内在规律。

（二）利润最大化

利润最大化的目标是通过管理企业的财务活动，不断增加利润至最大。在国外经济理论中，利润最大化的概念根深蒂固，许多经济学家如亚当・斯密、大卫・李嘉图等，都认为企业的目标是追求利润最大化。20 世纪 50 年代前，国外财务管理理论界普遍认为利润最大化是财务管理的最优目标。在中国，也有财务管理学者认为以利润最大化为目标是最佳选择。追求利润最大化需要注重经济核算、加强管理、改进技术、提升生产效率、降低成本，这些都有利于提高经济效益。然而，利润最大化目标存在以下不足：①未考虑利润发生的时间，忽略了资金的时间价值。②未能有效考虑风险问题，可能导致财务人员在忽视风险的情况下追求最大利润。③可能导致企业财务决策偏向短期行为，只关注当前利润而忽视长期发展。利润最大化是对经济效益的浅层次理解，存在一定局限性，因此并非财务管理的最优目标。

（三）股东财富最大化

股东财富最大化的目标是通过合理的财务管理，为股东创造最大财富。在股份制经济中，股东财富由其持股数量和股票市场价格共同决定。当持股数量固定时，股票价格最高则股东财富最大。因此，股东财富最大化目标实际上转化为股票价格最大化。与利润最大化相比，股东财富最大化具有以下优点：①考虑了风险因素，因为风险水平对股票价格有显著影响。②能在一定程度上避免企业追求利润的短期行为，因为未来利润预期同样会影响股票价格。③目标容易量化，便于评估和奖惩。然而，股东财富最大化也存在缺陷：①主要适用于上市公司，对非上市公司不适用。②过分强调股东利益，而对其他利益相关者的利益关注不足。③股票价格受多种因素影响，其中一些因素企业无法控制，将这些不可控因素纳入理财目标是不合理的。

综上所述，为了确立一个科学的财务管理目标，需要深入分析哪些利益相关者对酒店的财务管理具有显著影响。尽管与酒店相关的各方利益相关者众多，但并非所有相关者都对酒店的财务管理产生重大影响。那么，究竟是哪些利益相关者对酒店的财务管理目标具有影响力呢？一般来说，对财务管理目标产生影响的利益相关者应满足以下三个条件。①对酒店有投入：利益相关者必须对酒店有所投入，这包括资金、劳动或服务等形式的投入。②分享酒店收益：利益相关者必须能够从酒店获得收益，这可能包括工资、奖金、利息、股利和税收等各类报酬。③承担酒店风险：当酒店遭遇风险时，利益相关者必须面对一定的损失，即他们需要承担与酒店相关的风险。在酒店实务中，利益相关者除了酒店业主、酒店管理团队、酒店员工等，也包括政府、社区等更广泛的对象。

酒店的财务管理目标应当综合考虑多个利益相关者的利益，它是这些利益方相互作用与协调的结果。在特定的时期和环境下，某一个利益集团可能会占据主导地位，但从酒店的长期发展角度来看，财务管理不能仅仅偏重某一个利益相关者的利益，而忽视其他相关方的利益。这意味着，财务管理的目标不能仅仅局限于单一利益相关者的目标。理论上，所有利益相关者的目标都可以通过酒店的长期稳定发展和总体价值的持续增长来实现平衡，从而满足各方的最终目的。因此，将企业价值最大化作为财务管理的目标，相较于仅以股东财富最大化为目标，是一个更为科学的选择。

企业价值最大化作为财务管理的目标，其核心在于通过合理的财务运作和优化的财务策略，在确保企业长期稳定发展的基础上，实现企业总体价值的最大化。这个目标虽然表述简洁，却涵盖了深层次的理念，主要强调的是平衡风险与回报，确保风险处于企业可接受的范围内，同时促进各方利益的和谐统一。具体来说，它包括以下几个关键点。

首先，它要求企业在财务决策中充分考虑资金的时间价值和风险与报酬的关系，实现风险与报酬的均衡，并控制风险在企业可承受的范围内。其次，追求与股东之间的利益协调，致力于培养长期稳定的股东群体。最后，关注员工的利益，打造一个积极和谐的工作环境，同时加强与债权人的沟通，确保资金供应链的稳定性。此外，企业还须持续投入新产品的研发，以满足市场需求，保持销售收入的持续增长。企业还须注重信誉和形象建设，积极响应政府政策的变化，并争取参与政策制定的相关活动，以期制定出有利的法规。无论政策结果如何，企业都将严格遵守法律法规，确保合规经营。这一目标的实现，需要企业在各个层面上做出努力，以达成企业价值的最大化，促进企业的长期健康发展。

将企业价值最大化作为财务管理的目标，具备以下几个显著优势：①企业价值最大化目标充分考虑了收益获取的时间因素，利用时间价值进行相应计量；②该目标在科学基础上，合理地考虑了风险与收益之间的关联；③企业价值最大化有助于避免企业在追求利润时的短期行为，因为对企业价值产生影响的不仅是当前的利润，更重要的是对未来利润的预期。在进行财务管理时，关键在于准确评估收益增加与风险增加之间的平衡点，力求达到两者之间的最优平衡状态，从而推动企业价值的最大化。因此，企业价值最大化的理念不仅体现了对经济效益深层次的理解，也是现代财务管理领域公认的最佳目标。

第二节　酒店财务管理的基础指标体系

一、财务管理指标类型

现代酒店的财务管理主要依托于酒店的财务报告，这是一组书面文件，全面反映了酒店的财务状况和经营成果。这些报告包括资产负债表、损益表和现金流量表等会计报表主表，以及利润分配表和营业收支明细表等会计报表附表。此外，会计报表附注为理解这些报表提供了重要帮助，它详细说明了采用的会计方法、方法变更及其对财务的影响、非经营性项目的详情、重要项目的明细以及其他必要说明的事项。财务情况说明书则进一步提供了对酒店生产经营状况、利润分配、资金流动、税金缴纳和资产变动等方面的评价和说明。除了财务报告，日常核算资料、计划资料、生产技术资料、同行业酒店的财务报告以及市场调研收集的资料也是进行财务分析的重要信息来源。在酒店内部，这些信息资料应通过计算机系统实现部门间的共享，使财务部门能够综合利用酒店内外部的各种信息进行深入分析。

尽管全面审视财务报表可以提供丰富的财务信息，但直接从会计数据中提取有用信息并非易事，有时甚至可能会被表面的数字误导。为了帮助报表的使用者准确地识别和理解会计数据间的重要联系，以及全面展现酒店的财务状况和经营成果，通常会采用一些基础指标来进行财务报表的分析，这些指标一般关注企业的偿债能力、营运能力、盈利能力等方面。

二、偿债能力指标

企业的偿债能力指的是其偿还到期债务的能力。通过分析企业的财务报告及其他会计资料，可以评估企业的资产流动性、负债水平以及偿还债务的能力。这有助于评价企业的财务状况和财务风险，为管理者、投资者和债权人提供关键的财务信息。

（一）短期偿债能力指标

企业的短期偿债能力指的是其支付一年内到期的流动负债的能力。流动负债通常指在一年或超过一年的一个营业周期内需偿还的债务，它们对企业的财务风险有显著影响。如果企业无法及时偿还这些债务，可能会面临财务危机，甚至破产风险。在资产负债表中，流动负债与流动资产之间存在直接的对应关系。流动负债一般需要用现金偿还，而流动资产则是一年内或一个营业周期内能够转换为现金的资产，因此流动资产是偿还流动负债的关键保障。通过分析流动负债与流动资产的比例，可以评估企业的短期偿债能力。常用的财务比率包括流动比率、速动比率、现金比率和现金流量比率等，用以衡量这一能力。

1. 流动比率

流动比率（liquidity ratio 或 current ratio）是衡量企业流动资产与流动负债之间比例的财务指标。其计算公式为

$$流动比率 = \frac{流动资产}{流动负债}$$

流动资产主要涵盖了货币资金、按公允价值计价且其价值变动计入当期损益的金融资产、应收款项和预付账款、存货，以及一年内到期的非流动资产等。通常，资产负债表所报告的期末流动资产总额代表了企业的流动资产规模；而流动负债则包括了短期借款、按公允价值计价且其价值变动计入当期损益的金融负债、应付账款和预收账款、各种应缴税费，以及一年内到期的非流动负债等。同样地，资产负债表中的期末流动负债总额反映了企业的流动负债情况。

依据经验，一般认为流动比率大约为 2 时较为适宜。然而，在实际分析流动比率时，应考虑到不同行业的特征、流动资产的具体构成以及各类流动资产的变现能力等多重因素。不同行业的流动比率水平存在差异，不能简单地进行横向比较。需要注意的是，单纯依赖这一经验性标准来判断企业的短期偿债能力并不充分。某些情况下，即使流动比率数值较高，也不一定意味着企业具有较强的短期偿债能力，这种情况可能是由存货的积压或难以销售造成的。此外，企业也有可能通过某些手段操纵流动比率，以掩盖其在偿债能力上的不足。因此，依赖流动比率来评估企业的短期偿债能力是存在一定局限性的。

2. 速动比率

速动比率（quick ratio）是衡量企业短期偿债能力的另一个重要的财务指标。如前所述，尽管流动比率是评估企业短期偿债能力的基本工具，但它存在一定的局限性。特别是当流动资产中包含流动性较差的资产时，即使流动比率较高，企业的短期偿债能力也

可能并不强劲。在流动资产中，金融资产、衍生金融资产、应收票据和应收账款等的变现能力通常强于存货，因为存货需要通过销售转换为现金，如果存货销售不畅，其变现能力将受到影响。因此，从流动资产中剔除存货后剩余的资产，称为速动资产，主要包括货币资金、金融资产、衍生金融资产、应收票据、应收账款等。速动资产与流动负债的比率称为速动比率，也被称作酸性测试比率（acid-test ratio）。其计算公式为

$$速动比率=\frac{速动资产}{流动负债}=\frac{流动资产-存货}{流动负债}$$

相较于流动比率，速动比率更能准确反映企业的短期偿债能力，因为它排除了流动性相对较低的存货。一般而言，速动比率越高，表明企业的短期偿债能力越强。财务管理经验认为，速动比率达到 1 是较为理想的状态。但实际分析时，还需要结合企业的具体行业特性和其他相关因素综合评估。

值得注意的是，速动比率的可信度在很大程度上取决于应收账款的回收情况。如果企业有较大比例的应收账款难以收回，存在坏账风险，那么速动比率可能无法真实反映企业的偿债能力。因此，在利用速动比率进行分析时，应结合账龄分析来评估应收账款的质量。

另外，计算速动资产时，除了要从流动资产中扣除存货，还应扣除预付账款、一年内到期的非流动资产以及其他流动性较差的项目。经过这样严格的筛选，速动资产主要包括货币资金、金融资产、应收票据、应收账款、应收利息、应收股利和其他应收款项。

3. 现金比率

现金比率（cash ratio）指的是企业现金类资产与流动负债之间的比率。现金类资产主要包括库存现金、随时可用来支付的银行存款以及现金等价物，这些通常在现金流量表中被归纳为现金及现金等价物。其计算公式为

$$现金比率=\frac{现金+现金等价物}{流动负债}$$

现金比率是衡量企业直接偿债能力的财务指标。由于现金是企业用于偿还债务的最终手段，现金的不足可能导致企业遇到支付障碍，进而触发财务危机。因此，一个较高的现金比率表明企业具备较强的支付能力，其偿债能力较为稳固。然而，如果现金比率过高，这可能暗示企业持有的现金类资产过多，而这些资产的盈利能力相对较低，表明企业的资产未能得到充分利用。

4. 现金流量比率

现金流量比率（cash flow ratio）是指企业在一定时期内通过其经营活动产生的现金流量净额与其流动负债的比值。其计算公式为

$$现金流量比率=\frac{经营活动产生的现金流量净额}{流动负债}$$

与之前提到的流动比率、速动比率和现金比率这些静态指标一样，现金流量比率也是用来衡量企业短期偿债能力的。不过，它从动态的角度出发，反映了企业在当前会计期间内由经营活动产生的现金流量净额对流动负债的偿付能力。

需要指出的是，经营活动产生的现金流量代表了过去一个会计年度的经营成果，而

流动负债则涉及未来一个会计年度须偿还的债务。由于两者所对应的会计期间并不相同，现金流量比率的计算实际上是基于用过去一年的现金流量来预测未来一年现金流入的一种假设。在使用这一财务比率进行分析时，必须考虑到未来会计年度内可能影响经营活动现金流量的各种因素的变化。

（二）长期偿债能力指标

长期偿债能力体现了企业清偿长期债务的能力，涉及的长期负债主要包括长期借款、应付债券、长期应付款、专项应付款及预计负债等。长期债权人和企业所有者不仅关注企业的短期偿债状况，对长期偿债能力同样十分关心。因此，在分析企业的短期偿债能力时，也必须考量其长期偿债能力，以便让债权人和投资者能够全面评估企业的偿债能力和潜在的财务风险。衡量企业长期偿债能力的财务比率包括资产负债率、股东权益比率、权益乘数、产权比率、有形净值债务率、偿债保障比率、利息保障倍数以及现金利息保障倍数等。我们这里着重介绍资产负债率与利息保障倍数。

1. 资产负债率

资产负债率（total debt ratio），也称负债比率或举债经营比率，是企业负债总额与资产总额的比值，它揭示了企业资产中有多少是通过借债获得的。其计算公式为

$$资产负债率=\frac{负债总额}{资产总额}$$

资产负债率是衡量企业整体偿债能力的一个指标，比率越高表明企业的财务风险越大，而较低的比率则意味着较强的偿债能力。

2. 利息保障倍数

利息保障倍数（times interest earned ratio，TIE），也称利息所得倍数或已获利息倍数，计算为企业的税前利润与利息费用之和除以利息费用。

$$利息保障倍数=\frac{税前利润+利息费用}{利息费用}$$

其中，税前利润是指在扣除所得税之前的企业利润总额，而利息费用包括财务费用中的利息支出以及资本化的利息支出。利息保障倍数显示了企业用其经营活动产生的利润来支付债务利息的能力。若该比率较低，则意味着企业可能难以用其经营利润来满足利息支出的要求，这可能会引起债权人的不安。一般而言，企业的利息保障倍数应至少大于 1，以确保能够偿还债务和利息，否则长期下去可能会面临破产风险。

三、营运能力指标

营运能力分析反映了企业对资产的运用效率和管理水平。企业的经营活动本质上是利用资产来产生收益的过程。资产作为企业经营的经济资源，其运用和管理的效率直接关系到企业的收益，从而体现企业的经营能力。进行营运能力分析有助于了解企业资产的保值增值情况，评估资产的运用效率、管理水平、资金周转和现金流状况，为评价企业的经营管理水平提供依据，常用指标有应收账款周转率、存货周转率、流动资产周转

率、固定资产周转率、总资产周转率等。

（一）应收账款周转率

应收账款周转率（receivables turnover ratio）指的是在一定时期内，企业的赊销收入净额与应收账款平均余额的比值。这一财务比率是衡量应收账款流动性的关键指标，它显示了一个会计年度内应收账款的周转频次，从而可以用来评估应收账款的变现速率和管理层的效率。应收账款周转率的高值通常意味着更快的周转速度和更强的流动性。其计算公式如下：

$$应收账款周转率=\frac{赊销收入净额}{应收账款平均余额}$$

$$应收账款平均余额=\frac{期初应收账款+期末应收账款}{2}$$

赊销收入净额是指从销售收入中扣除现金销售收入后的余额，而销售收入净额则是销售收入减去销售退回、折扣和折让后的净值。在利润表中，这通常体现为营业收入。

在市场经济中，由于商业信用的广泛使用，应收账款成为企业重要的流动资产之一。应收账款的变现能力直接关系到企业资产的流动性。一个较高的应收账款周转率表明企业回收账款的速度快，这有助于减少坏账损失，增强资产的流动性，并提升企业的短期偿债能力，从而在一定程度上可以补偿较低流动比率的不足。相反，如果应收账款周转率较低，则可能意味着企业在回收账款方面的效率低下，或者信用政策过于宽松，这可能导致资金被过多占用，影响资金的使用效率和正常流转。同时，过高的应收账款周转率可能是由于企业采取了过于严格的信用政策，制定的信用标准和条件过于严苛，这可能会限制销售量的增长，进而影响企业的利润水平，这往往也会伴随着存货周转率的下降。

应收账款平均收账期指的是应收账款完全收回所需的平均天数，也可以作为应收账款周转指标，其计算公式如下：

$$应收账款平均收账期=\frac{360}{应收账款周转率}$$

平均收账期越短，表明企业的应收账款周转越快。

（二）存货周转率

存货周转率（inventory turnover ratio）也称存货利用率，是企业一定时期的销售成本与存货平均余额的比率。其计算公式如下：

$$存货周转率=\frac{销售成本}{存货平均余额}$$

$$存货平均余额=\frac{期初存货余额+期末存货余额}{2}$$

$$存货周转天数=\frac{360}{存货周转率}$$

销售成本的信息通常可以在利润表中找到。如果我们假设所有的营业成本均由销售成本构成，那么存货的平均余额则是通过将期初存货余额与期末存货余额相加后除以二来得出的，这一计算可以依据资产负债表来进行。对于酒店行业这类季节性经营的企业来说，年末通常是海南、东北等地区的旅游高峰期，此时酒店可能会储备较多的存货，占用较多的资金，这会导致按年度报告计算的平均存货水平偏高；而相对地，华北、西北等地区在年末可能是旅游淡季，酒店的存货储备和资金占用相对较少，因此按年度报告计算的平均存货水平会偏低。鉴于此，对于存在明显季节性经营特征的酒店而言，为了更公正地评估存货的周转情况，应当采用月度存货的平均余额来计算存货周转率。

（三）流动资产周转率

流动资产周转率（current assets turnover ratio）是销售收入与流动资产平均余额的比率，它反映了企业全部流动资产的利用效率。其计算公式为

$$流动资产周转率=\frac{销售收入}{流动资产平均余额}$$

$$流动资产平均余额=\frac{期初流动资产余额+期末流动资产余额}{2}$$

流动资产周转率展示了企业在一个会计年度中流动资产的周转频次，这一比率体现了流动资产的周转速率。作为评估流动资产周转状况的综合指标，流动资产周转率的高效运转有助于减少流动资金的占用，并提升资金使用效率。然而，对于流动资产周转率达到何种水平才算是理想的，并没有统一的标准。在分析流动资产周转率时，通常需要对比企业历年的数据，并考虑酒店行业整体形势来进行综合评估。

（四）固定资产周转率

固定资产周转率（fixed assets turnover ratio），也称为固定资产利用率，是指企业的销售收入与固定资产平均净值之间的比率。其计算公式如下：

$$固定资产周转率=\frac{销售收入}{固定资产平均净值}$$

$$固定资产平均净值=\frac{期初固定资产净值+期末固定资产净值}{2}$$

这一比率主要用来衡量企业对于其厂房、设备等固定资产的运用效率。固定资产周转率越高，表明固定资产的利用效率和管理水平越佳。如果这一比率相较于同行业平均水平显得较低，则可能意味着企业的生产效率不高，这可能会对企业的盈利能力产生不利影响。

（五）总资产周转率

总资产周转率（total assets turnover ratio），也被称作总资产利用率，它通过比较企业的销售收入与资产平均总额来计算。其计算公式如下：

$$总资产周转率=\frac{销售收入}{资产平均总额}$$

$$资产平均总额=\frac{期初资产总额+期末资产总额}{2}$$

销售收入通常指的是扣除了销售退回、销售折扣和折让后的销售收入净额，即营业收入的净额。总资产周转率用于分析企业整体资产的使用效率。若该比率较低，则暗示企业在使用其资产进行经营活动时效率不高，这同样会影响企业的盈利能力。面对这样的情况，企业需要采取措施，如增加销售收入或合理处置资产，以提升总资产的利用效率。

四、盈利能力指标

盈利能力是企业的主要目标之一，也是企业综合实力的体现。为了在市场竞争中生存和发展，企业必须追求较高的利润。投资者和债权人同样非常关注企业的盈利能力，因为强大的盈利能力可以增强企业的偿债能力并提升企业信誉。对企业盈利能力的分析不应仅限于利润的绝对数额，还应包括相对指标，这些都能通过财务分析来完成。对于酒店企业而言，盈利能力指标可分为主营业务盈利能力与资产盈利能力。

（一）主营业务盈利能力指标

1. 主营业务利润率

主营业务利润率（main operation margins）是指企业一定时期主营业务利润总额同主营业务收入净额的比率。其计算公式如下：

$$主营业务利润率=\frac{主营业务利润总额}{主营业务净收入}$$

主营业务利润率显示了企业每百元主营业务收入所能产生利润的多少，是评价企业基本盈利能力的重要指标。对于那些提供多种产品或服务以获取收益的企业，可以根据不同的产品、服务或项目类别，分别计算各自的利润率。例如，在酒店的日常经营管理中，通常会分别计算客房、餐饮等服务项目的收入、成本和利润，从而得出客房利润率、餐饮利润率等。

2. 主营业务毛利率

主营业务毛利率（main operation gross margins）是销售毛利额同销售净收入之比。企业在经营活动中获得的收入，扣除相关成本之后，如果有剩余，则形成销售毛利。企业必须首先获得毛利，然后才能用毛利额去覆盖其他各项费用，进而形成净利润。因此，毛利额的多少直接关系到企业利润的多少，是企业盈利能力的重要体现。毛利额是构成企业利润的主要来源之一。其计算公式如下：

$$销售毛利额=销售收入-销售成本$$

$$主营业务毛利率=\frac{销售毛利额}{销售净收入}$$

酒店作为提供服务以获取收益的行业，其服务具有综合性，不易直接归因于特定的服务对象。因此，酒店将那些能够直接归入服务成本的支出，如食品成本、饮品成本、商品成本等计入营业成本；而将那些不能直接归入服务对象的支出，如人工费用、折旧费用等，计入费用中。酒店的餐饮部门通常会从营业收入中扣除营业成本，得到餐饮毛利额，并据此计算毛利率，这是评估餐饮部门控制成本、衡量经营效益的关键指标之一。餐饮毛利率（catering gross margins）计算公式如下：

$$餐饮毛利率 = \frac{餐饮毛利额}{餐饮销售净收入}$$

餐饮毛利率的水平不仅可以作为酒店制定餐饮定价的参考，也是酒店与同行业其他餐饮部门进行比较的依据。通过比较，可以评价酒店餐饮部门的成本控制效果以及经营获利能力。一般而言，四星级或五星级酒店的餐饮毛利率应控制在65%到70%之间。

酒店餐饮毛利率的高低一方面取决于原材料的耗费情况，另一方面也与餐饮产品的定价策略有关。在控制原材料耗费的过程中，酒店通常会使用食品原材料净料率（edible yield rate）这一指标来衡量原材料的使用效率。其计算公式如下：

$$食品原材料净料率 = \frac{净料重量}{原料重量}$$

（二）资产盈利能力指标

1. 总资产报酬率

总资产报酬率（return on total assets，ROA）是指企业一定时期内获得的利润总额与利息支出之和与平均资产总额的比率，是衡量企业资产使用效率的重要指标，它体现了企业在经营活动中使用其资产产生收益的能力。其计算公式如下：

$$总资产报酬率 = \frac{利润总额 + 利息支出}{平均资产总额}$$

企业经营若能以较少的资产获得更多的收益，则其资产的盈利能力和使用效率均会增强。总资产报酬率的长期低迷可能意味着企业的盈利能力不足，需要改进经营管理以提升经济效益；同时，也可能指出企业的资产未被充分利用，需要考虑调整投资策略。

企业在运营中的总资产主要由负债性资产和所有者权益组成。如果企业的总资产报酬率超过了负债性资产的利息率，那么随着债务性资产的增加，所有者权益的报酬率也会相应提高。从投资者的视角看，他们倾向于企业增加借款以提高回报，但在实际操作中，企业还须考虑其偿债能力。

2. 资本金利润率

资本金利润率（capital profit margin）是利润总额占资本金（即实收资本、注册资金）平均余额的百分比，其计算公式如下：

$$资本金利润率 = \frac{利润总额}{资本金平均余额}$$

$$资本金平均余额 = \frac{资本金期初余额 + 资本金期末余额}{2}$$

资本金利润率是投资者评估其投入资本盈利能力的一个指标，该指标的高低直接关系到投资者的投资信心。较低的资本金利润率可能导致现有投资者考虑撤资，同时潜在投资者也可能因此转向其他投资机会。

3. 每股收益

每股收益（earnings per share，EPS）指可用于普通股分配的利润与普通股总股份数的比率，是衡量股份有限公司股东获利情况的一个指标。尤其在权益资本筹资多样化的情况下，普通股股东作为企业经营收益的主要受益者和风险的主要承担者，其收益情况可以通过每股收益来评价。其计算公式如下：

$$每股收益=\frac{可用于普通股分配的利润}{普通股总股份数}=\frac{现金股利总额-优先股股利}{普通股总股份数}$$

每股收益的高低能在一定程度上反映股票的价值，其数值越大，表明企业的盈利能力越强，普通股的股价增值潜力也越大。

4. 市盈率

市盈率（price-to-earnings ratio，P/E ratio）指普通股每股市场价格与每股收益的比率，是证券市场上反映股票市场表现和公司盈利能力的一个指标。其计算公式如下：

$$市盈率=\frac{普通股每股市场价格}{每股收益}$$

市盈率越大，通常意味着企业的盈利能力越强，投资者的投资回收期越短，因此这类股票对投资者的吸引力也越大。

第三节　酒店营业收入和利润管理

一、酒店营业收入的界定

依据《企业会计准则第 14 号——收入》的规定，收入是指企业在其日常活动中形成的、会导致所有者权益增加的、与所有者投入资本无关的经济利益的总流入。该准则所涵盖的收入类型包括销售商品、提供劳务以及转让资产使用权所产生的收入。

酒店业务涵盖了向游客提供客房、餐饮、商品，以及电话、洗衣、康体等服务，因此其营业收入的来源也是多元的。酒店通过出租或出售服务所获得的收入统称为营业收入，具体包括以下几个方面：

客房收入：主要来源于出租客房所收取的租金。

餐饮收入：来自餐厅提供的食品、菜肴、酒水、饮料、香烟等的销售。

销售商品收入：包括在销售商品或提供劳务时收取的各类价款，如商品销售收入和代销业务收入。

其他业务收入：主要包括电话服务费，即向顾客收取的市内和长途电话费用；洗衣费，即提供的衣物清洗服务费；车队服务费，即酒店车队主要服务酒店顾客同时对外提供服务所获得的收入；康体服务费，即健身、娱乐等活动服务费；以及商务中心为顾客提供的多种服务所收取的手续费。酒店的营业收入反映了其经营活动的多样性，是酒店日常运营中不可或缺的一部分。

二、酒店营业收入的控制

酒店实施收益管理的核心在于尽可能地向顾客提供各项服务，以此确保有效的收入，并合理控制这些收入，以实现收益的最大化。在酒店的经营过程中，不同部门的收入实现和控制存在较大差异。以下将重点讨论酒店的客房收入控制和餐饮收入控制。

（一）客房收入控制

顾客入住酒店通常包括预订、登记、入住、结账等步骤。在提供住宿服务的过程中，客房收入主要通过预收押金、结账、交款、稽核等环节进行管理。

预收押金：为保障酒店权益，通常要求顾客在入住时支付一定数额的押金，该数额根据顾客入住天数及酒店规定的标准确定。前台收款员须开具押金收据。

结账：顾客提出结账要求时，前台须及时记录顾客在店消费，并等待客房部查房信息。查房后，为顾客提供消费明细，顾客确认无误后，根据预订时的付款方式进行结算。

交款：收银员在工作班次结束后，须清点现金收入，装入交款信封，并填写交款表。若总出纳在岗，则直接交款；否则，按规定在监管下存入保险箱。

稽核：夜审人员对前台收银员的工作进行稽核，确认是否存在问题，并填写夜间稽核报告，次日转交日审。

（二）餐饮收入控制

酒店内的餐厅、酒吧等营业场所提供的服务项目多样、价格不一，且人员流动大。为有效控制餐饮服务过程中的潜在错误和不当行为，需要对钱、单、物进行严格管理。

三牵制、两核对：将钱、单、物分成三条独立线传递，并在终端设置核对点进行控制。确保经手物品的人员不接触账单和货币，而经手账单和货币的人员应分开处理，以防走单、走数（图 9-1）。

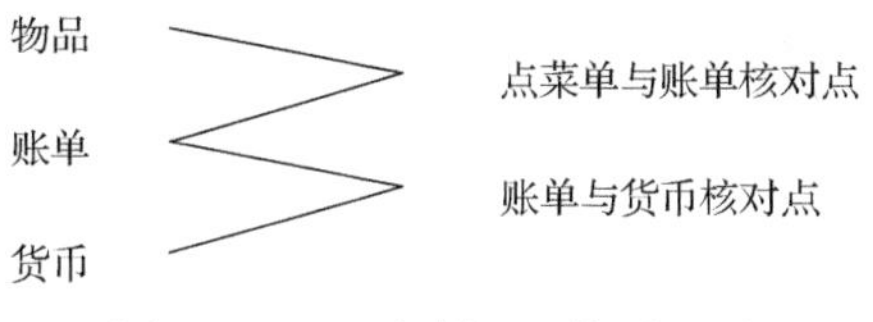

图 9-1　“三牵制、两核对”图

结账方式：顾客结账可采用现金、信用卡、支票或挂账等方式。收银员须注意现金真伪、信用卡有效性、支票真实性及限额，并记录必要信息。

收银记录：收银员须在班次结束时，将所有结账账单记录在收银机上，并编制营业收入报告。

通过这些控制措施，酒店能够更有效地管理其客房和餐饮收入，确保收入的准确性和完整性。

三、酒店利润的构成

利润体现了企业在某一特定时期内经营活动的最终成果，它等于总收入减去全部成本和费用后的剩余金额，由营业利润、投资净收益和营业外收支净额三个部分组成。对于酒店而言，提升盈利能力是其经营的主要目标，这关系到酒店能否实现持续发展。

酒店利润总额的计算可以通过以下公式得出：

利润总额=营业利润+投资净收益+营业外收入−营业外支出

其中，投资净收益是指从投资活动中获得的收益减去相关的损失。营业外收入和营业外支出则与酒店的常规经营活动无直接联系。

营业利润的计算公式为

营业利润=主营业务利润+其他业务利润−期间费用

营业利润=主营业务利润+其他业务利润−销售费用−管理费用−财务费用

其中，其他业务利润是指酒店从非主营业务中获得的收入与其相关支出之间的差额。期间费用包括销售费用、管理费用和财务费用，这些费用不可以直接归入主营业务成本，而是直接计入当期损益。

主营业务利润则由以下公式计算：

主营业务利润=主营业务收入−主营业务成本−主营业务税金及附加

酒店的主营业务收入来源于其核心业务的经常性收益。主营业务成本包括直接成本，如餐饮部门的原材料、调料、酒水和饮料等。其他相关费用则根据其经营性质划分到销售费用和管理费用中。主营业务税金及附加主要包括酒店需缴纳的营业税、增值税等流转税，以及城市维护建设税、教育费附加等税费。

四、利润预测

利润预测是酒店财务人员依据历史数据，结合当前条件，运用合适的预测技术对未来可能实现的利润进行合理预估的过程。在进行利润预测时，酒店需要基于销售预测，细致分析销售量、销售价格和成本费用等因素，以预测未来一段时间的利润水平。准确的利润预测对于编制财务预算、做出财务决策和提升经济效益至关重要。酒店利润预测主要有两种方法：直接测算法和因素测算法。

（一）直接测算法

直接测算法通过直接利用预算期间的销售收入、成本费用和税金等预测数据，分别计算各项服务的利润，然后加总得到酒店的总利润。计算方法如下：

酒店预算期利润总额=∑（某项服务预算收入−某项服务预算成本费用−某项服务预算税金及附加）

直接测算法适用于新服务项目或新开酒店，因为它们缺乏历史经营数据，无法进行历史对比，只能基于预测数据来计算总利润。

（二）因素测算法

因素测算法，也称为分析计算法，是在上一年度利润水平的基础上，考虑影响销售利润变动的各种因素，对预测年度的利润进行测算。酒店利润受多种因素影响，如顾客数量、成本费用、价格变动和税收政策等。以客房收入为例，介绍利润测算的步骤。

（1）确定上一年度的利润额和成本费用率，作为预算期销售利润的基础。

（2）测定入住率变化对利润的影响，入住率提高将增加利润，反之则减少。计算公式如下：

入住率变化影响利润数额＝∑[（预算期按报告期入住率计算的某项营业收入－报告期某项营业收入）×报告期利润率]

（3）测定价格变动对利润的影响，价格上升将增加利润，下降则减少。计算公式如下：

价格变化增减利润＝∑[（预算期按报告期价格计算的某项营业收入－报告期某项营业收入）×报告期利润率]

（4） 测定成本费用变化对利润的影响，成本增加会减少利润，减少则增加利润。计算公式如下：

成本费用变化增减利润＝∑[预算期某项营业收入×（预算期某项成本费用率－报告期某项成本费用率）]

（5）测定税种和税率变化对利润的影响，税率和税种的变化会反向影响利润。计算公式如下：

税率、税种变化增减利润＝∑[预算期某项营业收入×（预算期税率－报告期税率）]

（6）汇总计算预算期利润，将上述各因素对利润的影响加总，得出预算期利润与报告期利润的差额。计算公式如下：

预算期利润＝报告期利润±出租率变化增减利润±价格变化增减利润±成本费用变化增减利润±税率、税种变化增减利润

最终，通过这些步骤，酒店可以得出预算期的利润预测，为财务规划和决策提供依据。

五、利润分配

酒店在年度财务结算后所得到的利润总额，须在国家、所有者及酒店内部之间进行合理分配。利润分配涉及国家、酒店、员工以及所有者等多方的利益，因此必须遵循国家的法律和规章制度。

（一）利润分配的原则

依法分配原则：国家通过制定相关法规来规范企业的利润分配行为，明确了利润分配的基本要求、程序和比例。企业必须依法进行利润分配，这是确保企业财务关系正确处理的基础。

分配与积累并重原则：在利润分配时，企业须平衡长期与短期利益，既考虑分配也考虑积累。除依法提取法定盈余公积金外，企业还可以留存部分利润作为积累，这部分利润仍属于所有者。积累的净利润可以用于企业扩大生产规模、增强发展和抗风险能力，

也可以用于未来年度的分配，以平衡利润分配的波动，稳定投资回报率。

（二）利润分配的一般顺序

根据《中华人民共和国公司法》及其他相关法规，企业在缴纳所得税后的净利润通常按照以下顺序和金额进行分配。

（1）支付因违法行为产生的财物损失、税收滞纳金和罚款。

（2）弥补上一年度的亏损。

（3）提取法定盈余公积金，按税后净利润的10%进行提取。当法定盈余公积金达到注册资本的50%时，可以停止提取。提取的法定盈余公积金可用于弥补亏损或转增资本，但转增后留存的法定盈余公积金不得低于注册资本的25%。

（4）提取任意盈余公积金，其提取与否及比例由企业自行决定，法律不强制规定。任意盈余公积金可用于弥补亏损、扩大生产经营或转增资本。

（5）向投资者分配利润。企业可以将往年未分配的利润并入本年度进行分配。

在进行利润分配时，企业应严格按照法律法规和公司章程的规定执行，确保分配过程的合法性、合规性和公平性。

第四节　酒店成本和费用管理

一、成本和费用概念

酒店的成本费用是指企业在向旅游者提供服务的经营过程中发生的各项直接支出和耗费，可分为主营业务成本和期间费用两种。

（一）主营业务成本

主营业务成本是指企业在经营活动中产生的直接支出，主要包括以下几个方面。

原材料耗用成本：主要涉及旅游、饮食、服务企业在生产和经营过程中直接使用的原材料价值，包括酒店、餐饮部、餐馆使用的食材、饮料原料、调料、配料成本；浴池使用的燃料成本；以及酒店、洗衣房、照相馆、洗染店、修理店使用的原材料、辅助材料成本。

商品进价成本：分为国内购进和国外购进两种。国内购进商品进价成本包括商品原价及其直接可归因的运输、杂费和税金。国外购进商品进价成本则涵盖了进口商品的实际成本，包括进价、进口税、外汇价差及代理进口手续费。

其他成本：包括其他营业项目支出的直接成本，如出售无形资产的实际成本（不包括商品）、商务中心使用的复印纸等。

（二）期间费用

期间费用指的是在特定会计期间内与生产经营活动直接关联不密切的费用，主要包括以下几类。

销售费用：涵盖营业部门在经营活动中产生的费用，如运输费、装卸费、包装费、保管费、保险费、燃料费、水电费、展览费、广告宣传费、邮电费、差旅费、洗涤费、清洁卫生费、低值易耗品摊销、物料消耗、员工工资（包括奖金、津贴、补贴）、职工福利费、工作餐费、服装费及其他营业费用。

管理费用：包括组织和管理经营活动的费用以及企业统一承担的费用，如公司经费、工会经费、职工教育经费、劳动保护费、失业保险费、退休金、医疗保险费、董事会费、外事费、租赁费、咨询费、审计费、诉讼费、排污费、绿化费、土地使用费、土地损失补偿费、技术转让费、研究开发费、税金、燃料费、水电费、折旧费、修理费、无形资产摊销、开办费摊销、交际应酬费、坏账损失、存货盘亏和毁损、上级管理费等。

财务费用：包括利息净支出、汇兑净损失、金融机构手续费、加息及筹资费用。

二、成本和费用分类

成本费用的分类基于多种管理需求，并按照特定标准进行，主要分为以下几类。

根据成本与经营业务量的关系来划分：①固定成本（或固定费用）。在特定的时间和既定的经营条件下，这部分成本或费用不会随着企业经营业务量（如客房入住率、餐厅上座率、旅行社接待人数）的波动而改变。②变动成本（或变动费用）。在一定的时间和经营环境下，这部分成本或费用会随着企业经营业务量的增减而相应变化。例如，随着客房入住率的增加，客房部门的各种物料用品消耗也会随之增加。通过对成本（费用）进行固定成本（或固定费用）和变动成本（或变动费用）的划分，有助于加强成本费用的管理，并探索降低成本费用的方法。例如，可以通过减少固定成本的总额或增加业务量来降低固定成本；也可以通过降低单位经营业务量上的变动成本消耗来减少变动成本。

根据成本是否可以控制来划分：①可控成本（或可控费用）。指的是那些能够明确归入特定单位（如楼层、部门、班组等）的权责范围内，并且可以得到有效控制的成本或费用。例如，企业管理的办公费用就是可控的，因此属于可控成本（或费用）。②不可控成本（或不可控费用）。指的是那些不能明确归入特定单位的权责范围内，并且无法进行有效控制的成本或费用。例如，固定资产的折旧费用就属于不可控成本（或费用）。将成本费用区分为可控成本（或可控费用）和不可控成本（或不可控费用），有助于明确企业内部各单位及个人的经济责任，便于建立企业经济责任制度，有利于对工作业绩进行考核和评价。这种做法将成本费用管理与每个部门、每个人的责任和经济利益相联系，对降低成本费用、提升企业的经济效益具有重要影响。

三、经营保本预测

经营保本是指企业在经营活动中，其收入恰好覆盖了成本和费用，达到既不盈利也不亏损的状态。在这种状态下，企业的收入称为保本收入。它意味着，企业在一定时期内的接待量（或营业额）必须达到或超过这个水平才能实现盈利；如果低于此水平，则会导致亏损。

同时，根据税法规定，企业一旦有营业收入就须缴纳相应的营业税金及附加费用。因此，为了真正实现经营保本，企业的营业收入在扣除这些税金和附加费用后，应保持不盈不亏。这可以用以下公式表示：

$$营业收入-成本费用-营业税金及附加=0$$

或者，

$$成本费用=营业收入-营业税金及附加$$

在现代酒店财务管理中，进行经营保本预测具有多重重要意义。

经营保本是企业进行简单再生产的基础。企业以营利为目的，而盈利使得企业能够进行再投资和扩展。如果企业无法盈利，至少应保持经营保本，以维持基本运营。否则，企业将无法补偿成本、支付工资、更新设备，最终可能无法维持运营，导致破产。

通过经营保本预测，企业可以更好地控制和了解自身的经营状况，从而提升经营管理水平和经济效益。经营保本预测将企业的收入、成本费用和盈亏紧密地联系起来，有助于进行事前经济效益分析，解决经营管理问题。例如，通过预测客房入住率或餐饮部上座率达到何种水平可以实现保本，管理者可以对企业的业务经营情况有更清晰的认识。

在进行经营保本预测时，企业首先需要理解边际利润（也称为边际贡献）的概念。

边际利润是指企业在扣除变动成本和营业税金及附加后，从营业收入中得到的余额，其计算公式如下：

$$边际利润=营业收入-变动成本-营业税金及附加$$

一旦企业开始实现边际利润，首要任务是弥补固定成本。当边际利润恰好等于固定成本总额时，企业将达到不盈不亏的状态，即实现经营保本。如果边际利润低于固定成本总额，则企业会出现亏损；相反，如果边际利润在覆盖固定成本之后仍有剩余，则企业将获得盈利。

边际利润不仅可以用上述的绝对数值表示，还可以通过边际利润率这一相对数值来进行表示，其计算公式如下：

$$边际利润率=\frac{边际利润}{营业收入}$$

企业经营保本预测，可以通过如下计算公式获得：

$$经营保本收入=\frac{固定成本总额}{边际利润率}$$

$$保本接待量=\frac{固定成本总额}{单位边际利润}$$

对于酒店行业而言，由于各个部门具有各自独特的业务经营特性，因此进行经营保本预测时所采用的方法也会有所区别。下面以客房部为例：

$$保本入住率=\frac{保本收入/平均房价}{全年可出售房间晚数}$$

通过以上测算，企业的经营管理者可以了解到当客房入住率达到保本入住率时，该客房部的经营是一种经营保本状态。

四、成本费用预算

（一）成本费用预算概念

成本费用预算是指企业以货币形式提前设定在预算周期内成本费用的开支标准及降低成本费用的目标。它是企业进行全面预算管理的一个关键组成部分。

在企业通过预测了解了各部门达到经营保本所需的条件之后，接下来的重点工作便是制定成本费用预算。成本费用预算有助于企业以科学、有序和系统的方式规划和安排费用支出，力求实现成本费用的合理化，并持续进行降低，以增强企业的经济效益。

酒店的成本费用预算编制工作应在总经理的指导下，由财务部门联合其他相关部门共同完成，并以各部门为基础进行。在编制成本费用预算时，应注意到预算应包含综合预算和部门预算两大部分。综合预算为企业管理层提供的是一个全面的、但相对简明的概览，而部门预算则需要深入细致。此外，确定各项预算指标时，应参考企业自身历史上的最佳水平和同行业的先进标准，经过各部门的仔细研究和推敲，以确保预算指标既有前瞻性也具备可行性，目的是激发员工的积极性并促使企业成本费用持续降低。

（二）成本费用预算编制

成本费用预算的编制可以通过两种主要方法进行：直接计算法和因素测算法。

直接计算法：此方法依据企业各个成本费用项目的单位消耗定额、预算指标等具体资料，依照它们之间的关联性，运用合适的成本计算方法，来确定企业全部成本费用的预算指标。

因素测算法：这种方法将基期成本费用作为基础，参照预算期间的客源状况、价格变动等外部环境因素，分析这些变化对成本费用的影响，同时考虑企业内部增加收入和降低支出的各项因素，据此对基期成本费用指标进行调整，从而得出预算期内的成本费用预算指标。鉴于酒店业务覆盖面广，其成本费用构成也相对多样，因此成本费用预算的编制方法也会因情况而异。

同样以客房部为例，客房部的销售费用可以根据其与经营量（即入住率）的关联性，被区隔为固定费用和变动费用两大类。在制定客房部营业费用预算的过程中，可以将预算分为变动费用预算和固定费用预算两个部分来进行。

1. 变动费用预算的编制

客房部的变动费用主要包括物料用品的消耗、针棉织品的消耗、日常维修费用、洗涤费用以及水电费等。可以对这些变动费用进行预算，以物料用品的消耗为例：

$$\begin{aligned}\text{物料用品预算支出} = &\sum \text{客房数量} \times \text{入住率} \times \text{某类消耗品每间客房配备量} \\ &\times \text{某类消耗品平均单价} \times \text{预算期天数}\end{aligned}$$

将客房部所有相关变动费用的预算数字进行累加，便得出了客房部变动费用的总预算额。

2. 固定费用预算的编制

客房部的固定费用则涵盖了员工工资及与之相关的各种费用开支、固定资产的折旧费用以及固定资产的大修理费用等。这些费用的预算可以根据历史数据，结合预算期内人员及固定资产增减变化的预测，对上一年度相关费用的支出进行适当调整，从而编制出固定费用的总开支预算。将客房部的变动费用总额与固定费用总额加总，便形成了预算期内客房部的费用总预算。若需要将客房部的费用预算进一步细化到每个月，可以先依据历年来每年的客房费用或出租房间的天数，计算出客房各月的季节性指数，计算方法如下：

$$某月季节指数=\frac{某月客房费用总额}{全年客房费用总额}$$

或

$$某月季节指数=\frac{某月客房出租间夜}{全年客房出租间夜}$$

随后，将年度客房费用预算乘以相应的季节指数，即可得出客房部每个月的费用预算。

五、成本费用控制

（一）成本费用控制的概念

为了有效管理酒店的成本费用，实施有效的成本费用控制是必不可少的。成本费用控制可以分为狭义和广义两种。

狭义的成本费用控制：指的是成本费用发生后的事后控制，即将实际发生的成本费用与预算标准进行对比，以便发现偏差并及时纠正。

广义的成本费用控制：涵盖了成本费用发生前、中、后三个阶段的全面控制。事前，通过价值工程分析，优化价值与成本费用的关系；事中，依靠严格的管理制度，实现全面、全员的成本控制；事后，则利用财务分析等方法，识别并解决成本费用管理中的问题，确保成本费用预算的执行。酒店应当严格执行成本费用的事前、事中、事后控制，确保成本费用得到有效管理，以此提升企业的经济效益。

成本费用控制是指在成本费用发生的全过程中，遵循国家相关成本费用制度和预算要求，通过持续监督和及时纠正偏差，确保所有费用和成本的形成不超过预算范围，实现成本费用持续降低的管理手段。

（二）成本费用控制的基本方法

酒店企业在进行成本费用控制时，主要采用以下三种方法。

1. 预算控制法

成本费用预算为酒店设定了经营支出的限额目标。预算控制法通过对比实际成本费用与分项目、分阶段的预算指标，进行测量和控制。这种方法通过分析实际与预算之间的差异，发现并解决成本费用管理中的问题，确保预算目标的实现。如果预算指标是单一固定的，在实际操作中可能难以与实际情况进行有效比较，影响成本控制的效果。由于预算编制通常在预算期前完成，与实际经营活动存在时间和空间上的差异，随着环境变化，预算的依据也可能发生变化，导致实际成本费用与预算之间可能出现偏差。因此，除设定固定预算外，还须编制具有弹性的预算，即滑动预算，以适应不同经营情况下成本费用的变动。这种预算方法不仅有助于控制成本费用，也减少了因调整预算而产生的工作量，并允许在更为现实和可比的基础上进行业绩评估。

2. 标准成本控制法

标准成本是指在正常运营条件下，某一营业项目的标准消耗量（仅包括直接的营业成本和费用，而不包括分摊的管理费用和财务费用）。标准成本控制法利用这些标准成本作为基准，对实际成本进行控制。通过比较实际发生的成本与预定的标准成本，可以识别成本偏差，进而采取措施进行调整，以确保成本控制在预定范围内。

由于酒店内不同的经营活动项目，各部门在确定和计算标准成本时采用的方法也会有所差异。以下是根据酒店各部门独有的经营特性，对标准成本的确定和计算方法进行的详细说明。

（1）间夜出租成本，即计算出租一间客房一天所产生的成本。计算公式如下：

$$客房间夜出租成本=间夜固定成本+间夜变动成本$$

或

$$客房间夜出租成本=\frac{全年客房计划费用总额}{客房总数\times入住率\times全年营业天数}$$

在多数企业中，客房的折旧费用和低值易耗品的摊销通常采用平均年限法来计提，这意味着无论客房是否被实际出租，每间客房的折旧和低值易耗品的摊销都是固定发生的。以天为计量单位的客房出租，一旦出租，顾客会消耗水资源、电力以及各种客用品，同时酒店还须提供各种相应的服务，这些费用共同构成了客房的间夜成本。由于酒店业务受到淡季和旺季的影响，每间客房在不同时间段的出租情况会有所变化。随着出租天数的增加，顾客在客房中的消耗量也会随之增加，然而，每增加一天的出租，单位时间内应分摊的固定费用实际上会有所减少。因此，在同一时间段内，同一间客房因出租时间不同，其应承担的费用也会有所差异。如果仅计算每间客房的总出租成本，是难以实现有效的成本控制的。为了精确控制成本，必须计算出每间客房每天的出租成本，即采用“间夜出租成本”作为基准，与实际的每间每天的成本进行比较和分析，以此来达到成本控制的目的。

（2）百元营业额主营业务成本，指在每百元的营业收入中，所允许的主营业务成本支出的最大额度。这一财务指标特别适用于餐饮、康乐、商品销售等部门。由于这些部门如餐饮部的食品和饮料种类繁多，康乐部的经营项目也各式各样，对每一具体项目的成本进行分别核定和控制存在一定难度。因此，这些部门可以采用“百元营业额”这样一个综合性的数量指标来作为成本的计算基准，并将“百元营业额主营业务成本”作为成本控制的参考标准，其计算公式如下：

$$百元营业额主营业务成本=\frac{计算期主营业务成本}{计算期营业收入}\times100$$

主营业务成本在这里指的是餐饮部门的食品原材料成本、商品部门商品的进货成本以及康乐部的直接开支。在实施成本控制的过程中，各部门还可以根据自身的经营特性和成本控制的具体需求，进一步制定如“百元营业额营业费用”等更具体的控制指标，以确保成本费用预算的有效执行。

为了确保这些标准的科学性和合理性，必须在各经营部门的共同参与和充分讨论下制定，以保证这些标准的先进性和可操作性，从而激发员工的积极性。在实际操作中，还需要定期进行成本差异分析，快速识别差异原因，明确责任归属，并提出相应的处理意见和建议。

（3）主要消耗指标控制法。在企业成本费用管理中，不同消耗对成本总额的影响程度各异，其中一些成本费用项目的支出额度相对较大，而其他一些则相对较小。对于那些支出额度较大的项目，它们对是否能够实现成本费用预算的完成具有决定性作用，因此需要对这些主要消耗实施重点控制。

主要消耗指标控制法是针对那些在企业经营活动中对成本费用有显著影响的主要消耗指标进行控制的方法。解决主要矛盾有助于顺带解决次要问题。同理，为了有效控制成本费用，酒店各部门应根据自身的主要消耗情况，制定相应的控制标准和方法，以优化成本费用管理。主要消耗和支出指标的计算方法与标准成本计算方法相似，举例如下。

客房间夜物料用品消耗额是酒店客房部费用支出的一个主要部分。为了严格控制物料用品的支出，避免不必要的损耗和流失，需要设定控制标准，并结合相关管理制度进行管控。通过设定间夜物料用品消耗额，可以对物料用品的使用进行有效控制，计算公式如下：

$$客房间夜出租成本=\frac{计算期物料用品消耗额}{客房总数\times入住率\times计算期天数}$$

百元营业额燃料消耗额，这是酒店餐饮部除食品原材料和人工成本之外的另一项重要支出。通过制定百元营业额燃料消耗额的控制标准，可以更好地管理燃料消耗，计算公式如下：

$$百元营业额燃料消耗额=\frac{计算期燃料消耗额}{计算期营业收入总和}\times100$$

酒店应根据自身的经营特色和各部门的主要消耗情况，制定出切实可行的控制标准。一旦这些标准确定，应配合相应的管理制度，如经济责任制，将员工的个人利益与成本费用控制指标相结合，确保成本费用预算的顺利完成。

第五节　酒店筹资和投资的基础逻辑

一、酒店筹资的含义

酒店自筹建之初直至运营阶段，资金的注入都是不可或缺的。具体来说，无论是新建、扩建、并购，还是调整现有的资本结构，或是应对经营的季节性波动，酒店在各个阶段都需要资金的支撑。为了满足这些需求，酒店须采用合理的方法来确定所需资金的规模，遵循法律规定的流程和要求，选择合适的资金来源、资金类型以及适宜的时机，并为此承担相应的资本成本和财务风险。

总体而言，酒店的筹资活动是指酒店通过合法的渠道和方式进行资金的筹集，构建合理的资本结构，同时承担一定的资本成本和相应的财务风险，以支持酒店的财务运作，这是酒店财务管理中的一个关键组成部分。

二、酒店筹资要点

酒店筹资管理是酒店财务管理中的关键组成部分，它需要贯彻财务管理的核心理念，并关注筹资活动所带来的资本成本和财务风险。酒店筹资的关键要点可以概括为以下三个方面。

（一）重视资金时间价值

资金时间价值描述的是一定量资金经过一段时间的投资和再投资后增加的价值，也称为货币的时间价值。它通常用增加值占投入货币的百分比来表示，即在无风险和无通货膨胀的条件下的社会平均资金利润率。由于资金时间价值是客观存在的，酒店在筹资管理中必须考虑其影响，合理安排筹资时机和资本结构，以承担适当的资本成本。

（二）风险与报酬的权衡

酒店筹资管理涉及财务风险，这种风险是筹资活动的一个内在结果。在筹资管理中，酒店所承担的财务风险应当与其获得的收益相匹配。如果资本结构安排不合理导致酒店承担过高的财务风险，可能会影响酒店的长期经营稳定性和经济收益。

（三）关注资本成本、资本结构和财务风险

资本成本：酒店筹资和使用资金并非无偿，资金所有者和债权人期望获得资金的时间价值和风险补偿。资本成本是酒店为筹集和使用资金所支付的代价，也反映了资金提供者所要求的报酬。资本成本的高低直接影响酒店的费用承担和经济效益。

资本结构：不同的资本结构会导致不同的资本成本。酒店筹资管理的核心在于优化资本结构，这关系到资本成本和财务风险的高低。资本结构分为广义和狭义两种，广义的资本结构包括所有资本中权益资本与借入资本的比例关系，而狭义的资本结构仅指长期资本中的比例关系。最优资本结构是在特定时期和环境下，使酒店资本成本最低化，同时最大化酒店价值的结构。

财务风险：在酒店筹资活动中，借入资金会引入财务风险。财务风险是指由债务偿还不确定性导致的酒店可能面临的破产或投资收益变动的风险。酒店在追求筹资效益的同时，必须对等承担财务风险。筹资管理应通过优化资本结构，合理化借入资本比例，以降低资本成本和财务风险。

酒店筹资管理应综合考虑上述因素，以确保筹资活动的合理性和有效性，支持酒店的持续发展和经济效益的最大化。

三、酒店资本成本

酒店资本成本实际上代表了一种机会成本，它体现为资金提供方所期望的报酬率。计算酒店资本成本对于酒店的财务管理具有极其重要的意义。首先，酒店能够通过多种途径筹集资金，而资本成本的高低是做出筹资决策的关键参考因素。其次，当酒店将所筹集的资金投资于经济项目时，判断投资决策是否合理的一个重要经济标准就是该投资的报酬率是否超过了资本成本率。因此，无论是筹资决策还是投资决策，都不可避免地涉及资本成本的计算。资本成本不仅是酒店筹资决策的基础，也是进行投资决策的重要依据。

资本成本的计算可以通过几种基本的形式来进行衡量，具体如下。

（一）个别资本成本率

用于比较不同筹资方式的成本，如普通股资本成本率、留存收益资本成本率和债券资本成本率等。

1. 普通股资本成本率

计算普通股成本的方法有多种，目前普遍使用的是估价法。计算公式如下：

$$\text{普通股资本成本率}=\frac{\text{预期年股利}}{\text{普通股市价}\times(1-\text{普通股筹资费用率})}+\text{普通股股利年增长}$$

2. 留存收益资本成本率

留存收益是酒店在缴纳所得税后形成的，包括盈余公积和未分配利润，其所有权归酒店所有者。酒店所有者将其留存于酒店，实质上是追加投资，要求获得相应风险投资的回报率。计算留存收益成本率的方法有：

1）股利增长模型法

假设股利以固定年增长率增长。计算公式如下：

$$\text{留存收益资本成本率}=\frac{\text{预期年股利}}{\text{普通股市价}}+\text{普通股股利年增长}$$

2）资本资产定价模型法

一种基于市场风险的资本成本估算方法。计算公式如下：

$$\text{留存收益资本成本率}=\text{无风险收益率}+\beta(\text{市场资本平均收益率}-\text{无风险收益率})$$

其中，β表示股票的风险收益系数。

3）风险溢价法

在债券投资者要求的收益率基础上加上风险溢价来计算。计算公式如下：

$$\text{留存收益资本成本率}=\text{债务资本成本率}+\text{股东比债权人承担更大风险所要求的风险溢价}$$

其中，风险溢价一般为3%～5%，通常采用4%。

3. 债券资本成本率

如果考虑货币时间价值因素，债券资本成本率与债券票面价格、债券发行价格、债券票面利息以及债券期限等的关系如下式：

$$债券发行价格=\frac{债券票面价格}{(1+债券资本成本率)^N}+\sum_{i=1}^{N}\frac{债券票面利息}{(1+债券资本成本率)^i}$$

其中，N表示债券期限。

（二）综合资本成本率

酒店的筹资活动往往不会只采用一种筹资方式，而是会结合多种筹资手段来筹集所需的资金，构成不同的筹资组合方案。在决策这些筹资组合方案时，必须对每个方案的综合资本成本率进行计算和比较，以便做出最终的筹资决策。综合资本成本率，也被称作加权平均资本成本率，是通过以各种筹资方式所占总资本的比重为权数，对这些筹资方式的个别资本成本率进行加权平均得出的。计算公式如下：

$$综合资本成本率=\sum_{i=1}^{N}个别资本成本率_i\times个别资本与全部资本的比重_i$$

根据综合资本成本率的计算方法，我们可以了解到，它是由个别资本成本率以及各自资本的比重共同决定的。当酒店的资本结构保持不变时，如果个别资本成本率上升，那么综合资本成本率也会随之上升；反之，如果个别资本成本率下降，综合资本成本率也会下降。同样地，如果个别资本成本率保持不变，那么资本结构中，较高成本资本的比例增加将导致综合资本成本率上升，而成本较低的资本比例增加则会使得综合资本成本率下降。因此，可以得出结论，酒店的综合资本成本率既受个别资本成本率的影响，也受资本结构的影响。在确定的资本结构下，个别资本成本率的高低将直接决定综合资本成本率的水平；在个别资本成本率给定的情况下，资本结构的不同配置也将决定综合资本成本率的高低。

（三）边际资本成本率

边际资本成本率是指在酒店增加一个单位的资金时，所需支付的额外成本。这个概念是筹资决策中考虑追加资金成本的一个重要指标。计算边际资本成本率通常遵循以下步骤。

1. 确定最优资本结构

通过分析确定酒店的最优资本结构，包括长期资本中负债资本与权益资本的比例，并进一步细分为长期借款、债券、普通股和留存收益在总资金中的具体占比。

2. 计算个别资本成本率

随着酒店筹资规模的扩大，相应的个别资本成本率也可能随之上升。因此，需要计算在不同筹资规模下，各种筹资方式的个别资本成本率。

3. 筹资总额分界点的计算

依据既定的目标资本结构和不同筹资方式的资本成本率变化的临界点，确定筹资总额的分界点。计算公式如下：

$$\text{筹资分界点}=\frac{\text{可用某一特定成本筹集到的某种资金额}}{\text{该种资金在资本结构中所占的比重}}$$

4. 边际资本成本率的计算

在每个分界点内，利用资本结构和个别资本成本率，计算得出的综合资本成本率即为该筹资额度范围内的边际资本成本率。

通过上述步骤，酒店可以确定在不同筹资额度下，所须承担的边际资本成本，从而为筹资决策提供依据。这一过程需要综合考虑资本结构、个别资本成本率以及筹资规模等因素，以确保酒店能够有效地管理其资本成本，优化财务结构。

四、酒店投资的含义

投资被定义为旨在通过回收投入的资金并获得收益的资金流出。对于酒店而言，其每项资产都可视为一种“投资”，酒店期望从这些投资中获得回报，从而实现盈利。酒店的投资活动不仅包括新建餐厅、购置设备等直接投资，还可能包括购买政府债券、企业股票和债券、兼并其他酒店、推出新产品等，这些活动都涉及资金的初始流出，目的是未来能够获得更多的资金流入。

财务管理是酒店管理的核心组成部分，而对投资活动的管理则是财务管理的核心，也是酒店筹集资金的主要目的。酒店是否能够有效地将所筹集的资金投入到那些收益高、回收速度快、风险低的项目中，将极大地影响其经营的长远前景，甚至关系到酒店的生存和发展。因此，酒店在进行投资决策时，必须谨慎地评估每项投资的潜在回报和相关风险。

五、酒店投资要点

酒店的项目投资旨在实现收益并提升企业价值，属于具有长期战略意义的决策。为确保投资目标的实现以及投资行为的正确性和成功性，酒店在进行项目投资前应遵循以下原则。

进行细致的市场调查，及时把握投资机遇，并提出投资项目。充分的市场调研、及时了解市场供需状况和深入研究投资环境是保证投资决策正确和及时的基础。这不仅是项目投资的起始步骤，也是投资决策的关键所在。

建立科学的投资决策流程，认真执行项目的可行性研究。在市场经济中，投资决策通常伴随风险。为了降低风险并确保决策的正确性，项目投资应遵循科学的决策程序，并进行详尽的可行性分析。决策流程包括：由相关部门评估项目在技术和经济上的可行性，使用多种投资决策评估方法来确定各个项目的优先级；酒店高层领导对可行性研究报告进行审查，并在总经理办公会议或董事会上进行讨论，以做出明智的投资决策。

在项目投资实施前，酒店需要准确预测所需资金的规模和时间，采取合适的筹资方式，确保投资项目的顺利进行。避免因资金不到位而延误项目进度，影响投资回报，否则可能给酒店带来严重损失。

在考虑投资收益的同时，认真分析投资风险，适度控制风险。风险与收益是相伴相随的，追求更高的收益通常意味着承担更高的风险。由于项目投资通常涉及大额资金和较长的投资回收期，酒店在进行项目投资时，必须在追求收益的同时，审慎评估风险，力求实现风险与收益之间的平衡。

同时，酒店在进行投资活动时，应遵循以下步骤以确保投资决策的科学性和有效性。第一，基于酒店的经营需求，首先需要提出具体的投资项目。第二，进行市场调研。调研是投资活动的初步阶段。针对提出的投资项目，有针对性地进行市场调研，包括分析投资环境、考察市场状况以及评估技术能力。第三，方案预测。在调研基础上，对收集到的数据进行整理，并根据不同情况制定假设，设计多种投资方案。关键步骤是对各个投资方案进行经济和技术可行性分析，采用适当的评价方法，以确定方案的可行性。第四，方案决策。在比较上一阶段提出的各个方案的经济效益后，根据项目间的相互关系和酒店可投资资金的规模，进行正确的选择和决策。在决策时，需要综合考虑投资项目的风险与回报，并与酒店的长期战略规划相一致。第五，资金筹集。在投资项目实施前，酒店应采取合适的筹资方式，确保资金的及时供应。同时，要注重降低资金成本和筹资风险。第六，项目监督和项目评价，在投资项目的建设过程中，进行必要的监督和检查，确保工程按计划进行，合理使用资金，避免工期延误和成本浪费。投资完成后，对项目的运行效果进行分析和评价，总结经验教训，为未来的投资活动提供参考。

六、现金流量分析

（一）现金流量的定义

现金流量是评估投资项目对酒店财务影响的关键财务指标，它广泛地包括了所有货币资金以及非货币资金投入的变现价值。在考虑投资项目时，现金流量分为现金流出和现金流入两个部分。

现金流出涉及的主要支出包括固定资产投资（购置或建造成本、运输费和安装费）、流动资产投资（对应生产能力提升所增加的原材料等需求，将在项目结束时回收）、经营成本增加（项目运营后的各种付现成本）以及税款支付（相关税费）。值得注意的是，在进行现金流量折现计算时，筹资成本通常不包括在内。

现金流入则包括营业收入增加（项目带来的额外收益）、折旧费用（虽会计入费用，但不涉及现金流出，应计入现金流量）、资产残值或转让收入（固定资产报废或中途转让时的收入），以及流动资产投资回收（项目结束时回收的资金）。在现金流量计算中，折旧费用的加回反映了其对酒店现金流的实际影响，为投资决策提供了准确的依据。

（二）现金流量的划分

在实际操作中，现金流量通常根据其发生的时间点被分类，主要分为初始现金流量、营业现金流量和终结现金流量。

1. 初始现金流量

这是指在投资开始时所发生的现金流量，通常体现为现金流出。它主要包括投资于固定资产的资金、对流动资产的投资、其他与投资相关的费用、原有固定资产的出售收入以及相关的清理费用。

2. 营业现金流量

这是指投资项目投入使用后，在项目寿命期间由经营活动所产生的现金流入和流出，以及税金支出。通常情况下，营业现金流量是按年度进行计算的。每年的营业现金净流量可以通过以下公式来计算：

年营业净现金流量 = 年营业收入 − 年付现成本 − 所得税 = 年净利润 + 年折旧费用

其中，年付现成本表示在经营过程中发生的，不包括折旧费用在内的成本。

3. 终结现金流量

这是指在资本项目结束时所发生的现金流量，一般包括固定资产的变卖收入、之前投入的流动资产的回收、不再使用的土地的出售收入，以及与结束项目相关的各种清理费用等。

（三）净现金流量

净现金流量（net cash flow，NCF）定义为在特定时间段内，现金流入与现金流出的净值。该时间段可以是一年，也可以是整个投资项目的持续期间。当现金流入超过现金流出时，净现金流量表现为正值；相反，如果现金流入低于现金流出，则净现金流量为负值。按年度计算某一年的净现金流量，其计算公式可以表示为

某年净现金流量 = 某年现金流入量 − 某年现金流出量

为了准确评估投资项目的效益，关键一步是确定项目产生的现金流入和流出的具体数额及其时间分布，以及每年的净现金流量。在进行现金流量计算时，为了简化过程，通常假设每年的投资在年初一次性完成，每年的营业现金流量在年末一次性发生，而终结现金流量则被视为在最后一年末一次性产生。

（四）投资决策中使用现金流量而非利润的原因

在投资决策中，现金流量相较于利润更能准确地反映项目的财务状况，原因如下。

1. 货币时间价值的考虑

现金流量能够更科学地反映货币的时间价值。由于资金在不同时间点的经济价值存在差异，特别是在长期投资如固定资产投资中，预期收入和支出的时间点必须明确。不同时间点的等额现金流量在考虑时间价值后具有不同的价值。因此，衡量投资项目的优劣时，应基于项目生命周期内的实际现金流出和流入，并考虑时间价值的影响。

2. 利润计算的主观性

利润计算可能涉及多种会计政策选择，如存货估价、费用摊销、折旧方法等，这些都可能导致不同企业得出不同的利润数额。相比之下，现金流量计算则更为客观，减少了主观判断的影响。

3. 权责发生制与收付实现制

利润计算基于权责发生制，反映的是会计期间内应计的收入和支出，而不一定是实际的现金流动。例如，即使现金尚未收到，只要销售已经确定，会计上就确认为收入。现金流量计算基于收付实现制，只有在现金实际收到或支付时，才确认为现金流入或流出。此外，购买固定资产的支出在会计上不计入当期成本，而购买原材料的支出则作为成本费用。在现金流量计算中，无论是购买固定资产还是原材料的支出，都被视为现金流出。

4. 非现金成本的排除

会计利润计算中的折旧费用虽然减少了利润，但不涉及实际的现金流出。此外，投资项目中垫支的流动资金和项目结束时收回的固定资产残值及流动资金，在利润计算中通常不被考虑。

综上所述，现金流量作为投资决策的基础，比利润更能科学、客观地反映投资项目的真实财务效应。因此，在评估投资项目的可行性和效益时，现金流量是一个更为合理和科学的指标。

本 章 小 结

本章深入探讨了酒店财务管理的诸多方面，从核心概念到实际操作策略，为读者提供了一个全面的财务管理视角。

财务管理目标部分则分析了不同的财务管理目标，如产值最大化、利润最大化和股东财富最大化，并提出了企业价值最大化作为财务管理的目标。这一目标强调了平衡风险与回报、确保风险可控以及促进各方利益的和谐统一。本章还介绍了酒店财务管理的基础指标体系，包括偿债能力指标、营运能力指标和盈利能力指标，这些指标帮助管理者、投资者和债权人全面评估企业的财务状况和经营成果。在酒店营业收入和利润管理部分，本章讨论了营业收入的界定和控制，以及利润的构成和预测。此外，还介绍了利润分配的原则和顺序，确保利润分配的合法性、合规性和公平性。成本和费用管理部分则涵盖了成本费用的概念、分类以及经营保本预测和成本费用预算的编制。这些内容帮助酒店实施有效的成本控制，提升经济效益。

本章还涉及了酒店筹资和投资的基础逻辑，包括筹资的含义、要点、资本成本的计算，以及投资的含义、要点和现金流量分析的重要性。这些内容对酒店在筹资和投资决策中确保资金的有效利用和风险管理至关重要。

综上所述，本章为读者提供了一个系统性的框架，以理解和实施有效的酒店财务管理策略，确保企业的长期可持续发展和盈利性。

案例分析与讨论

以下是A股上市公司锦江国际集团2023年度的财务报表（表9-1～表9-3）。

表 9-1 资产负债表

项目	2023 年 12 月 31 日	2022 年 12 月 31 日（已重述）	项目	2023 年 12 月 31 日	2022 年 12 月 31 日（已重述）
流动资产：			流动负债：		
货币资金	10 294 789 537.15	7 810 288 239.82	短期借款	360 735 898.81	148 809 807.19
交易性金融资产	263 014 457.94	241 862 002.58	应付账款	1 449 129 446.28	1 339 196 035.63
应收账款	1 705 694 610.11	1 909 612 147.41	预收款项	4 899 808.16	8 184 654.45
预付款项	157 303 034.04	153 452 944.22	合同负债	868 553 498.89	725 698 185.09
其他应收款	642 479 654.94	735 428 715.96	应付职工薪酬	1 131 558 270.14	962 550 448.23
存货	66 507 036.79	68 039 509.99	应交税费	424 791 178.26	307 900 524.12
一年内到期的非流动资产	31 622 875.10	59 968 207.09	其他应付款	2 890 194 776.91	2 209 567 330.86
其他流动资产	389 459 605.90	348 777 563.95	一年内到期的非流动负债	5 542 045 461.90	6 657 971 262.18
流动资产合计	13 550 870 811.97	11 327 429 331.02	流动负债合计	12 671 908 339.35	12 359 878 247.75
非流动资产：			非流动负债：		
长期应收款	354 356 379.85	398 193 500.62	长期借款	9 892 777 671.34	8 058 109 070.53
长期股权投资	512 325 790.23	426 259 476.74	租赁负债	8 315 727 173.78	8 323 024 486.49
其他权益工具投资	52 069 970.73	50 313 896.89	长期应付款	5 470 697.95	7 915 958.71
其他非流动金融资产	857 400 000.00	698 000 000.00	长期应付职工薪酬	67 899 692.08	69 127 545.32
固定资产	4 964 830 383.47	4 920 036 919.16	预计负债	71 355 896.43	47 142 990.18
在建工程	624 068 962.90	526 953 338.22	递延所得税负债	1 856 793 166.35	1 824 602 533.67
使用权资产	8 107 744 261.61	8 036 807 415.33	其他非流动负债	344 530 768.02	153 706 872.32
无形资产	6 951 487 379.34	6 903 790 994.54	非流动负债合计	20 554 555 065.95	18 483 629 457.22
商誉	11 831 448 907.34	11 557 527 507.62	股东权益：		
长期待摊费用	1 321 818 840.95	1 475 932 598.02	股本	1 070 044 063.00	1 070 044 063.00
其他非流动资产	365 160 515.41	1 552 967 811.41	资本公积	11 848 853 236.66	13 290 288 624.51

续表

项目	2023 年 12 月 31 日	2022 年 12 月 31 日（已重述）	项目	2023 年 12 月 31 日	2022 年 12 月 31 日（已重述）
非流动资产合计	37 036 166 042.96	37 463 520 231.47	其他综合收益（损失）	（27 598 708.43）	（31 261 816.31）
			盈余公积	715 703 320.00	715 703 320.00
			未分配利润	3 070 033 377.34	2 132 489 200.91
			归属于母公司所有者权益合计	16 677 035 288.57	17 177 263 392.11
			少数股东权益	683 538 161.06	770 178 465.41
			股东权益合计	17 360 573 449.63	17 947 441 857.52
			资产总计	50 587 036 854.93	48 790 949 562.49
			负债和股东权益总计	50 587 036 854.93	48 790 949 562.49

表 9-2　合并利润表

项目	2023 年度	2022 年度（已重述）
一、营业收入	14 649 379 016.62	11 309 960 100.72
减：营业成本	8 498 370 440.96	7 547 119 150.87
税金及附加	162 684 121.21	131 589 714.36
销售费用	1 160 020 026.61	814 384 486.35
管理费用	2 744 957 845.99	2 433 756 564.80
研发费用	24 392 850.90	16 598 352.19
财务费用	689 835 135.37	459 746 534.21
其中：利息费用	473 961 595.13	255 665 576.26
利息收入	208 577 083.23	211 482 216.85
加：其他收益	68 794 528.10	124 757 831.89
投资收益	206 242 526.58	175 345 030.58
其中：对联营企业和合营企业的投资收益	90 442 875.95	47 564 235.46
公允价值变动收益	160 961 610.12	200 668 272.79
信用减值损失	（54 674 216.41）	（38 601 466.27）
资产减值损失	（13 234 486.89）	（4 005 050.32）
资产处置收益	63 482 451.60	115 123 762.52

续表

项目	2023 年度	2022 年度（已重述）
二、营业利润	1 800 691 008.68	480 053 679.13
加：营业外收入	35 763 044.29	73 973 626.86
减：营业外支出	43 124 280.08	40 262 024.59
三、利润总额	1 793 329 772.89	513 765 281.40
减：所得税费用	516 145 382.76	244 504 374.68
四、净利润	1 277 184 390.13	269 260 906.72
其中：持续经营净利润	1 277 184 390.13	269 260 906.72
归属于母公司所有者的净利润	1 001 746 820.21	126 621 020.42
少数股东损益	275 437 569.92	142 639 886.30
五、其他综合收益（损失）的税后净额	10 586 582.53	（21 108 900.74）
归属母公司所有者的其他综合收益（损失）的税后净额	3 663 107.88	（22 885 159.08）
（一）以后不能重分类进损益的其他综合收益（损失）	5 836 155.58	4 260 107.46
1. 重新计量设定受益计划净负债或净资产的变动	2 832 184.39	7 235 992.46
2. 其他权益工具投资公允价值变动	3 003 971.19	（2 975 885.00）
（二）以后将重分类进损益的其他综合收益（损失）	（2 173 047.70）	（27 145 266.54）
1. 权益法下在被投资单位以后将重分类进损益的其他综合收益（损失）中享有的份额	（104 278.47）	37 244.34
2. 外币财务报表折算差额	（2 068 769.23）	（27 182 510.88）
归属于少数股东的其他综合收益（损失）的税后净额	6 923 474.65	1 776 258.34
六、综合收益总额	1 287 770 972.66	248 152 005.98
归属于母公司所有者的综合收益总额	1 005 409 928.09	103 735 861.34
归属于少数股东的综合收益总额	282 361 044.57	144 416 144.64
七、每股收益：		
（一）基本每股收益	0.936 2	0.118 3
（二）稀释每股收益	不适用	不适用

表 9-3　合并现金流量表

项目	2023 年度	2022 年度（已重述）
一、经营活动产生的现金流量：		
销售商品、提供劳务收到的现金	15 930 499 547.58	11 425 199 753.69
收到其他与经营活动有关的现金	856 118 767.27	780 322 105.21
经营活动现金流入小计	16 786 618 314.85	12 205 521 858.90

续表

项目	2023 年度	2022 年度（已重述）
购买商品、接受劳务支付的现金	3 484 212 322.64	2 942 847 631.81
支付给职工以及为职工支付的现金	5 095 289 003.49	4 829 521 255.89
支付的各项税费	1 190 066 534.57	759 598 180.10
支付其他与经营活动有关的现金	1 855 331 518.22	1 814 068 666.66
经营活动现金流出小计	11 624 899 378.92	10 346 035 734.46
经营活动产生的现金流量净额	5 161 718 935.93	1 859 486 124.44
二、投资活动产生的现金流量：		
收回投资收到的现金	2 019 409 750.36	729 445 908.99
取得投资收益收到的现金	332 179 300.47	196 564 512.55
处置固定资产、无形资产和其他长期资产收回的现金净额	76 425 278.42	179 584 708.96
处置子公司及其他营业单位收到的现金净额	750 000.00	13 219 323.84
收到其他与投资活动有关的现金	145 579 263.48	49 770 475.92
投资活动现金流入小计	2 574 343 592.73	1 168 584 930.26
购建固定资产、无形资产和其他长期资产支付的现金	800 019 315.52	661 411 034.22
投资所支付的现金	120 796 023.96	94 621 186.19
处置子公司及其他营业单位支付的现金净额	18 636 601.71	
支付其他与投资活动有关的现金	542 586 777.25	201 100 000.00
投资活动现金流出小计	1 463 402 116.73	975 768 822.12
投资活动产生的现金流量净额	1 110 941 476.00	192 816 108.14
三、筹资活动产生的现金流量：		
取得借款收到的现金	8 712 077 403.20	5 659 338 786.29
收到的其他与筹资活动有关的现金	287 760 000.00	
筹资活动现金流入小计	8 999 837 403.20	5 659 338 786.29
偿还债务支付的现金	8 432 624 111.40	6 594 325 971.23
分配股利、利润或偿付利息支付的现金	739 401 179.47	460 551 709.62
其中：子公司支付给少数股东的股利、利润	222 675 239.80	157 891 214.85
支付其他与筹资活动有关的现金	3 397 301 335.82	2 162 566 990.82
筹资活动现金流出小计	12 569 326 626.69	9 217 444 671.67
筹资活动产生的现金流量净额	（3 569 489 223.49）	（3 558 105 885.38）
四、汇率变动对现金及现金等价物的影响	31 967 078.00	13 241 492.22
五、现金及现金等价物净增加（减少）额	2 735 138 266.44	（1 492 562 160.58）
六、年初现金及现金等价物余额	5 771 246 330.65	7 263 808 491.23
七、年末现金及现金等价物余额	8 506 384 597.09	5 771 246 330.65

请根据上述资产负债表，从投资者角度分析锦江集团的财务状况，决定你是否会对

这家公司进行财务投资，并讨论原因。

思考与练习

根据案例讨论中锦江集团的财务数据，回答以下问题。

1. 计算锦江集团的短期偿债指标与长期偿债指标，并使用这一结果合理分析锦江集团的偿债能力。

2. 计算锦江集团的营运能力指标，并且找到另一家非文旅行业的上市公司，对比这些指标的不同，并分析三点不同的原因。

3. 计算锦江集团的盈利能力指标，找到另一家文旅行业上市公司，通过计算结果尝试说明锦江集团的主营业务盈利能力与资产盈利能力对比同行业公司有何不同？

参 考 文 献

郭惠云，高怀金，张涛. 2003. 星级酒店内部财务控制. 北京：经济科学出版社.
胡质健. 2009. 收益管理：有效实现饭店收入的最大化. 北京：旅游教育出版社.
荆新，王化成，刘俊彦. 2006. 财务管理学. 北京：中国人民大学出版社.
马桂顺. 2005. 酒店财务管理. 北京：清华大学出版社.
张玉凤. 2006. 旅游企业财务管理. 北京：北京大学出版社.
张玉凤，陈红伟. 2007. 现代饭店业财务管理. 北京：经济日报出版社.
中国注册会计师协会. 2010. 财务成本管理. 北京：经济科学出版社.

第十章

酒店收益管理

本章导读

本章专注于酒店收益管理的核心概念及其实际应用，从收益管理的基本内涵和特点出发，到衡量酒店收益绩效的关键指标，再到实施有效收益管理策略的具体方法。通过对这些关键领域的详尽解析，读者将获得必要的理论知识和实践技能，以优化酒店的收益潜力和总体财务表现。本章的目标是帮助酒店经理人和财务专业人员理解并运用先进的收益管理技术，以应对日益激烈的市场竞争。

学习目的

1. 理解酒店收益管理的内涵和特点：掌握收益管理在酒店业中的基本含义，包括其目标、重要性以及如何通过战略性定价和库存控制最大化收益。了解收益管理如何帮助酒店适应市场需求的波动，并优化资源利用。

2. 熟悉酒店收益绩效的衡量指标：详细了解用于评估酒店收益管理成功与否的关键性能指标，如每间可售房收入、每日平均房价和入住率。学习如何利用这些指标来监控和评估酒店的收益表现，以及如何通过数据分析进行决策支持。

3. 掌握酒店收益管理的策略和运用：探讨具体的收益管理策略，包括定价策略、预测技术、分段营销以及在线分销优化等。了解如何将这些策略整合应用于实际运营中，以提高收益效率和市场响应速度。

核心概念

酒店收益管理系统；客房出租率；每日平均房价；每间可售房收入；收益率；市场渗透指数；定价策略；超额预订策略

导读案例

全球酒店收益优化软件和服务供应商 IDeaS 与全球酒店集团雅高在 2024 年 2 月 28 日宣布，在经过严格的遴选流程之后，IDeaS 正式成为雅高全球收益管理系统（revenue management system，RMS）供应商。作为业务最具多元化的酒店集团之一，雅高旗下拥有 45 个以上的酒店品牌，涵盖从豪华型到经济型的所有细分市场。

通过与 IDeaS 合作定制先进的收益管理解决方案，雅高将继续转变其商业策略，惠及酒店业主和经营者并重塑卓越收益，同时推动每间可售房收入和创收指数（revenue generation index，RGI）增长。

雅高是全球领先的酒店集团，旗下 5600 多家酒店分布在 110 多个国家/地区。IDeaS 已与雅高签署合作伙伴协议，将为雅高旗下多元化的全球品牌组合引入一系列 IDeaS 收益管理解决方案，利用 IDeaS 的转型能力满足雅高旗下酒店的独特需求。

IDeaS 将利用一流技术打造极具竞争优势的解决方案，结合雅高的全球足迹创造卓越价值，从而帮助后者制定面向未来的收益管理策略。新的工具组合侧重于战略支柱的实施，并通过动态定价、总体收益和利润优化以及竞争态势洞察等方式帮助雅高集团旗下酒店将重点转向收益管理策略，同时为集团的全球品牌组合培养强大的收益管理文化。

此次合作带来的好处包括以下几点。

- 业已证实的每间可售房收入和创收指数增长——雅高集团旗下先期引入 IDeaS 解决方案的酒店已经实现每间可售房收入和创收指数增长。
- 量身定制的收益解决方案——合作伙伴关系包括专为满足雅高及其全球酒店品牌组合的特殊需求而设计的一系列收益解决方案，最大限度地利用专业知识实现规模经济和财务回报。
- 面向未来的解决方案和支持——作为业内领先的 RMS 技术供应商，IDeaS 已经为迎接未来挑战做好了充分准备，具备与雅高合作开拓未来酒店市场所需的扩展能力和联合创新能力。

IDeaS 联合创始人兼首席科学家 Ravi Mehrotra（拉维·梅赫罗特拉）表示："很荣幸能够被选为雅高全球合作伙伴，帮助他们推动商业收益平台转型、创造无与伦比的增长并把握全球发展机遇。在这个创新不可或缺、消费者和产品日益多元化的新时代，能够利用 IDeaS 市场领先的自动化和定价方法帮助雅高旗下多元化的品牌组合专注于整体收益优化，我们感到非常高兴。"

"我们的目标是为酒店业主和经营者提供最好的解决方案来实现收益增长并优化业

绩。酒店业需要不断发展来应对动态变化的市场需求，而部署功能强大、适应性强的酒店收益管理系统有助于确保可持续的商业增长以及可观的每间可售房收入和创收指数增长。与 IDeaS 合作开发的解决方案非常适合我们独一无二、广泛而多元的品牌组合和全球足迹。”雅高集团高端、中端和经济型品牌首席商务官 Karelle Lamouche（卡雷勒·拉穆什）补充道。

资料来源：环球旅讯，2024-03-11，https://m.traveldaily.cn/article/180494。

第一节　酒店收益管理的内涵和特点

一、酒店收益管理的概念

收益管理是基于定价管理（rate management）的战略性活动。收益管理起源于 1978 年因美国民用航空部放松对价格的管制，美国航空公司为了保持市场竞争力而得出的革命性实践——通过数据和分析，预测顾客的行为和优化产品的价格和可获得性。随着运筹学、管理科学等科学理论的不断发展和计算机等技术的进步，收益管理不仅在理论研究方面取得了重大发展，而且其应用领域也从航空领域拓展到其他服务领域。

收益管理的本质是理解顾客对产品价值的感知，并根据顾客细分准确地调整产品价格、定位和可获得性。产品经理的两个重要运营方针：一是通过降低产品成本来提高整体利润，将注意力集中在产品的物理属性（大小、特性以及功能）上，并力图降低产品的边际成本；二是与其他竞争对手相比较，对产品进行定位。然而，产品经理和顾客对同一产品价值感知的差距是无法达到有效收益的主要原因。在引进收益管理理念之后，复杂的定价和收益管理技术成功地缩短了这种对产品价值感知的差距，为成百上千的企业带来数百亿的净利润，并且这些净利润的增长通常来自现有产品以及现有的顾客。

万豪国际集团为首个使用收益管理的酒店集团。如今，收益管理已被美国、欧洲等国家和地区的酒店集团及单体酒店熟知并运作于日常经营管理中。收益管理须综合考虑各项影响酒店出租率及房价的因素，并对各渠道、各竞争对手及市场环境做准确分析，具有一定的复杂性。数学、计算机系统、统计学等相关知识和技术可有效服务于酒店收益管理。如今，包括万豪在内的酒店集团已拥有科学的收益管理系统，成为收益管理的最大受益者。

收益管理在酒店运营中作为一种有效的商务管理工具，在合适的时间，以合适的价格，将合适的产品通过合适的渠道销售给合适的顾客，通过给予产品最合理的价格，使酒店的出租率和平均房价达到最佳的组合来获取最大化的利润。

二、酒店实施收益管理的特点

（一）产品和服务具有时效性和不可储存性

对酒店业来说，如果产品或服务未被充分利用就意味着要承担机会成本和收益的损失，想要增加收入就必须把闲置产品或服务降到最低限度。例如，客房在某天未被租出去，那么这间客房在这一天就损失了创造收益的机会，而且酒店提供给这间客房的服务能力也消失了。

（二）生产和服务能力相对固定且在短期内很难提高

由于酒店的固定资产比重较大，一旦酒店建成，在短期内增加客房数量是很难的。酒店的客房数量是相对固定的，如果全部的客房都住满顾客，就算还有顾客来酒店入住，酒店已经没有客房提供，失去了盈利的机会。因此，酒店需要应用收益管理将每间客房的可利用价值最大化。

（三）产品和服务可以进行细分

收益管理实施动态定价的基础就是市场细分。对于不同的细分市场，面对同质的产品和服务，顾客愿意支付的价格也是不相同的。一般情况下，酒店的顾客可以分为两类：一类是以休闲度假为目的的旅游顾客，另一类是以商务活动为目的的商务顾客。旅游顾客可以细分为自费的旅游顾客和公费的旅游顾客等；商务顾客又可以细分为政府客和公司客。另外，酒店还可以通过订房数量把顾客分为团体客和散客。对于不同的细分市场，酒店应该针对其特点，对需求进行预测，制定合理的价格和产品组合策略，实施收益管理，最大化地实现酒店收益。

（四）产品和服务可以提前预订

酒店的产品和服务可以提前预订，预订顾客会由于各种原因改变或取消出行计划，如恶劣的天气、交通、健康状况等，而出现无故未到、临时取消、提前离店等情况，从而给酒店带来损耗。

（五）需求的波动性

酒店需求量的波动幅度也比较大，在一定程度上会影响酒店的收益。影响酒店需求量的因素很多，包括旅游淡旺季、国际形势、顾客心理、大型展会等。收益管理可以通过一些规律和数据来预测酒店的需求，在旺季时，在客房量无法显著增加的情况下，可以适当提高酒店房价，增加酒店营业收入；在淡季时，为了吸引顾客，可以适当降低房价，提高酒店入住率。

（六）较高的固定成本和较低的可变成本

酒店的前期固定资产投资巨大，而水电费、工资、洗涤费、一次性用品的消耗等费用随销售量变化，且成本较低。换言之，酒店必须有一定的基本业务量来维持正常的运作，而超过基本业务量所增加的收入就可以提高酒店的利润。这决定了酒店可以采取收益管理来最大限度地提高收入。

三、酒店收益管理系统的构成

酒店收益管理系统是收益管理理论的最新成果与信息技术的完美结合，其包括三个核心部分——“合适的人+合适的流程+合适的工具”，只有通过对收益管理系统的开发和整合，营造良好的酒店收益管理文化，才能实现收益管理战略的价值。酒店收益管理系统开发建设的第一步，就是获取优秀的收益管理人才。

（一）收益管理人才

高质量的人力资源是实施收益管理战略的关键。收益管理经理在酒店管理层中扮演越来越重要的角色，以工作汇报为例，酒店收益管理经理已经从向市场销售总监报告，逐渐发展到向总经理报告。但是，目前收益管理在人力资源上面临两个亟须解决的问题：一是收益管理人才总量有限，二是还未形成成熟的收益管理人才培养方案。

在收益管理人才有限的情况下，一些国际酒店集团通过设立区域收益管理中心来实施集中式的收益管理，即一个收益管理经理负责多家酒店。集中式管理体系有两种不同的管理模式：一种是将总部收益管理中心的团队成员划分到不同的地区中，每个团队成员作为区域收益管理经理，负责所在区域内的酒店，但所有团队成员仍集中在总部工作，一般每个成员负责3～6家酒店；另一种是按功能组建区域团队，由团队负责各区域的收益管理工作，每个团队的人数为3～5人，至少包括一个收益管理分析师负责收集和分析区域内酒店数据、一个专职人员负责各个酒店预测和一个负责人安排主持每周的收益会议，每个团队负责10～15家酒店。

以上两种管理模式各有优劣。第一种以酒店为核心的部署方法可以清楚地了解酒店的整体运营情况，而第二种功能部署方法可让团队成员专注于一个或两个任务，有助于提高日常工作效率。从酒店实际操作的反馈来看，第一种模式的权责更明确并可节省沟通成本，更容易实施。但是无论哪一种模式，都需要依赖相关的自动化收益系统，才能确保利用正确的信息和数据进行高效、准确的决策分析。因此，集中式管理体系虽然在一定程度上解决了人才短缺的问题，却带来了新的挑战。

收益管理人力资源的另一个问题是，缺少成熟的收益管理人才培养方案。想要培养出高质量的收益管理人才，首先要明确收益管理经理需要具备哪些知识和技能。随着酒店业的挑战不断增加，收益管理经理的职责也经历了从分析师到决策者、从领导者到变革推动者的巨大转变。收益管理经理不仅需要掌握一定的技术技能，如熟练使用各种工具进行价格制定和房量控制，还需要具备较强的决策能力，如调整酒店的市场定位；不仅要拥有较强的沟通能力、协作能力和领导能力，还要有一定的市场敏感度和战略思维，推动酒店长期目标的实现。收益管理经理还必须是一个合作者，因为几乎酒店的所有部门都需要与收益管理团队紧密合作，以达成酒店整体目标。

由此可见，想要培养出合格的收益管理人才必定要花费很多的时间和成本。因此，有些酒店会将收益管理外包给可信赖的合作伙伴。但还有一些具备长远战略目光的酒店，已将收益管理人才培养提上工作日程，正在努力培养自己的收益管理人才。

目前有两种收益管理人才培养体系：一种是高校开设的收益管理课程，如上海旅游高等专科学校；另一种则是行业专家辅导计划，即由资深的收益管理专家向年轻的收益管理经理传授经验，从而帮助新人在实践中增长才干。国内外的大型酒店集团都把收益管理课程列入其人才和管理培训生计划，一般由酒店总部或各区域酒店的总经理牵头开展相关培训和人才培养计划，即定期邀请相关教师和行业专家来酒店传授相关知识和技能，从而帮助酒店建立自己的收益管理团队。以锦江国际集团为例，收益管理专家首先对员工进行收益管理培训，主要的参与对象有总经理、市场销售总监以及储备的收益管理人才。与此同时，考虑短期内难以解决人才短缺问题，而酒店部署收益管理刻不容缓，因此在锦江的试点酒店推行收益管理远程支持服务，由专业顾问来充当酒店的收益管理经理，每日、每周、每月与酒店管理团队进行沟通，确保收益管理决策在酒店层面得以实施。这些试点酒店已从渴望收益管理或意识到收益管理进一步过渡到了解收益管理阶段。

收益管理经理是复合型、实践型的管理人才，仅从书本上学习收益管理知识和技能是不够的，将理论付诸实践更为重要。于是很多酒店开始转变合作方式，通过专家辅导项目，即由资深的收益管理专家向较新的收益管理经理传授经验，从而帮助酒店的收益管理储备人才在实践中增长独立工作的才干。

（二）收益管理流程

收益管理流程包括数据收集和分析、市场细分、预测、定价、房量控制和渠道合作。只有建立起正确和高效的收益管理流程，才能通过运用收益管理体系来确保酒店的长远发展。逐一分析收益管理流程的实施步骤，可以总结出如下特点。

1. 流程中的数据处理呈现三个转向

一是从数据收集转向数据分析。数据分析的关键是相关分析和连续数据或离散数据的统计差异检测，而不是在举行收益或经营分析会议时，对数据收集的简单呈现，如酒店业绩、细分市场业绩、渠道、顾客地域分布情况等。但是酒店在进行数据分析时，存在局限性。以收益管理的评估为例，酒店一般也都会查看预订数据，根据收益结果来总结当前的价格变化或者推广活动，但容易忽视对不成功的预订（包括主动和被动拒绝的数据）以及不同业务被“蚕食”的分析，而且很少有酒店去分析不同的预订对价格敏感度、一周规律和房型的影响，而根据这些分析才能制定出更加有针对性的管理策略。

二是关注竞争对手的数据。过去酒店的决策大多依据自己的市场综合指数表现，缺少对整个行业市场结构、渠道占比和一周规律等因素的分析，因此较难找出最佳收益模式。现代酒店收益管理不仅要关注自身的数据，还要关注竞争对手的数据。

三是对大数据的使用。随着数据分析的应用，酒店经营者不仅关注顾客档案、预订价格和酒店业绩等传统数据，还开始对其他数据进行分析，包括收集客房或其他方面产生的收入流，以进行综合收益表现分析，通过价格敏感度、顾客满意度或社交媒体评级等指标分析酒店定价的影响因素。因此，酒店需要牢记，进行大数据分析不仅要关注入住顾客情况，更要找出没有入住顾客的原因。

2. 细分市场时更加明确

一是对细分市场概念的界定更清晰。以往酒店业对“渠道”和“细分市场”的概念经常混淆，现在对这两个概念区分得更加清楚了，如 OTA 不是一个细分市场，而是一种渠道。

二是建立更精细的细分市场。很多酒店已经不满足于建立传统的细分市场，如散客和团体客或协议和非协议市场，而是建立更精细的细分市场，让管理团队更好地理解顾客行为，从而实施更有针对性的定价和市场销售策略。比如，很多酒店将散客分为有限制条件的顾客和无限制条件的顾客；将公开市场分解为增值市场和折扣市场；将团体客分为会展团队、旅游团队及社交活动团队等。许多酒店会为各自的会员提供优惠价，并将“会员”视为一个单独的细分市场，但这种做法并不一定有效。尽管这种策略的出发点是积极发展酒店的忠诚顾客来增强竞争力，但很难取得理想的效果。顾客对价格有很高的敏感度，酒店会员的数量在初始阶段可能会因为低价而快速增长，但是随着酒店的发展和会员数量的增加，想要提高价格就变得异常困难。更重要的是，低价会员细分市场实际上是对其他市场（如签约散客市场）的“蚕食”。越来越多的酒店经营者已经认识到，依靠低价维持会员的忠诚度不是长远之计，更好的策略是在公平的价格基础上，为会员提供优质的产品和个性化的服务。

3. 在预测上越来越追求精确性

大多数收益管理团队意识到需要根据细分市场来预测未来需求，但更关键的问题在于如何实现精准预测以及如何利用预测结果。市场上已有的各种自动化收益管理系统，可以进行快速的自动化预测，从而让收益管理经理可以有更多时间去思考如何使用这些预测结果，而不是花时间使用 Excel 处理数据、查看历史价格以及在线寻找竞争对手的价格信息。这些预测不仅对收益管理有意义，而且酒店总经理以及业主都能将预测运用在销售市场管理、酒店运营、能源控制和投资回报率的计算中。

此外，预测过程需要人机结合。尽管自动化系统可以快速地做出预测，但是这并不意味着软件本身可以解决所有的预测问题，通常其缺少互动性，对于特殊情况的应对能力也有限。因此，许多酒店都采用标准化操作程序，对销售团队和收益管理经理如何收集市场信息进行规定，确保销售团队及时、正确地将预订信息传递给收益管理经理，以及收集和反映特殊活动时间段的市场信息。这些人工干预是对自动化系统的补充，同时也能帮助酒店实现更精准的预测。过去的预测管理流程是自上而下的。酒店根据业主或者总部管理层的期望描绘出“宏观”的目标收益、出租率和平均房价，收益管理经理只需要在不同的日期为细分市场分配数字。这种自上而下的预测方法有一个风险——管理者的“宏观目标”得不到执行团队的支持和同意，执行团队会轻易找出不同借口说明为什么预测没有达成。因此，越来越多的酒店正在使用一种更加人性化的预测流程，即收益管理团队与执行团队共同商讨做出更加切合实际的预测。

4. 在定价步骤上更具针对性和科学性

一是根据更加精细的细分市场调整定价结构。以往酒店会根据淡旺季或者竞争对手的定价来进行定价决策，这让一部分市场陷入了无休止的价格战并最终损害了酒店的收益。价值才是定价的依据，只有从消费者的角度系统地看待酒店真正的价值，才能制定出合适的价格。越来越多的酒店管理者意识到“价值”在不同的细分市场有着不同的定义，所以需要使用各种技术手段，如通过网络点评、拜访顾客、集中访谈活动或市场调查来主动收集不同细分市场的顾客反馈，按照细分市场来定价，并遵循价格一致性的基本规则。定价过程中首先确定最优房价，然后将其他价格，包括打包价和折扣价与最优房价相关联，根据置换成本的情况结合每个细分市场的需求预测定价。

二是从经验定价向科学定价转变。以房型的差异定价为例，过去很多酒店的定价依据是历史定价沿革或竞争对手价格，几乎没有酒店真正使用科学精准的统计分析工具进行房型价格敏感度分析。尽管酒店会评估一周规律，以及不同房型的出租率与平均房价的对比，但最后仍然要靠收益管理经理或总经理的个人能力和经验来做出定论。一些国际和本土酒店集团开始使用更科学的思路，即通过统计分析工具和专业咨询顾问的经验来解决遇到的价格敏感问题，我们相信这些实践的赢家将会获得重要的竞争优势。

三是重视定价的时效性。先由收益管理经理提出建议，再到总经理做最终批复的定价流程，极大地延迟了酒店在激烈竞争的市场中的反应时间，并且不利于激发收益管理人才高效的工作热情。因此，越来越多的酒店进行价格管理改革，在经过收益团队严谨的分析和讨论之后,让收益管理经理直接依据所预测的需求水平来控制每天的价格结构。

5. 在房量控制中重视操作的时效性

正如价格一样，房量控制对反应时间有很高的要求，更多的酒店经营者已经认识到保留房量控制的决策时间及团队用房置换成本分析对酒店管理的重要性。因此，酒店经营者经常在日常工作中设立最短停留时间和最长停留时间，保证房量控制的进行。然而，对于超额订房，仍然有很多酒店根据历史经验来判断，而没有根据一周规律模式对失效预订、取消预订、提早退房和延住进行精确计算来帮助设置合理的超卖数量。

6. 在渠道管理中重视合作关系

一是酒店与 OTA 的利益合作。一方面由于酒店品牌知名度较低，另一方面由于酒店的直销渠道比较脆弱，以及考虑到无法承担短期效益的损失，一些酒店开始与在线旅行社合作。但是随着 OTA 的迅速发展，一些酒店甚至成为 OTA 的供应商。常常出现的情况是 OTA 的高层激动地谈论在线预订酒店客房的人数不断增多，而酒店高层正在谈论酒店受到 OTA 的冲击，并对此无可奈何。正如一位酒店集团总裁所说，这种与 OTA 爱恨交织的关系已经形成并且还将持续很长一段时间。因为这种合作可以在短期内提高入住率，但是在很多情况下都无益于酒店长远战略的实施。有一些在 OTA 巨头开始不遵循传统的商业合作规则，而是直接从酒店批发购买客房，并且牺牲利润直接在网上出售，即裸卖。因此，在这种合作中，除了平衡直接渠道和间接渠道或者短期利益和长期利益的问题，酒店还面临更大的生存问题。酒店采取的回击策略包括控制 OTA 的房量、直接与 OTA 的顾客签署协议、投资搜索引擎平台等，以增加直接预订数量。长此以往，酒店会因为低价和支付给 OTA 高额的佣金而损失利润，而 OTA 也会因为酒店的成本控制而被迫牺牲顾客体验，造成“双输”的局面。短视行为虽然会带来一时的收益，但最后会导致损人不利己的结局。各个行业的参与者必须看到合作关系的真正意义，打造出一条健康的产业链，才能使每个参与方都受益，包括酒店和不同的分销商。

二是酒店与搜索引擎平台的深入合作。比如，在美国酒店市场，谷歌搜索的使用以及开拓旅游产品的一系列动作。元搜索让酒店与顾客建立更多直接联系的能力明显增强，但这并不意味着 OTA 的终结。无论是 OTA 巨头还是酒店操作系统供应商，无论是旅游垂直平台还是综合电商平台，在广阔的市场面前都要找准自己的定位。酒店的收益管理决策者需要时刻保持清醒的头脑，渠道平台的搭建需要酒店有扎实的产品和服务，与产品和服务匹配的科学的价格和存量管理，以及反映长期目标的直销和分销比例。

三是渠道管理与预订部门的合作。尽管人们总认为越来越多的在线预订最终会取代线下的酒店预订，但是现实案例表明，预订部门仍然是一个非常重要的渠道。对顾客来说，遇见一位可以记住自己姓名和偏好并且能为自己的特殊需求定制解决方案的预订人员，是一段愉快的体验。

近年来，酒店管理者越来越意识到收益管理流程并不仅仅是针对客房制定策略，收益管理在酒店管理中的目的是使酒店所有资产和业务的收益达到最大化，包括客房、餐厅、宴会厅、水疗和其他附属设施。因此，想要完成总收益管理方案，酒店管理者需要确保收益管理人员与酒店的其他部门通力合作，包括与销售部、市场部、预订部、前台、宴会部、餐饮部等协同完成任务。

（三）收益管理工具

收益管理要处理来自各个环节的数据，迅速做出决策并及时将决策付诸实施，自动化的收益管理工具能够获取更多的数据来源，更快地进行分析，并在决策时给予更多支持。

对酒店而言，利用收益管理工具不仅可以预测未来需求，而且能从不同角度进行详细的数据分析，从而在定价和房量控制方面提供建议。这让更多的酒店经营者开始意识到自动化的重要性，越来越多的酒店开始积极使用各种收益管理工具。因此，一些领先的收益管理解决方案供应商也开始向酒店宣传他们的收益管理模块，为酒店集团提供自动化收益管理系统服务。

过去，由于运营技术方面发展缓慢，酒店基本采取零打碎敲的一次性购买方式。“一次性购买”意味着新设备在独立工作，或者没有与酒店的其他操作解决方案很好地融合。这通常会导致酒店在新设备上花费大量资金，但实际难以获得全部投资收益。“一次性购买”无疑不利于酒店的长远发展，而酒店业开始与技术专家合作寻求整套的解决方案，采用全新的技术手段以提高自动化水平。通过与行业专家的持续合作，酒店经营者能获得专业知识和技能来部署和协调酒店的不同系统，同时还能将新技术用于日常业务中，如将收益管理系统集成到酒店的操作管理系统、宴会管理系统、中央预订系统和渠道分销系统中。这个趋势预示着一批更加年轻、精通技术的经理人正伴随着酒店业的发展而茁壮成长。在中国，领先的收益管理解决方案供应商的顾客最初来自上海等发达城市，现在已经延伸到二线甚至三线、四线城市。

四、酒店收益管理的作用

（一）收益管理帮助酒店制定更准确的战略

酒店管理者越来越意识到收益管理在战略制定中的重要作用。这是因为收益管理能创造长期的利润增长点，是帮助酒店实现收益最大化的重要工具，在酒店制定总体目标和明确发展方向上扮演着至关重要的角色。

酒店的出租率无论是高还是低，无论是在淡季还是旺季，酒店都能通过收益管理增加利润。因此，收益管理带来的利润增长对于酒店来说益处颇多，酒店可以灵活地使用这些资金，用于偿还贷款、增加酒店内部投资或者其他投资，而且对上市酒店来说可以增加市场对酒店的信心。

但是，过去对收益管理的错误看法，让酒店管理者和投资者尽管意识到收益管理对利润的积极影响，却没有广泛应用收益管理。一是尽管酒店管理者明白科技在企业发展战略中的重要作用,但是收益管理的自动化对新技术的高要求以及日新月异的科技变化，让他们对收益管理望而却步；二是人们认为收益管理太关注细节，而作为管理者不需要涉足每天具体运营的细枝末节；三是在酒店严格控制成本的情况下，收益管理经常被看作一种额外成本，而不是一种能够提高收益的战略性工具。

随着技术和市场环境的改变，收益管理有了更强的可操作性。一方面，通过技术的简化，出色的收益管理系统拥有先进的分析方法，它可以使用酒店的数据建立具有价格敏感性的需求预测模型。因此，只要有效地利用需求预测模型，酒店管理者就能制定相应的战略决策，提升酒店盈利能力并加强对风险的管控。另一方面，服务业更加精细化的管理、对新科技的加大使用，以及更多的预订渠道的出现，对酒店的战略和目标制定提出更高的要求，因而实施收益管理至关重要。

因此，酒店管理者在设定目标和制定战略时，必须与收益管理部门进行沟通，寻求与收益管理部门的紧密合作，以确保酒店价值在经营过程中不断提升。

（二）收益管理保持酒店在市场中的竞争优势

收益管理保持酒店竞争优势的作用，在需求低迷时体现得十分明显。收益管理能够帮助酒店做出准确的预测，从而使酒店在应对市场环境的变化时，能主动地采取措施而不是被动的反应。

在需求低迷时期，很多酒店管理层只能采取全面促销或降低房价的消极措施，来增加需求以弥补利润缺口。但是，全面促销必须考虑限制条件，如提前预订、连住等；降价易引发价格战，即一家酒店调整价格，竞争对手也会跟着调整价格，结果是酒店间消耗人力、物力，却没有增加需求，甚至损害了酒店在未来提价的能力。

因此，酒店只有实行策略性定价才能保持在市场中的竞争优势。策略性定价这一强有力的工具可以让酒店更加快速地应对市场变化，相对于全面促销而言，策略性定价使定价的主动权掌握在酒店手中。比如，根据特定的细分市场开展具有针对性的促销活动，更容易获得顾客的反应。如果酒店能够准确预测每个细分市场的需求，酒店经营者就可以更好地决定哪个顾客应当入住最后一间可用客房，以及在特定时段向哪些顾客提供免费或打折的早餐、水疗服务等，从而在淡季刺激需求。

策略性定价的前提是准确预测，这一点取决于有效的收益管理实践。策略性定价需要了解酒店需求受价格影响的敏感度，而收益管理可以对酒店的需求进行及时、准确的预测。收益管理可以让酒店看到价格变化是如何影响不同细分市场的需求状况的。因此，考虑到长期的竞争优势，采用收益管理进行预测是非常有必要的。

收益管理保持酒店竞争优势的另一个关键在于，它能让酒店认识到并非所有的业务都是优质业务。在需求低迷时，酒店很容易陷入以低价卖出所有客房的错误，导致没有房间满足优质业务的需求。因此，降价虽然表面上刺激了需求，提高了客房收入，但是收益可能并没有增加。对此，利用收益管理提高对市场的预测和分析能力，有助于识别出能长期为酒店带来收益的顾客，从而争取更多优质业务，实现收益最大化。

（三）收益管理改善酒店的运营流程

收益管理通过持续不断地对酒店的管理系统和业务流程进行改善，确保酒店实现可持续发展。收益管理改善酒店整体运营流程的作用，在于准确预测的能力。首先，收益管理能预测房量需求，有助于酒店进行合理定价。其次，它还可以预测入住和退房的高峰期，从而帮助酒店规划库存以及员工配置，在合适的时间安排合适数量的员工。这不仅可以帮助酒店优化工资成本，还可以提高顾客满意度。登记入住和退房，是顾客对一家酒店的印象最主要的形成时期，长时间等待无疑会降低顾客满意度。最后，收益管理还能预测餐厅及水疗服务的需求，从而使酒店能更准确地安排如新鲜食品之类的易腐库存，以避免浪费。

总之，只有建立完善的管理和运营流程，酒店才能获取最大利润，提高资产价值。基于收益管理对改善酒店运营的重要作用，酒店管理者必须重视收益管理并确保在其酒店的有效实施。收益管理的实践必须贯穿在酒店的管理模式中。酒店的管理系统和业务流程的开展自始至终都不能脱离收益管理，而不是在业务下跌时才采用以试图力挽狂澜。

理想的情况是，在酒店投资准备阶段，就利用收益管理的分析进行市场预测和可行性研究，制定总体战略并建立长期行动计划。在酒店开始运作时，确保有效的收益管理系统已经建立完成，能为所有执行人员提供正确的信息，包括做什么、如何做、什么时候做等。在现实中，并不是每个酒店建立之时都能有这种收益管理理念。当酒店运作顺畅后，酒店管理者还需要参加收益管理会议。参加会议的目的在于了解收益指标，如每日平均房价、每间可售房收入等，以监控酒店价值和投资回报率等长期指标，从而识别酒店的管理方向是否正确。但是收益管理的运用时间段不限于此，需要记住的是，任何时间都是酒店使用收益管理并利用其达到收益最大化的良好时机，收益管理是酒店的日常工作。

第二节　酒店收益绩效的衡量指标

一、客房出租率

客房出租率又叫住房率、客房销售率和客房占用率，是指酒店已经租出去的房间数与可供出租的房间总数的百分比。例如，某酒店某日可供出租的客房有 100 间，当日出租的房间为 88 间，那么这家酒店当日的客房出租率为 88%。

$$\text{客房出租率}=\frac{\text{出租的房间总数}}{\text{可供出租的房间总数}}\times 100\%$$

出租的房间总数是指酒店被占用或者已租出去的客房，不包括酒店免费提供给顾客使用的客房和酒店内部使用的客房，因为这些客房并没有给酒店带来收入。可供出租的房间总数是指酒店客房内的设备设施齐全完好，能够租给顾客使用的房间的总数。

$$\begin{aligned}\text{可供出租的房间总数}=&\text{酒店客房总数}-\text{酒店自用房}\\&-\text{正在装修的房间}-\text{坏房}-\text{其他占用房}\end{aligned}$$

客房出租率表明了酒店客房的利用情况，客房出租率越低，说明没租出去的客房越多，客房闲置率就越高。所以，衡量酒店收益管理绩效的重要指标就是客房出租率。

二、每日平均房价

每日平均房价又称为平均房价和平均客房售价，是指酒店每间租用的客房的平均出租价格。

$$每日平均房价=\frac{出租房间的总收入}{出租房间的总数}$$

例如，某酒店某日有 85 间客房被租出去，获得收入 17 000 元，那么每日平均房价就是 200 元。

三、每间可售房收入

每间可售房收入又称为平均客房收入，是指每天可供出租的客房平均给酒店带来的收入。

$$每间可售房收入=\frac{出租房间的总收入}{可供出租房间总数}=客房出租率\times每日平均房价$$

例如，某酒店某日可供出租的客房有 100 间，有 85 间客房当日被顾客租用，获得收入 17 000 元，那么该酒店当日的每间可售房收入为 170 元。如果该酒店将其每间可售房收入提高 10 元，那么它的客房总收入可提高 1000 元。酒店单位客房的创收能力可以通过每间可售房收入直接反映出来，所以提高客房收入的重要途径就是提高每间可售房收入。

每间可售房收入是衡量收益管理绩效一个非常重要的指标。价格与需求是成反比例的，所以在大多数情况下，同时提高客房出租率和每日平均房价是很难的。例如，当客房的价格升高时，市场对客房的需求就会下降，客房被租出去的数量会下降，导致酒店的客房出租率下降。因此，光看客房出租率，我们并不能判断一个酒店的经营优劣，同理，仅凭每日平均房价我们也不能做出判断，而每间可售房收入则可以帮助我们比较全面地了解一个酒店的经营状况，因为它综合了客房出租率和每日平均房价两个方面来考察酒店的经营情况。

四、收益率

收益率（rate of return）是衡量一个酒店经营业绩的重要指标。收益率是实际客房总收入占潜在客房收入的百分比，即每单位实际平均价格和每单位可能收取的最高价格之间的比例。

$$收益率=\frac{实际客房总收入}{潜在客房收入}\times100\%$$

实际客房总收入是客房的实际收入额（出租房间的总数×实际房价），潜在客房收入是所有客房全部以客房牌价售出所获得的客房收入。例如，一家有 100 间房的酒店，设它的门市价为 100 元，年出租率为 85%，则收益率=（100×100×365×85%）÷（100×100×365）×100%=85%。收益率越高，酒店客房收入越理想。假如收益率太低，如低于 75%，要查找原因，可能存在定价错误、房价太高、竞争太激烈、客源结构有问题等情况。

以上是客房内部的指标，酒店还会用市场占有率和市场占有指数的变化情况来衡量本酒店在竞争市场中所处的地位，这些指标的介绍读者可查阅相关书籍进一步了解。

五、市场渗透指数

由于不同酒店具有不同的规模及客房数量，单纯客房出租率或平均房价的比较不能够准确地反映一家酒店较其他竞争酒店真实的竞争实力，所以需要用一种能够反映各个酒店规模的指数来衡量酒店的实际表现，该指数称为市场渗透指数（market penetration index，MPI），其以百分比来表示，即一家酒店实际取得的市场份额与其应得市场份额的比值。

$$市场渗透指数=\frac{实际取得的市场份额}{其应得的市场份额}\times 100\%$$

当市场渗透指数大于100%时，表明超过了市场平均值；而低于100%表明没有达到市场平均值。当市场渗透指数等于100%时，则表示与市场平均值持平，换句话说，就是酒店达到了市场的平均表现，既不好也不坏。

第三节　酒店收益管理的策略和运用

一、定价策略

酒店制定的价格一般会处在没有盈利的低价格水平和没有需求量的高价格水平两者之间。消费者对产品价值的看法为价格规定了上限，如果顾客认为产品的价格高于产品的价值，就不会购买产品；成本为价格规定了下限，如果酒店对产品的定价低于成本，酒店会损失利润。在这两个极端之间设定价格时，酒店必须考虑很多其他的内部和外部因素，包括酒店的总体营销策略和组合，市场和需求的性质，以及竞争者的策略和价格。

（一）基于顾客价值定价

最终，消费者将决定产品定价是否合理。定价决策和其他营销组合决策一样，必须以顾客价值为起点。当消费者购买一种产品时，他支付了某种价值（即价格），得到另一种价值（即拥有和使用产品的利益）。有效的顾客导向的定价策略需要了解消费者认为从产品中获得的利益有多少价值，并设定能获取此价值的价格。

基于顾客价值将消费者对价值的感知，而非商家的成本作为定价的关键。基于顾客价值的定价方法意味着商家不能先设计产品和营销计划，然后制定价格，而应该在制订营销计划之前，把价格与其他营销组合变量一起考虑。

（二）基于成本定价

顾客的价值感知设定了价格的上限，而成本给出了酒店制定价格的下限。基于成本定价（cost-based pricing）方法所制定的价格，不但能够弥补生产、分销和促销产品的全部成本，还能带来适当的利润，以回报酒店所做出的努力和承担的风险。酒店的成本可能是影响定价策略的一个重要因素。许多公司，如亚洲航空、家乐福和戴尔公司都尽力成为行业中的“低成本制造商”，降低成本就能降低价格，从而提高销量和利润。

基于成本的定价方法是产品驱动型。酒店设计出一个自认不错的产品，核算出生产该产品的总成本，然后制定能弥补成本并达到利润目标的价格。在营销时，说服顾客感到他们的购买是值得的。如果定价过高，酒店要么降价，要么达不到预计的销量，这都会削弱酒店的盈利能力。

（三）基于竞争定价

基于竞争定价（competition-based pricing）包括基于竞争者的策略、成本、价格和市场服务等设定价格。消费者会依靠竞争者为形似产品的定价而做出对产品的价值判断。考虑购买佳能数码相机的消费者会评估佳能的消费者价值和价格，并与尼康、索尼等可比产品的价值和价格做比较。

相对于竞争者的产品定价应该遵循什么原则呢?答案说来容易做起来却很难：不论索取什么样的价格（或高、或低、或中等价格），一定要确定给予消费者高于该价格的价值。

二、价格调整策略

为了综合考虑不同地区需求和成本、市场细分差异、购买时订单的水平、交货频率、服务合同和其他因素等的变化情况，酒店通常不是一次性定价，而是采用灵活多变的方式确定产品的价格。主要有以下五种价格修正策略：地理定价（geographical pricing）、价格折扣和折让（pricing discount and allowance）、促销定价（promotional pricing）、差别定价（discriminatory pricing）与产品组合定价（product-mix pricing）。

（一）地理定价

地理定价是指酒店针对全国（世界）不同地区的顾客为同一产品制定差异化的价格，主要考虑以下两个方面内容。①边远地区顾客价格问题。酒店的顾客遍布各个地方，酒店该不该对边远地区的顾客制定较高的价格以弥补较高的装运成本或减少其业务的风险？对于这个问题，酒店应该通过管理层多次的会议进行决策，并制定相关标准。②交付款项的方式。交付款项的方式也是地理定价应该考虑的因素，如何交付款项（特别是在国际贸易中），当购买者缺乏足够的硬通货来偿付他的购买物时，这一因素就显得尤为重要。很多时候购买者在付款时需要提供其他的条款，这种实践导致对销贸易的兴起。

（二）价格折扣和折让

大多数酒店通常都酌情调整其基本价格，以鼓励顾客及早付清货款、大量购买或增加淡季购买，这种价格调整被称为价格折扣和折让。价格折扣和折让的主要形式有以下几种。①数量折扣（quantity discount）是酒店基于顾客预订房间数量给予的一种折扣，这通常用于大型团体或长期住宿的顾客。②季节性折扣（seasonal discount）是酒店在需求较低的季节向顾客提供的一种折扣，如淡季折扣。季节性折扣使酒店一年中得以维持稳定的住房率。③时段折扣（time-based discount）是酒店在特定时段（如物业到清晨）

提供的一种折扣，用于提升这些时段的住房率。④付款条件折扣（payment terms discount）是酒店针对提前付款或非退款预订提供的一种折扣。⑤现金折扣（cash discount）是酒店对于直接使用现金支付的顾客提供的一种折扣。⑥促销折让（promotional allowance），是指酒店为了报答顾客参加和支持广告或销售活动而支付的款项或给予的价格折让。

（三）促销定价

酒店可以采用几种定价技术来刺激顾客更早地购买，包括招徕定价、特别事件定价、现金回扣券及心理折价等方式。①招徕定价（loss-leader pricing）。酒店以少数产品作为牺牲品将其价格定得很低，以招揽顾客，并期望他们购买正常标价的其他产品。②特别事件定价（special-event pricing）。酒店利用一些特别事件（如开业庆典、开业纪念日或节假日等），降低某些产品的价格来吸引更多的顾客购买。③现金回扣券（cash rebates）。酒店有时会在特定时间内向顾客提供现金回扣，刺激他们购买产品，这有助于酒店在不降低目录价格的情况下达到空房的目的。④心理折价（psychological discounting），这是指酒店先故意将产品价格定得很高，然后大幅度降价出售，如“原来标价是 359 元，现在是 299 元”。

（四）差别定价

酒店常常会以两种或两种以上不反映成本比例差异的价格来推销一种产品或者提供一项服务，以适应在顾客、产品、地理位置等方面的差异，即差别定价。差别定价有以下几种形式。①顾客细分定价（customer-segment pricing），针对同样的产品或服务，对不同顾客制定不同的价格。②产品式样定价（product-form pricing），根据产品的式样不同，制定的价格也不同。③地点定价（location pricing），即使所提供的产品在每个地点的成本是相同的，对不同地点也可制定不同的价格，如剧院的位置价格。④时间定价（time pricing），不同季节、不同日期甚至不同钟点，都可以采取不同的价格，如酒店客房在节假日高峰期价格较高。

实行差别定价，必须具备一定的条件：第一，市场必须能够细分，而且这些细分市场要显示不同的需求程度；第二，付低价的细分市场人员不得将产品转手或转销给付高价的细分市场；第三，在高价的细分市场中，竞争者无法以低于企业的价格出售；第四，细分和控制市场的费用不应超过差别定价所得的额外收入；第五，实行这种定价法不能引起顾客的反感和敌意；第六，差别定价的特定形式不能违法。

（五）产品组合定价

产品组合定价是指酒店寻求不同产品的组合，以获得最大利润，包括产品线定价法、选择特色定价法、附属产品定价法、两段定价法、副产品定价法、捆绑定价法等。①产品线定价法（product-line pricing method）。根据购买者对同一产品线上不同档次产品的需求，精心设计几种不同档次的产品和价格点。②选择特色定价法（optional-feature pricing method）。企业在提供主要产品时，还提供其他各种可选择产品或具有特色的产品。③附属产品定价法（captive-product pricing method）。某些产品必须与它的主要产品搭配在一起才能使用，如打印机和打印色带，可将主要产品和附带产品组合定价销售。④两段定价法（two-part pricing method）。服务型企业常常收取固定费用，另加一笔可变的使用费，如电话月租费和通话费。⑤副产品定价法（by-product pricing method）。在生产加工食用肉类、石油产品和其他化学产品时，常常有副产品，如果这些副产品对某些顾客群具有价值，可根据其价值定价。副产品的收入多，将使企业更易于为其主要产品制定较低价格，以便在市场上增加竞争力。⑥产品捆绑定价法（product—bundle pricing method）。企业常常将多个产品组合在一起降价销售，顾客可能本来无意购买全部产品，但由于在这个价格束上节约的开支相当可观，常常会购买组合产品。

三、超额预订策略

超额预订（overbooking）是指在酒店订房已满的情况下，再适当增加订房数量，以弥补少数顾客取消订房或"no-show"（失约）所造成的客房闲置的策略，目的是使酒店既定的资源发挥更大的效用。实施超额预订的关键是如何准确预测并确定超额预订的房间数量。超额预订率就是超额预订房间数与可预订客房数之比。

以酒店在节假日的预订为例，合理的超额预订实施步骤如下。

（一）预测客源情况

酒店管理者要做好客源预测工作，预测可以从多方面着手。

1. 往年同期客源情况的分析

营销人员应该细分和研究往年同期的每日客房出租情况，如每日出租房间数、散客房间数，以及来自协议的散客比例、来自订房中心的散客比例等，从而将以往的数据与今年同期预订情况进行比较。由于旅行社团队往往会提前预订，而且通常越接近指定日期，团队的房间数才会越确定，所以营销人员应每隔一段时间就要与旅行社核对团队的收客情况，防止旅行社为了控房而做虚假或水分较大的预订。

2. 了解本市同类酒店的预订情况

通过了解竞争对手和不同地段的酒店预订情况，酒店管理者可以估计出自己酒店客房出租的前景。

3. 关注各媒体报道

在酒店订房高峰期，特别是节假日期间，各大媒体都会争相从相关行业、酒店处了解到最新的情况，进行滚动式报道。

4. 通过其他渠道了解信息

酒店管理者可以从酒店主要客源地的酒店销售界同行、旅行社、顾客那里了解信息，以便做出更准确的预测。

（二）做好价格调整的准备

根据预测情况，针对各种客源，制定不同的价格策略。新的价格要尽量提前制定，以便留出足够的时间与顾客沟通。其间营销人员有大量的工作需要落实，不仅要通过电话、电子邮件等通知顾客，更要从关心顾客的角度出发，提醒顾客尽量提前预订，以免临时预订而没有房间。在价格调整中，不同客源的调整幅度可以不一样，对于一贯忠诚于酒店的协议公司顾客，提价要稳妥，要与他们沟通，尽量在他们能够接受的范围内提价；对于订房中心的顾客，价格的调整可以从网上进行了解，特别是要调查同类酒店的调价情况，结合顾客可以承受的范围和酒店自身情况综合考虑。酒店要以长远的眼光来看待与顾客之间的关系，不能只做一锤子买卖，因为建立良好的信誉是发展未来客源的基础，绝不可以因节假日顾客增多而肆意涨价。

（三）合理计划客源比例

根据调查与预测情况，合理做好客源的分配比例，如果预测天气状况不妙，可以增加团队的预订量；如果预测天气较好，可以减少团队预订量，但不能一刀切，不接团队，除非酒店以前从不与旅行社打交道。酒店可以通过价格的上涨来合理控制或筛选不同细分市场。对于长期合作的系列团队，应尽量提供一定比例的房间。

（四）合理做好超额预订

为了降低超额预订的风险，酒店可以通过以往节假日 no-show 和取消预订的数据进行统计比较，得出一个合理的百分比，从而实现既能最大限度地降低由于空房而产生的损失，又能最大限度地降低由于未做好足够预订而带来的损失。因此，营销人员要做好预测和超额预订的策略制定，需要与总台一线员工进行沟通，并进行培训。

四、舆评管理策略

舆评管理的目标主要有三个。第一，向顾客传达酒店的态度，表示酒店正在倾听他们的意见，并且关心用户的满意度。第二，及时处理消极评论，这有助于改变顾客的观念，突出表现酒店积极的一面，也让酒店潜在的顾客对酒店更加放心。第三，建立顾客忠诚，回复评论可以向顾客展示酒店积极热情的待客态度，酒店对顾客的评论表示感谢，有利于建立顾客忠诚，促进再购意向。

为了达到这三个目标，酒店管理者要制定舆评管理的评论回复策略。制定评论回复策略通常要考虑以下三个方面：第一，人员工作职责的界定，即明确由谁来进行评论回复管理；第二，评论回复的筛选，指的是选择需要回复的评论类型，确定是对全部渠道的评论的回复还是对重点渠道的评论的跟进；第三，回复的效率，指的是回复的时间要求以及数量和质量上的要求。

（一）舆评管理的评论回复策略——谁回复

酒店要明确回复评论的工作由谁负责，是酒店自身还是酒店集团，甚至是哪一位具体的酒店员工，而集团回复和酒店自身回复又各有不同的优缺点。集团回复属于集中化管理，可以区域化设岗，节约成本，其市场营销专业性更强，且更易衡量评论回复的工作表现；但又有参与性弱、与实际运营脱节、回复周期长等潜在缺点。酒店自身回复的优点在于及时、参与性强、对顾客更了解；缺点在于可能存在语言障碍、回复带有个人情绪和色彩等。

（二）进一步确定评论对象、类型和渠道

对于要回复的评论来讲，酒店需要管理的舆评包括线上评论和满意度调查两部分，而针对线上评论的回复管理和针对顾客满意度调查的回复管理之间是存在差异的。线上评论是公开的，并且评论者的评论是面向其他顾客的。因此，他们有时并不在意酒店是否回复了；而满意度调查得到的数据是酒店自己享有的，其得到的内容更多的是为酒店的运营者服务，为酒店提供了私下解决问题的机会，更有助于酒店建立客户关系，并且当这些接受调查的顾客有投诉和不满时，他们尤其期待能够得到酒店的回复。

顾客满意度调查分为离店调查和在店调查两种。离店调查的目标是对消极的评论在72小时内响应；而在店调查的目标是对消极的评论在2小时内响应。目前越来越多的酒店都更重视在店调查活动。原因有两个：其一，顾客在酒店范围内出现问题时可以及时得到解决，容易使顾客产生满意的体验，降低了顾客在线上给差评的概率；其二，通过在店调查，酒店可以直接了解到不同国家的顾客真实的整体状态和反馈，从而可以在短时间内做出反馈和调整。

对于评论类型来讲，根据情感态度的不同，可将评论分为积极、中立、消极三种类型，管理者需要针对不同类型的评论采取不同的回复策略。例如，对消极评论的回复要求是快速简洁、礼貌专业、真诚致歉、解决核心问题、提供处理进展以及一些个性化回复，也就是要对回复模板进行针对性的修改。对积极评论的回复要求是表示感谢、分享喜悦、突出细节、表达希望顾客再次到来的期望等。

由于不同渠道上的评论对酒店的影响程度不同，因此需要对评论渠道进行筛选。酒店需要决定是对所有渠道的评论都进行回复还是只对重要渠道的评论进行回复，以及是否针对不同渠道的评论采取不同的回复方式等。例如，优先处理重要渠道（如官网）的消极评论，而次要渠道的消极评论可在48～72小时内处理。

（三）回复效率，即回复的速度、数量和质量

回复速度从原则上来说越快越好。一般情况下酒店潜在顾客在预订行为之前至少浏览6～12条评论，回复太晚的话潜在顾客不能及时看到回复，因此酒店应该优先处理时间上最近的评论。回复数量也并不是越多越好，酒店可以选择回应100%的消极评论、50%的中立评论和25%的积极评论。

回复质量也是影响舆评管理效果的重要因素。一般情况下，酒店需要制定一个严谨的回复模板，但好的评论回复应该是在评论内容的基础上对模板进行灵活修改，使得回复具有针对性。同时，如果评论中提及多个消极的方面，酒店在回复的时候最好能够选择较重要的三个方面进行解决。

本 章 小 结

简单来讲，酒店收益管理的核心是："将适当的酒店产品，在适当的时间，通过适当的渠道，以适当的价格，出售给适当的目标顾客。"酒店实施收益管理的特点包括：产品和服务具有时效性和不可储存性；生产和服务能力相对固定且在短期内很难提高；产品和服务可以进行细分；产品和服务可以提前预订；需求的波动性；较高的固定成本和较低的可变成本。酒店收益管理系统由三个核心部分——"合适的人+合适的流程+合适的工具"构成，并且酒店通过实施收益管理，能够制定更准确的战略，保持酒店在市场中的竞争优势，改善酒店的运营流程。

酒店收益管理绩效的衡量指标包括：客房出租率、每日平均房价、每间可售房收入、收益率、市场渗透指数，通过对各指标进行测算、综合，判断酒店当前收益管理是否需要调整。

在实现酒店利润最大化的过程中，可运用适当的策略，包括定价策略、价格调整策略、超额预订策略、舆评管理策略等。顾客的价值感知设定了价格的上限，而成本给出了酒店制定价格的下限，同时考虑竞争者的策略、成本、价格和市场服务等初步确定产品价格。为适应不同地区的需求和成本、市场细分差异、购买时订单的水平、交货频率、服务合同和其他因素等的变化情况，酒店通常不是一次性定价，而是采用地理定价、价格折扣和折让、促销定价、差别定价与产品组合定价等方式调整并确定产品价格。此外，还应考虑酒店超额预订、社会舆论等状况，降低意外损失，营造良好客户关系。

案例分析与讨论

案例一　首旅酒店：上半年客房收入同比增长 66%，净利润同比扭亏为盈

2023 年 7 月 14 日，北京首旅酒店（集团）股份有限公司发布 2023 年半年度业绩预盈公告。公告显示，预计首旅酒店 2023 年半年度归属于上市公司股东的净利润与上年同期相比扭亏为盈，实现归属于上市公司股东的净利润为 2.6 亿元至 3 亿元，比上年同期增加 64 394 万～68 394 万元，增长 168%～178%。

首旅酒店指出，2023 年上半年，伴随着宏观经济稳中向好，国内商务出行及休闲旅游需求持续恢复，公司紧抓酒店市场稳步复苏机遇，加强收益管理，多措并举提升酒店经营质量。报告期内，公司全部酒店每间可售房收入为 147 元，比上年同期上升 66%；不含轻管理酒店的全部酒店每间可售房收入为 163 元，比上年同期上升 72%。同时，公司继续坚定地推进核心战略，加快发展步伐，积极适应市场推出迭代新产品，全力推进酒店的数字化建设，提升宾客服务体验和酒店运营效率。

资料来源：澎湃新闻，2023-07-14，https://m.thepaper.cn/baijiahao_23856551。

案例思考：

1. 收益管理与酒店经营质量的关系是什么？

2. 数字时代如何更好地实现收益管理？

案例二　连锁酒店创新盈利模式：住酒店不花钱，售卖商品获利

随着“互联网+”与创新大潮的来袭，经济连锁酒店也开始尝试各种新颖的玩法，甚至一改以往依靠客房住宿费的盈利模式，通过销售商品获利。为何以经济连锁酒店为主业的酒店企业要打造中高端酒店产品？答案很明显：抢占细分市场。行业细分已经是未来的大趋势，不同的消费群体有着不同的消费需求，并且随着社会消费水平与意识的转变，中高端消费的市场越来越大，这对经济连锁酒店来说，也是很大的商机。

“投一产多”的运营模式。尚客优酒店除了拥有住宿业务，还在酒店大堂中开设了蛋糕店，在房间销售毛巾、浴巾等产品。目前，尚客优在其总部已经进行示范，把酒店大堂改造为一个蛋糕店与中式餐厅。从运营一年后的结果看，酒店辅助项目的盈利要远远超过酒店住宿本身的盈利。

践行“互联网+”思维。尚客优新推出的中档酒店橙客公寓定位于互联网公寓，针对闲散的家庭式物业，有着自主选房、微信客服（无前台）、微信支付（100%线上交易）、微信开锁、微信退房等特点，通过引入O2O模式和酒店标准化管理，推广“住宿、社交、管家式生活服务”的酒店模式。如家在中高端酒店产品中也注入了互联网因素。和尚客优一样，如家在其新推出的中高端酒店品牌中也利用移动互联网给顾客带来便捷的服务和体验。宾客可以通过App实现从入住到退房无后顾之忧的住宿过程，如用App实现预订、支付、选房、开门、退房、续住等全功能。除此之外，如家的智能酒店系统还可以实现远程智能调控客房里的温度、灯光模式、音乐、空气湿度与洁净度，移动设备可无线连接智能电视，实现双屏互动等。

资料来源：根据“环球旅讯”“迈点”内容改写。

案例思考：

1. 连锁酒店的创新盈利模式体现在哪些方面？
2. 案例中连锁酒店的盈利模式是否适合所有酒店类型？

思考与练习

1. 什么是酒店收益管理？酒店在实施收益管理时有何特点？
2. 酒店收益管理系统的构成包括哪些内容？
3. 酒店收益管理包括哪些策略？请举例说明具体包括哪些内容？

参考文献

科特勒 P, 阿姆斯特朗 G, 洪瑞云, 等. 2020. 市场营销原理(亚洲版、原书第 4 版). 赵占波, 姚凯, 等, 译. 北京: 机械工业出版社.

科特勒 P, 凯勒 K L. 2012. 营销管理. 14 版. 王永贵, 于洪彦, 陈荣, 等, 译. 北京: 中国人民大学出版社.

曾国军. 2018. 收益管理与定价战略. 北京：中国旅游出版社.

曾国军, 张涵, 马勇. 2024. 收益管理. 武汉: 华中科技大学出版社.

第十一章

酒店人力资源管理

本章导读

本章详细探讨了酒店人力资源管理的具体内容与方法，以及如何有效激励员工以提升业务成效。通过对这些领域的系统讲解，本章旨在提供全面的理论背景和实践技能，帮助酒店行业有效地管理和发展人力资本。

学习目的

1. 熟悉酒店人力资源管理的内容和方法：深入了解酒店人力资源管理的主要内容，包括招聘、培训与开发、绩效评估、员工关系管理。学习如何运用现代人力资源管理方法，如数据分析和数字化工具，以提高管理效果和操作效率。

2. 掌握酒店人力资源管理激励与创新：探索各种员工激励策略，包括薪酬、福利、职业发展机会和工作环境的优化。了解如何根据组织和员工的具体需求设计激励计划，以提升员工的工作积极性和忠诚度，从而驱动整个组织的业绩增长。

核心概念

招聘；培训；学习型组织；员工激励

导读案例

嘉里建设×香格里拉集团员工子女暑期实习计划火热招募！

2024 RAINDROP
嘉里建设×香格里拉
再度携手推出
专属于集团员工子女的
福利暑期实习计划
在伴你成长的“嘉”“香”将会遇到：
直属导师×真实职场×精英同事！

一、什么是 Raindrop 员工子女暑期实习计划？

我们为员工子女提供了多样化的实习机会。通过为期六周的真实职场体验，我们希望帮助他们深刻地感受职场的氛围和文化，实现个人成长的重要突破，并从建立的团队关系中获得长期的益处。

香格里拉与嘉里建设始终将持续改善对员工的关怀作为企业的重要责任和目标。不仅给予员工更多的关注与支持，同时也在思考如何将这份温暖传递至员工的家庭成员，让关怀成为家庭的一部分。

随着现代社会的高速发展，当代大学生面临着严峻的就业压力。香格里拉与嘉里建设，作为具有强烈社会责任感的企业，意识到员工子女同样面临着就业的挑战。因此推出了“员工子女暑期实习计划”，旨在为员工子女的未来就业提供温暖而有力的支持。

二、成长&收获

- 六周实习时间中，每位实习生都会拥有自己的直属带教导师，指导专业岗位工作及完成相关工作任务。
- 除日常实习工作，每周都会有为实习生专项订制的培训发展课程，以帮助实习生更快地适应职场及实现自我突破。
- 完全真实的职场工作环境，与来自各地的精英同事共事；高管导师的亲力指导，迈出卓越职业生涯第一步。

三、丰富多元的岗位选择

此次暑期实习计划，我们为嘉里建设与香格里拉集团全国所有员工的适龄子女（全日制在校大学生）提供了两个集团多样的实习岗位选择，满足不同的专业方向需求。嘉里建设×香格里拉 2024 员工子女暑期实习职位清单：……

四、申请方式与流程

申请时间：即日起至 5 月 27 日

暑期实习时间：7 月 15 日～8 月 23 日

面向人群：嘉里建设&香格里拉集团

全国在职员工适龄子女（全日制在校大学生）

注意：请公司员工与自己的子女进行充分沟通，确认有意向参与此项暑期实习生计划，并保证申请人今年暑期可按照此计划时间全程参与实习。

申请材料：请于 5 月 27 日报名截止日期前，提交申请实习生个人申请材料，发送至嘉里建设或香格里拉集团联系人。申请材料包括:个人简历、实习申请表格。申请表格：……请复制链接至浏览器下载模板，填写完成后随简历一同发送。链接：……

材料提交：嘉里建设员工子女请发送申请材料至邮箱：……

香格里拉员工子女请发送申请材料至邮箱：……

我们在收到简历之后，将根据报名情况邀请申请学生参与面试环节，预计将于 6 月中旬回复最终申请结果。

五、问与答

1. 申请后是否一定可获得实习机会？

出于对项目整体效果把控，此次暑期实习计划职位开放数量有限，申请者可自行申请所感兴趣之任何实习岗位，最终录取结果及实习岗位将根据报名及面试情况综合匹配。

2. 实习期间有工资/餐费/交通/住房补贴吗？

实习生会与所在公司签订实习协议，公司将根据市场水平向所有实习生发放统一标准的实习津贴，不再设餐费津贴及交通补贴等项目；参加公司统一安排的培训等相关活动而产生的城际间往返交通费用，将由公司统一报销。

入职酒店岗位工作的实习生在实习期间如有住宿需求，可免费入住酒店宿舍；入职非酒店岗位的实习生如有住宿需求，可在实习期间申请员工公寓（费用须自理）。

3. 实习期间每周的工作与培训将如何安排？

为期六周的培训，实习计划项目组每周将安排至少一天集中所有实习学员通过线下或线上形式进行不同主题内容的培训及交流，以及实习回顾。

4. 实习结束是否会提供实习证明？

如实习生顺利完成六周实习（其间因特殊原因请假不超过三日），实习生将获得此项目结业证书。

资料来源：载于公众号“香格里拉人才招聘”，2024-05-17。

第一节　酒店人力资源管理的内容和方法

在酒店的人力、财力、物力和信息这四大资源中，人力资源是最为重要的因素。酒店人力资源管理是以提高劳动效率、工作质量和取得效益为目的，运用现代管理学理论中的各项管理职能，对酒店的人力资源进行有效的开发与利用，实现人力资源价值最大化的一种全面管理。人力资源管理作为企业管理的核心组成部分，涵盖了六个关键领域，这些领域不仅相互关联，而且对实现组织的战略目标至关重要（图 11-1）。

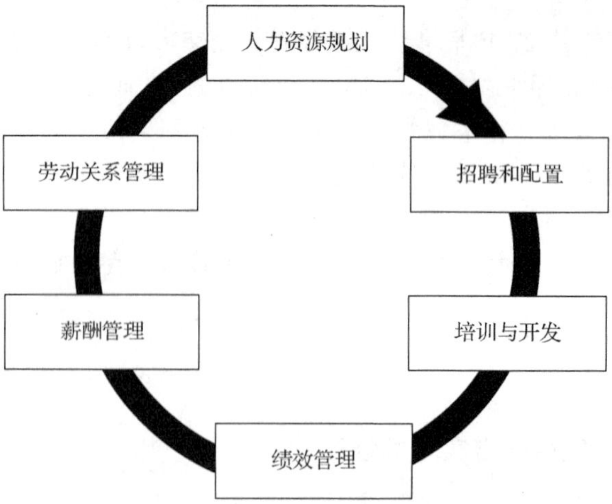

图 11-1　人力资源管理六大模块

一、酒店人力资源规划

（一）酒店人力资源规划的含义和内容

人力资源规划是预测和调整人力资源以满足未来业务需求的过程。它涉及对未来人力需求的预测、现有人力资源的分析以及确定如何最有效地利用现有人员和招募新员工以填补差距。这个过程帮助组织确保有适当的员工数目和技能，以支持其未来的业务目标和增长。在酒店行业中，人力资源规划尤其重要，因为它需要应对季节性波动、消费者需求变化以及新服务和技术的实施。

酒店人力资源规划是根据酒店人力资源管理战略目标和任务要求，通过分析酒店人力资源现状，科学地预测酒店人力资源需求与供给状况，制定出一系列的政策和措施以确保酒店在所需时间内和所需岗位上有足够数量和质量的员工，并使他们的利益与酒店的利益保持长期的一致。人力资源规划的体系庞大，一般包括以下 10 种。

1. 总计划

总计划是人力资源规划的基础，它涵盖了所有与员工相关的战略和战术活动。这一计划应包括对酒店整体业务目标的理解，并据此制定人力资源的长期和短期目标。总计划确保所有的人力资源活动如招聘、培训、晋升和薪酬都与酒店的总体战略相一致，支持其业务发展和市场竞争力。

2. 职位编制计划

职位编制计划涉及确定酒店中每个部门或团队所需的职位类型和数量。这包括对现有职位的评估以及未来可能新增职位的预测，以支持酒店的扩张或改进服务。职位编制计划需要定期审查，以适应技术进步、市场需求变化和组织结构调整的需要。

3. 员工配置计划

员工配置计划是指如何有效地将员工分配到合适的职位以最大化其技能和效能的策略。这一计划考虑员工的能力、经验和职业发展愿望，以及酒店业务需求和运营效率。正确的员工配置可以提高员工工作满意度，降低员工流动率，提升员工忠诚度。

4. 员工晋升计划

员工晋升计划旨在为员工提供清晰的职业发展路径。该计划应包括晋升标准、潜在晋升职位以及所需的技能和资格。通过明确的晋升通道，酒店可以激励员工提升个人能力并承担更大的责任，同时也帮助酒店培养和保留关键人才。

5. 员工需求计划

员工需求计划涉及预测酒店在特定时期内对人力资源的需求，包括员工的数量和类型。这需要根据业务增长、季节性变化、员工离职率以及未来业务战略来确定。有效的需求规划确保酒店有足够的员工来满足顾客需求，避免人力资源不足或过剩的问题。

6. 员工招聘计划

员工招聘计划是确保酒店吸引并聘用符合需求的优秀人才的策略。招聘计划应包括招聘渠道的选择、招聘信息的发布、应聘者的筛选方法以及面试和评估流程。高效的招聘计划可以提高招聘质量，减少招聘成本，并加快招聘过程。

7. 员工培训计划

员工培训计划是提升员工技能和知识，以满足酒店运营需求的关键活动。这包括新员工入职培训、职业技能培训、领导力发展和法规遵守等方面的培训。培训计划应基于职位需求和员工个人发展目标进行定制，以促进员工成长和提高工作效率。

8. 人力资源管理政策调整计划

人力资源管理政策调整计划关注于持续评估和更新酒店的人力资源政策，以确保这些政策符合法律法规的变化、市场条件的演进以及酒店业务策略的调整。该计划包括定期审查现有的人力资源政策，诸如招聘、绩效评估、员工关系和合规性政策，并基于内部反馈和外部环境的变化进行必要的更新。通过实施这一计划，酒店可以确保其人力资源管理实践保持最佳效率，同时避免潜在的法律风险。

9. 薪酬及福利计划

薪酬及福利计划是吸引和保留员工的关键因素之一，尤其是在劳动力市场竞争激烈的酒店行业。这一计划应设计为既公平又具有竞争力，能够反映员工的职位、技能、经验以及市场标准。福利部分可能包括健康保险、退休计划、带薪休假、员工餐饮服务、教育补助和员工住宿优惠等。通过提供全面的薪酬及福利计划，酒店不仅能增强员工的工作满意度和忠诚度，还能提升其整体市场的吸引力。

10. 人力资源投资预算

人力资源投资预算是规划和控制与员工相关支出的重要工具，确保酒店在人力资源上的投资能够达到最优化。这包括为招聘、培训和发展、员工福利、奖励计划以及人力资源信息系统的维护和升级等方面的费用编制预算。预算计划应与酒店的整体财务策略紧密结合，确保在不影响运营效率的前提下，最大化人力资源的投资回报。通过精心规划的预算，酒店可以有效地支持其人力资源的战略目标，同时维持财务健康。

（二）酒店人力资源规划的制订流程

人力资源规划流程涉及从确定组织目标和战略到调整人力资源策略等多个步骤。

1. 确定组织目标和战略

人力资源规划的第一步是明确酒店的组织目标和战略方向。这包括酒店的长期和短期目标，如增加市场份额、提升服务质量或扩展业务到新的地理区域。了解这些目标是制定人力资源战略的基础，确保人力资源规划与组织的整体战略一致。

2. 进行人力资源审计

在明确了组织目标之后，下一步是对现有的人力资源状况进行全面审计。这包括评估当前员工的数量、技能、效率和绩效。同时，也要审视现有的人力资源管理政策、程序和实践，如招聘流程、培训计划、薪酬结构和员工福利。这一阶段的目的是识别当前人力资源的优势和潜在的改进领域。

3. 预测人力需求

基于酒店的业务目标和对现有人力资源状况的分析，下一步是预测未来的人力需求。这包括确定未来业务扩展或技术变革对人力资源的需求，如需要多少新员工、需要哪些新技能以及可能的人力过剩情况。预测技术包括趋势分析、统计技术和模型，以及征询部门经理和高层管理者的意见。

4. 制定人才获取和发展策略

根据人力需求预测的结果，制定相应的招聘、选拔和培训策略。这包括确定最有效的招聘渠道、选拔方法和培训计划。此外，还应考虑现有员工的晋升和职业发展机会，确保能够留住关键人才并激励员工的长期发展。

5. 制定绩效管理和激励机制

为了确保员工能够有效地支持酒店的业务目标，需要制定有效的绩效管理系统和激励机制。这包括设置明确的绩效标准、定期的绩效评估，以及基于绩效的奖励和认可制度。有效的绩效管理和激励机制可以提高员工的工作积极性和忠诚度，从而提高整体业务绩效。

6. 实施人力资源战略和计划

将前面制定的人力资源战略和计划付诸实施。这可能涉及招聘新员工、实施培训和发展项目、调整薪酬结构或推行新的绩效评估程序。在执行过程中，确保所有相关部门和员工了解他们的角色和责任，并获得必要的支持和资源。

7. 监控和评估效果

最后一步是监控和评估人力资源规划的效果。这包括定期审查实施的人力资源策略和程序是否达到预期的目标，以及这些策略和程序对酒店运营的影响。评估过程应包括收集和分析关键绩效指标如员工流失率、员工满意度、培训投资回报率和顾客服务质量等。

8. 调整人力资源策略

基于监控和评估的结果，对人力资源策略进行必要的调整。这可能涉及修改招聘标准、改进培训程序、调整薪酬政策或优化绩效评估流程。调整的目的是确保人力资源管理的持续改进，更好地支持酒店的业务目标并应对外部市场的变化。

在整个流程中，重要的是保持人力资源规划的灵活性和适应性，因为酒店行业经常受到季节性影响、消费者偏好的变化和经济环境的波动。此外，人力资源团队需要与酒店的所有关键部门密切合作，确保人力资源计划的全面性和实施的有效性。

二、酒店人员招聘和配置

（一）酒店行业的劳动力需求和结构特征

酒店行业的劳动力需求具有明显的特征，其中包括强烈的依附性、显著的波动性和高度的灵活性。首先，酒店业的劳动力需求与经济发展密切相关，随着人们收入的增加和生活水平的提高，对旅游和商务往来的需求也相应增长，从而直接影响到酒店业的用工需求。其次，这一需求受到多种因素的影响，表现出较大的波动性。经济条件的变化、金融危机、自然灾害、社会动荡等都可能对酒店业产生直接影响，导致劳动力需求急剧增减。最后，酒店业的劳动力需求机制极具灵活性，酒店通常会根据市场的需求状况及劳动力市场的特性，灵活调整用工量。例如，在旅游旺季或大型会议举办期间，酒店可能需要增加临时员工以应对客流量的增加；而在淡季，则可能减少工作小时数或暂时减员以降低运营成本。这种灵活的用工策略使得酒店能够有效地适应不断变化的市场需求，维持运营效率和财务健康。此外，酒店员工队伍普遍年轻化，这反映了酒店业对充满活力、能够适应快节奏工作环境的年轻员工的偏好。年轻员工通常更能适应变化，具备较强的学习能力和创新精神，能够快速响应酒店服务中的各种需求。这种劳动力结构的特点使得酒店业在面对不断变化的市场条件时，能够保持灵活性和竞争力。

（二）酒店招聘的含义、来源和原则

招聘是吸引、筛选和选择合适员工的过程。有效的招聘活动须基于精确的职位描述和人

员规格，确保选聘的员工能够满足组织的需求。在配置方面，人力资源部门需要确保员工被分配到最能发挥其才能和技能的岗位上。在酒店行业中，这可能意味着根据员工的顾客服务技能、语言能力和管理能力等将其配置到前台、餐饮服务或酒店管理等不同部门。

酒店员工招聘的来源可以分为内部和外部。内部招聘是指在填补职位空缺时，酒店优先考虑现有的员工，通过升迁或调动来聘用。这种招聘方式通常涉及在内部公告板上发布职位信息，或直接推荐合适的内部候选人。外部招聘是指从酒店外部寻找候选人填补空缺职位。这通常涉及发布招聘广告、通过招聘公司寻找合适的候选人或利用社交媒体和职业网站广泛搜索。无论是内部招聘还是外部招聘都各自有其优缺点，见表 11-1。

表 11-1 内部招聘和外部招聘的优缺点

招聘来源	优点	缺点
内部招聘	1. 提升员工士气：给员工展示了升职和发展的机会 2. 减少培训成本和时间：内部员工已经熟悉运营和文化 3. 降低招聘风险：对现有员工的表现和能力已有了解	1.限制新思想和新技能的引入，从而可能导致创新能力下降 2.如果内部升迁不透明或被视为不公平，可能导致员工间的嫉妒或不满
外部招聘	1. 引入新的技能和创新思维，可以增强团队的多样性并推动创新 2. 扩大候选人选择范围，提高找到最合适人选的可能性	1.通常需要更多时间和资源，从筛选简历到面试、评估再到培训新员工 2.新员工需要更长时间来适应酒店的文化和环境，存在离职风险

（三）酒店员工招聘的形式与程序

1. 确定招聘计划方案

在对工作岗位设计、工作分析的基础上，依据工作规程和职位说明书，酒店人事部门在对各部门的人力需求情况，以及所需员工的工作层次、能力要求、数量等情况汇总后，制订出酒店人力资源需求和供应预测计划，以确定酒店需要多少人，需要什么样的人，并确定具体的用人标准和任用人员的种类及数量，以确保酒店所需员工的数量和质量。

2. 确定招聘的对象、来源和途径

酒店人事部门根据各部门人力需求的计划，在对各部门定编定员的基础上，经审核后，认定各部门所需增补员工配备的数量和工作层次。所需增补配备员工的具体工种和职位必须明确，并确定招聘员工是通过内部聘用还是通过外部聘用，是用刊登广告的方式还是酒店员工推荐的方式或是同步进行，对应聘者的学历要求以及有无特殊要求等。

3. 确定应试的时间和地点

在酒店业竞争日益激烈、注重人才使用的背景下，选择适当的招聘时间就显得重要。如每年的大中专、外事服务等院校学生的毕业时间就不失为较好的机会。在招聘的时间确定上，还应注重收集信息。例如，在同一地区，几家类别、星级大致相同酒店的招聘刚刚结束，或是较大规模的人才交流会连续举办，那么，酒店再采用一般性的招聘做法，就会因较难招收到素质较高的员工而陷入被动。在招聘工作中，应试的地点也很重要，

因为它在某种程度上也会直接或间接地影响应聘者的情绪。

4. 初步面谈

初步面谈是酒店方与应聘人员第一次直接接触，也是酒店通过直观印象在招聘过程中对应聘人员第一次筛选。通过这种双向接触，酒店招聘人员按照酒店既定的用人标准，对于应聘人员的身材、身高、容貌及仪表、外观形象和语言表达能力等有了初步印象。并且经过沟通，对于应聘人员的学习和工作经历以及应聘人员对于酒店的工作环境、工作时间、职位安排使用和福利待遇等要求也有了大致的了解。

5. 审核材料

经过初步面谈并认为合格后，则要对有关材料进行审核和综合分析。例如，要求应聘人员交付履历表、学历证明文件等个人资料，并填写应聘申请表。酒店招聘主管人员在对上述材料进行审核时，除对书面的文字材料认真查阅外，必要时还可利用各种方式到应聘人员原来所在的学校或单位进一步了解核实，以确保基本情况的可信度。通过审核材料，确定下一步参加正式面谈和测试的应聘人员名单。

6. 正式面谈与测试

正式面谈中包括了测试。正式面谈的意义在于通过面对面的全面接触，深刻了解应聘者及所申请工作的情况，从而尽量达到工作与人的最佳组合。对于酒店来说，实际上就是对应聘者申请录用与否的决断准备。

7. 面谈结果的处理与体检

正式面谈结束后，应立即将各种记录整理，结合背景资料，做出综合判断，决定是否录用。若是对酒店中高层管理者进行招聘，应由酒店中、高层领导再次或多次与之面谈后再行定夺。对于初步确定的录用人员，还要进行体格检查。要保证人员健康，无传染性疾病。

8. 员工的录用

当审核确定无误和体检合格之后，基本确定了员工的录用。酒店要为新录用的员工发放录用通知。为示郑重，录用通知应以书面为宜。一份设计精美、内容清晰的录用通知书，会给无论有无工作经验的员工都留下深刻的印象。录用通知书通常应包括:第一，有关工作和聘用条件的详细说明，使员工感到酒店考虑周全。第二，酒店的人事制度和规定，使员工感到酒店郑重且秩序井然。第三，明确上班报到具体时间和注意事项。

三、酒店培训与开发

（一）酒店员工培训的含义和意义

培训与开发是提高员工技能和知识水平，以提高其工作效率和质量的过程。培训可以是就职培训，也可以是为了帮助员工适应技术变化或晋升需求而进行的持续教育。开发更侧重于长期的职业成长和能力提升。在酒店行业中，持续的培训和开发对于维持服务质量、提升顾客满意度和员工职业满意度至关重要。酒店员工培训是指酒店管理者有计划、有组织地对员工进行教育训练活动，使员工在知识、技能和工作态度方面有所改进，达到企业的工作要求。

酒店员工培训对员工和酒店都有重要的意义。

具体来讲，在员工层面的意义有三个方面。第一，提高专业知识和技能水平。酒店可以通过定期培训和工作坊来增强员工的专业能力，包括前台服务、客房管理、餐饮服务等关键领域。进一步地，提供外部培训或支持员工参加行业会议可以帮助他们了解最新的酒店管理趋势和技术，从而将其专业技能提升到一个新的高度。第二，提高自信心、增强安全感。酒店应该通过建立明确的沟通渠道和反馈机制，让员工感觉到他们的意见被重视，并对工作环境有更大的控制感。此外，实施公平、透明的评估和奖励体系可以有效地增强员工的自信心和对职业的安全感。第三，提供职业发展机会，为晋升创造条件。设计明确的职业晋升路径是激励员工的重要策略。酒店应当为员工提供跨部门的工作机会和内部晋升的途径，通过这种方式，员工能够看到自己的努力和成长有明确的回报，从而激发他们的工作热情并提升他们的忠诚度。

在酒店层面，员工培训对提升组织的整体表现和效率是至关重要的。具体的重要性体现在以下三个方面。第一，提高酒店服务质量和绩效。通过投资员工培训和提升服务流程，可以显著提高服务质量。员工技能的提升直接影响顾客满意度和回头客的比例，从而增强酒店的品牌声誉和市场竞争力。第二，降低酒店损耗和安全事故率。有效的资源管理和员工安全培训可以减少事故发生和降低运营成本。例如，通过实施更严格的物料使用标准和安全操作规程，酒店可以减少浪费和避免潜在的安全风险，从而保护资产和员工安全。第三，加快酒店学习速度。在快速变化的酒店行业中，加快组织学习速度至关重要。酒店可以通过引入先进的技术解决方案，如AI和数据分析工具，来提高决策效率和响应市场变化的速度。此外，鼓励跨部门学习和分享最佳实践，可以促进知识的迅速传播和应用，从而提高整个组织的灵活性和创新能力。

（二）酒店员工培训的特点和类型

1. 酒店员工培训的特点

第一，针对性。酒店员工培训的一个显著特点是其具有高度针对性。培训内容和方法都是根据员工的具体岗位需求、个人技能水平以及职业发展目标量身定制的。这种方式确保了培训与实际工作需求的紧密结合，提高了培训的实用性和效果。例如，对于前台接待员，培训可能会侧重于顾客服务技能和危机处理能力；而对于厨房工作人员，则可能更多地集中在食品安全和烹饪技巧上。此外，培训计划设计时会考虑到培训的紧迫性，确保在发现培训需求后能迅速行动，避免错失培训带来的即时效益。

第二，实用性。酒店行业的培训特别强调实用性，即所有培训内容都必须与员工的日常工作密切相关，并能够直接转化为工作技能。培训不仅仅是理论的传授，更重要的是通过实际操作、模拟演练和案例分析等方法，让员工能够真正掌握所需技能。例如，通过角色扮演来模拟前台遇到的各种顾客服务情景，可以有效地帮助员工提升处理各类顾客需求的能力。此外，培训也会利用工作间隙或经营淡季等时期进行，以确保不影响正常的业务运营。

第三，多样性和多层次。酒店员工培训的多样性和多层次性体现在培训内容、形式和渠道的多元化。从内容上看，培训涵盖了从前台服务到后勤管理，从基本技能到高级管理的各个方面。在形式上，酒店提供中长期培训、短期速成课程、全脱产培训、半脱产培训以及业余时间的学习等多种选择，满足不同员工的学习需求和时间安排。同时，培训渠道也十分丰富，包括店内培训、外部讲座、与院校合作的进修课程，甚至包括国际培训交流，以促进员工全方位的成长和提升。

第四，标准化。为确保培训效果的一致性和专业性，酒店对员工培训实行严格的标准化管理。这包括制定详细的工作标准，如工作职责、工作程序、工作规则等，确保每一位员工都能按照既定的标准执行其职务。标准化的培训有助于新员工更快地适应工作环境，也保证了服务质量的一致性。此外，通过定期的评估和反馈机制，酒店还会持续优化和更新培训内容，确保培训标准与行业发展和顾客需求保持同步。

2. 酒店员工培训的类型

酒店员工培训的类型通常可以分为两大类：职业培训和发展培训（图 11-2）。

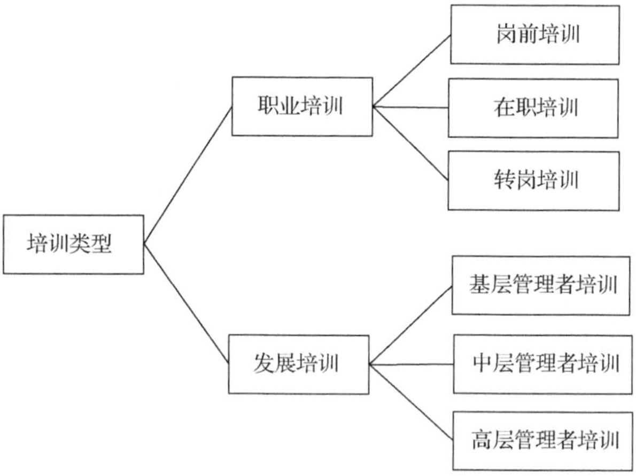

图 11-2　培训的类型

（1）职业培训

职业培训的目的是确保员工具备完成其日常工作所需的技能和知识。这种培训通常具体到某个岗位，侧重于操作技能和工作流程的教育，是提升员工工作效率和服务质量的基石。职业培训可以进一步细分为以下三个部分。

第一，岗前培训。岗前培训是员工正式开始其职位之前接受的培训，通常在员工入职的最初几天进行。此阶段的培训内容包括酒店文化的介绍、员工守则、服务标准、安全规程等。此外，还会涉及具体的岗位操作训练，如前台接待的问候礼仪、客房服务的清洁标准等。岗前培训旨在帮助新员工快速融入工作环境，明确其岗位职责。

第二，在职培训。在职培训是针对已经在某一岗位上工作的员工进行的持续教育。它可以是定期的技能提升课程，也可以是针对新设备、新技术或新服务标准的更新培训。在职培训有助于员工持续提高其职业技能，适应酒店运营和市场环境的变化。例如，随着数字技术的发展，前台员工可能需要学习如何使用新的预订系统或顾客管理软件。

第三，转岗培训。当员工从一个岗位转移到另一个岗位时，转岗培训变得必不可少。

这种培训确保员工能够理解新岗位的具体要求和技能，从而在新岗位上达到既定的工作效率。转岗培训不仅涵盖技能和知识的转移，还包括对新工作环境的适应指导。

（2）发展培训

发展培训更加注重员工的职业生涯发展和领导能力的培养。这类培训通常面向管理层或有潜力成为管理者的员工。发展培训可以分为以下三个层次。

第一，基层管理者培训。基层管理者培训针对的是那些管理直接与顾客互动的前线员工的管理者，如部门主管或班组长。这类培训内容通常包括团队领导技能、冲突解决技巧、员工激励方法等。此外，培训还会涵盖基础的财务管理和资源调配知识，以帮助基层管理者在日常工作中做出更有效的决策。

第二，中层管理者培训。中层管理者，如部门经理或总监，负责连接高层管理与基层执行的关键角色。对于中层管理者的培训，除进一步深化领导力和团队管理的技能外，还会包括更复杂的战略规划和决策制定能力的培养。中层管理者培训强调对酒店运营全局的理解，以及如何在组织内部进行有效的沟通和推动政策的执行。

第三，高层管理者培训。高层管理者培训焦点是为酒店的高级领导层，如总经理、副总裁等高级职位的管理者提供培训。这类培训涉及高级战略思维、企业文化塑造、危机管理、国际市场拓展等领域。高层管理者培训旨在帮助领导者形成能够引领酒店向前发展的视野和策略。

（三）酒店员工培训的内容——注重多维性

培训内容的多维性确保员工在职业生涯的每个阶段都能获得必要的技能和知识，以应对竞争日益激烈的市场。以下是酒店员工培训内容的四个主要方面：职业态度、职业知识、职业技术和职业习惯。

第一，职业态度。在酒店业，良好的职业态度是员工成功的基石。培训应当强调正面的工作态度，如顾客至上、积极主动、诚信可靠、团队合作和持续学习的意愿。例如，通过模拟训练和角色扮演，员工可以学习如何在高压情境下保持冷静，提供优质服务。此外，培训还应包括对工作热情的培养，鼓励员工发展对酒店行业的热爱和长远职业规划的构建。通过这些训练，员工能够更好地理解自己的职责，提升对顾客需求的敏感度和满足度，从而促进个人与企业的共同发展。

第二，职业知识。职业知识的培训覆盖了酒店运营的各个方面，从前台接待到客房管理，从营销策略到安全协议，均是必备知识。例如，培训中需要详细介绍酒店的服务标准，确保每位员工都能按照既定标准执行，保持服务质量的一致性。此外，了解竞争对手的服务优势和市场动态也是培训的一部分，这有助于员工理解酒店在整个行业中的定位。安全培训也必不可少，如紧急情况的应对、消防安全和食品卫生，是确保顾客和员工安全的重要组成部分，必须定期更新和强化。

第三，职业技术。职业技术培训专注于提升员工在特定职位上的技能，如前台服务、客房清洁、餐饮服务等。前台员工需要掌握高效的顾客登记、处理投诉和营销推广的技能；客房服务人员则需要了解深度清洁的技术和房间布置的细节；餐饮服务人员应掌握餐厅服务礼仪和食品安全知识。通过实战演练和技能测试，培训可以确保员工在实际工作中能够熟练应用这些技能，提高工作效率和顾客满意度。同时，随着科技的发展，员工还须学习如何有效使用现代化工具来优化工作流程和提升服务质量，如智能化管理系统的应用。

第四，职业习惯。职业习惯的培训旨在塑造员工的工作习惯和日常行为规范，这些习惯将直接影响其工作表现和职业形象。例如，准时性是酒店行业中极为重要的习惯，员工需要养成严守工作时间的习惯。此外，持续的整洁习惯、有效的时间管理、系统的任务处理流程等都是提高个人工作效率的重要方面。通过定期的习惯训练和反馈评价，员工可以逐步树立起一套符合高效和专业标准的工作习惯体系，从而在激烈的行业竞争中脱颖而出。

（四）酒店员工培训的方法——注重多样性

在酒店行业中，员工培训的方法多种多样（图 11-3），每种方法都有其特点和独特的适用场景。

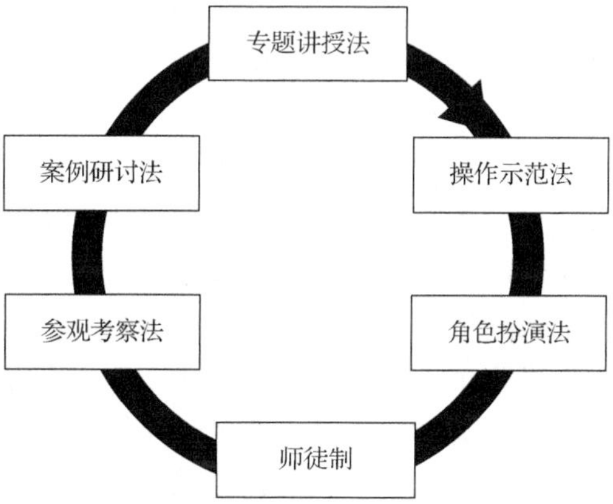

图 11-3　酒店多种多样的培训方法

1. 专题讲授法

专题讲授法是一种传统的教育模式，常用于酒店员工培训中，特别是在介绍理论知识、公司政策、行业规范或顾客服务标准时非常有效。在这种培训方法中，讲师将使用多媒体工具如 PowerPoint 演示，配合讲义和图表，系统地传授相关知识。讲授通常在会议室内进行，参与者主要以听和笔记为主。这种格式非常适合快速覆盖大量信息，确保所有员工都有统一的理解和知识基础。华住集团在其管理培训中广泛采用专题讲授法，为员工提供关于酒店运营、顾客服务和品牌标准的全面教育。通过在培训中心举办的系统化课程，新员工可以快速理解公司的运营方式和服务理念。专题讲授法的主要优点是效率高，能在较短的时间内向大量员工传达标准化的信息。此外，这种方法成本相对较低，容易实施，尤其适用于新员工的初期培训。然而，它的主要缺点是互动性较低，可能导致学习者参与度不高，难以保证信息的实际吸收和应用。专题讲授法更适用于需要广泛理解且不需要深度参与的知识传授，如法律法规讲解、品牌历史介绍等。

2. 操作示范法

操作示范法是通过实际演示特定任务或技能，然后让学习者在模仿的过程中掌握技能。这种方法非常适用于教授酒店员工如何正确执行具体操作，如客房清洁流程、餐饮服务技巧或前台接待操作。讲师会在真实的工作环境中一步一步展示正确的操作流程，同时解释每一步的关键点和注意事项，之后观察员工实践并提供即时反馈。绿地酒店通过操作示范法培训其餐饮服务人员和客房服务员。经验丰富的师傅会现场演示如何布置客房和餐桌，员工通过观察并模仿这些专业技能来提升自己的操作水平。操作示范法的优点在于它提供了学习者直接观察和实践的机会，使得技能学习更为具体和实际，加强了记忆。这种方法同样适合于评估员工的学习进度和实际操作能力。然而，它的缺点是对讲师的要求较高，需要讲师具备高水平的专业技能和良好的沟通能力。此外，这种方法可能需要较多的时间和资源，尤其是在员工较多时。操作示范法特别适合用于培训需要精细操作和高标准执行的技能，如高级餐饮服务和客房管理等。

3. 角色扮演法

角色扮演法通过模拟现实生活中可能遇到的各种工作场景，让员工扮演不同的角色，从而学习如何在各种具体情境下应对和解决问题。这种方法特别适用于培训员工处理顾客服务、冲突解决和团队协作等情境。通过角色扮演，员工可以在无风险的模拟环境中实验不同的策略和技巧，获取直接的经验。锦江之星在顾客服务培训中使用角色扮演法，通过模拟顾客投诉处理和前台接待的情景，让员工在模拟环境中学习如何处理各种顾客互动，提高解决问题的能力。洲际酒店集团也经常组织角色扮演活动，模拟顾客服务场景，如办理入住、投诉响应等，使员工在实际工作中能够熟练应对各种顾客需求。角色扮演法的优点是极大地增强了培训的互动性和参与度，帮助员工在实际工作中快速应用学到的技能。这种方法能够有效地提高员工的情绪智力和人际交往能力。然而，缺点是培训需要一定的准备和创造性设计，以确保场景的真实性和相关性。角色扮演法适用于对顾客服务培训，尤其是在处理复杂和敏感的顾客互动时非常有效。

4. 师徒制

师徒制是一种有效的培训方法，通过将经验丰富的员工（师傅）与新员工或需要进一步发展的员工（徒弟）配对，以实现技能和知识的传承。这种一对一的学习关系使徒弟能够获得持续的指导和反馈，同时也能够学习到那些书本上学不到的实用技巧和工作秘籍。北京饭店采用师徒制对新厨师进行培训，经验丰富的大厨直接指导新人，通过一对一的实践操作，传授烹饪技巧和厨房管理经验。师徒制的优点在于它提供了深度的个性化学习机会，有助于加速新员工的职业成长，帮助其更快地融入团队。这种方法在强化职业技能的同时，也促进了组织文化的传承。然而，其缺点包括师资质量不均以及在师徒配对不佳时可能导致的效率低下。师徒制适用于那些技能传承尤为重要的岗位，如酒店高级厨师、酒店高级管理人员等。

5. 参观考察法

参观考察法涉及组织员工访问其他成功酒店或相关机构，通过观察和学习他人的经营方式和工作方法来获得灵感和知识。这种方法可以开阔员工的视野，让他们看到行业内的最佳实践和创新案例，从而激发新的思考和改进现有工作流程的想法。上海外滩华尔道夫酒店组织员工前往世界各地的姊妹酒店进行参观学习，通过考察不同酒店的运营模式和服务创新，激发员工的创新思维和学习热情。迪士尼酒店利用参观考察法培训其娱乐部门员工，组织他们参观迪士尼乐园，学习与顾客互动和娱乐服务的各种技巧，提高其专业性和服务质量。参观考察的主要优点是它提供了实地学习的机会，可以直观地看到理论知识和最佳实践的实际应用。这种方法也有利于增强团队的凝聚力和激发创新思维。缺点是可能涉及较高的时间和经济成本，特别是在参观地点较远的情况下更是如此。参观考察法适用于那些期望通过学习外部成功案例来优化内部操作的酒店，尤其适合高层管理人员和团队领导。

6. 案例研讨法

案例研讨法通过分析具体的商业案例，让员工在讨论和分析中学习如何应对复杂的业务情况。这种方法通常涉及团队合作，通过共同讨论解决方案来培养员工的批判性思维和决策能力。案例通常选自真实的业务场景，涵盖从危机处理到顾客服务的各种主题。广州碧水湾温泉度假村定期举办案例研讨会，分析顾客投诉和成功服务的案例，让员工在讨论中学习如何提高服务质量和处理复杂问题。四季酒店使用案例研讨法对管理层进行培训，通过分析历史数据和真实事件，培养员工的策略思维和决策能力。案例研讨法的优点是能够增强员工的实际问题解决能力和团队协作技能。通过这种方式，员工可以在没有风险的环境中尝试各种决策策略，从而提高其业务理解和操作能力。然而，这种方法的缺点是需要精心设计的案例和高质量的讨论引导，否则难以达到预期的教育效果。案例研讨法特别适用于管理层培训，可以帮助他们理解复杂的业务环境并改进决策过程。

无论选择何种培训方法，重视互动性、分享精神、体验感和参与度始终是提高酒店员工培训效果的关键因素。首先，互动性可以通过集体讨论、问题解决和互动式的技术平台实现，它鼓励员工积极思考和参与到学习过程中，从而更好地理解和内化新知识。例如，在角色扮演和案例研讨法中，员工被鼓励表达自己的观点和策略，这种互动不仅增强了个人的分析和表达能力，也促进了团队之间的沟通和协作。其次，分享精神是另一个关键方面，它通过允许员工分享个人的经验和成功案例，建立一个互助和学习的环境。这种开放的交流氛围能够激励员工从同事的经验中学习，同时也能加强团队之间的联系和归属感。通过师徒制或者团队项目，经验丰富的员工可以传授实战技巧给新人，这种从同辈学习的方法往往比传统的课堂学习更加直接和有效。再次，体验感是通过模拟实际工作场景来提供实践机会的，能够使学习变得更加生动和实际。这种方法尤其适用于操作示范法和角色扮演法，它让员工在安全的环境下试错，从而无压力地掌握新技能。最后，高参与度是确保培训成功的重要因素，它需要通过吸引人的内容、动态的教学方法和积极的学习氛围来实现。当员工感觉到自己是学习过程的一部分，能够对培训内容产生影响时，他们更有可能投入到学习中，显示出更高的学习动机和更好的学习成果。

（五）酒店员工培训的终极目标

培训的终极目的是建立学习型组织，这是一种能够不断适应外部环境变化、内部持续创新和提升的组织。这个目标通过三个核心转变实现：从“要我学”到“我要学”，从“个人学”到“群体学”，以及从“一次学”到“终身学”。这些转变体现了培训和学习文化的深层次发展，使得组织能够在动态的市场中保持竞争力和活力。

第一，从“要我学”到“我要学”。这一转变强调培训应从被动接受转向主动求知。在传统模式下，员工往往是出于组织的要求进行学习，这可能导致学习动机的缺乏和学习效果的不佳，而在学习型组织中，员工被鼓励识别自己的学习需求和职业发展目标，主动寻求知识和技能的提升。组织通过提供多样化的学习资源和机会，如在线课程、工作坊、研讨会等，支持员工的自我驱动学习。这种策略不仅提升了员工的个人能力，也提升了他们的工作满意度和对组织的忠诚度。

第二，从“个人学”到“群体学”。这一转变涉及学习的集体化，认为知识的传播和创新在很大程度上依赖于团队和部门之间的合作。在学习型组织中，鼓励员工不仅自我提升，还要与同事分享知识，通过团队学习实现知识的整合和应用。在这种模式下，团队或部门会定期举行会议讨论、学习小组和项目复盘，以促进知识的流通和集体智慧的激发。群体学习帮助组织形成共享的视角和解决问题的方法，从而在解决复杂问题时更加高效和创新。

第三，从“一次学”到“终身学”。这一转变突出了学习的持续性和终身性，反对将学习视为一次性事件。在快速变化的工作环境中，持续学习是维持个人职业生涯和组织竞争力的关键。学习型组织支持并鼓励员工进行终身学习，通过定期更新培训课程、引入最新的行业知识，以及支持员工参加专业发展课程等方式，确保员工技能和知识始终处于行业前沿。此外，终身学习的文化也激励员工持续探索新的领域，促进个人成长与创新思维的发展。

（六）酒店员工培训的流程

酒店员工培训的流程是一个全面而系统的过程，旨在提升员工的职业技能、服务水平和工作效率。这一流程包括以下五个主要阶段：培训需求分析、培训规划设计、培训组织准备、培训现场管理和培训效果评估。

1. 培训需求分析

为了有效地进行培训需求分析，通常会采用观察法、问卷调查法、资料查阅法、访问法，如表 11-2 所示。

表 11-2 不同培训需求分析方法的优缺点

方法	优点	缺点
观察法	1. 可以得到有关工作环境的信息 2. 对工作的干扰降至最低 3. 真实可靠	1. 需要高水平的观察者 2. 员工的行为方式可能因为被观察而受到影响
问卷调查法	1. 快速、费用低 2. 可从大量人员中收集信息，适用于大型组织 3. 易于对信息进行归纳总结	1. 回收率可能很低 2. 有些信息可能不符合要求（虚假或隐瞒） 3. 不够具体
资料查阅法	1. 有关工作程序的理想信息来源 2. 目的性强、成本低 3. 有关新的工作和在生产过程中新产生的工作所包含任务的理想信息来源	1. 材料可能过时 2. 资料不全面 3. 需要具备专业知识
访问法	1. 利于发现培训需求的具体问题及其产生的原因和解决办法 2. 提供深入洞察的个性化信息	1. 耗费时间 2. 分析难度大 3. 需要高水平的专家和沟通技巧

2. 培训规划设计

在设计有效的员工培训计划时，首先需要明确培训的目标。通常这些目标包括提升员工的技能水平、改善工作效率、提高服务质量等。

其次，基于对员工现有技能的评估和业务需求的调查，确定培训的重点和内容。这一过程可以通过员工问卷调查、部门主管的反馈及顾客满意度调查来完成。

最后，制订详细的培训计划，包括培训周期、内容和方式。

3. 培训组织准备

培训组织的准备包括确定培训的时间、地点、配备设施、受训人员和培训师。

在选择酒店培训师时，通常会考虑来自外部和内部的两种主要渠道，且各自具有不同的优缺点。外部渠道的优点在于能引入新的观点和方法，外部培训师通常拥有跨行业的经验和更新颖的培训技术，这可以帮助酒店员工开阔视野并学习最新的行业趋势。然而，外部培训师可能缺乏对酒店特定操作和文化的深入理解，这可能会影响培训的针对性和实效性。内部渠道的优点则是内部培训师通常对酒店的运营、文化和具体需求有着更深刻的理解，这有助于设计更符合实际需要的培训内容。同时，内部培训还能增强员工的归属感和内部凝聚力。缺点是，内部渠道可能缺乏新鲜的培训方法和视角，有时会导致培训内容和方式的单一化。因此，酒店在选择培训者时应根据具体需求和目标，恰当地结合使用外部与内部资源，以实现最佳的培训效果。

4. 培训现场管理

培训现场的准备是确保培训顺利进行的关键环节，涵盖从学员报到到课程结束的多个步骤。首先，学员报到是培训开始的第一步，这个阶段需要确保所有学员的注册信息准确无误，并提供必要的培训材料和日程安排。其次，开训仪式为培训正式拉开序幕，通常包括欢迎致辞和对培训目标的说明，有助于设定一个正式而严肃的学习氛围。再次，进行课程简介，详细介绍培训的目的、内容、时间安排等，确保每位学员都清楚培训的整体框架。此外，介绍讲师环节对建立学员与讲师之间的信任和尊重尤为重要，通常包括讲师的专业背景和教学经验。旁听和录制则是对培训过程的记录，旨在为无法到场的学员提供学习机会，同时也为日后的复习和质量控制提供资料。最后，结业仪式标志着培训的正式结束，这一环节往往包括颁发证书和对学员表现的表彰，以增强学员的成就感和满足感。欢送学员则是对整个培训过程的友好结束，给学员提供一种被重视和尊敬的感觉。在培训完毕后，整理资料和总结过程是必不可少的，这样可以帮助培训组织者评估培训效果，汲取经验教训，以便改进未来的培训计划。这样周密的现场准备和后续总结，可以极大地提升培训的效果和效率。

5. 培训效果评估

对酒店培训效果的评估是一个多维度的过程，关键在于全面衡量培训是否成功地改善了员工的思想观念、业务知识、操作技能和工作态度。

在培训效果评估的最后阶段，总结和反馈是不可忽视的部分。这不仅帮助员工了解自己在培训中的表现，也为酒店管理层提供如何改进未来培训的依据。有效的反馈应包括正面的肯定和建设性的批评，确保每位员工都能从中学到具体的改进措施。

拓展阅读

柯氏四级评估法

柯氏四级评估法是由唐纳德·L. 柯克帕特里克（Donald L. Kirkpatrick）于1959年提出的，用于评估培训程序的效果。这个模型已经成为培训评估领域的经典方法，广泛应用于企业、教育和政府机构等多种场合。该模型包括四个层次，每个层次都对培训效果的不同方面进行评估。

第一级：反应（reaction）

第一级评估的焦点是参与者对培训的反应和感受。这包括他们对培训内容、组织、呈现方式、培训环境及培训师的满意度。这一级通常通过问卷调查、访谈或反馈表来收集数据，主要目的是了解培训是否受欢迎，参与者是否感觉培训有用，他们是否愿意将所学应用到工作中。

第二级：学习（learning）

第二级评估测量的是通过培训所获得的知识、技能和态度的改变。这通常通过前后测试、考试或实际演练来评估，目的是确定参与者是否真正学到了培训内容。此级别检验的是知识和技能的增长及态度变化的程度。

第三级：行为（behavior）

第三级评估考察的是参与者将培训中学到的知识和技能应用到工作中的程度。这需要在培训后一段时间进行，通过观察、同事和上级的反馈以及其他的绩效指标来评估。这一级的关键是衡量培训是否转化为工作行为的改变。

第四级：结果（result）

最后一级评估的是培训对组织结果的影响。这包括提高生产率、质量改进、成本减少、员工留存率提高、顾客满意度提升等方面。结果层面的评估旨在证明培训投资的回报，这通常是最难测量的，因为许多外部因素也可能影响这些结果。

柯氏四级评估法提供了一个全面的框架来评估培训的有效性，帮助组织理解培训在各个层面的影响，从而更精准地投资于未来的培训和发展计划。

资料来源：作者根据网络资料/相关文献资料改写而成。

四、酒店绩效管理

绩效管理是一个持续的过程，通过这一过程，组织确保员工的表现符合企业的标准。这通常涉及设定明确的绩效目标，定期评估员工的工作表现，并提供反馈。在酒店行业，绩效管理不仅帮助酒店保持服务质量，还激励员工达成或超越其个人和团队的业绩目标。

酒店绩效考评是一种全面评估员工表现的系统，它不仅关注员工的业绩成果，同时也综合评价员工的个人素质。这种考评体系通常包括员工素质评价和员工业绩评价两个主要方面，具体可分为德、能、勤、绩四个细致的评价维度。

1. 德：员工的精神和道德品质

德的评价关注员工的精神境界、道德品质。这包括员工的诚信、忠诚、公正以及对酒店文化的认同感等方面。很多酒店会通过定期的道德教育培训和文化宣讲，强化员工对服务理念的理解。在现代酒店管理中，德的衡量标准随着时代和行业的发展不断变化，如对环境责任感的评价逐渐成为考核的一部分。对德的具体化和标准化的考评对于引导员工行为、塑造积极的企业文化具有深远的意义。通过行为观察、同事评价、顾客反馈等多种方式，可以系统地评估员工在道德层面的表现。

2. 能：员工的能力素质

能的评价关注员工在工作中所展现出的各项能力，包括体能、学识、智能和技能。体能考评考虑员工的身体状况如何支持其日常工作，如前台接待的站立耐力或客房服务的清洁速度。学识评价则关注员工的教育背景、专业知识及其思维能力，智能方面则涉及员工的记忆力、分析力、综合判断力及创新能力。技能评价主要看员工的具体操作能力和组织协调能力，如调酒师的调酒技术或宴会部门员工的事件管理能力。能力的评估通常通过专业考核、实际操作测试以及角色扮演等方法进行。

3. 勤：员工的工作态度和敬业精神

勤的评价重点在于员工的工作态度和敬业精神，包括工作热情、积极性、主动性和出勤率。这方面的评价强调员工对工作的热爱、对顾客服务的投入程度及其在团队中的协作性。通过日常观察、出勤记录、同事和上级的评价等方式，酒店可以全面了解员工在日常工作中的表现。

4. 绩：员工的工作业绩

绩的评价是绩效考评中的核心，直接关系到员工对酒店的具体贡献，包括工作的数量、质量、经济效益和社会效益。例如，酒店可以通过销售额、客房占用率、顾客满意度调查以及服务错误率等数据来衡量员工的工作业绩。工作业绩的评估帮助酒店管理层直观了解员工的实际贡献，并作为奖励和晋升的依据。例如，酒店会利用详细的业绩指标，如客房占用率、平均房价、顾客满意度等来评估员工的工作表现。每个部门的员工都需要达到既定的业绩目标，而这些业绩数据不仅用于绩效考评，也用于确定员工的奖金和职业发展路径。

五、酒店薪酬管理

（一）薪酬的定义和功能

薪酬管理涉及制定和实施薪酬策略与结构，包括工资、奖金、福利和其他形式的报酬。有效的薪酬管理应当公平、具有竞争力，并与员工的贡献相对应。薪酬（compensation）是指员工从企业那里得到的各种直接的和间接的经济收入，简单地说，它就相当于报酬体系中的货币报酬部分。

在酒店行业中，薪酬不仅仅是员工为其工作所得到的金钱报酬，它还承担着多重关键功能，包括保障功能、激励功能、调节功能和凝聚功能。这些功能共同作用，确保酒店能够吸引和保留优秀人才，同时维护员工的积极性和忠诚度，促进酒店的整体战略目标。

（二）薪酬管理的原则

在酒店行业中，有效的薪酬管理和激励机制是确保员工满意度和服务质量的关键因素。薪酬管理不仅影响着员工的日常表现和长期职业发展，还直接关联酒店的整体竞争力和市场地位。为此，薪酬管理应遵循一系列原则，包括公平性原则、激励性原则、竞争性原则、经济性原则和合法性原则。这些原则相互作用，共同构成一个高效、公正且具有吸引力的薪酬体系。

（三）薪酬激励体系

在酒店行业中，薪酬激励体系是吸引、激励和保留关键人才的基础。一个全面而有效的薪酬激励体系不仅包括工资、福利，还涵盖非货币激励措施，每一部分都起着不可或缺的作用，共同构成了员工的整体薪酬和激励结构（图 11-4）。这种结构化的薪酬体系旨在满足员工的不同需求，从基本的经济需求到更高层次的心理和职业发展需求，每个层面都是酒店人力资源管理策略的重要组成部分。

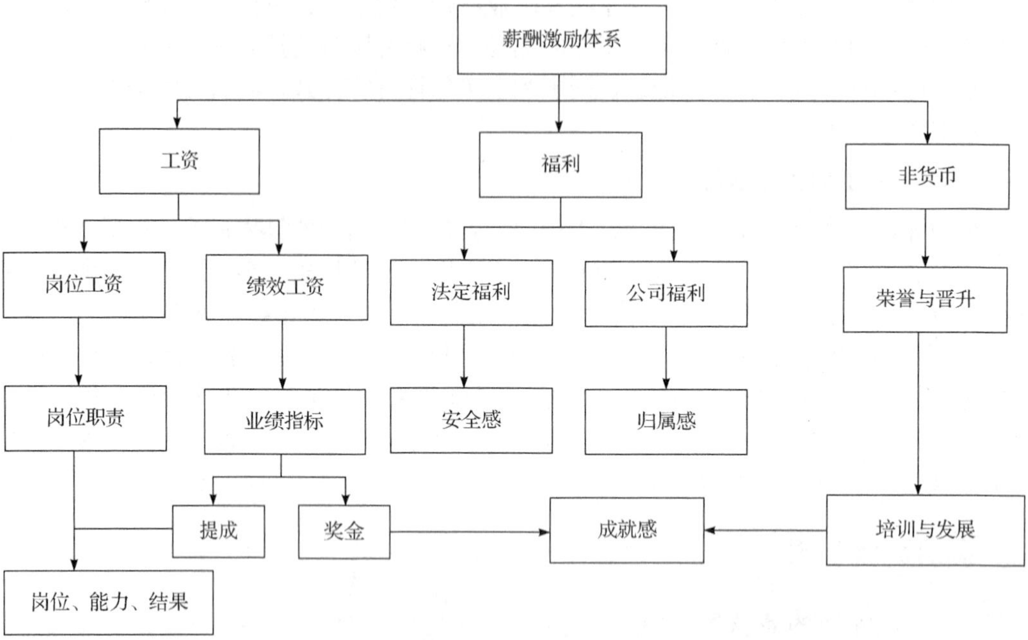

图 11-4　酒店薪酬体系

第一部分：工资。工资是薪酬体系中最基础的组成部分，主要分为岗位工资和绩效工资两大类：岗位工资基于员工所担任的岗位职责设定，主要考量的是岗位所需的技能、劳动强度及市场上对这一职位的普遍薪酬水平。每个岗位的工资水平应反映该岗位的重要性和对业务的贡献度，既要保障内部公平，也应具备对外的行业竞争力。绩效工资则更加注重员工的工作成果和业绩表现，通常包括提成、奖金等形式。绩效工资的设定旨在激发员工的工作热情，奖励那些在工作中表现出色的员工。绩效指标可以包括顾客满意度、销售额、成本控制等，确保员工的个人目标与酒店的整体业务目标相一致。

第二部分：福利。福利作为薪酬的重要组成部分，不仅提供基本的安全保障，也会增强员工的归属感。法定福利包括所有依法必须提供给员工的福利，如养老保险、医疗保险、工伤保险、失业保险和生育保险等。这些福利为员工提供了在遇到个人生活或健康挑战时的基本经济支持，是保障员工基本生活需求的基础。公司福利则更多地体现了酒店对员工额外关怀的体现，如子女入托、员工餐饮、健康检查、交通补贴、员工旅游、健身房设施、医务室、阅览室、活动室等。这些福利有助于提高员工的生活质量，增强员工对酒店的忠诚和满意度。例如，一些酒店提供定期的团队建设活动和家庭日活动，使员工感受到组织的关怀，从而更愿意长期投身于酒店的发展。

第三部分：非货币部分。非货币激励措施包括职业发展、培训机会、荣誉奖励和晋升机会，这些通常关系到员工的职业成就感和个人成长。培训和发展给员工提供了可以提升技能和职业素养的机会，如定期的内训课程、外部研讨会或资助员工参加专业培训。通过这些培训活动，员工能够不断提升自己的专业能力，为未来的职业晋升打下坚实的基础。荣誉与晋升是对员工努力和贡献的认可，通常体现在公开的表彰和职位的提升。例如，酒店可能设立“优秀员工”奖项，以公开表彰那些服务态度极佳或有显著业绩的员工，同时，优秀的员工也可能获得更快的晋升机会。

六、酒店劳动关系管理

劳动关系管理在酒店业扮演着至关重要的角色，其核心在于维护雇主与员工之间的和谐关系，确保酒店能够高效运作，同时创造一个积极的工作氛围。酒店行业面临的人力资源管理挑战尤为独特，因为它依赖大量的人力来提供服务，并且涉及多样化的职业群体，从前台接待到后勤支持。

（一）有效沟通，尊重和倾听员工的意见

沟通是劳动关系管理中的核心要素，有效的沟通可以预防许多潜在的争议和不满。在酒店业，应建立定期的员工大会、反馈机制以及开放的沟通渠道，如内部邮箱系统、建议箱等。通过这些渠道，员工可以表达自己的观点和建议，管理层也可以及时回应员工的关切和需求。此外，透明的信息分享，如关于酒店运营的变动、新政策的实施等，也是保持信任和透明度的重要策略。尊重员工的意见和建议是建立良好劳动关系的重要一环。管理层应鼓励员工分享他们的想法和见解，无论是关于工作流程的改进还是对工作环境的建议。在决策过程中考虑员工的意见可以增强员工的归属感和满意度，同时也可能带来创新的解决方案和改进点。

（二）法规遵守和公平性保障

遵守劳动相关法律法规是酒店劳动关系管理的基础，包括但不限于劳动合同、工作时间、薪酬、休假以及安全健康等方面。酒店需要定期检查其政策和实践是否符合当地的劳动法要求，避免因法律问题造成的经济损失和声誉损害。同时，公平性也是劳动关系管理中的关键点，确保不同性别、种族、年龄和背景的员工都能在没有歧视的环境中工作，享受平等的职业发展机会。

（三）妥善处理员工投诉和争议

酒店应制定明确的投诉和争议处理程序，确保员工在遇到问题时有明确的途径求助。这些程序应包括不同级别的处理步骤，从直接向上级反映问题到向人力资源部门或专门的调解委员会投诉。在处理投诉时，应采取公正、客观的态度，确保所有声音都得到公平对待。此外，处理结果应公开透明，让所有员工都能看到公司处理问题的决心和公正性。

总而言之，酒店业的劳动关系管理需要一个综合的、多层面的策略，包括建立有效的沟通机制、确保法律法规的遵守、处理投诉和争议的透明程序，以及尊重和倾听员工的声音。通过这些努力，酒店不仅可以避免劳动争议，还可以创建一个更加积极、高效与和谐的工作环境。

第二节　酒店人力资源管理激励与创新

一、酒店员工激励理论

（一）马斯洛需求层次理论

马斯洛需求层次理论是由美国心理学家亚伯拉罕·马斯洛(Abraham Maslow)于1943年提出的。该理论在心理学、管理学、教育学以及相关领域中具有广泛的影响力。它尝试解释人类行为的动机，通过将需求按重要性和满足顺序分层来分析。在企业管理和组织行为中，马斯洛的需求层次理论常被用来解释员工的工作动机和行为。了解员工在需求层次上的位置可以帮助管理者设计有效的激励策略。

马斯洛需求层次理论提出人有五个层次的需求：生理需求、安全需求、社交需求、尊重需求和自我实现需求(图11-5)。马斯洛需求层次理论在酒店行业中的应用是多方面的，既可以用于理解和提高顾客满意度，也可以用于管理和激励员工。

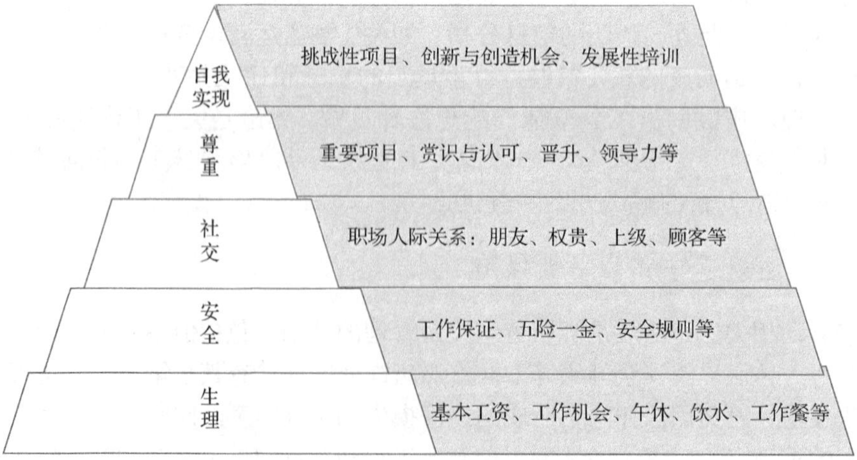

图11-5　马斯洛需求层次理论与激励方式

（二）双因素理论

双因素理论，也被称为激励–保健理论，是由美国心理学家弗雷德里克·赫茨伯格（Frederick Herzberg）在20世纪50年代提出的。该理论主要探讨工作环境中哪些因素会导致员工满意或不满意，是工作动机理论中的一个重要里程碑。赫茨伯格的双因素理论区分了两类影响员工工作态度的因素：激励因素和保健因素（图11-6）。

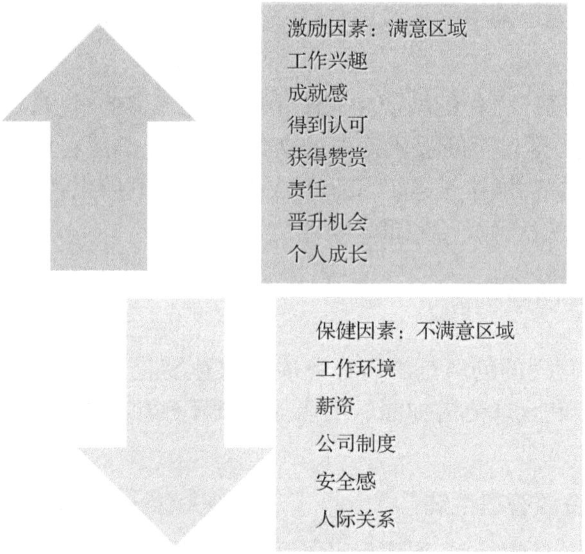

图11-6 双因素理论与激励方式

二、酒店员工激励方式

（一）薪酬激励

酒店业的薪酬激励是关键的人力资源管理策略之一，其目的是吸引、留住和激励员工，特别是那些具有核心竞争力的人才。有效的薪酬激励系统不仅体现了对员工工作的公平回报，还能激发员工的工作热情和创造力，从而提高整体业务的表现和竞争力。

（二）竞争激励

在酒店行业中，创造竞争性的工作环境是激发员工动力、增强服务质量以及推动个人和团队向卓越发展的重要手段。通过合理的竞争激励，员工不仅能在工作中实现个人价值，还能同时推动酒店业务的增长和创新。酒店竞争激励的实施策略主要有以下三点。

第一，明确的职业晋升路径。酒店应该为员工提供清晰的职业发展路径，这不仅包括晋升的机会，还应该包括技能和知识的提升。员工了解自己的努力和成长可以带来的具体职业回报，将更有动力追求卓越。

第二，绩效评估与反馈机制。建立公正、透明的绩效评估体系，定期评估员工的工作表现，并根据绩效结果给予相应的奖励或提升。此外，提供持续的反馈和指导，帮助员工识别和克服工作中的难题，不断提高工作效率和服务质量。

第三，竞争性奖励制度。实施基于结果的奖励制度，如最佳员工奖、最佳服务奖、创新提案奖等，激励员工在各自的岗位上争做最好。

（三）酒店文化激励

企业文化在酒店行业中的重要性不仅仅体现在品牌形象上，而且更深层次地影响着员工的工作态度、顾客服务质量以及内部管理效率。优秀的酒店文化不只是形成一套行为准则，更是在员工心中种下一种共同的信念和价值观，激发员工的潜能，增强团队协作，提高整体业绩。

值得注意的是，酒店文化的塑造和激励不是一朝一夕的过程，而是需要持续投入和精心设计的长期努力。通过不断强化正面的文化价值观，酒店可以激发员工的工作热情，提升团队效能，最终提高顾客满意度和业务成果。对于酒店来说，打造和维护一种积极向上的企业文化是实现长远成功的重要策略之一。

三、酒店人力资源管理创新

酒店人力资源管理的创新是酒店行业应对快速变化的市场需求和提升竞争力的关键。随着技术的进步和全球化的加深，酒店业需要不断创新其人力资源管理策略，以吸引、保留和激励人才。

1. 数字化人力资源管理系统

随着数字技术的发展，许多酒店已开始采用数字化工具来管理人力资源。这包括使用人力资源信息系统、在线学习管理系统和员工自助服务平台。这些工具可以提高人力资源管理的效率和透明度，使员工能够更方便地访问到自己的信息，如工资单、培训材料和绩效评估。

2. 使用 AI 和机器学习

AI 和机器学习正在变革酒店的人力资源管理，从招聘和筛选员工到定制个性化的员工发展计划。AI 可以帮助人力资源部门更有效地管理大量的数据，提供基于数据的洞察，优化决策过程。招聘环节可以引入自动化工具和 AI 技术来优化招聘流程，如使用 AI 驱动的聊天机器人进行初步筛选和面试安排，以及利用大数据分析来预测员工流失率并制定相应的干预策略。培训环节可以使用 VR 和 AR 技术进行员工培训，如模拟前台操作、紧急情况响应训练等，使培训更加生动有趣且贴近现实。

3. 灵活工作安排

为了提升员工满意度和留存率，越来越多的酒店实施灵活的工作安排，包括远程工作、弹性工作时间和压缩工作周。特别是在行政和后台操作职能方面，酒店可以提供远程工作的选项或灵活的工作时间安排，以适应现代工作的需求和提高工作与生活的平衡度。这种灵活性特别适合需要平衡家庭和工作的员工，同时也帮助酒店吸引更多元化的人才。

4. 强化员工福利和健康计划

酒店业开始意识到员工的健康和福利对于提供高质量顾客服务的重要性。因此，更加全面和创新的员工福利计划，如健康保险、心理健康支持、健身补贴等，已成为吸引和保留员工的重要因素。创新的福利如提供健康零食、放松区域、按摩服务等，可以提高员工的工作满意度和忠诚度。万豪推出的“TakeCare”福利计划不仅提供健康保险，还包括员工职业发展支持、社区参与和生活方式健康计划，体现了对员工全面福利的关注。希尔顿的“Thrive@Hilton”福利计划旨在帮助员工工作与生活双成功，包括灵活的工作安排和健康福利，强调平衡工作与生活的重要性。

本章小结

酒店人力资源管理涵盖了六个关键领域，包括人力资源规划、招聘和配置、培训与开发、绩效管理、薪酬管理和劳动关系管理，这些领域相互关联，均对实现组织的战略目标至关重要。

酒店人力资源管理者还需要通过有效的激励方式和管理创新，提升员工满意度和工作效率。马斯洛需求层次理论和赫茨伯格双因素理论在酒店员工激励中起重要作用。

在具体的激励方式上，薪酬激励通过对员工工作的公平回报，激发员工的工作热情和创造力，提高整体业务的表现力和竞争力。竞争激励则通过明确职业晋升路径、绩效评估与反馈机制和竞争性奖励制度，营造积极向上的工作氛围。酒店文化激励通过共享的价值观和目标，增强员工认同感和团队合作精神。在人力资源管理创新方面，酒店通过数字化人力资源管理系统提升管理效率；使用 AI 和机器学习优化招聘和培训流程；灵活工作安排和强化员工福利和健康计划提高员工满意度和留存率。

案例分析与讨论

没有高颜值加持的碧水湾，凭什么成为“现象”？

广州碧水湾温泉度假村（简称碧水湾），是一家四星级度假酒店，在 2019 年之前硬件相对陈旧。方圆 3 公里内的温泉酒店及客栈多达 379 家，竞争十分激烈。受淡旺季影响，度假酒店出租率普遍不高，但碧水湾 2016～2018 年出租率逐年增长，平均房价也逐年增加，营收和利润实现增长。良好的财务数据，源于顾客的忠诚度。携程上点评数据显示，截至 2018 年 11 月 18 日，碧水湾顾客点评共计 6211 条，评分高达 4.9 分。在设施设备、地理位置、交通上均不占优势的碧水湾，能获得消费者如此好评，实属不易。碧水湾之所以能取得上述成就，除多年坚持的亲情服务之外，还有它的积分制管理。

积分制管理是碧水湾亲情服务文化的基础和保障。

员工积分分为两类：固定积分和表现积分。固定积分鼓励员工不断学习，提高学识、提升学历、获得职称等；表现积分包括工作和生活两方面，如提前上班、主动加班、帮助同事、创新工作和获得荣誉等。这些积分来源于四个渠道：上级奖扣、自行申报、同事申请、固定项目，充分体现了民主集中制原则。当积分可以自行申报或由同事申报时，企业从制度设计上就摆脱了员工唯上的被动工作状态，给予了员工积极主动工作的权利与空间。积分制让员工知道领导在与不在工作都一样，这是酒店管理中的重要改革。

酒店管理有半军事化的特点，层级制导致员工有较强的服从性，较小的主动性。领导在与不在，员工工作就不一样，这是酒店普遍存在的问题，积分制从机制上为解决这个问题提供了方法。

积分情况每个月、每个季度、每一年度都会被公开。员工所有好的行为会与其荣誉、晋升、奖励、工资相结合，通过加分及时得到强化与发扬，而对于员工不好的行为也会减分，从而制止这种行为蔓延。当然，减分不是绝对的，因为员工后期的努力依然会为自己“加分”。“加分+减分=最后的排名”，排名最终决定员工能获得多少奖励。

总的来说，碧水湾积分制是基于“点赞”心理需求构建的新型制度，不同于以经济指标为核心的评估制度，它全方位鼓励员工为顾客提供优质服务、弘扬优秀企业文化，将企业倡导的文化量化为可计算的分数，明示给员工，将员工行为与员工切身利益挂钩。

为构建积极向上的企业氛围，碧水湾用奖分去培养员工的好习惯，用扣分来约束员工的坏行为；把工资以外的福利与积分排名挂钩，打破二次分配上的平均主义，让优秀的员工不吃亏，放大激励的效果；让吃亏是福变成现实，员工每次的额外付出都能得到积分奖励，解决分外事没人做的问题；赋予管理人员奖扣分权限，管理人员在日常管理中可以奖扣分交叉运用，让管理人员的理念更容易实现。例如，有一天，度假村某领导发现洗衣房后面有一些遗留的围栏和废弃的设备没有拆除和清理，于是将此照片发至管理群，工程部经理仅 1 个小时便完成了全面清理整改。如果是在以前，至少需要两天时间才能完成。有了积分制，部门的执行力提高了，员工的主动性增强了，减少了人盯人的人力成本，管理更轻松更有效。

通过碧水湾积分制，不难发现好的制度能激发员工的积极性。笔者认为，相关制度的建立应基于对员工心理特点和人性特点的全面把握。过去很多制度均以惩罚为主（扣分），传递的是负能量，员工谨小慎微，生怕犯错，没有服务的主动性，同时管理者也怕得罪员工，不敢扣分，最后你好我好大家好，评估成为一句空话。碧水湾董事长曾莉认为，虽然经过多年实践，积分制管理已经成效显著，但其价值仍有很大的挖掘空间，酒店会持续研究和完善。在积分制 2.0 版管理软件中，他们增加了权重设计，这样企业必须解决和亟待解决的问题可以通过加大权重来加强。积分制将随着企业发展而变化，始终与企业发展保持同步，这有利于企业制度与生存环境及市场趋势保持一致。据了解，碧水湾积分制管理已向前来学习者进行推广，目前已在多家酒店成功落地。

资料来源：彭青，《没有高颜值加持的碧水湾，凭什么成为“现象”？》，载于微信公众号“酒店评论”，2019-02-28。

案例思考：

结合案例分析，为什么积分制能够对员工起到有效的激励作用？

思考与练习

1. 酒店人力资源管理的概念是什么?
2. 酒店人员招聘中，内部招聘和外部招聘各自的优缺点是什么?
3. 酒店员工培训的流程是什么?
4. 在众多培训方法中，案例研讨法的优缺点和适用范围是什么?
5. 培训的终极目标是建立学习型组织。学习型组织的特点是什么?
6. 未来的酒店人力资源管理创新会体现在哪些方面?

参考文献

黄妙娟. 2016. 饭店管理基础. 北京: 科学出版社.

徐栖玲，黄勋敬. 2016. 跨入网络时代的酒店人力资源管理. 旅游科学, (2): 28-30.

曾国军，胡志成. 2014. 国际酒店集团管理培训生制度: 酒店管理本科生之预期与现实差异.旅游论坛, 7(4): 7-11.

Lan J B, Wong C S, Wong I A. 2022. The role of knowledge sharing in hotel newcomer socialization: a formal intervention program. International Journal of Contemporary Hospitality Management, 34(6): 2250-2271.

Lan J B, Wong C S, Zeng G J. 2021. Personality profile for hospitality employees: impact on job performance and satisfaction. International Journal of Hospitality Management, 98: 103018.

Lan J B,Wong I A, Fong H I, et al. 2023. Duality of conscientiousness and service knowledge growth: the role of self-efficacy and self-deception. Journal of Hospitality and Tourism Management, 54: 426-436.

Zhao H R, Lan J B. Lyu T, et al. 2022. Working with artificial intelligence surveillance during the COVID-19 pandemic: a mixed investigation of the influence mechanism on job engagement in hospitality industry. Current Issues in Tourism, 26(20): 3318-3335.

模块三：酒店管理运营方法

酒店管理运营方法模块涵盖了确保酒店高效、安全并可持续运营的关键领域，旨在为学习者提供深入的理解和实用的知识，使他们能够掌握和应用在现实酒店运营中遇到的各种管理挑战的解决策略。

第十二章酒店集团化管理将探讨如何在不同地点的酒店之间实现资源共享、标准化操作和战略协同。

第十三章酒店业务运营管理专注于酒店日常运营的核心活动，包括前台服务、客房管理、餐饮服务等。该章将探讨如何优化操作流程、提升顾客满意度和运营效率的方法。

第十四章酒店设备、物资、能源和技术管理讨论如何有效管理酒店的物理资产，包括采购、存储、维护和更新设备和物资。良好的物资管理不仅能确保设施运作顺畅，还能减少浪费和降低运营成本。

第十五章酒店安全危机管理涉及制定和实施安全措施以保护顾客、员工和酒店资产。内容包括预防措施、紧急应对策略和危机后恢复计划，确保在面对自然灾害、安全事故或其他危机事件时，酒店能够迅速有效地应对。

第十二章

酒店集团化管理

本章导读

本章深入探讨酒店集团化经营的各个方面，从经营模式及其带来的优势出发，到集团化发展中的创新策略，以及国际和国内知名酒店集团的发展路径和现状。通过对这些主题的全面分析，本章旨在为读者揭示如何通过集团化提升酒店的市场竞争力，探索国内外酒店集团成功的商业模式，并预测未来的行业趋势。读者将了解集团化经营如何影响酒店业的全球和本土市场策略，以及如何应对挑战并抓住机遇。

学习目的

1. 理解酒店集团化经营模式和优势：掌握酒店集团化经营的基本概念，包括其结构、运作方式以及通过规模经济、品牌效应和资源共享带来的优势。学习如何利用集团化策略来增强市场地位和提高运营效率。

2. 了解国内外酒店集团化发展的现状和未来趋势：分析国外酒店集团的发展现状，探讨中国本土市场的特点和面临的挑战。预测未来的发展趋势，以及如何通过集团化战略优化本土酒店业的竞争力。

核心概念

酒店集团化管理；连锁酒店；特许经营；第三方管理

导读案例

酒店集团加速扩张，加盟商何去何从?

在2023年，各个酒店品牌都交出了亮眼的成绩单，营收和利润均实现了大幅度增长，新增收入的最大引擎是新开业酒店数量的猛增。这种快速扩张反映了一个战略，目的是抢占市场主导地位，这让人想起了过去在运动服装、乳制品、家电等行业的市场争夺战。那些战役经常以许多品牌的崩溃结束，只留下少数几个顶尖玩家。酒店行业可能也会重演这种剧情，许多加盟商可能会在这场企业战斗中成为牺牲品。

2023 年发布的国内酒店品牌财报显示出高度同质化，可能导致竞争加剧和市场饱和。财报中的常见主题包括以下几方面。

- 连锁化率持续提升，尽管与发达国家60%连锁化率相比还有上升空间。
- 中高端酒店持续实现两位数增长，未来空间依然巨大。
- 中国旅游行业作为消费升级的重要部分，将继续推动酒店业高增长。
- 对 2024 年旅游业的全面复苏持乐观态度，市场前景看好。
- 国家的各项政策支持行业持续增长。
- 下沉市场的酒店客房规模巨大，连锁化空间广阔。

这些财报实际上在传递一个观点：行业前景非常好，快来加盟吧！至于风险，财报中的相关内容每年几乎都是复制粘贴的。

2024 年的计划中，各品牌方的描述大同小异。

- 我们今年还要开更多的店。
- 我们今年要进行更多的升级改造。
- 我们要继续大力发展中高端酒店。
- 我们要提高效率，推动数字化转型，利用大数据、AI、5G 等技术。
- 我们将提升酒店会员体系。
- 我们要完善品牌矩阵。
- 我们要降低运营成本，提升利润率。

基本上，这些计划传达出的信息是：我们需要快速行动，抢占市场份额。

然而，对于加盟商而言，虽然赚钱是最终目的，但更应关注与品牌方是否能实现双赢的合作。品牌方目前的策略越来越倾向于采用轻资产运营，将风险转嫁给加盟商，而自己则通过加盟费和管理费实现稳定收入。这种策略使得加盟商面临高昂的租金、激烈的市场竞争以及品牌方的种种限制，处于越来越不利的地位。加盟商成了酒店生态链中最弱势的群体。既要面对高昂的租金，也要面对激烈的市场竞争；既要面对 OTA 的压榨，也要面对品牌方的约束。

随着行业连锁化率的提升以及市场向头部品牌集中，单个加盟商的话语权越来越弱。品牌方的加盟前后态度差异大，使得加盟商如同为品牌方效力的工具，失去了独立性和议价能力。未来，加盟商的处境只会更加艰难，随着品牌方之间的竞争加剧，他们将承担越来越多的代价。

资料来源：作者根据网络资料/相关文献资料改写而成。

第一节　酒店集团化的含义和优势

一、酒店集团化的定义

酒店集团或连锁酒店是指在本国或全球范围内拥有或管理两家以上酒店的企业，这些酒店不仅共享同一品牌名和标识，而且还采用统一的经营管理模式和服务标准进行联合经营。这种业务模式通过集中资源、标准化服务和提升品牌影响力，实现规模化经营，但同时也面临着管理的复杂性和挑战。

（一）“连”——基础的依托：品牌与系统的统一

连锁酒店的成功依赖于强大的品牌影响力和高效的管理系统。品牌不仅是一个标识或名称，更是消费者对酒店服务质量和信誉的期待。通过统一的品牌推广，连锁酒店能够在消费者心中建立一致的形象，这对于吸引回头客和提升市场份额至关重要。此外，高效的客户关系管理系统和中央预订系统等平台是“连”的重要组成部分，这些系统通过共享资源，能够确保信息流的高效和服务的及时性，进而提升整个集团的运营效率和顾客满意度。

（二）“锁”——紧密的控制：产品与操作标准

“锁”的概念在于确保各个酒店在产品和服务提供上的一致性。这包括产品的标准化操作程序的统一以及内务管理的规范化。这种统一性是连锁酒店能够在不同地点提供相同服务体验的关键。例如，无论顾客在哪个城市的分店入住，都能期待相同品质的客房服务和设施。同时，资金流的管理也需要严格控制，以确保所有酒店的财务健康，支持集团的持续发展和扩张。

二、酒店集团化的特征

酒店集团化是当代酒店行业发展的一种显著趋势，它通过资源整合和标准化操作优化酒店的管理和服务质量，从而在激烈的市场竞争中获得优势。酒店集团化的特征主要体现在以下几个方面。

（一）统一的经营管理

酒店集团通过采取统一的经营管理策略，实现了品牌的标准化和一致性。这包括使用统一的店名、店标、经营程序、管理水平以及操作程序和服务标准。这种统一性不仅有助于提升管理效率，还能确保无论顾客在哪个地点的酒店入住，都能享受到相同质量和风格的服务。统一的品牌标识和服务标准使得酒店能够建立起强大的品牌形象，这对于市场推广和广告宣传至关重要，因为消费者能够轻易识别并信赖这一品牌，从而增加客源和提高顾客忠诚度。此外，统一的经营管理还包括制定共同的质量控制标准和顾客服务政策，确保每家酒店都能达到集团设定的高标准。

（二）酒店间的协同合作

酒店集团化的另一个关键特征是成员酒店之间的协同合作，包括联合促销、联合培训、管理输出，以及互相推荐客源和预订服务。这种内部合作模式可以大大增强集团的整体竞争力和市场适应能力。通过联合促销活动，酒店集团能够整合营销资源和预算，制订更具吸引力的促销方案，吸引更广泛的顾客群体。联合培训则确保了集团内所有员工的服务技能和管理水平能够保持一致，促进了知识和最佳实践的共享。此外，管理输出，即集团总部为成员酒店提供管理和运营支持，可以帮助各酒店提高运营效率，降低成本。管理输出的实施往往包括提供统一的预订系统、人力资源管理、财务管理以及客户关系管理系统，使得各成员酒店能够在集团的支持下优化运营。同时，互为预订和客源推荐也是酒店集团化的一大优势，它允许成员酒店之间根据地理位置和客房需求互相推荐顾客，优化客源配置，提高入住率。

（三）获得规模经济

在酒店行业中，规模经济是大型酒店集团降低成本和增强市场竞争力的重要策略。通过规模经济，酒店集团能够在采购、营销、广告及行政管理等多个方面实现成本效益。例如，在全球或区域范围内进行集中采购，酒店集团能够与供应商谈判获得更低的价格和更优惠的供应条件，这不仅包括食品和饮料、床上用品和洗浴用品，还包括技术设备和软件系统。规模经济还允许集团通过批量购买和长期合作协议，减少库存成本和物流费用。此外，规模经济在营销和广告方面的应用也非常显著。大型酒店集团通过集中的营销预算和统一的广告策略，能够更有效地推广其品牌和服务，覆盖更广泛的市场。这种集中化的策略使集团能够在全球范围内统一品牌形象，提高广告的投资回报率。同时，在行政管理方面，规模经济也使得固定成本分摊到更多的运营单位上，从而降低了单位成本，提升了运营效率。

（四）多样化的经营模式

酒店集团通常采用多种经营模式来适应不同市场的需求和条件，这种策略有效地帮助它们分散风险，并最大化资本的利用效率。例如，全资所有模式允许酒店集团完全控制资产并直接管理酒店的运营，这种模式适用于市场稳定、法律环境成熟的地区。特许经营模式则允许集团通过授权本地企业使用其品牌和管理系统来运营酒店，从而降低了直接投资的风险，同时扩大了品牌的市场覆盖面。管理合同是另一种常见的经营模式，酒店集团管理他人的资产，通过提供管理服务收取费用，这种方式可以扩展业务范围，而无需大量资本投入。合资企业模式则允许酒店集团与本地或国际合作伙伴共同投资和运营酒店，这种模式有助于共享投资成本，减轻单方面的财务负担，同时汇聚双方的资源和市场知识。通过这些多样化的经营模式，酒店集团不仅可以灵活应对不同市场环境的变化，还可以有效地利用各种资源，优化全球战略布局。这种多样化策略使得酒店集团能够在全球范围内平衡风险和回报，提升整体的竞争力和市场适应性。

三、酒店集团化管理相比单体酒店的优势

酒店集团化管理是现代酒店业在全球化竞争中保持优势的关键策略之一。通过构建一个统一的管理框架，酒店集团能够在多个层面上优化其业务运作，从而提供卓越的顾客服务、提高运营效率，并在全球范围内实现品牌一致性。酒店集团化管理带来了诸多优势，这些优势体现在管理、技术、财务、营销、人才、采购六大方面（图 12-1）。

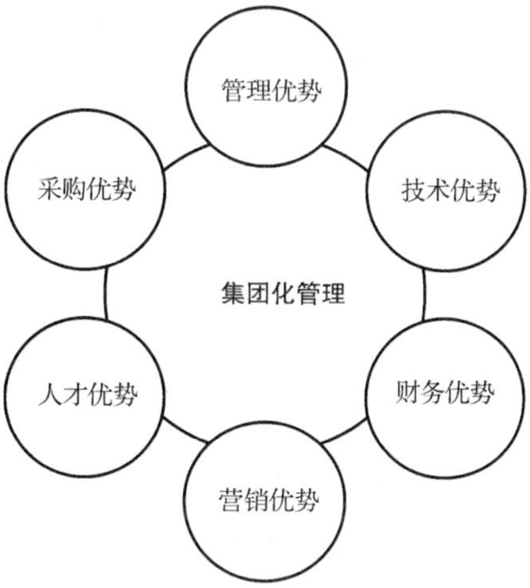

图 12-1　酒店集团化管理的六大优势

（一）管理优势

第一，酒店集团化管理的核心在于其能够通过统一的管理标准和流程来提高整个集团的运作效率。酒店集团通过将统一的操作标准和服务规范编写成手册，并发放给旗下所有酒店，确保了服务和管理的一致性。这种做法有助于所有酒店遵循相同的高标准，无论顾客在哪个地点入住，都能体验到相同质量的服务。例如，国际知名的希尔顿酒店集团就有一套详细的品牌标准手册，规定了从房间清洁到顾客服务的每一个细节。

第二，高效率的管理。集团化管理允许酒店通过标准化操作程序和集中决策来提高管理效率。这种集中化的管理方式减少了重复工作，使得决策更加迅速而精确，从而提高了整体的操作效率。集中化的决策机制可以加速响应市场变化，同时集团化结构也支持有效的危机管理和资源分配，使集团能够快速解决各类运营挑战。

第三，服务一致性。通过实施统一的服务标准，酒店集团确保所有顾客无论在哪个地点接受服务，都能得到一致的体验。这种一致性是建立和维护品牌信誉的关键，有助于提升顾客的忠诚度。

（二）技术优势

技术在现代酒店管理中扮演着越来越重要的角色。酒店集团通过部署统一的信息技术系统，如中央预订系统（central reservation system，CRS）、酒店管理系统（property management system，PMS）、供应链管理系统（supply chain management system，SCM）、企业资源计划（enterprise resource planning，ERP）系统和客户关系管理系统，实现了运营的高效率和数据管理的精确性。这些系统的集成使用不仅优化了内部管理流程，还提升了顾客服务的速度和质量，同时增强了数据驱动决策的能力。

第一，中央预订系统。这种系统使酒店集团能够集中处理所有酒店的预订请求，为顾客提供一个无缝的预订体验。例如，万豪国际集团的中央预订系统允许顾客通过一个统一的界面预订世界各地的任何一家万豪酒店，极大地提高了预订的便捷性和效率。

第二，酒店管理系统。酒店管理系统用于管理酒店的日常运营，如客房分配、顾客入住和退房、账单处理等。这些系统的统一使得数据管理更加准确，操作更加标准化，降低了错误率和操作成本。

第三，供应链管理系统。通过集中管理供应链，酒店集团可以更有效地控制成本，优化库存，并确保所有酒店的服务质量。例如，通过集团采购，酒店可以实现大规模的成本节约，同时保证产品和服务的质量。

第四，企业资源计划系统。企业资源计划系统帮助酒店集团在财务管理、人力资源、资产管理等方面实现高效的资源使用。这些系统提供了实时数据分析和报告功能，使得管理层能够做出更加信息化和具有战略性的决策。

第五，客户关系管理系统。客户关系管理系统使酒店集团能够更好地理解和满足顾客需求，通过分析顾客数据来制定个性化的服务和营销策略。这种系统的使用有助于提升顾客满意度和顾客忠诚度。

（三）财务优势

在财务管理方面，酒店集团化带来的规模经济显著降低了运营成本。

第一，在外部容易获得金融机构的信任。酒店集团由于其规模和稳定的财务表现，通常更容易获得银行和其他金融机构的信任与支持。这种信任基于集团的财务稳定性、较低的风险以及持续的盈利能力。金融机构倾向于投资那些有能力带来稳定回报的大型企业。因此，酒店集团通常能以更优惠的条件获得贷款，包括较低的利率和更灵活的还款条件，这对于资金密集型的酒店业来说尤为重要，如扩展新地点、翻新老酒店或投资新技术。

第二，在内部统一调配资金，使用储备资金。酒店集团可以在内部进行资金调配，使资金使用更为高效。集团可以根据各个酒店的业绩和市场情况，从表现良好的酒店调配资金到需要更多投资的酒店，以优化整个集团的财务表现和市场竞争力。此外，集团化管理还允许酒店通过共享储备资金来降低运营风险，确保在市场不景气时有足够的流动资金应对突发经济问题。

（四）营销优势

集团化管理极大地增强了酒店的品牌力。通过统一的品牌推广和大规模的市场营销活动，酒店集团能够在全球范围内提升其品牌知名度和吸引力。此外，集团还可以通过跨品牌的营销策略和忠诚度程序来增强顾客黏性，增加重复业务，从而提高整体营业收入。

第一，品牌更容易赢得顾客的信赖，吸引顾客。一个强大的品牌是酒店集团最宝贵的资产之一。集团旗下的酒店能够利用这一品牌优势来吸引顾客，因为消费者往往倾向于选择他们熟悉和信任的品牌。例如，希尔顿、万豪或洲际酒店集团的品牌名就能够吸引大量忠实顾客，这些顾客对品牌有一定的期待，如一贯的服务质量和顾客体验。品牌的全球认知度和声誉可以显著增加客源，特别是在国际旅游市场中。

第二，更大规模的广告宣传。酒店集团由于其规模优势，能够进行更大规模的广告宣传和市场活动。这不仅包括传统的广告媒介，如电视、广播和印刷媒体，还包括数字营销平台，如社交媒体、搜索引擎优化和在线广告。更大规模的宣传活动提高了市场覆盖率和品牌可见度，使酒店能够触及更广泛的潜在顾客群。此外，集团还可以利用跨品牌营销策略，通过不同品牌之间的协同效应来吸引不同市场细分的顾客。

（五）人才优势

第一，内部人员调配。酒店集团通过内部人员调配机制，可以根据业务需求和市场变化，灵活调整和分配人力资源。这种策略允许集团从人力资源池中选择合适的员工，部署到需要增强力量的地区或酒店，尤其在旺季或特殊事件期间尤为重要。这不仅提高了集团对市场变化的响应能力，也优化了人力资源的利用效率，减少了因地区业务波动导致的人力资源浪费。

第二，管理人员在不同酒店轮岗。管理人员在不同酒店的轮岗制度是酒店集团化管理中的一大优势。通过这种轮岗，管理人员能够在集团内不同的酒店和市场环境中工作，这不仅增强了他们的适应能力和多样化管理技能，还促进了不同酒店之间的最佳实践和知识共享。此外，这种经验的积累和多元化背景使得管理人员能够更全面地理解集团的运营，为高层管理或跨地区任务提供了坚实的基础。

第三，建立培训中心或者酒店管理学院。许多大型酒店集团，如希尔顿、万豪和洲际，已经建立了自己的培训中心甚至是酒店管理学院。这些机构不仅为员工提供系统的培训和职业发展路径，还通过定制课程来培养符合集团需求的专业人才。这种培训保证了员工的服务质量和专业水平，增强了员工的职业归属感和忠诚度，同时也为集团长期发展培养了核心竞争力。

（六）采购优势

集团化的采购策略使酒店能够通过规模经济减少成本。通过集中采购食材、酒店设备、家具及运营耗材等，集团可以大幅度降低单件成本。这种采购方式还有助于使产品和服务标准化，确保在集团旗下所有酒店中提供一致的顾客体验。此外，集中采购也使得酒店集团有更强的议价能力，可以从供应商那里获得更优惠的价格和更优质的服务。

第二节　酒店集团化经营的模式

一、酒店集团化经营模式

（一）直接经营

直接经营模式在酒店行业中是一种常见的运营策略，尤其适用于那些追求品牌一致性和高控制度的酒店管理集团。在这种模式下，酒店管理集团直接拥有并经营一家或多家酒店，所有酒店通常注册在同一个企业法人名下。这种集团化管理的隶属形式具有多方面的优势和挑战。

直接经营模式在酒店集团化经营中呈现出显著的优点。首先，通过集中管理，集团可以有效地降低运营成本，如通过大规模采购实现成本节约和通过统一的营销策略减少广告费用。其次，直接经营确保了服务和品牌标准的一致性，从而增强了顾客对品牌的忠诚度。顾客无论访问集团旗下的哪家酒店，都能享受到相同质量的服务体验，这对于建立稳定的品牌形象和提升顾客满意度至关重要。最后，管理的直接性提高了决策和执行的效率，使酒店能够迅速适应市场变化。然而，直接经营模式也存在一些显著的缺点。最大的挑战是需要巨额的初始投资和运营资金，这可能限制了集团的扩展速度和市场灵活性。资金的大量投入也带来了更高的经济风险，尤其是在面对市场不确定性时，如经济衰退或区域性危机等，可能会导致收益急剧下降而成本依然高企。此外，集团的整体表现极度依赖于管理团队的能力，管理上的失误直接影响到酒店的运营效果和顾客满意度，进而影响整个品牌的声誉和市场地位。

（二）特许经营

特许经营指的是拥有特许经营权人向受特许经营权人提供特许经营权利，在组织经营和管理方面提供支持，并从受特许经营权人获得相应回报的一种经营形式。授权方企业要有强大的实力及良好的知名度。受让方的企业可使用该酒店集团或公司的名称、标识、经营程序、操作规程、服务标准，并加入集团预订系统、市场营销，成为该酒店集团一员。特许经营是酒店行业中一种常见的扩张模式，使得酒店集团能够迅速扩大其品牌覆盖和市场影响力，而无须直接投入大量资本建设和运营酒店。

这种经营形式涉及两个主要方：授权方（特许经营权拥有者）和受让方（特许经营权接受者）。授权方通常是具有强大实力和良好知名度的酒店集团，负责向受让方提供品牌使用权，包括酒店的名称、标识、经营理念和操作规程。此外，授权方还提供组织经营和管理的支持，如员工培训、服务标准、质量控制以及业务发展策略。这些支持帮助确保受让方能够按照集团的标准提供服务，维持品牌的声誉和市场竞争力。受让方获得使用品牌和资源的权利，以此来运营酒店并从中获益。作为回报，受让方须向授权方支付特许经营费，这可能包括一次性的特许经营加盟费和/或基于营业收入的持续特许经营费。受让方承诺遵守授权方设定的运营标准和质量要求，确保提供一致的顾客体验，并利用授权方的预订系统和市场营销资源来优化经营效果。

特许经营模式为双方提供了明显的优势。对于授权方，这种模式允许其快速扩展网络而无须直接承担建设和运营的高额成本，同时还可以通过特许经营费增加收入来源。对于受让方，加入一个已知的酒店集团不仅可以立即提升其市场认可度，还能够利用成熟的运营和管理系统降低商业失败的风险。此外，加入大型预订系统和市场营销网络可以显著提升酒店的可见度和客流量。尽管特许经营提供了许多优势，但也存在一些挑战。对受让方来说，必须严格遵守授权方的所有规定和标准，这可能限制了其运营的灵活性。同时，对于授权方，维护品牌形象和确保所有特许经营酒店遵守高标准是一项挑战，任何一个酒店的失误都可能对整个品牌造成损害。

特许经营模式在酒店行业具有广泛的适用范围，适合于多种情况和市场环境。对于希望快速扩大市场覆盖范围的酒店集团，特许经营提供了一种有效的扩展手段。通过这种模式，酒店品牌可以在不需要大量资本投入的情况下，迅速在新的地理位置建立存在感。这种快速的网络扩张有助于品牌在竞争激烈的市场中占据优势。特许经营模式使酒店集团能够在限制资本支出的同时实现增长。集团无须直接投资于物业购置或建设，而是通过特许经营费用获得收益，从而优化资本使用，提高财务效率。对于希望进入新市场但缺乏当地市场知识的酒店集团，与当地的特许经营者合作提供了一种解决方案。本地运营商通常对当地文化、消费者行为和市场规则有更深入的理解，可以帮助品牌更有效地定位并调整其营销和运营策略。

（三）委托经营（合同经营）

酒店委托经营，又称合同经营，是酒店行业中一种常见的业务模式，其中酒店管理集团不拥有酒店资产，而是与酒店拥有者签订管理合同，负责酒店的日常运营和管理。这种模式使得酒店拥有者可以利用管理集团的品牌影响力和运营专长，而管理集团则通过管理费用获得收益。在酒店委托经营模式中，酒店管理集团与酒店业主签订一份合同，通常涵盖了各种服务和管理的标准。这份合同规定了管理集团的责任、权利和收费标准。管理集团依据自身的经营管理规范和标准来经营酒店，确保服务质量与集团其他酒店的一致性。在合同期内，酒店不仅使用管理集团的品牌名称和标识，而且还融入该集团的市场推销网络和客房预订系统，从而提升酒店的市场竞争力和知名度。

酒店委托经营模式特别适用于新建酒店或希望进入新市场的酒店业主，因为管理集团的品牌力和市场经验可以帮助这些酒店快速建立市场地位，有效减少初期市场摸索的成本和风险。此外，对于那些在特定区域或国际市场缺乏经验的业主，委托一家经验丰富的管理集团来运营酒店能够更有效地适应当地市场的特点和需求。对于资本和资源受限的酒店业主，这种模式提供了一种资本轻型的解决方案，允许他们通过将日常运营交由专业团队处理来减少对人力资源和管理系统的直接投资，同时利用管理集团的采购和营销网络来降低运营成本并提升运营效率，这对中小型酒店业主尤为适用，他们可能无法自行建立和维护一个高标准的服务体系。

（四）租赁经营

酒店租赁经营是一种在酒店业中常见的业务模式，其中酒店管理集团不拥有酒店资产，而是通过与酒店业主签订租赁合同，租赁酒店的土地、建筑物、设施设备等，由管理集团作为法人直接负责经营管理。这种模式允许管理集团控制酒店的日常运营，同时减少了需要大额资本投资的需求。以下是酒店租赁经营的几种具体形式。

1）直接租赁

在直接租赁模式中，酒店管理集团与物业所有者签订一个传统的租赁协议。管理集团支付固定的租金，获得酒店的经营权，所有的营业收入和相关的经营风险均由管理集团承担。这种模式为管理集团提供了相对高度的经营自由度，使其能够自主制定价格和营销策略，优化酒店运营。

2）利润分享租赁

在利润分享租赁模式中，酒店管理集团除支付基础租金外，还需要根据酒店的营业利润与业主分享一定比例的收益。这种模式下，业主和管理集团的利益更为一致，鼓励双方共同努力提升酒店的表现，因为酒店收益的增加能直接反映在双方的收入上。

3）出售-回租形式

出售-回租是一种资本筹措方式，其中业主将酒店资产出售给投资者或金融机构，然后再将其长期租回以继续进行运营。这种方式使得原业主可以解锁酒店资产的价值，获得资金进行进一步投资或还债，而酒店运营仍由原管理团队继续进行，保证酒店运营的连续性和品质保持。

酒店租赁经营模式为酒店管理集团提供了灵活性和资本效率，使其能够专注于酒店服务和运营的优化，而不必担心资产的长期维护和资本负担。同时，这种模式也存在一定的风险，如租金上涨或经营成本增加可能压缩利润空间。

（五）联盟经营

酒店联盟经营是一种旨在通过合作提升竞争力和增加市场份额的酒店业务模式。不同于传统的酒店集团，联盟经营涉及的是酒店集团与集团之间，或独立酒店业主与业主之间通过契约形式组织起来的酒店联合体。这种模式允许酒店通过共享资源、信息和技术来增强各自的市场竞争力，尤其是在对抗大型集团和 OTA 的市场压力方面。

酒店联盟的核心特征有以下几点。

1）资源共享

酒店联盟的核心优势之一是资源共享。成员酒店可以共享预订系统，这不仅提高了预订的便捷性，还通过集中的技术平台降低了运营成本。此外，资源共享还可能包括营销策略、员工培训程序、供应链管理等，通过合作，各成员可以享受规模经济带来的成本优势。

2）联合营销

联盟成员通常会共同进行市场营销活动，这样不仅可以减少各自的营销开支，还可以扩大营销的影响力。通过集体的品牌宣传和推广活动，联盟可以提高其在竞争激烈的市场中的可见度和影响力。

3）互推客源

联盟成员之间通常会互相推荐客源，特别是在旅游淡季或特定市场段。这种内部推荐机制可以帮助成员维持较高的入住率，同时也增强了顾客的服务体验，因为联盟成员之间可以提供一致的服务质量和顾客关怀。

酒店联盟经营提供了多个经营优势，使得单一酒店或小型酒店集团能够有效地与大型酒店集团或 OTA 竞争。通过联盟合作，成员酒店共享市场信息、营销资源和预订技术，显著提升了其对市场变化的响应速度和服务质量，增强了市场竞争力。此外，联盟还促成了成本共享，如集体采购和共享的营销及技术系统，帮助降低运营成本并提升利润率。联盟成员还可以利用各自的地理优势进行市场拓展，如一个主要在欧洲运营的酒店联盟通过与亚洲或北美的合作伙伴协作，能够轻松进入这些区域的市场，无需巨大的初期投资，这样的战略布局有助于快速扩展市场覆盖范围。

（六）第三方管理

第三方管理模式为酒店业提供了一种独特的运营结构，其中酒店业主方与独立于酒店品牌方的专业酒店管理公司合作，以日常运营酒店（图 12-2）。在这种模式下，业主首先获得某个酒店品牌的特许经营权，但不自行管理酒店，而是选择与一家第三方酒店管理公司签订管理合同。这样的安排允许业主利用品牌的市场认知度和顾客基础，同时又能够通过第三方管理公司的专业知识和经验来确保酒店的高效运营。此模式中，业主需要向品牌持有人支付品牌使用费，以获得使用品牌名的权利，这通常包括品牌的营销和预订系统。同时，业主还须向第三方管理公司支付管理费，用于酒店的日常管理和运营。这种支付结构确保了品牌标准的维持和专业管理的实施，而第三方管理公司则承担起提高运营效率、优化顾客服务和增加收益的职责。

第三方管理模式的优势在于它结合了品牌的市场吸引力和独立管理团队的运营专长，使得酒店业主能够在不直接参与管理的情况下，享受到专业团队带来的高效运营和成本控制。酒店业主希望使用一个现有的酒店品牌，但却不希望由这个品牌来管理酒店，就可以采用这一模式。这种模式也为业主提供了灵活性，他们可以根据市场条件和管理表现选择更换管理团队，而不必更换品牌，从而更灵活地应对市场变化。同时，第三方管理团队因其专注于酒店管理而非品牌扩展，常常能提供可以定制化和更加创新的管理解决方案，以优化酒店业绩。

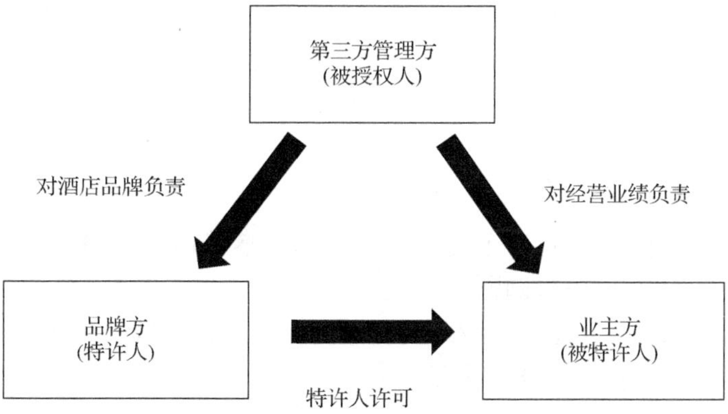

图 12-2　酒店第三方管理模式

第三方酒店管理模式虽具有诸多优点，但也面临一些显著的缺点和挑战，特别是涉及需要协调和平衡三方（业主、品牌持有者、第三方管理公司）之间的矛盾和利益冲突。业主通常关注的是资产的长期价值和投资回报，而品牌持有者则侧重于品牌的市场地位和整体形象。第三方管理公司则更注重日常运营的效率和盈利性。这些不同的焦点可能导致决策上的分歧，如资本投入、运营策略和市场定位等方面的决策常常需要在不同方的利益中找到平衡。在第三方管理模式下，沟通不足可能导致误解和策略实施的偏差，影响酒店的整体表现和顾客满意度。第三方管理合同的复杂性也是一个挑战，尤其是在合同的执行和遵守方面。合同通常涉及详细的服务水平协议和性能基准，不当的管理或监督可能导致服务质量下降，进而引发合同争议。此外，如果第三方管理公司未能达到预定的经营目标，可能需要进行费用调整或寻求其他补救措施，这可能进一步复杂化管理关系。

处理第三方酒店管理模式中的矛盾和挑战主要涉及三个关键策略：首先，建立清晰的合同条款是基础，它要求在合同中明确界定各方的角色、责任和期望，特别是涉及财务责任、操作标准和利润分配的具体条款，这有助于减少误解并为解决潜在冲突提供法律基础。其次，实施定期的沟通和审查会议至关重要，通过定期组织三方会议来讨论运营状况、财务表现和市场动态，这种持续的沟通有助于及时发现并解决问题，同时调整策略以适应市场变化。最后，采用灵活的管理策略也是解决矛盾的一种方法，它允许第三方管理公司根据市场条件和实际运营情况进行策略调整，同时确保通过适当的监督和激励机制使管理公司的策略与业主和品牌持有者的长期利益保持一致。这些策略共同作用，有助于平衡和协调第三方管理模式中的各方利益，促进其长期合作与成功。

二、酒店集团化经营模式的多样性

酒店集团化经营模式的多样化是其在全球或区域市场中成功的关键因素之一。这种经营模式的灵活性允许酒店集团根据不同的市场需求、投资预算和风险评估来选择最适合的经营策略。具体来说，酒店集团化的多样化模式源于以下几个方面的考虑。

（一）市场多样性

全球市场的多样性要求酒店集团采用灵活的经营模式以适应不同地区的文化、经济和法规差异。不同国家和地区的消费者偏好、消费能力和服务期望各不相同，因此酒店集团需要通过多种模式来优化本地市场的业务布局和服务提供。

（二）资本和风险管理

酒店集团化的不同模式允许企业根据自身的资本结构和风险承受能力来选择投资方式。例如，全资所有模式虽然提供了完全的控制权，但需要大量的初始投资和承担较高的运营风险。相比之下，特许经营或委托经营则可以在较低的直接投资下扩展品牌，同时将一部分运营风险转移给合作伙伴。

（三）运营效率

不同的经营模式影响酒店的运营效率和管理效果。酒店集团可能根据特定酒店的地理位置、市场定位及管理需求选择最适合的模式。例如，位于主要城市的高端酒店可能直接由集团管理以保持服务质量，而位于偏远地区的经济型酒店可能采用特许经营模式以利用当地经营者的市场知识和成本效益。

（四）法律和税务考虑

不同国家的法律和税务环境也会影响酒店集团选择不同的经营模式。例如，某些国家可能对外国直接投资有限制，酒店集团则可能选择与当地企业合作的委托经营模式来运营酒店。

（五）技术发展

随着技术的发展，尤其是信息技术和互联网的普及，新的运营模式如虚拟酒店集团开始出现。这些模式利用在线平台将独立酒店或小型酒店链整合起来，共享预订系统和营销资源，既降低了成本，又提高了市场竞争力。

三、酒店集团化经营模式的变化历程

酒店集团化经营模式的变化历程反映了全球酒店业从传统的直接拥有和运营模式，向更为复杂和多样化的管理策略的演进。这一转变不仅体现了行业对市场变化的响应，也揭示了酒店集团在全球化和技术革新的驱动下，如何适应和领航市场趋势。

最初，酒店集团主要采用直接拥有物业的方式进行扩张，在这种模式下，集团控制了酒店的每一个运营细节，确保了服务和品牌标准的统一性。这种模式虽然提供了最高的品牌一致性和质量控制，但资本和运营成本极高。

为了降低风险并提高资本效率，酒店集团开始采用参股和控股模式，通过持股而非全资拥有酒店来进行地理和市场扩张。这使得集团能够在全球范围内迅速扩展，同时分散投资风险。

在进一步演化中，酒店集团采用了第三方管理和特许经营模式。这些模式使酒店集团能够扩展品牌影响力而无需大规模的资本投入，管理费和特许经营费成为新的收入来源，同时也让集团能够更加灵活地适应不同市场的需求。

第三节　中外酒店集团化发展现状和趋势

一、中国酒店集团化发展现状和趋势

中国酒店集团化的发展在近年来呈现出显著的增长和变化，其背后的驱动因素包括经济增长、消费升级以及科技进步等。

（一）品牌多样化与市场细分战略

随着消费者需求的多样化，中国酒店集团纷纷推出不同定位的品牌，以覆盖从经济型到高端奢华型的各个市场段。例如，华住集团就拥有如海友酒店（针对经济型市场）、全季酒店（中端市场）等多个子品牌，甚至还推出了针对年轻顾客的潮牌酒店，以吸引追求个性化和新鲜体验的年轻群体。随着品牌酒店谱系的不断扩展，中国的主要酒店集团纷纷推出了各具特色的多元品牌。品牌的专业化和多样化不仅帮助酒店集团扩大了市场覆盖面，也增强了其在竞争激烈的市场中的竞争力。通过细分市场和定位清晰的品牌策略，酒店集团能更精准地满足不同消费者群体的需求，从而提升顾客忠诚度和市场份额。2023 年美国权威酒店杂志 HOTELS 公布的 “全球酒店 10 强”，锦江、华住和首旅如家等中国酒店集团继续荣登前 10 位，且规模量级继续上升。

（二）技术整合与智能化服务

在数字化时代背景下，中国酒店集团积极整合最新科技，提升服务效率和顾客体验。例如，通过人脸识别技术实现的快速入住，让顾客省去了烦琐的登记手续，大幅提升了入住效率。智能客房系统能够根据顾客的偏好自动调整房间的温度、照明和娱乐设施，这些创新的应用不仅提升了顾客的满意度，也提高了酒店的管理效率。此外，大数据和 AI 的应用也使酒店集团能够更好地分析顾客行为，优化库存管理和价格策略。这些技术的应用不仅有助于酒店集团提升顾客体验，还有助于其在背后的运营管理中实现成本控制和效率提升。

（三）国际化扩展与全球竞争

中国酒店集团不再局限于国内市场，而是积极寻求国际化的扩展机会。锦江集团收购法国卢浮宫酒店集团就是一个明显的例子。这种扩展不仅扩大了集团的国际影响力，也为中国品牌走向世界舞台提供了新的可能。随着知名连锁品牌的逐步增多，中国酒店行业的品牌结构更加多样化，但整体竞争力仍有待提高。在连锁中端市场，品牌如维也纳、全季、亚朵、丽枫和白玉兰逐渐崭露头角；经济型市场则由如家、汉庭、7 天、锦江之星和格林豪泰等品牌主导；而在高端市场，万达文华和锦江丽笙等品牌代表了行业的高品质服务和设施。这些品牌的存在表明中国酒店业正在向更广泛的市场扩展，尽管如此，它们在全球市场的竞争力还需要进一步加强。通过国际化的扩展，中国酒店集团不仅能够学习和吸收国际先进的管理经验和服务理念，同时也能将中国的酒店服务文化推广到全球，增加国际旅客对中国品牌的认知和接受度。

（四）市场竞争与创新策略

尽管市场需求持续增长，但酒店行业的竞争也日益激烈。面对从新兴在线旅游平台到国际酒店集团的多方面竞争，中国酒店集团必须不断创新其服务和营销策略。这包括通过社交媒体营销吸引年轻消费者、提供定制化旅游体验，以及开展会员忠诚计划等。通过这些策略，酒店集团能够增强自身的市场吸引力和顾客黏性，从而在竞争中保持优势。随着品牌的发展，中国酒店集团逐渐采用品牌延伸的策略，通过整合旅行社、旅游景区、旅游车船公司等相关企业，实现利益最大化。例如，锦江酒店集团通过新建、购买、控股或参股的方式，收购或兼并与酒店业务相关的企业。此外，多元化的品牌延伸策略也促使我国酒店企业逐步向其他行业渗透。这种策略不仅增强了企业的核心竞争力，还拓宽了商业模式和收入来源。

二、国际酒店集团化发展现状和趋势

国际酒店集团化的发展在过去几十年中显著加速，主要得益于全球化的推进、旅游业的快速增长以及科技的进步。

（一）全球扩张与本地化策略

国际酒店集团如洲际、万豪、希尔顿等，通过并购、合资和特许经营等多样化的策略，实现了在全球范围内的迅速扩张。这些集团不仅在美国、欧洲等国家建立了强大的酒店网络，也成功进入了亚洲、非洲和拉丁美洲等新兴市场。在全球扩张的过程中，这些酒店集团不断采用本地化策略，以符合不同地区的文化和市场需求。例如，它们会根据当地的饮食习惯调整酒店的餐饮服务，提供地方特色菜肴，并采用本地语言进行顾客服务，以提升顾客的归属感和满意度。此外，酒店的装饰和设计也会融入当地的艺术和文化元素，以吸引和欢迎更多的本地游客。此外，国际酒店集团还通过社区参与和合作提升其在新市场中的接受度和品牌形象。国际酒店集团在进行全球扩张时还特别注意遵守当地法律和商业习惯，以避免潜在的法律风险和文化冲突。

（二）技术创新与数字化转型

国际酒店集团在追求提升顾客体验和运营效率的过程中，正在广泛采用前沿技术，尤其是AI、大数据分析和移动技术，这些技术的应用正在彻底改变传统的酒店服务模式。通过这些高科技工具，酒店集团能够实现从在线预订系统到自助入住，再到智能客房管理等一系列服务的数字化，极大地提升了效率和顾客满意度。

（三）可持续发展与社会责任

在当今全球面临气候变化和资源紧张的严峻挑战下，国际酒店集团已将可持续发展和社会责任置于核心战略地位。这些集团正在采取一系列创新措施来减轻其运营对环境的影响，并积极参与支持全球和地方社区的可持续发展。环保材料的使用是国际酒店集团可持续发展策略的一部分。例如，许多酒店，如香格里拉酒店，正在逐步淘汰单次使用的塑料产品，改用可生物降解或可重复使用的材料。在建筑和装修过程中，酒店集团选择使用具有高能效和低环境影响的材料，如再生木材和低挥发性有机化合物的油漆。节能技术的应用也是减少环境影响的关键方面。

除了环保举措，国际酒店集团还积极参与社会责任项目，强调对教育、就业和健康领域的投入。很多集团通过与当地学校合作，提供奖学金和实习机会，支持教育事业，并帮助培养旅游业人才。在就业方面，酒店通过提供职业培训和公平就业机会，帮助提高当地居民的生活水平。此外，通过组织健康检查营、支持当地医疗设施和发起健康意识活动，酒店集团也在努力提升社区的整体健康水平。

三、国际酒店集团在中国的发展现状

国际酒店集团在中国的扩张正在迎来一个新的发展阶段，这主要得益于中国市场的巨大潜力、逐渐开放的市场环境和不断进步的消费者需求。

（一）区域覆盖的广泛扩展

过去，国际酒店集团在中国的扩张主要集中在大城市和经济发达区域。如今，随着中国内部区域经济的平衡发展，国际酒店集团不再仅仅集中在一线城市和旅游热点，而是开始向二线、三线城市以及更多的地区扩散。这种扩散有助于品牌触及更广泛的市场，满足不同地区日益增长的商务和旅游需求。例如，万豪国际和洲际酒店集团已经在多个二线和三线城市开设了新的酒店，以满足日益增长的旅游和商务需求。此外，随着“一带一路”倡议的推进，更多的国际酒店品牌开始进入中国西部和其他未充分开发的区域，希望通过早期进入获得市场先机。

（二）快速扩张的战略实施

随着中国经济的快速增长和城市化进程的加速，国际酒店集团加快了在中国的扩张步伐。为了应对中国市场的竞争，国际酒店集团不仅加快了新酒店的开业速度，还通过并购本地酒店品牌快速扩大市场份额。快速的市场调研、合作谈判以及建设速度，使得新酒店能够在短时间内开业，迅速占领市场。同时，这种快速扩张也得益于与地方政府的合作，这些政府经常提供优惠政策以吸引外资，从而加快了项目审批和建设过程。

（三）品牌扩张的多样化

国际酒店集团不断引入其全球网络中的多个品牌到中国市场，从超奢华到经济型品牌应有尽有。这种品牌的全面扩张使得它们能够更好地服务于中国不同消费层次的需求，无论是追求奢华体验的高端顾客还是注重性价比的普通顾客，都能找到合适的选择。此外，一些集团还引入了专门针对健康和生活方式的新品牌，以迎合现代消费者对健康和品质生活的追求。

（四）经营模式的多样化

面对市场的多变和竞争的加剧，国际酒店集团在中国的经营模式也展现出多样化。最初，国际酒店集团进入中国市场时多采用委托经营的模式，但随着市场竞争的加剧和合作方对合作模式要求的提升，这种单一模式已不再满足市场需求。现在，酒店管理合同的期限呈现缩短的趋势。酒店管理集团为了争取合同，通常会主动缩短合同期限；同时，委托方的选择更多，对利润等关键条款有更多主动权，倾向于在酒店运营顺畅后尽早终止管理合同，以掌握更大的自主权。在这样的背景下，国际酒店集团开始尝试特许经营等多种经营模式，以适应中国市场的特点和需求。

这些变化不仅展示了国际酒店集团对中国市场的长期承诺，也反映了它们在全球化战略中对中国巨大市场潜力的认可。随着市场环境的不断变化和消费者需求的多样化，预计国际酒店集团将继续创新和调整其在中国的战略，以保持竞争力和市场份额。

本章小结

酒店集团化指的是在全球范围内拥有或管理两家以上酒店的企业，通过统一的品牌和标准化管理进行联合经营。这种模式依靠强大的品牌影响力和高效的管理系统，实现规模经济的优势。其特征包括统一的经营管理、酒店间的协同合作、获得规模经济以及多样化的经营模式。集团化管理相比单体酒店具有多方面的优势，如提高管理效率、技术集成、财务稳定、营销优势、人才流动和采购经济等。

酒店集团化经营模式的多样性是其在全球市场中成功的关键因素。酒店集团可以根据不同的市场需求、投资预算和风险承受能力选择最适合的经营策略，包括直接经营、特许经营、委托经营、租赁经营、联盟经营和第三方管理等模式。这些模式的选择不仅取决于市场多样性、资本和风险管理的需要，还涉及运营效率、法律和税务考虑以及技术发展等因素。通过灵活运用这些模式，酒店集团能够实现规模经济、优化资源配置并最大化市场覆盖。

中国酒店集团化发展迅速，呈现出采用品牌多样化与市场细分战略、技术整合与智能化服务、国际化扩展与全球竞争以及市场竞争与创新策略四大趋势。主要酒店集团如锦江、华住和首旅如家等，通过推出多个子品牌覆盖各个市场段，积极应用人脸识别和智能客房系统等技术提升服务质量，拓展国际市场并在激烈竞争中不断创新，以保持竞争优势。此外，中国酒店集团在国际市场上的品牌结构和竞争力逐步增强，通过收购、整合和品牌延伸，提升了整体市场份额。

国际酒店集团化发展则集中在全球扩张与本地化策略、技术创新与数字化转型、可持续发展与社会责任等方面。在中国，国际酒店集团的扩展也进入了新的发展阶段，通过区域覆盖的广泛扩展、快速扩张的战略实施、品牌扩张的多样化和经营模式的多样化等措施，适应中国市场的巨大潜力和变化。

案例分析与讨论

第三方酒店管理模式在中国的发展现状

酒店特许经营成为中国酒店业新的发展趋势，第三方酒店管理的市场需求随之出现。从国际酒店管理集团进入中国起，品牌从奢华、高端到轻奢、中端，布局从一线城市到四线城市，目前国外各大酒店管理集团已经将部分成熟品牌在中国开放特许经营模式，积极争取在中国更多的业务和布点。国内品牌为了加快发展步伐，近年来也尝试采用轻资产特许经营模式。特许经营模式为第三方酒店管理公司发展提供了机遇，但第三方酒店管理公司要在国内顺利开展恐怕还面临诸多挑战。

一、国际第三方酒店管理公司的发展现状

北美等成熟酒店市场中，凯悦、万豪、希尔顿、温德姆、洲际等酒店集团的特许经营占比在70%以上，并促生了第三方酒店管理公司，业主委托经过品牌方认可的专业第三方来实施现场管理，酒店投资方 + 品牌方 + 第三方酒店管理公司模式成为北美等地酒店管理的主流方式之一。在北美等地，采用第三方酒店管理的投资方，除了准备资金、决定投资、投在哪里、选用哪个品牌，和品牌方谈判、按品牌标准设计、筹建、营运、资产管理等事项，都委托给第三方打理，合作是长期且权责明确、费率透明的。

二、国外第三方酒店管理在中国落地难

2010年，洲逸（Interstate Hotels & Resorts，2019年9月Aimbridge和洲逸合并）的第三方模式被国内最大的酒店管理集团锦江看好，锦江集团出资收购了洲逸的部分股权，在资本市场有了新的故事和话题，洲逸也愿意借国内最大的酒店管理集团锦江进入中国市场，双方的合作试图在中国这个巨大市场拓展第三方酒店管理业务。当时国内的投资方对于第三方酒店管理的认知并不全面，对于既要支付品牌方的品牌费和管理系统费，又要支付第三方的管理费和奖励费，完全无法接受。鉴于此，双方采用此模式对外拓展并不顺利，锦江集团只好拿出自有物业上海浦东的东锦江试点作为样板。试点的结果却是挂上了希尔顿集团的逸林（Double Tree）品牌，后缀是Managed by Interstate Hotels & Resorts，这一结果让行业舆论对于第三方模式产生很多不解，原因也和锦江自身是酒店管理集团有关。开局不利，合作之路并不顺畅，在没有双赢的情况下，六年后锦江集团出售了所购买的洲逸股份。后来也有国外第三方酒店管理公司陆续进入中国市场，目前皆没有激起很大的浪花。随着特许经营的不断发展和规范，国内业主对第三方管理的认知加深，国外第三方酒店管理公司在中国落地后续动作须进一步观望。

三、国内第三方酒店管理发展空间受限

为何一些国内的投资方选择从委托经营转换到特许经营模式？一大原因是经过多年的学习和实践，投资方希望拿回控制权，得到理想的投资回报。目前业内采用特许经营模式的酒店，大部分是委托经营签约超过10年的业主，模式改变后有得偿所愿业绩提高、利润增加的，也有不如原有模式业绩的，区别就在除品牌以外的关键要素——人力资源。部分投资方在邀请品牌管理的同时，一并培养了自己的专业团队。现在业主不仅可以自己很专业地设计建造酒店，也有能力组建自己的管理团队，所以改变模式后可能仅是减少了个别管理者而已，且自己的专业团队对于本地市场的客源比管理公司派驻的管理者更能有效驾驭。此情况下投资人何必花钱找第三方？

目前，第三方酒店管理模式在国内运行基本是在试行探索阶段，专业的、成规模的、熟知不同品牌标准的第三方酒店管理公司人才库并没有真正形成。多数采用此模式的投资方，主要是聘请熟知的职业经理人来充当第三方酒店管理角色，一般合作周期在酒店的筹建期和开业前的垦荒期，投资方多数是对第三方的阶段性利用，像国外模式全权让

其代为经营和资产管理的时机还未到来。同时因为临时拼凑的第三方酒店管理队伍并不强大，投资方只需要拿出原需要支付品牌方技术支持费中的30%～40%，不成熟的第三方酒店管理公司管理收费都远低于品牌公司。而且在国内，从委托经营模式和特许经营模式付给品牌方的费用来看，特许经营模式似乎并不省钱，那投资方还能拿出多少钱给第三方管理公司？

四、国内第三方酒店管理核心价值尚未建立

2014年起，雅高、洲际、万豪等国际酒店管理集团陆续在中国开放了部分品牌的特许经营。为什么越来越多的酒店管理集团会拿出部分品牌推行特许经营模式？一大原因是人力资源已经滞后于大规模的拓展速度，而特许经营模式并不影响轻资产集团的收益。在巨大的市场面前，国际著名酒店管理集团都因为人力资源短缺而变委托经营为特许经营，国内第三方酒店管理公司的人力资源又如何解决呢？如果没有专业的人才库，第三方酒店管理市场这盘棋的挑战将大于机遇，该模式的核心价值还没有建立，投资人又如何来体验其核心价值呢？

就目前行业的生态环境，对于能承担第三方酒店管理重任的要求很高，夹在品牌方和投资方中间的第三方，需要了解品牌方不同的设计和装修标准，需要在筹建期为投资方节约大量物资采购中供应链的成本，需要在开业运营中熟知品牌方的服务标准和品控要求，并能在营业额大百分比贡献给品牌方的前提下，在有利润产生的前提下，分得远低于品牌方的收益。这种为双方打工、为双方服务、又需要在过程中与多方（设计方、供应商、顾客、员工）周旋的活，难度非专业特强、人才特全的团队所能承担。目前第三方酒店管理在我国还没有大规模推行，应该和这支队伍还未培养成有关。

资料来源：袁学娅，《第三方酒店管理公司，你的价值是什么》，载于微信公众号“酒店评论”，2022-07-07。

案例思考：

第三方酒店管理模式在中国的发展遇到了什么困境？如何破局？

思考与练习

1. 酒店集团化相比单体酒店的优势体现在哪些方面？
2. 酒店特许经营模式的优缺点和适用范围是什么？
3. 如何处理第三方管理模式中的三方矛盾？
4. 当前，中国酒店集团化发展的现状如何？
5. 国际酒店集团在中国的发展现状如何？

参考文献

谷慧敏，克里斯·瑞安. 2009. 饭店集团案例库(国际卷). 张伟，译. 北京：旅游教育出版社.

李庆，曾国军. 2009. 酒店集团扩展的外部影响因素研究：基于中国酒店集团的问卷调查. 旅游论坛，2(3): 404-409.

王丽敏. 2018. 我国国际酒店管理集团发展模式研究. 商场现代化, (16): 97-98.
奚晏平. 2012.世界著名酒店集团比较研究. 北京: 中国旅游出版社.
曾国军, 刘小艳. 2011. 标准化与原真性悖论: 饭店集团的扩展方式. 旅游学刊, 26(7): 24-29.
Alon I, Ni L, Wang Y. 2012. Examining the determinants of hotel chain expansion through international franchising. International Journal of Hospitality Management, 31(2): 379-386.
Jokelainen J, Garrod B, Sthapit E, et al. 2023. The role of experiential familiarity in shaping hotel-chain competitiveness. International Journal of Contemporary Hospitality Management, 36(2): 2999-3015.
Pimpão P, Correia A, Duque J, et al. 2014. Exploring effects of hotel chain loyalty program. International Journal of Culture, Tourism and Hospitality Research, 8(4): 375-387.

第十三章

酒店业务运营管理

本章导读

本章将全面介绍酒店前厅、客房、餐饮、康乐等主要业务部门的管理要点。在阐述各部门的管理内容的基础上，还将探讨数字化技术在酒店运营中的应用。首先，前厅管理部分涵盖客房预订、入住接待等环节。客房管理章节则重点介绍客房清洁、维修等工作流程。餐饮部管理聚焦于菜单策划、库存控制等方面。康乐部管理则包括健身房、水疗中心的日常运营。其次，本章将重点分享酒店如何利用数字化技术，如自助服务、智能设备、酒店运营管理系统（operations management system，OMS）等，提升整体运营效率和顾客体验。通过借助前沿技术实现酒店管理的智能化转型，助力酒店业实现高质量发展。

学习目的

1. 全面掌握酒店前厅、客房、餐饮、康乐等主要部门的常规管理工作流程和要点。
2. 了解数字化技术在酒店前台接待、客房管理、餐饮服务等环节的应用，如自助服务、智能设备等。

3. 分析酒店数字化转型的意义和必要性，掌握实现酒店管理智能化的策略和方法。结合案例，提出针对性的酒店数字化转型建议，为酒店高质量发展贡献力量。

核心概念

前厅管理；客户关系；餐饮管理；OMS

导读案例

上海某洲际酒店的改革之路

上海某洲际酒店，一个融合历史与现代的典范，见证了上海这座国际大都市的百年变迁。1917 年，英国富商马立斯家族在上海市中心建造了一座私人花园别墅，随着时间的流逝，这片建筑群经历了多次易主和功能转变，于 1949 年后成为接待国内外重要宾客的场所。20 世纪 80 年代，正式对公众开放，开启了它作为酒店的新篇章。

进入 21 世纪，为了适应现代酒店业的发展需求，该酒店的业主方决定对酒店进行大规模的修复和改造。2011 年至 2013 年间，该业主集团投入数亿元资金，邀请国际知名设计事务所、建筑学家和历史学家参与，对占地近 6 万平方米的建筑群进行了整体修复。修复工程的核心理念是“修旧如旧”，旨在保留建筑的历史风貌，同时融入现代设计元素，提升酒店的舒适度和便利性。

在这一过程中，该洲际酒店不仅恢复了其原有的优雅，更增添了现代设计的便利，实现了历史与现代的完美融合。为了进一步提升酒店的服务质量和管理水平，该集团选择与洲际酒店集团合作，由其负责酒店的经营管理。洲际酒店集团凭借其丰富的管理经验和高端品牌定位，为该洲际酒店带来了国际化的服务标准和顾客体验。

经过一系列的改革措施，该洲际酒店成功吸引了国内外高端顾客群，成为上海最具传奇色彩的酒店之一。

（1）修复工程的精心策划。修复工程不仅仅是对建筑外观的整修，更是对内部结构和功能区域的全面升级。设计师们深入研究了建筑的历史背景，力求在保留原有艺术风格的同时，引入现代设计理念。例如，对原有的木质结构进行了加固和防腐处理，同时在不破坏外观的前提下，安装了现代化的隔音和隔热材料，提升了客房的舒适度。

（2）技术与设施的现代化升级。在技术层面，该洲际酒店引入了先进的客房管理系统，实现了客房预订、顾客服务和物业管理的自动化和智能化。客房内部配备了智能家居系统，包括智能照明、温度控制和娱乐系统，为宾客提供了便捷的个性化体验。

（3）品牌合作与文化融合。与洲际酒店集团的合作，为该洲际酒店带来了国际化的服务标准和品牌影响力。洲际酒店集团的管理团队带来了丰富的国际酒店管理经验，对服务流程、员工培训和客户关系管理等方面进行了全面优化。同时，酒店还注重本土文化的融合，通过展示上海本地艺术作品和举办文化活动，增强了酒店的文化氛围。

（4）服务理念的创新。该洲际酒店在服务理念上进行了创新，提出了“宾至如归”的服务宗旨。酒店员工接受了专业的服务培训，学习如何更好地理解顾客需求，提供个性化和细致入微的服务。此外，酒店还推出了一系列特色服务，如私人管家服务、定制化旅游体验等，以满足不同宾客的需求。

（5）市场定位与营销策略。在市场定位上，该洲际酒店明确了自己的目标顾客群，主要是寻求高品质住宿体验的商务旅客和高端旅游者。酒店通过精准的市场调研，了解目标顾客的需求和偏好，制定了相应的营销策略。利用数字化营销工具，如社交媒体、在线广告和电子邮件营销，有效地推广了酒店的品牌形象和特色服务。

（6）持续的质量控制与改进。该洲际酒店建立了严格的质量控制体系，确保服务和设施能够持续满足高标准。酒店管理层定期对服务质量进行评估和审查，及时解决顾客反馈的问题，并根据市场变化和顾客反馈不断改进服务。

通过这一系列的改革措施，该洲际酒店不仅在硬件设施上达到了现代化标准，在服务理念和经营管理上也实现了质的飞跃。这家酒店的成功案例证明了，成功转型不仅体现在硬件设施的升级，更在于服务理念的创新和管理水平的提升。该洲际酒店展示了如何通过尊重历史、融合现代、品牌合作和创新管理，实现酒店业的成功改革。它的故事为酒店业提供了宝贵的经验和启示，证明了即使是拥有悠久历史的老酒店，也能通过改革创新焕发新的活力，成为现代酒店业的璀璨明星。

第一节　前厅部：酒店的门面

前厅部（front office department）在酒店中扮演着关键的“门面”角色，负责门店形象展示、顾客接待、入住登记、客房分配、信息咨询以及提供礼宾服务，是酒店与顾客互动的第一线，对提升顾客满意度和酒店形象至关重要。前厅部的职责和功能有四项：客房的销售与预订管理、入住接待与礼宾服务、客房分配和协调安排、顾客服务和信息建档。想要完成这些工作且符合顾客要求，需要员工具备深厚的产品知识、市场洞察力以及高效的沟通能力，以满足不同顾客的需求并提供个性化的服务。

一、前厅部的职责和功能

（一）客房销售与预订管理

1. 服务内容

前厅部在酒店运营中的工作至关重要，首要任务就是客房的销售与预订管理。销售客房是前厅部的核心职责之一，即员工将酒店拥有的客房使用权出售给顾客。前厅部负责处理客房预订信息，包括通过前台面对面、电话和在线预订平台等途径进行预订的接收、修改和取消。这要求员工对预订系统有深刻的理解，能够确保信息的准确性和及时更新，避免预订错误。高效的预订管理不仅保障了客房资源的合理分配，也提升了顾客体验和酒店运营效率。

2. 客房预订管理

客房预订管理是前厅部负责的一项至关重要的任务，指顾客通过各种渠道（如电话、在线平台、前台等）向酒店提出住宿需求，并由酒店确认是否提供相应房间的服务过程。这一过程通常涉及选择房型、确定入住和退房日期、支付预订押金或全款，以及获取预订确认信息等步骤。它不仅涉及客房的销售和分配，还直接关联酒店的整体形象和顾客信任度。顾客通常有多种预订途径，如传统的面对面预订、便捷的电话预订，以及如今更为常见的在线平台预订等。这些方式各有优势，共同构成了酒店预订系统的多元化。

面对面预订是一种传统的酒店预订方式，顾客可以直接与酒店员工进行沟通。这种方式的优势在于高效率、少错误和高度个性化。通过这种方式，顾客可以直接表达自己的需求和偏好，前厅部能够即时提供关于房价、政策和可用性的详细信息，从而减少了双方之间误解和沟通障碍的可能性，提升了顾客对酒店服务的信任感。另外，前厅部员工通过直接与顾客的互动，能够敏锐地察觉顾客的情绪变化。这种即时的情绪识别能力使员工能够迅速调整服务方式，提高服务的整体质量。

顾客通过拨打酒店前台预订电话订房，这种方式为顾客提供了方便，使他们在任何时间都能够轻松预订房间。这种方式的优势在于其灵活性和即时性，顾客可以快速获得响应，并在电话交谈中解决疑问或特殊需求。此外，电话预订还有助于酒店收集顾客反馈，为改进服务和运营策略提供实时数据。

在线平台预订作为一种酒店预订方式，在互联网高度发达的时代已经逐渐成为主流，为顾客提供了一个快速且方便获取海量酒店信息的渠道。顾客可以通过在线旅行代理或酒店自设的官方网站，不受时间和地点的限制，轻松浏览房间选项、查看实时价格和可用性，并进行即时预订。这种预订方式的优势在于其高度的可访问性和用户友好性，它不仅降低了顾客的搜索成本，还提高了预订的效率。在线平台通过集成先进的搜索算法、用户评价系统和安全的支付网关，增强了顾客的预订体验。此外，这些平台通常具备强大的数据分析能力，能够帮助酒店更好地理解市场需求，优化定价策略，并实施有效的收益管理。在线平台预订不仅帮助酒店业提升了运营效率，也为消费者带来了更加灵活和便捷的服务体验，是现代酒店业不可或缺的一部分。

有效的预订管理确保了客房资源的合理分配，同时也提升了顾客满意度和酒店的市场竞争力。它要求酒店员工不仅要精通各种预订操作，还要能够及时响应顾客需求，处理可能出现的预订变更或预订取消。通过预订管理，酒店能够维护良好的客户关系，同时优化客房销售策略。

拓展阅读

航空业超额预订策略启发下的酒店业思考

自 20 世纪 60 年代起，航空业通过超额预订策略有效应对了“顾客无故不到”（no show）带来的损失，而酒店业尽管面临相似的挑战，却往往缺乏相应的应对措施。以一家位于繁华商业街中心、拥有 200 间客房的商务酒店为例，尽管在旺季期间的周三和周四客房需求旺盛，但 2014 年 5 月至 7 月的数据显示，由于顾客的 no show 行为，酒店在这两个月的23个高峰日中，有21天未能实现满房，平均客房出租率仅为96%和95%。由于酒店没有采用超额预订策略，部分客房闲置，仅在这段时间内就损失了108 540元的应得收入。更糟糕的是，一位因客房已满而未能预订成功的顾客，在得知酒店并未满房后感到不满，决定不再选择这家酒店，这不仅造成了经济上的损失，还损害了酒店在顾客心中建立的良好信誉。这一案例凸显了酒店业在应对no show现象时的不足，也启示酒店业需要借鉴航空业的经验，通过更精细化的预订管理和风险控制来减少损失，同时维护顾客的满意度和忠诚度。

资料来源：作者根据网络资料/相关文献资料改写而成。

（二）入住接待与礼宾服务

顾客抵达酒店时，前厅是他们最先接触的服务区域，它为顾客提供了对酒店的第一印象。而入住接待则是顾客对酒店形成第一印象的关键环节，在酒店服务中占据核心地位，也是建立顾客信任和满意度的起始点。高效的入住流程能够显著提升顾客的住宿体验，而个性化的服务则能够增强顾客的忠诚度和推荐意愿。酒店前厅部的入住接待是指在顾客正式成为酒店住客前，由前厅部员工负责的一系列服务活动。这些服务包括但不限于迎宾、信息核实、预订确认、房间分配、房卡发放以及相关酒店服务和设施的介绍。

入住接待流程是一系列精心设计的步骤，旨在确保顾客在入住时体验到高效、友好的服务（图13-1）。该流程始于顾客到达酒店时前台员工的亲切问候与引领到前厅，随后进行顾客身份和预订信息的核实，并接收顾客行李物品。确认无误后，根据顾客需求和酒店情况分配房间，并提供房卡。此外，员工还会向顾客介绍酒店的设施与服务，并解答其疑问。最后，根据需要可提供引导顾客或运送行李到房的服务，确保顾客顺利入住并感到宾至如归。这一连贯流程不仅体现了酒店的专业标准，也展示了对顾客体验的重视。

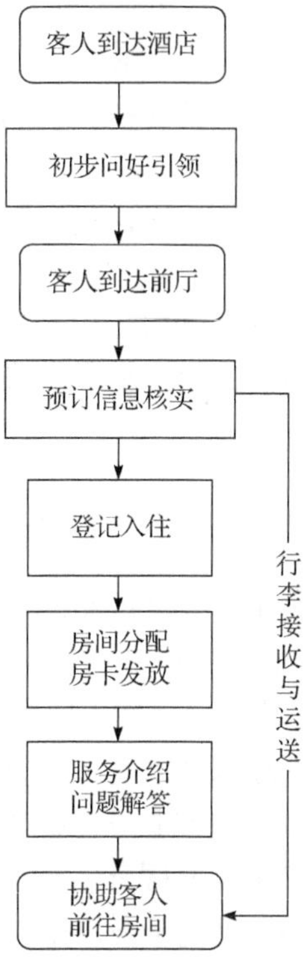

图13-1　顾客入住服务流程

在整个入住接待的过程中，酒店需要注重效率与准确性，这关系到顾客对酒店的初步印象和整体满意度。快速而准确地处理入住手续，确保信息无误，可以避免不必要的延误和顾客的不满。同时，提供个性化服务是构建顾客忠诚度的关键，通过了解并记录顾客的偏好，酒店能够提供定制化的服务，让顾客感受到被重视和理解。此外，隐私保护是提升顾客信任和酒店声誉的基础，酒店必须严格遵守隐私保护政策，确保顾客的个人信息安全。

应急准备是风险管理的一部分，通过制定应对预订超额、房间问题或其他突发事件的预案，酒店能够迅速解决问题，减少对顾客的不便。综合这些因素，酒店前厅部的入住接待不仅是一项日常运营活动，也是酒店品牌建设和客户关系管理的重要组成部分。

礼宾服务是提升前厅部门服务质量的核心要素，它们对于优化顾客的整体入住体验至关重要。通过提供专业的迎宾接待服务、详尽的信息咨询，以及对特殊需求的快速响应，不仅增强了顾客的个性化感受，而且有助于塑造酒店的品牌形象。

（三）客房分配和协调安排

在酒店管理与运营的复杂体系中，客房分配不仅是一个操作流程，更是确保顾客满意度和运营效率的基石。当顾客提出特殊的入住要求或面临变更时，酒店必须具备灵活而迅速的响应机制，确保这些需求得到妥善处理。

客房分配策略是酒店收益管理的核心组成部分，它涉及对客房需求的准确预测。通过对历史数据和市场趋势的细致分析，酒店能够预测未来的客房需求，从而为不同房型和相应的价格策略提供数据支持。这一过程要求酒店对市场有深刻的理解，以便制定出能够吸引目标顾客群体的房价。此外，顾客细分在客房分配中扮演着至关重要的角色。酒店通过识别商务旅客、家庭游客或休闲旅客等不同的顾客群体，并根据他们的特定偏好来分配房间，从而提升顾客满意度和忠诚度。

在酒店管理的学术领域中，客房分配后的调整是顾客服务管理的重要组成部分。顾客入住之后，会出现正常入住程序之外的问题。面对此类情况，酒店应采取灵活的策略，尽可能地满足顾客的合理要求，以提升其满意度。对于顾客换房的请求，酒店须首先识别换房的原因。若由于酒店的内部原因，如清洁状态存在问题，酒店员工应清晰地向顾客解释情况，并寻求其理解。其次，员工应检查客房状态，为顾客安排合适的替代房间。在此过程中，若新房间的档次高于原房间，酒店应根据政策调整房费，并向顾客说明情况。

此外，顾客续住的请求也应得到妥善处理。酒店应优先考虑已入住顾客的利益，了解其续住需求，并与当前及未来预订情况进行核对，以确保不会出现超额预订。旺季时尤其需要注意客房的可利用性。对于续住的顾客，酒店须重新收取押金，并更新房卡或钥匙卡，确保顾客的住宿体验不受影响。

总之，酒店前厅部对顾客此类要求的处理策略应体现出对顾客需求的敏感性和对服务质量的承诺。通过有效的沟通和灵活的管理，酒店能够提升顾客忠诚度，同时维护运营效率和收益。

（四）顾客服务和信息建档

前厅部作为酒店的前线服务中心、沟通中心，在顾客入住期间为他们提供包括问询、代办、总机服务以及商务支持等多项服务。前厅部的核心作用是作为沟通协调的枢纽，确保顾客的需求及时、准确地传递到相应部门，从而提供快速、高效的高质量顾客服务体验。

前厅部在顾客入住期间能够提供的服务如下。

（1）问询服务。提供顾客对酒店设施、服务、活动的咨询，并解答顾客的疑问。

（2）代办服务。代顾客安排外部服务，如交通预订、票务服务、旅游安排等。

（3）总机服务。作为酒店内部通信的枢纽，负责电话转接、叫醒服务、点餐服务等。

（4）商务服务。部分酒店为了迎合顾客的商务需要，设立了商务中心，可提供商务服务，包括打印、复印、传真、电子邮件发送等，满足商务顾客的专业需求。

拓展阅读

杭州西湖国宾馆的“金钥匙”董伟的卓越服务故事

自 2014 年 11 月加入金钥匙服务团队以来，董伟深知自己肩负的不仅是职责，更是追求卓越服务的使命。他深知服务质量的提升永无止境，每一次微笑、每一次问候、每一次收获的感谢，都是对他服务理念的践行与检验。

在无数个日夜的迎来送往中，董伟用亲切的笑容和真诚的问候，为每一位宾客提供着无微不至的服务。他深知，每一次的服务不仅是对宾客的关怀，也是对自己服务技能的锤炼。2015 年 7 月的一天，董伟遇到了一次特别的挑战。下午，一对比利时夫妇 Janssens（詹森斯）和 Christa（克里斯塔）在抵达杭州西湖国宾馆时，显得有些焦虑和困惑。他们从北京飞来，却不慎遗失了行李。董伟迅速上前，用他一贯的礼貌和专业，安抚了夫妇俩的情绪，并详细记录下遗失行李的特征。在确保他们顺利入住并稍作休息后，他立即行动起来，与机场和相关部门紧密沟通，最终确认了行李的位置，并安排了行李的转运。当晚，当董伟将失而复得的行李交到夫妇手中时，他们脸上的惊喜和满意的笑容，让董伟深刻体会到了服务工作带来的快乐和成就感。这次经历不仅加深了他们之间的友谊，也让他更加坚信金钥匙服务的力量。“金钥匙”不仅是一把能开启各种难题的万能钥匙，更是国际服务品牌的象征，代表着先进的服务理念和高标准。董伟通过这次难忘的服务经历，再次证明了自己作为金钥匙服务人员的专业与热情。

一把钥匙开启一把锁。有人说金钥匙是万能的钥匙，能开启酒店服务中遇到的各种各样的锁。这似乎也是对“金钥匙”这一国际品牌所具有的先进服务理念和标准的形象化表述。

资料来源：作者根据网络资料/相关文献资料改写而成。

维持良好的宾客关系是酒店运营中的重要一环，因为它直接影响到顾客满意度、忠诚度以及酒店的长期收益。良好的客户关系能够促进口碑营销，吸引新顾客，同时保证回头客的稳定流入。当顾客感受到酒店对他们的重视和个性化关怀时，他们更有可能成为忠实的顾客，甚至成为品牌的自发传播者。此外，稳固的客户关系还有助于酒店收集宝贵的顾客反馈，这些反馈对于不断改进服务、优化设施和管理策略具有重要意义。

建立酒店顾客信息档案是酒店与顾客建立长期关系的基础。酒店通过记录和分析顾客的偏好、历史互动和反馈，能够深入了解每位顾客的独特需求，从而提供定制化的服务和优惠。这种针对性的服务不仅能够提升顾客的满意度和忠诚度，还能够在激烈的市场竞争中为酒店赢得优势。因此，顾客档案的建立和管理是酒店维护客户关系、提升市场竞争力的有效工具。信息档案一般包括顾客基本信息、入住历史、消费记录、偏好和需求（房型、房间朝向、特殊饮食要求等）、反馈意见，以及特殊事件（生日或周年纪念日等）。如果酒店设置有会员制，档案中也可记录顾客的会员编号、积分累计等。

二、前厅部的组织结构和人员配置

前厅部的组织结构和人员配置通常可以根据不同的酒店规模、运营模式和品牌标准进行分类。以下是按照酒店规模进行分类的情况。

（一）小型酒店

结构简单，可能设有前厅经理和少量前台接待人员，见图 13-2。

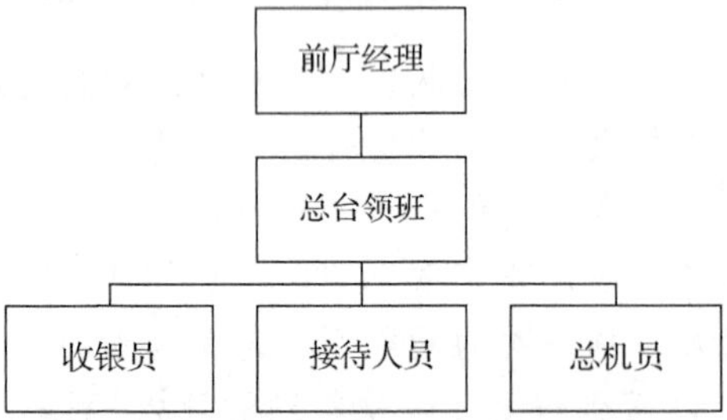

图 13-2　小型酒店前厅部组织结构图

（二）中型酒店

结构立体，由经理、领班、普通员工三个层次组成，存在总台部、行李部等细分部门，见图 13-3。

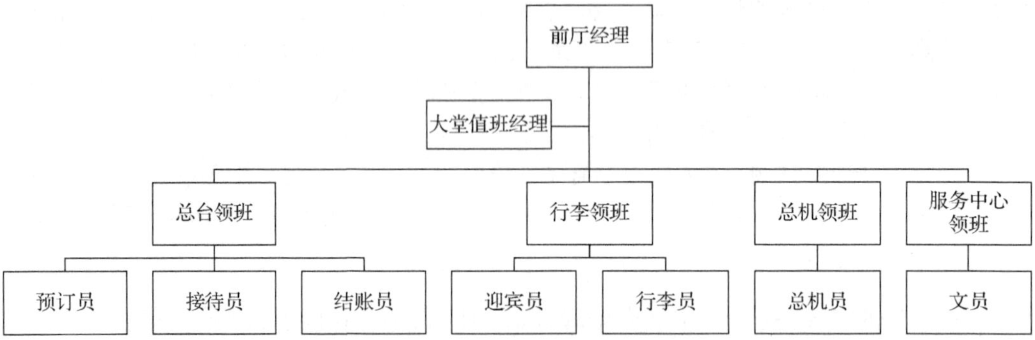

图 13-3　中型酒店前厅部组织结构图

（三）大型酒店或度假酒店

组织结构变得更加复杂，拥有经理、主管、领班、普通员工四个层次，见图 13-4。

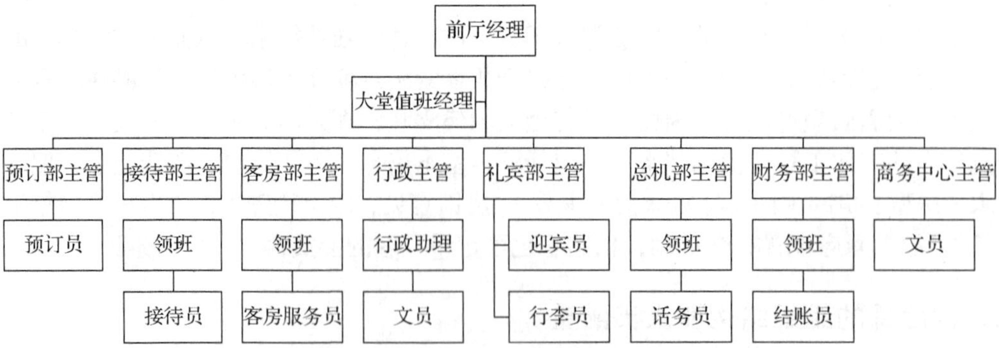

图 13-4　大型酒店前厅部组织结构图

三、前厅部的关键流程和操作

（一）入住和退房手续

为了保证住客体验与前厅运作效率，酒店入住和退房手续是标准化的服务流程。标准化流程的目的是确保顾客在入住和退房时感到满意和受到尊重，酒店可能会根据具体情况和顾客需求对流程进行适当调整。

1. 入住的标准流程

（1）欢迎顾客。前台员工热情欢迎顾客，并确认顾客的预订信息。

（2）身份验证。核实顾客的身份证件，如护照或身份证。

（3）预订确认。确认顾客的预订详情，包括房型、入住和退房日期、房价等。

（4）房间分配。根据顾客需求和酒店情况分配房间，并提供钥匙或房卡。

（5）费用说明。向顾客说明入住期间可能产生的任何额外费用，如押金、房内食品费用等。

（6）酒店信息介绍。介绍酒店的设施、服务、政策及紧急疏散信息。

（7）特殊需求处理。询问并记录顾客是否有任何特殊需求或偏好。

（8）结账方式确认。确认顾客的支付方式，并提供相关收据或确认信息。

2. 退房的标准房流程

（1）快速结算。经客房部员工快速检查房间状态，确认没有额外消费后，将相关信息告知顾客。

（2）账单呈现与支付。向顾客展示账单明细，顾客支付账单余额，前台员工提供收据。

（3）意见征询与感谢。询问顾客对住宿体验的反馈，收集宝贵意见；并对顾客的住宿表示感谢，并欢迎他们再次光临。

（4）行李协助。如果需要，提供行李搬运或寄存服务。

在互联网和科技越来越发达的现代，如今的退房流程已然简化至顾客到前台交还房卡离开即可，后续费用将通过支付平台自动扣除。

（二）顾客投诉处理

前厅部在处理顾客投诉和反馈方面扮演着至关重要的角色。酒店需要系统化和专业化的处理流程来迅速、高效地解决当前的问题，从而尽量减少问题对顾客满意度的损害。以下是处理顾客投诉和反馈的一般流程。

在顾客提出投诉或反馈时，前厅部员工应详细并正确地记录问题的各个方面，包括顾客信息、投诉内容、时间、涉及的员工或部门等，以便下一步联系相关部门进行快速解决。在记录过程中，员工应保持专业和礼貌，确保顾客感到被尊重和重视。

对于紧急或严重的投诉，前厅部员工应立即采取行动，如安排房间更换、退款或提供替代服务。对于需要较长时间处理的问题，员工也应该及时向顾客致歉并简要告知后续处理。顾客在进行投诉时，常常处于情绪激动的状态，员工应提供及时的安抚措施，如道歉、提供饮品等。

前厅部员工应对投诉内容进行建档并深入调查，确定问题的根本原因。如有必要，与其他部门合作，共同查找问题并制订解决方案。

在问题解决后，员工应将解决方案和采取的措施告知顾客，确保他们满意。同时感谢顾客提出反馈，表明酒店珍视他们的意见。

四、前厅部数字化运营

酒店前厅部数字化运营是指通过现代信息手段如人脸识别算法、活体检验、人证校验、住客信息大数据、业务流程实时引擎等科技手段来提升前厅服务的效率和质量。

数字化运营在酒店实际运营中具体体现在自助入住和退房系统、智能客服机器人、在线预订和支付平台、面部识别门禁系统等的运用上。这些技术的应用不仅可以提高酒店前厅部的效率和顾客满意度，还可以降低人力成本、提高数据管理效率和增强酒店的市场竞争力。因此，酒店前厅部数字化对于推动酒店业的发展具有重要的意义。

"无人前厅"技术在酒店业的应用，是数字化转型的趋势之一。随着 5G、云计算、大数据和 AI 等技术的发展，酒店业正在迎来一场革命性的变革。无人前厅的实施，旨在通过技术手段提升效率和顾客体验，同时也减少人力成本和提高管理效率。

在无人前厅的模式下，顾客的入住体验从到店之前就开始了。例如，线上 AI 智能机器会通过自动外呼的方式与顾客进行入住确认。到达酒店前厅后，AI 智能机器人会为顾客解答疑惑、指引道路。这种模式不仅提高了效率，还为顾客提供了 24 小时不间断的服务。

此外，无人前厅还能实现一些创新功能，如自主上下班、顾客路线引领、导览讲解、业务咨询、门禁联动等。例如，搭载了访客预约子系统的智能机器人能够代替传统前台的大部分工作，如自主定点上下班、在充电桩充电以保证全天候运作，以及主动接待顾客、引导交流互动等。

第二节　客房部：酒店的心脏

客房部（housekeeping department）是酒店的核心部门，它不仅代表着酒店的外在形象，更是给顾客提供舒适的住宿体验的关键。客房部负责客房的清洁、维护和装饰，以及床上用品和洗漱用品的供应与管理。通过高效的组织结构和关键流程，客房部为顾客提供个性化和高质量的服务，从而赢得顾客的满意和忠诚。

一、客房部的职责和功能

（一）客房清洁和维护

客房清洁和维护是客房部最基本也是最关键的职责之一。它不仅关系到顾客的住宿体验，还直接影响酒店的声誉和运营效率。

1. 客房的清洁

客房的清洁包括每日的房间打扫、定期的深度清洁。客房部需要制定清洁标准，确保每间客房都能达到酒店的清洁要求，为顾客提供一个干净、舒适的住宿环境。客房服务员在开始工作前，会精心准备必要的清洁工具和用品，在进入客房之前，他们会先仔细检查客房的当前状态，确保没有顾客遗留的物品，并留意是否有特殊的清洁需求。以确保各项清洁标准均得到严格落实，从而为下一位顾客提供一个干净、舒适的入住环境。

2. 客房设备的维护

酒店为了确保客房内的设施设备能够持续稳定地运行，会根据这些设施设备的使用频率以及制造商的专业建议，为其制定一个合理的维护周期。在这个周期内，酒店会定期对客房内的家具、电器、卫浴等设施进行细致的检查，以确保它们始终保持良好的工作状态，从而为入住的顾客提供舒适且安全的住宿环境。同时，酒店还会详细地记录每一次的检查和维护活动，包括执行的具体日期、维护的具体内容、检查过程中发现的问题以及针对这些问题所采取的解决措施。这样的记录不仅有助于酒店及时发现并解决问题，还能为未来的维护工作提供宝贵的参考依据。通过这些维护步骤，酒店可以确保设备的高效运行，提升宾客满意度，同时降低维修成本，提高整体运营效率。

（二）客房的管理与设计

1. 床上用品和洗漱用品的管理

床上用品包括床单、被套、枕套等，洗漱用品包括牙刷、牙膏、洗发水、沐浴露等。客房部需要管理这些用品的采购、存储、更换和补充，确保顾客使用的物品都是干净、卫生的。

床上用品是酒店提供高质量顾客服务的重要组成部分，通过精心选择和维护床上用品，酒店不仅能够保障顾客的睡眠质量，还能提升自身的卫生标准和品牌形象，从而在市场中获得竞争优势。洗漱用品的供应不仅仅是满足基本的客房服务需求，更是一种展现酒店品牌形象、提升顾客体验和履行社会责任的方式。床上用品和洗漱用品直接影响顾客的住宿体验。

为确保客房的高品质水准，酒店定期检查床上用品和洗漱用品，包括清洁度、完好性、舒适度和功能性。酒店设定严格质量标准，确保所有用品分发前均达标，并与供应商合作确保产品质量。同时，酒店遵守卫生法规，定期清洗消毒床上用品，妥善存储洗漱用品，确保顾客使用安全、舒适。

2. 客房设计的原则

客房的装饰和布置能够给顾客留下深刻的印象。客房部需要根据酒店的风格和定位，设计客房的装饰方案，包括家具的摆放、艺术品的选择、色彩的搭配等，以营造出温馨、舒适的住宿氛围。客房装饰和布置是酒店提供的独特住宿体验的重要组成部分。良好的设计不仅能够提升客房的美观度，还能提升顾客的满意度和忠诚度。

在设计客房时，合理的色彩搭配可以营造温馨、自然、现代或奢华的氛围。在设计风格上，酒店可以根据需求选择现代、传统、地域、工业、极简或自然风格。客房设计还须平衡功能与舒适性。在功能方面，应提供储物、工作、休闲区域和必要的技术设施。在舒适性方面，床品、家具、噪声控制和照明等细节须精心考虑，确保顾客住宿体验愉悦。

二、客房部的组织结构和人员配置

（一）组织架构设计

1. 客房部的组织结构图

客房部的组织结构图的示例见图 13-5。

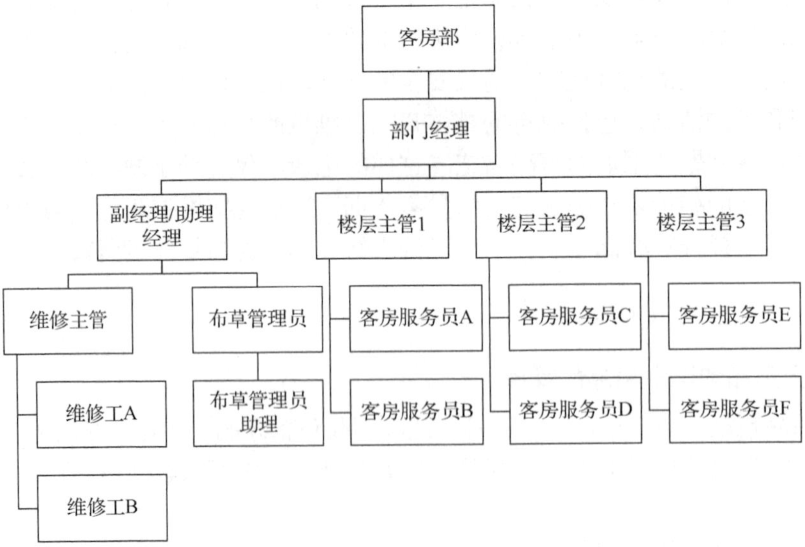

图 13-5　客房部的组织结构图

2. 各层级职责与角色定义

1）部门经理

作为客房部的最高负责人，部门经理需要具备出色的领导能力和管理技能。部门经理负责制定客房部的运营策略，监督预算的执行，以及确保服务质量。与酒店其他部门协调合作，确保客房服务与酒店整体运营的一致性。

2）楼层主管

楼层主管通常负责监督特定楼层的日常运营，包括客房服务和清洁工作。他们需要具备良好的组织能力和人际沟通技巧，以管理下属员工并解决顾客的问题。楼层主管还需要定期检查客房的清洁和维护情况，确保达到酒店的标准。

3）客房服务员

客房服务员是客房部的前线员工，负责执行日常的客房清洁和维护任务。他们需要具备细心、耐心和高效的工作能力，以提供高质量的客房服务。客房服务员还需要与顾客进行日常互动，提供帮助和解决问题。

4）维修人员

维修人员负责客房设施的维修和保养工作，确保客房的功能性和安全性。他们需要具备专业的技术知识和快速解决问题的能力。维修人员还需要定期检查客房设施，及时响应维修需求。

5）布草管理员

布草管理员负责管理床上用品、毛巾和其他洗漱用品的库存和分发。他们需要确保布草的清洁、质量和及时更换。布草管理员与供应商合作，管理布草的采购和更新。

（二）岗位设置与人员分配

通过精心的人员配置与管理，客房部能够确保员工具备所需的技能和知识，以提供高质量的客房服务。这也有助于提升员工的工作满意度和忠诚度，促进客房部的长期发展和成功。

1. 岗位设置

酒店应明确客房部内各个岗位的职责和要求，包括部门经理、楼层主管、客房服务员、维修人员和布草管理员等。根据客房部的具体需求和运营规模，设定相应的岗位数量。根据客房数量和客流量合理配置人员，确保客房服务的高效和质量。在高峰时期或特殊活动期间，如节假日、大型会议等，适时增加临时人员以满足服务需求。因为客房入住率和季节性有波动，酒店还需要动态调整人员配置，以优化人力资源的使用。通过排班系统，酒店要合理分配员工的工作班次，确保客房服务的连续性和稳定性。此外，酒店需要培养多技能员工，使他们能够在需要时跨岗位工作，提高团队的灵活性和应变能力。酒店要不断鼓励员工学习新技能，以适应客房部不断变化的需求。

2. 员工培训与发展

为了确保酒店客房部的员工能够实现持续性的发展和能力提升，酒店应该实施一套全面的员工培训与发展计划。新员工通过详尽的入职培训了解酒店文化、服务标准以及安全规程，并通过模拟场景快速熟悉工作流程。在职员工则定期参与技能提升培训，以掌握最新的客房清洁技巧、顾客服务技能和紧急情况应对方法。酒店要为员工提供职业发展规划，帮助他们明确晋升路径并设定个人发展目标。对于有潜力的员工，酒店提供领导力培训，以培养未来的管理团队。此外，酒店通过奖励和认可机制激励员工积极参与培训，并为表现出色的员工提供晋升机会。酒店还要建立有效的反馈机制，以便员工了解自己的工作表现并提供改进建议，从而不断完善酒店的培训与发展计划。

3. 绩效评估与激励

在酒店的客房部，需要构建一个全面而细致的绩效评估体系，其中不仅要包含量化如客房清洁速度、顾客满意度评分等客观数据作为评估基础，也需要涵盖定性指标如工作态度、团队合作和顾客服务技能，通过同事、上级和顾客的多角度评价来全面反映员工表现。酒店定期执行这一评估过程，旨在确保对员工工作表现的持续监督，并为员工的职业发展提供方向。在激励员工方面，酒店采用多种方式，如设立奖励制度、提供晋升机会、明确职业发展路径、公开表扬优秀员工、鼓励员工参与决策过程，以及营造一个积极的工作环境。这些措施共同作用于提升员工的工作积极性、满意度和归属感，从而推动酒店整体服务质量的提升。

三、客房部的关键流程和操作

（一）房态管理和预订控制

房态管理和预订控制是酒店运营中的关键环节，它们直接影响到顾客满意度和酒店的收益。通过有效的房态管理和预订控制，酒店能够提高客房的使用率和顾客满意度，同时优化运营效率和收益。这要求酒店有一套完善的预订管理系统，以及受过良好培训的员工，以确保流程的顺利执行。

1. 房态管理的重要性

房态管理在酒店运营中起着至关重要的作用。它能确保客房状态能够实时更新，包括空闲、清洁中、维修中等状态，让前台和客房部准确掌握客房的可用性，从而避免客房超售或顾客到达无房的尴尬局面；有效的房态管理有助于优化客房分配，根据顾客的需求和偏好，如为家庭顾客安排相邻房间，或为寻求安静的顾客选择远离电梯和餐厅的房间；准确的房态信息还能提高运营效率，让客房部能够高效地安排清洁和维护工作，确保客房在顾客入住前达到酒店标准。酒店还要及时更新的房态信息以减少顾客等待入住的时间，提升顾客满意度，有效地避免因房态错误导致的顾客投诉和不满，从而维护酒店的良好声誉和顾客忠诚度。

2. 预订控制流程

酒店的预订控制流程至关重要，它涉及多个关键环节以确保运营的顺畅和顾客满意度。首先，超额预订管理策略通过预订量略高于客房总量来最大化客房使用率，同时需要有明确的政策和补偿措施来应对无房情况。其次，明确的预订变更与取消政策，包括时间限制和可能产生的费用，应在预订时告知顾客，以避免误解和争议。此外，预订系统的集成与房态管理系统紧密相连，确保数据同步更新，减少人为错误。预测和需求管理利用历史数据和市场趋势来调整预订控制策略，尤其在需求高峰期。顾客沟通在预订过程中至关重要，酒店需要及时更新顾客的预订状态和相关信息，并对变更或取消的预订提供响应和解决方案。风险管理则涉及识别和评估预订过程中的风险，并制定应对策略，如保留空房作为缓冲。最后，员工培训确保前台和客房部员工熟悉预订控制流程和政策，能够有效处理各种预订情况。这些措施共同作用，旨在提升预订效率，确保客房供应，并最终提高顾客满意度。

（二）房间服务流程

酒店房间服务流程是确保顾客满意度的关键环节，它涵盖了从服务请求响应到个性化服务需求满足的各个方面。酒店设定服务请求的响应时间标准，保证客房服务团队能够迅速响应顾客的需求，如电话或在线请求，并在几分钟内给出回应。通过客房服务系统收集顾客的个性化服务需求，如特殊饮食或房间布置，并培训服务人员以识别和满足这些需求。此外，服务流程的标准化确保了从服务请求的接收、分配、执行到反馈的每个环节都能高效、有序地进行。酒店还会定期进行服务质量监控，通过顾客满意度调查收集反馈，以不断改进服务流程。技术集成在服务流程中也发挥着重要作用，客房服务管理系统能够实现服务请求的自动化处理和跟踪，同时，移动设备或应用程序的使用使服务人员能够实时接收和更新服务请求，进一步提高服务效率和质量。

（三）客房运营优化

客房运营优化是酒店管理中的重要环节，它涉及提升运营效率和加强客户关系管理，以提升顾客满意度和忠诚度。通过客房运营优化，酒店能够提高运营效率，降低成本，同时通过有效的客户关系管理，提升顾客满意度和忠诚度。这不仅有助于增强顾客的整体住宿体验，还能够为酒店带来长期的顾客基础和稳定的收入来源。

酒店运营效率的提升和客户关系管理是酒店业务成功的关键。通过技术应用，如客房管理系统和移动设备，酒店能够实现自动化客房分配、服务请求和维修跟踪等流程，并通过数据分析优化房间分配策略，提高房间利用率和顾客满意度；定期对员工进行专业技能和工作效率的培训，包括最新的客房服务流程、顾客服务技巧和安全规范，以提高服务质量；合理分配人力资源，通过排班系统和工作调度优化员工的工作分配，减少等待时间和空闲时间；建立质量控制机制，确保客房服务和设施维护达到酒店的标准，并定期进行内部审核和顾客反馈分析，持续提高服务质量。

在客户关系管理方面，酒店通过定期进行顾客满意度调查，收集顾客对客房服务和设施的意见，利用在线调查、面对面访谈或反馈卡等多种方式，获取全面的顾客反馈。酒店设计并实施忠诚度计划，奖励回头客和鼓励顾客推荐，实行激励措施，提升顾客的忠诚度。酒店通过客户关系管理系统，收集和分析顾客的偏好和历史行为，提供个性化服务，如根据顾客偏好安排房间、提供定制化服务等。酒店对顾客反馈和投诉进行快速响应，及时解决问题，并建立有效的沟通渠道，确保顾客的声音能够被听到并得到重视。酒店通过定期的客户关系维护活动，如发送感谢信、生日祝福或节日问候，建立长期的客户关系，并维护顾客数据库，跟踪顾客的住宿历史和偏好变化。另外，酒店进行顾客忠诚度分析，识别忠诚顾客的特征和需求，根据分析结果调整忠诚度计划和营销策略，以更好地满足顾客需求。这些方法共同作用，旨在提升酒店的运营效率和顾客满意度，建立稳固的客户关系，促进酒店的长期发展。

四、客房部的数字化运营

在数字化时代，客房部的运营正逐渐转向技术应用，以提高效率和增强顾客体验，从而为酒店带来竞争优势。OMS 作为酒店行业专用的数字化解决方案，不仅提升了客房管理的效率，还通过技术手段加强了内部沟通协作，提高了人效，并以较低的成本为顾客创造了卓越的服务体验。蓝豆云 OMS 系统的应用，推动了酒店数字化管理的进程，为管理层提供了及时、精准且数据化的决策支持。

OMS 系统在客房管理方面的应用体现在实时房态管理、智能排班系统和任务自动提醒，这些功能帮助酒店及时了解客房状态，优化人力资源配置，并确保客房服务的及时性和准确性。在提升顾客体验方面，OMS 系统通过减少对住客的不必要打扰和快速响应服务请求，有效提升了顾客满意度。

此外，蓝豆云 OMS 系统还提供报表自动化和数据分析功能，自动生成各类运营报表，收集和分析数据，帮助管理层做出基于数据的决策。作为一个跨部门协作工具，OMS系统覆盖顾客在店期间全场景的服务需求，通过智能派单和自动跟催，减少内部沟通中转，提升服务协同效率，减少顾客等待时间和后台员工重复工作量，实现对客服务零失误。这些数字化运营的实践，无疑为酒店带来了显著的运营优势和较好的顾客体验。

第三节　餐饮部：酒店的“左翼”

餐饮部（food & beverage department）是指为酒店住店顾客提供餐饮服务的部门，作为酒店的“左翼”，是酒店运营中吸引和保留顾客的关键因素之一。除需要满足顾客多样化的饮食需求外，餐饮部还需要考虑为顾客提供舒适的用餐环境，并从用餐场地、服务态度等方面提升酒店整体的服务质量。

拓展阅读

酒店餐饮不同的餐饮质量对顾客体验的影响

（1）某年端午节，60后的童先生夫妻到儿子所在的城市度假，入住了当地的一家五星级酒店。第一天童先生的儿子特意找了一家当地的网红餐厅，“可是人太多，环境特别嘈杂，我们不太喜欢，也没有什么菜是适合我的两岁孙子吃的。”童先生说：“倒是第二天酒店的一顿丰盛美味的自助早餐把我的‘馋虫’勾出来了，我们立马决定晚上就在酒店用自助餐，一来方便，二来菜品齐全，大人、孩子都可以吃到自己喜欢的，三来服务周到、环境又好。一顿饭下来皆大欢喜。”

（2）70后的赵女士是一对双胞胎的妈妈，每一次家庭出游她也会选择在入住的酒店用餐。“到了一个陌生的环境，总觉得酒店餐厅的品质更让人放心些，而且一些餐厅有孩子可以娱乐的区域。可是有些高端酒店的饭菜真是又贵又不好吃。”赵女士忍不住吐槽道，“特别是儿童餐就是一个样子货，面点看上去挺精美的，一口咬下去连大人都觉得硌牙”。

（3）90后的韩小姐和95后的吴先生均表示如果不是特定的日子，没有重要的家庭聚会是不会走进高端酒店用餐的。提及原因，在吴先生看来，高端酒店餐厅的性价比还是不高。韩小姐则认为，她期待高端酒店餐厅应有一些主题活动，每个月至少推出一道网红菜，或者有很特别的用餐方式，可惜很少能遇到。

资料来源：作者根据网络资料/相关文献资料改写而成。

一、餐饮部的职责和功能

（一）餐饮产品的产出

餐饮产品是酒店运营中不可或缺的一环，同时也是旅游业最基本的要素之一。首先，餐饮产品承载着酒店服务质量的重要使命，须考虑来自不同地区的顾客的饮食习惯，同时凸显当地饮食特色，平衡二者的关系是酒店运营成功的关键因素之一。

其次，餐饮产品不仅是满足基本饮食需求的手段，更是当地饮食文化的重要载体。

特色饮食产品的设计和推广，能够显著提升酒店的吸引力，成为吸引顾客的独特卖点。通过精心策划和实施，特色餐饮产品能够成为酒店品牌建设的重要组成部分，增强酒店的市场竞争力。

最后，餐饮产品的创新与多样化也是酒店服务创新的体现。酒店应不断探索和引入新的餐饮理念，以适应不断变化的市场需求和消费者偏好。通过提供多样化的餐饮选择，酒店能够满足不同顾客的个性化需求，从而提高顾客满意度和忠诚度。

（二）餐饮服务和环境的提供

除了餐饮产品本身的质量和特色，用餐环境和服务体验同样是衡量酒店服务水平的重要标准。一个精心设计、氛围独特的用餐环境，能够为顾客提供愉悦的感官享受，增强其对酒店的整体印象。同时，专业、细致的服务体验，能够进一步满足顾客的情感需求。

用餐环境的营造，需要酒店在空间布局、装饰风格、音乐选择等方面下功夫，创造出舒适、优雅的用餐氛围，而服务体验的提升，则需要酒店在员工培训、服务流程、顾客互动等方面进行优化，确保每一位顾客都能得到个性化、贴心的服务。另外，用餐环境和服务体验的优化，还能够为酒店带来额外的经济效益。一个优质的用餐环境和服务体验，能够吸引更多的顾客，提高餐饮产品的附加值，从而增加酒店的营业收入。

因此，酒店必须高度重视用餐环境和服务体验的打造，将其作为提升服务质量、增强市场竞争力的重要手段。通过不断地创新和优化，酒店能够在激烈的市场竞争中脱颖而出，赢得顾客的青睐和好评。

（三）餐饮活动的策划与执行

随着消费模式的演变和升级，现代消费者对酒店业的期望已经超越了传统的住宿需求，他们寻求的是更为丰富和多元化的休闲体验。在这一趋势下，餐饮服务作为酒店业的一个重要分支，其体验式消费模式与当下消费者的价值观念高度契合。随着消费者支付能力的显著提升，酒店餐饮服务领域展现出巨大的增长潜力和发展机会。

此外，相较于社会餐饮，酒店餐饮服务拥有一系列独特的优势。首先，酒店餐饮服务依托于酒店深厚的管理文化，这为其提供了坚实的运营基础和服务质量保证。其次，酒店通常具备举办各种大型宴会和活动的空间能力，这为其在餐饮服务方面提供了独特的场景优势。最后，酒店餐饮服务以其高质量的服务标准和高雅的用餐环境，塑造了一种独特的品牌形象，这在激烈的市场竞争中构成了其核心的竞争优势。

综上所述，酒店餐饮服务在满足现代消费者多元化和体验式消费需求的同时，也因其独特的管理文化、空间能力和品牌形象，成为酒店业中一个具有巨大发展潜力和市场竞争力的领域。

拓展阅读

酒店业创新融合模式：康铂酒店的多元化发展之路

在酒店业竞争日趋激烈的今天，传统的住宿服务已难以满足市场需求。酒店业需要不断创新和适应市场变化，通过结合餐饮、社区活动和生活方式服务，来增强自身的竞争力和盈利能力。“酒店+”模式作为一种新兴的业态，正成为酒店业拓宽收益渠道、创造新盈利路径的有效方式。

康铂酒店以其创新的“酒店+餐饮+社区活动”模式，在市场中独树一帜。该模式通过线上和线下相结合的社区推广方式，成功打造了一个以法式文化为核心的酒店乐享社区。这不仅吸引了周边社区居民和写字楼群体到酒店进行用餐和零售消费，而且激活了“酒店+餐饮+社区活动”的独特商业模式，赢得了消费者和投资者的广泛认可。

以康铂酒店（上海静安店）为例，2022 年餐饮总营收达到 196 万元，单月餐饮加活动非房收入最高达到 24 万元。在北京南站丽泽金融区店，2022 年的非房收入更是达到了 120 万元。这些数据充分展示了康铂酒店商业模式的强大创收能力。

然而，“酒店+”的差异化战略并非康铂酒店独有。在国内中端酒店市场中，许多品牌已经开始打破传统酒店的经营模式，从零售、咖啡、宠物、运动、鲜花等不同角度切入，构建“酒店+”的盈利模型。这些尝试旨在捕获更多小众、年轻化、个性化的市场需求，寻求新的发展机遇。

康铂酒店的“酒店+餐饮+社区活动”商业模式，经过市场的实践检验，证明了其具有科学有效性。它不仅为酒店带来了稳定的多渠道盈利途径，也为酒店行业的差异化竞争开辟了新的发展路径。这一模式的成功，为其他酒店品牌提供了宝贵的借鉴和启示，展示了酒店业在创新融合中实现可持续发展的广阔前景。

资料来源：作者根据网络资料/相关文献资料改写而成。

二、餐饮部的组织结构和人员配置

餐饮部作为酒店的一个重要部门，负责为宾客提供多样菜品、饮品和餐饮接待服务，是酒店经营中的重要利润来源之一，同时也是展示酒店服务水平、管理水准的窗口。

餐饮部的组织机构主要包括厨房、餐厅、管事部等部门。厨房作为生产部门，其核心职能是严格把控菜品质量，加强成本控制和推动菜品创新；餐厅作为服务部门，职责在于提供优质服务、促进产品销售、降低成本，并保持用餐环境的卫生清洁及设施设备的完好；管事部则负责餐具、用具清洗、垃圾清理以及其他后勤保障工作。

酒店餐饮部的组织结构通常根据客房数量进行划分，这是因为客房数量与酒店的规模和客流量密切相关。在较小的酒店中，餐饮部可能只有一个厨房和餐厅，而在大型的酒店中，可能会有多个餐厅、酒吧和专用厨房。因此，餐饮部的组织结构需要根据酒店的规模和需求进行相应的调整，从而可以更好地满足顾客的需求，提高服务质量和顾客满意度。

大型酒店因为餐厅数量多、用餐人数多，所以餐饮部需要更多的管理人员和员工，组织结构也较为复杂，包括行政总厨、餐厅部主管、宴会部主管、酒水部主管、厨师长、服务员等（图 13-6）。

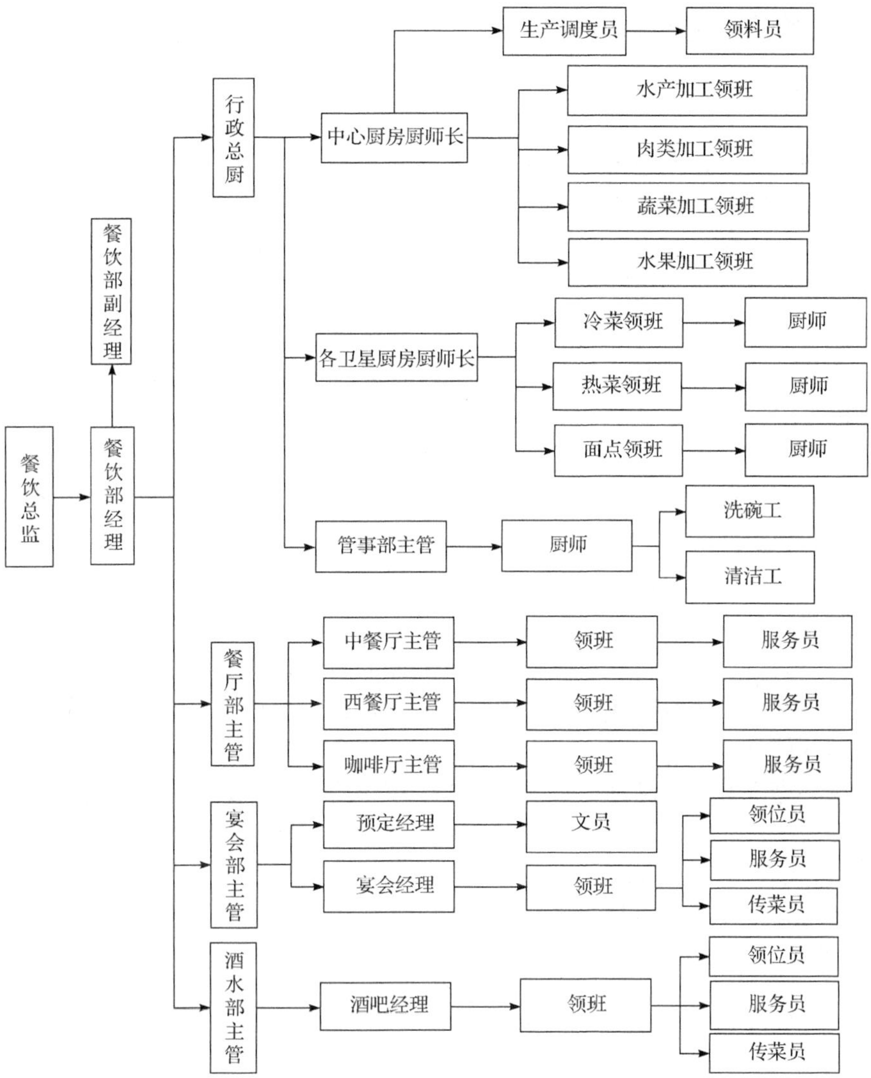

图 13-6　大型酒店餐饮部组织架构图

中型酒店餐饮部则一般由厨房部、餐厅部、宴会部、管事部主管和员工组成（图 13-7）。

小型酒店的餐饮部则员工人数少、分工简单，有一些酒店甚至不提供正餐服务，只提供简单早餐。

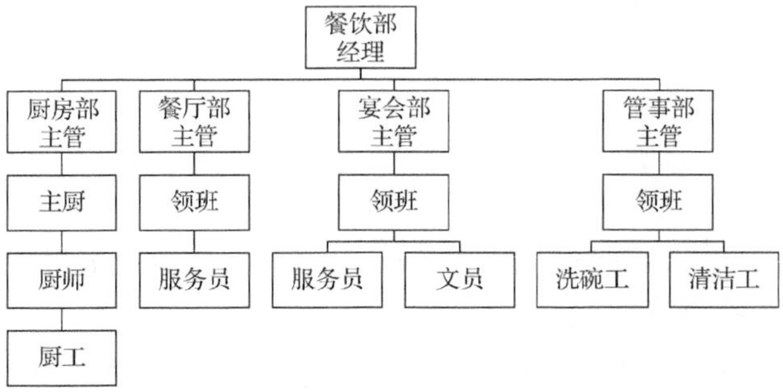

图 13-7　中型酒店餐饮部组织架构图

三、餐饮部的关键流程和操作

（一）原料采购与供应管理

原料采购与供应管理是指酒店餐饮部为了满足顾客对食品质量和多样性的需求，而进行的一系列计划、组织、协调和控制活动。这包括选择合适的供应商，确保原料的质量和安全，以及通过订货、采购来维持合理的库存水平。原料采购与供应管理是确保餐饮服务质量和运营效率的关键环节。这一过程涉及对食品原料和相关物资的选购、验收、储存等多个方面，旨在为酒店提供稳定、高质量的食材，同时控制成本和减少浪费。通过这些环节的有效管理，餐饮部可以确保食品原料在整个供应链中的安全和质量，为顾客提供高标准的餐饮服务。

首先，餐饮部需要根据菜单设计、顾客偏好、季节性变化等因素，分析和预测原料的需求，同时制订详细的采购计划，包括采购时间、数量、品种和预算等，确保原料供应的连续性和稳定性。其次，餐饮部通过市场调研，选择信誉良好、价格合理、质量可靠的供应商，并建立长期合作关系。在采购的过程中，需要实施严格的质量控制流程，确保所有原料在采购和运输过程中都符合食品安全标准。

采购完毕后，餐饮部需要对所有进货的食品原料进行质量、数量和规格的检查，确保符合采购标准。在此验收环节中，须对所有库存食品进行明确的标记，记录其进货日期、保质期等信息。

当原材料进入餐饮部储存保管环节，由于库存原料的种类繁多，且储存条件不尽相同，餐饮部需要对库存进行合理的规划，根据食品的特性（如温度、湿度要求）将其分类存放在适宜的环境中，以减少过期和浪费。同时定期对库存进行盘点，核对库存数量与记录是否一致，及时发现和纠正差异，保证在需求高峰时有足够的原料供应，同时避免淡季时的过剩库存。

（二）厨房组织与生产管理

厨房组织与生产管理是酒店餐饮部门的核心环节，涉及厨房内部的组织结构、人员配置、生产流程和质量管理等方面。厨房是酒店餐饮服务的生产基地，其组织与生产管理的效率和效果直接影响到食品的质量、成本和顾客满意度。有效的厨房组织与生产管理能确保厨房内部运作顺畅，提高食品制作效率，保证质量和安全，降低成本和减少浪费，同时创造良好的工作环境。通过深入研究和实践厨房组织与生产管理，酒店餐饮部门能提升整体服务质量、增强酒店的市场竞争力。

厨房组织架构是指酒店或餐饮企业在厨房内部建立的一种层级和管理体系，旨在通过合理的分工和协作，实现高效、有序的餐饮生产和服务。厨房组织架构通常包括以下几个层面。

（1）管理层面。包括厨师长、副厨师长等高级职位，负责厨房的整体运营、人员管理、成本控制、质量控制等工作。

（2）生产层面。涉及各个工作站和岗位，如热菜厨师、凉菜厨师、面点师、糕点师等，负责具体的食品加工和制作。

（3）支持层面。包括采购、仓储、清洁等后勤支持工作，确保厨房的正常运转。

（4）厨房组织架构对于确保餐饮服务高效、有序、高质量运行具有重要作用，对提升企业的整体运营表现具有重要影响。

厨房卫生和安全管理是指酒店或餐饮企业对厨房内部卫生环境和食品安全进行系统性的计划、组织、协调和控制的一系列活动，具体包括以下两点。

一是卫生管理。涉及厨房环境的清洁与维护，包括厨房设备、工具、餐具和工作台面的清洁，以及厨师、服务员等餐饮部员工的个人卫生和操作规范。

二是食品安全管理。涉及食材的采购、储存、处理和烹饪过程中的安全管理，确保食品不受污染，符合食品安全标准。

（三）酒店餐饮服务环节

酒店餐饮服务环节是指酒店餐饮部门在为顾客提供餐饮服务过程中所涉及的一系列环节，包括预订、接待、点餐、制作、上菜、结账等，旨在为顾客提供优质的餐饮体验。在中餐与西餐服务环节中，点餐方式、上菜顺序、用餐工具及服务方式等方面存在显著差异。通过研究酒店餐饮服务环境，可以揭示酒店餐饮服务环节的多样性和文化特色，为酒店餐饮部门提供有针对性的管理策略，以满足不同顾客的需求，提升整体餐饮服务质量。

中餐服务指的是中式餐饮提供的系统性服务，包括了用餐前准备、迎宾接待、就餐服务及餐后结束等一系列环节。中餐服务在服务流程、用餐文化、菜肴特点等方面呈现出独有的特色。

（1）共享式用餐文化。中餐强调共餐文化，菜肴通常放在中央，由多位用餐者共享。这种用餐方式鼓励互动和社交。

（2）多样化菜品。中餐以多样性和丰富的口味著称，一餐通常包括多种菜肴，如热菜、凉菜、汤和主食等。

（3）筷子用餐工具。中餐使用筷子作为主要的用餐工具，这种用餐方式体现了中餐的独特性和文化特色。

（4）注重菜肴的呈现。中餐讲究色、香、味、形的和谐统一，菜肴的呈现方式和摆盘也是中餐服务的重要部分。

（5）服务员的主动服务。中餐服务员通常会在旁边待命，随时为顾客提供服务，如倒茶、上菜、清理空盘等。

西餐服务涵盖法式服务、俄式服务、美式服务等服务文化，在中国酒店业中逐渐发展成为一种很有特色的餐饮服务形式，它融合了多种餐饮文化的特点。与中餐服务相比，西餐服务在服务方式、用餐习惯、菜肴呈现等方面展现出显著的差异。这些特点使得西餐服务在中国酒店中独树一帜，为消费者带来不同的用餐体验。

（1）个人化用餐文化。西餐强调个人用餐，每位用餐者有自己的盘子，菜肴通常是按顺序一道道地上。

（2）分餐制。西餐通常采用分餐制，即每位用餐者单独点餐，各自享用。

（3）刀叉用餐工具。西餐使用刀叉作为主要的用餐工具，这种用餐方式体现了西餐的规范性和礼仪。

（4）菜肴的精致和专注。西餐注重单一菜品的精致和味道，每道菜都有其独特的烹饪方式和呈现风格。

（5）服务员的规范性服务。西餐服务员通常遵循一定的服务流程和礼仪，如为每位用餐者倒酒等。

四、餐饮部数字化运营

酒店餐饮部数字化运营是指利用现代信息技术，如用户数据库、AI 等，对酒店餐饮部的服务流程、管理方式和顾客体验进行创新和优化。目前，这一领域的发展包括在线订餐平台的普及、智能点餐系统的使用、数据驱动决策、供应链管理优化、食品安全追溯、无人餐厅的尝试、个性化推荐、社交媒体营销、移动支付的便捷化以及虚拟现实体验的探索。

随着技术的持续进步，餐饮数字化正迅速改变行业面貌，推动其向更高效、智能的方向发展。这些技术的应用不仅可以提高酒店餐饮部的服务效率、顾客满意度和盈利能力，还可以降低人力成本、提高数据管理效率和增强酒店的市场竞争力。因此，酒店餐饮部数字化运营对于推动酒店业的发展具有重要的意义。随着互联网与数字经济的发展，餐饮行业正在积极拥抱新的数字化经营模式。数字化转型是将餐饮行业的实体店业务信息转换成可量化评估的客观数据，并对这些数据进行整理分析，推测未来发展方向和具体措施，以实现更为高效、智能的过程。

智慧餐厅是一种利用物联网和云计算技术进行数字化改革的新型餐厅，旨在为餐饮店提供全方位的信息化解决方案。它包括顾客自主点餐系统、服务呼叫系统、后厨互动系统、前台收银系统、预订排号系统以及信息管理系统等。这些系统能够显著节约用工数量、降低经营成本、提升管理绩效。

智慧餐厅具有以下几个特点。

（1）自动化服务。智慧餐厅通常采用自动化技术，如机器人服务员、自助点餐机等，以减少人力成本并提高服务效率。

（2）智能点餐系统。顾客可以通过智能点餐系统，如平板电脑或手机应用，进行点餐，系统可以提供个性化推荐，满足顾客的个性化需求。

（3）数据分析。智慧餐厅利用大数据分析顾客的消费习惯和偏好，帮助餐厅优化菜单、调整营销策略和改善服务质量。

（4）供应链管理。通过数字化工具，智慧餐厅能够更有效地管理库存，预测需求，减少浪费，并提高供应链的透明度和效率。

（5）食品安全追溯。利用区块链等技术，智慧餐厅能够追踪食品来源，确保食品安全，增强消费者信任。

（6）移动支付。智慧餐厅支持移动支付，使顾客支付更加便捷，同时也为餐厅提供了更多的支付数据分析。

拓展阅读

智慧餐厅：大理洱海边的科技美食体验

五月的云南大理，阳光明媚，洱海波光粼粼。在这样一个美好的下午，李先生和他的六个朋友在洱海边漫步，感到有些疲惫。他们的目光被一间外观现代、标有“智慧餐厅”的建筑吸引。出于好奇，他们走进了这家餐厅，准备在这里小憩并解决午餐问题。

一进入餐厅，他们就被智能化的就餐环境所吸引。根据墙上的提示，李先生一行人来到智能就餐舱的点餐端口，通过简洁明了的操作界面，李先生下单了一碗具有当地特色的鸡汤菌菇面。他们惊讶地看着机器内部快速而精准地运转，短短几十秒后，一碗热气腾腾、菌菇丰富的面条便出现在取餐窗口。李先生迫不及待地品尝了一口，随即伸出大拇指，对这份美味赞不绝口。

整个点餐和取餐过程简单、快捷，大大节省了等待时间。餐厅还特别配备了语音提示服务，为顾客提供了更加人性化的就餐体验。这种智能化的服务模式不仅提升了餐厅的服务效率，也为顾客带来了前所未有的便捷和舒适。

这家智慧餐厅是由昆明理工大学食品科学与工程学院与云南农垦集团大理苍洱留香农业发展有限公司联合建立的科技小院的一部分。昆明理工大学的马永帅教授介绍，科技小院的成立，旨在深入挖掘和传承当地特色农产品的加工技术。通过科技创新和工艺改进，小院致力于提升农产品的附加值，拓宽农民的增收渠道。

科技小院依托昆明理工大学的科研力量，结合当地实际情况，开展农产品加工技术的研究与推广。它为农民提供技术指导和服务，推动农村现代化建设，不仅提升了农产品的加工水平，也为保护和提升当地生态环境、推动农业可持续发展做出了贡献。

马永帅教授认为，智慧餐厅的出现预示着一种新型餐饮模式的诞生。它为那些缺乏烹饪技术但希望进入餐饮行业的人们提供了创业和就业的机会。未来，科技小院将继续发挥科技创新的作用，为乡村振兴注入源源不断的新动力，让更多人享受到科技带来的便捷和美味。

资料来源：作者根据网络资料/相关文献资料改写而成。

第四节 康乐部：酒店的“右翼”

在酒店业务的版图中，康乐部（recreation department）扮演着至关重要的角色，它不仅为住客提供了休闲娱乐的场所，也是酒店品牌形象和市场竞争力的重要体现。

一、康乐部的职责和功能

康乐部作为酒店中增进顾客体验和提供休闲服务的核心部门，承担着丰富住客休闲选择、维护酒店设施和提升整体顾客满意度的重要职责。其功能覆盖了健身房和运动设施管理，游泳池和水疗中心的日常运营，以及儿童俱乐部和多样化的娱乐活动策划。通过提供先进的健身器材、专业的健身指导、水质优良的游泳池、放松身心的水疗服务，以及安全有趣的儿童活动，康乐部不仅满足了住客对健康生活方式的追求，也为他们提供了一个释放压力、享受休闲时光的理想场所。此外，康乐部还通过定期维护和更新设施，确保所有服务的安全性和高品质，从而提升顾客满意度和忠诚度，为酒店塑造积极健康的品牌形象。

康乐部通过精心管理健身房和运动设施、游泳池和水疗中心以及儿童俱乐部和娱乐活动，为住客提供全面而丰富的休闲体验。

在健身房和运动设施管理方面，康乐部提供一系列先进的健身器材，包括跑步机、哑铃和力量训练设备，同时聘请专业健身教练为住客提供个性化的健身指导和定制化训练计划。此外，康乐部还注重健身设备的定期维护和检查，确保设备的安全性和功能性，让住客在锻炼时既安心又有效。

游泳池和水疗中心的管理同样至关重要。康乐部不仅负责游泳池的日常运营，包括水质监测、清洁维护和救生服务，还运营着提供按摩、桑拿、美容护理等放松身心服务的水疗中心。为了确保住客的舒适体验，康乐部还会定期对水疗和泳池设施进行保养。

对于家庭住客而言，康乐部设立的儿童俱乐部提供了一个安全且充满乐趣的环境，让家长可以放心地享受自己的休闲时光。同时，康乐部还策划和组织多样化的娱乐活动，如主题晚会、文化表演和户外探险等，旨在丰富住客的休闲时光，让每一位住客都能找到适合自己的活动，享受难忘的度假体验。通过这些细致、周到的服务和管理，康乐部成功地为住客打造了一个综合性的休闲和娱乐空间。

二、康乐部的组织结构和人员配置

（一）康乐部组织结构图

康乐部的组织结构图示例如图 13-8 所示。

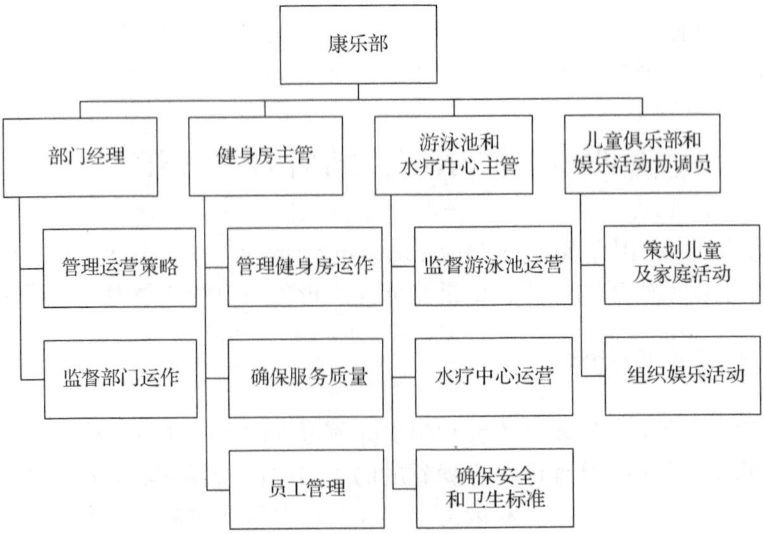

图 13-8　康乐部组织结构图

（二）各层级职责与角色定义

（1）部门经理：负责康乐部的整体管理和运营策略。

（2）健身房主管：管理健身房的日常运作和员工，确保服务质量。

（3）游泳池和水疗中心主管：监督游泳池和水疗中心的运营，确保安全和卫生标准。

（4）儿童俱乐部和娱乐活动协调员：负责策划和组织儿童及家庭活动。

康乐部的具体人员配置会根据设施规模、客流量和季节性变化进行调整，以确保服务的高效和质量。

三、康乐部的关键流程和操作

康乐部作为酒店的重要组成部分，其成功运营依赖于会员管理、设施维护、安全措施、个性化服务和活动策划等关键流程和操作。通过建立详尽的会员信息系统，记录会员的基本信息、偏好、历史互动和消费行为，并利用 CRM 软件跟踪会员活动，康乐部能够及时更新会员信息，为会员提供个性化服务和定制化优惠。此外，定期策划和组织会员活动，如健身挑战赛、健康讲座、社交聚会等，不仅增强了会员的归属感，还促进了会员之间的交流和社区建设，从而吸引和保留顾客，提高顾客满意度和忠诚度。这些策略有助于康乐部在竞争激烈的市场中保持领先地位，为酒店创造更大的价值。

康乐部在提供个性化服务和活动策划方面起着至关重要的作用。通过提供个性化的康乐服务，如私人教练、定制水疗套餐和个性化健身计划，康乐部能够满足顾客的个性化需求，并根据顾客反馈和需求调查不断更新和改进服务内容。同时，康乐部策划并执行各类活动，如节日庆典、季节性活动和主题晚会，以吸引顾客参与，并通过与市场营销部门的合作，确保活动信息的有效传播和顾客的广泛参与。此外，康乐部通过问卷调查、顾客访谈和在线评价等方式收集顾客对服务和活动的反馈，并定期分析这些反馈，以识别改进点并不断优化服务和活动内容。在活动策划和执行过程中，康乐部还与酒店其他部门如餐饮、客房服务等进行协调，确保跨部门的有效沟通和协作，从而提供综合的顾客体验。这些措施共同促进了康乐部服务和活动的持续改进，提升了顾客的满意度和忠诚度。

四、康乐部数字化运营

数字化运营在提升康乐部服务效率和顾客体验方面发挥着关键作用。首先，利用在线预订系统，住客可以轻松预订健身课程、水疗服务和娱乐活动，这种便捷的预订方式大大提高了顾客满意度和运营效率。其次，通过移动应用提供数字化服务，如虚拟健身教练和在线健康咨询，不仅满足了顾客对便捷性和个性化服务的需求，还拓宽了服务的覆盖范围和深度。最后，通过收集和分析顾客数据，康乐部能够更深入地了解顾客需求和行为模式，从而提供更加个性化的服务。这些数字化措施共同为康乐部创造了运营优势，提升了顾客体验，同时也为酒店构筑了竞争优势。

本 章 小 结

在本章中，我们深入探讨了酒店业务运营管理的四个关键部门：前厅部、客房部、餐饮部和康乐部。每个部门都承担着独特的职责，共同为提升顾客体验和酒店运营效率做出贡献。

前厅部作为酒店的"门面"，主要负责客房的销售与预订管理、入住接待与礼宾服务、客房分配和协调安排、顾客服务和信息建档等任务。它强调了高效的预订管理、超额预订策略以及顾客信息档案的重要性。通过有效的预订管理，前厅部确保了客房资源的合理分配和顾客满意度的提升。同时，超额预订的合理控制和顾客信息的有效管理，对于维护客户关系和优化客房销售策略至关重要。

客房部是酒店运营的核心，专注于提供清洁、维护和个性化服务。客房清洁和维护的高标准、床上用品和洗漱用品的精心选择与管理，都是确保顾客舒适住宿体验的关键。此外，客房部的组织结构和人员配置、绩效评估与激励机制，对于提升服务效率和员工满意度起着决定性作用。

餐饮部则被视为酒店的"左翼"，它不仅提供多样化的餐饮产品，还营造了舒适的用餐环境。餐饮部的产出、服务和活动策划，都是吸引和保留顾客的关键因素。数字化运营和智慧餐厅的概念，展示了餐饮部如何利用技术提升服务效率和顾客体验。

康乐部作为酒店的"右翼"，致力于丰富顾客的休闲体验。它通过提供健身房、游泳池、水疗中心以及儿童俱乐部等多样化设施以及服务，提升了顾客的满意度和忠诚度。康乐部的组织结构、关键流程和数字化运营，都是确保其成功运营的基础。

酒店的关键成功因素包括确保各部门运作顺畅且响应迅速的高效流程管理，提供满足顾客需求的优质顾客服务，不断探索和引入新的服务理念来提升顾客体验的创新服务项目，并以灵活高效的市场应对策略，不断优化运营管理，适应外部环境的动态变化。

数字化运营挑战涉及将现代信息技术融入各部门运营中的技术集成，利用数据分析优化服务和提高运营效率的数据驱动决策，以及通过数字化手段增强与顾客互动方式的创新。未来的发展趋势是进一步深化个性化服务，更精准地回应顾客的多样化需求。利用 AI、物联网等技术提升服务质量的智能化技术融合，以及注重环保和社会责任，实现可持续发展。

酒店业务运营管理是一个多方面、跨部门的复杂过程。通过不断适应变化、创新运营模式，酒店能够保持其竞争力和市场领先地位。本章内容为酒店管理专业的学生提供了理论知识和实践技能，帮助他们理解酒店运营的复杂性，并掌握必要的管理工具和技巧。

案例分析与讨论

蓝豆云 OMS 系统

广州蓝豆软件科技有限公司（简称蓝豆云科技）是一家专注于为酒店行业提供数字化解决方案的科技公司。根据搜索结果，蓝豆云科技提供的服务和产品旨在帮助酒店提升内部沟通协作效率，并以更低的成本为顾客创造卓越的服务体验。

蓝豆云科技的核心产品之一是 OMS 系统，它为酒店提供了一套全面的数字化服务运营体系。该系统通过信息技术实现服务运营管理在线化，并利用数据智能技术帮助酒店提升人效，为顾客提供更好的服务体验。OMS 系统的应用，不仅推动了酒店数字化管理的进程，还为管理层提供了及时、精准且数据化的决策支持。

蓝豆云科技的服务已经遍布全国多个城市，累计服务超过 1000 家酒店，赋能了数万名酒店从业人员，每年为酒店提供数千万次服务保障。此外，蓝豆云科技还积极参与行业讨论，如环球旅讯数智论坛等，分享其在酒店数字化转型方面的见解和经验。

总之，蓝豆云科技致力于用技术驱动酒店运营，连接酒店和酒店人，帮助酒店提升运营效率和顾客体验，是酒店数字化转型的重要合作伙伴。

白天鹅宾馆是一家历史悠久的五星级宾馆，位于繁华的市中心。随着市场竞争的加剧和顾客需求的不断变化，近年来白天鹅宾馆面临着提升运营效率和顾客体验的挑战：①传统的客房管理方式导致运营效率低下。在传统的客房管理中，客房状态更新、预订处理和维修请求等流程往往依赖于手工记录和电话沟通，这不仅耗时，而且容易出错。客房分配和清洁调度缺乏自动化工具，导致客房部员工需要花费大量时间在协调和沟通上，而非专注于提供服务。由于信息传递的延迟，客房状态的实时更新无法保证，可能会出现客房长时间空闲或顾客等待入住的情况。②顾客服务流程烦琐，无法快速响应顾客需求，顾客的特殊需求和问题通常需要通过多个部门进行沟通和处理，这一过程耗时且复杂，导致顾客需求的响应时间延长。在高峰时段，前台人员可能因为处理烦琐的手续而无法及时响应所有顾客需求，影响了顾客满意度。服务请求的记录和跟进缺乏标准化流程，使得服务响应变得不一致，顾客可能会因此感到不满。③缺乏有效的数据分析，决策支持不足。在传统管理方式下，顾客数据和运营数据分散在不同的记录本和系统中，难以进行有效的整合和分析。④管理层缺乏实时数据支持，难以准确预测客流量、客房需求和市场趋势，决策往往基于经验而非数据驱动。缺乏对顾客行为和偏好的深入理解，使得酒店难以制定有针对性的营销策略，也难以提升服务质量。⑤顾客体验和满意度有待提升。由于服务流程的烦琐和响应时间的延迟，顾客在入住、客房服务和退房等环节可能会遇到不便，影响整体住宿体验。客房设施的维护和更新缺乏系统性规划，可能导致顾客对房间的舒适度和清洁度不满意。顾客反馈和投诉处理流程不够高效，使得问题无法迅速解决，顾客可能会感到被忽视。

于是，白天鹅宾馆决定采用蓝豆云科技的 OMS 系统，以实现数字化转型。具体成效如下：①OMS 系统帮助宾馆实现了客房状态的实时更新和智能排班，提升了客房管理效率。②顾客服务改善，通过 OMS 系统的自动化服务请求处理，宾馆能够快速响应并满足顾客需求。③数据分析与决策支持，OMS 系统提供了强大的数据分析工具，帮助宾馆管理层做出基于数据的决策。④顾客体验个性化，OMS 系统的客户关系管理功能使宾馆能够根据顾客偏好提供个性化服务。⑤风险管理，OMS 系统的风险评估和管理工具帮助宾馆预防和应对服务风险。

本次成果评估如下：①运营效率提升，客房管理成本降低。通过引入高效的 OMS 系统，白天鹅宾馆的运营流程得到了显著优化。自动化的工具和流程减少了对人力的依赖，特别是在客房状态跟踪和清洁调度方面。客房管理成本因自动化而降低，因为减少了错误和重复工作，同时提高了员工的工作效率。员工可以将更多时间投入到提升顾客服务上，而不是处理烦琐的行政任务。通过 OMS 系统的实时数据分析，宾馆能够更准确地预测客流量和房间需求，从而优化房间分配和资源配置。②顾客服务响应时间缩短，顾客满意度提高。顾客服务请求现在可以通过 OMS 系统快速处理，大大缩短了响应时间。系统自动化的调度和提醒功能确保服务请求能够及时得到响应和执行。对快速、高效的服务响应感到满意，这反映在顾客满意度调查的积极反馈和在线评价中。快速解决问题的能力增强了顾客的信赖感。③个性化服务的提供也因系统的支持而变得更加容易，宾馆能够根据顾客的偏好和历史行为提供定制化的服务，进一步提升顾客体验。④数据驱动的决策支持，运营成本和风险得到有效控制。风险管理得到加强，通过对历史数据的分析，宾馆能够预测潜在的服务风险和运营问题，减少意外事件的发生。⑤顾客忠诚度和市场竞争力显著提升。顾客满意度的提升和个性化服务的提供，直接促进了顾客忠诚度的提升，回头客的比例增加，顾客推荐率也有所提高。通过 OMS 系统的营销工具，宾馆能够开展更加精准的市场推广活动，吸引新顾客，同时保持现有顾客的活跃度。与此同时，宾馆的市场竞争力得到显著提升，宾馆能够更好地满足市场需求，提供高质量的服务，同时保持成本效益，使其在激烈的市场竞争中脱颖而出。

通过这些成果的评估，可以看出白天鹅宾馆通过采用 OMS 系统实现了数字化转型，在提升运营效率、顾客服务、决策支持以及提升顾客忠诚度和市场竞争力方面取得了显著成效。这些改进不仅提升了宾馆的运营效率，还为顾客提供了更加舒适和满意的住宿体验。通过采用蓝豆云科技公司的 OMS 系统，白天鹅宾馆成功实现了数字化转型，不仅提升了运营效率和顾客体验，还增强了市场竞争力。此案例展示了科技在酒店业数字化转型中的关键作用，以及持续创新的重要性。

资料来源：作者根据网络资料/相关文献资料改写而成。

思考与练习

1. 前厅部如何做好客房预订管理？
2. 客房部的数字化运营体现在哪些方面？
3. 大型酒店餐饮部的组织架构图是什么样的？
4. 康乐部的职责和功能有哪些？

参考文献

姜红. 2020. 酒店运营管理. 武汉: 华中科技大学出版社.
刘静. 2016. 酒店企业的微创新战略: 案例分析与理论建构. 管理案例研究与评论, 9(4): 330-338.
沈涵. 2007. 经济型酒店的产品创新与市场细分. 旅游学刊, 22(10): 40-43.
唐秀丽. 2018. 现代酒店管理概论. 重庆: 重庆大学出版社.
徐虹, 吕兴洋, 秦达郅. 2013. 国内经济型酒店服务创新比较研究. 旅游科学, 27(1): 41-51.
Gibson P. 2006. Cruise Operations Management: Hospitality Perspectives. London: Routledge.
Szende P, Dalton A N, Yoo M. 2021. Operations Management in the Hospitality Industry. Belize: Emerald Publishing Limited.

第十四章

酒店设备、物资、能源和技术管理

本章导读

构建新一代信息技术、AI、生物技术、新能源、新材料、高端装备、绿色环保等一批新的增长引擎是国家未来发展趋势。在酒店行业，这一思想将反映在酒店运营中的关键后勤和支持功能上，包括设备维护管理、物资统筹管理，以及能源管理和新技术的应用。通过探讨这些领域，本章旨在帮助酒店管理者理解并优化酒店的日常运营效率，降低运营成本，并推动可持续发展实践。读者将学习如何通过有效管理和技术创新，提高服务质量，确保酒店资产的长期价值和顾客满意度。

学习目的

1. 理解酒店设备的管理与更新：掌握酒店设备维护的基本原则和实践，包括定期检查、故障修复和预防性维护。学习如何制订维护计划，以确保设备的最佳运行状态和延长其使用寿命。

2. 熟悉酒店物资管理：深入了解如何有效管理酒店的物资供应和库存，包括采购、验收、存储和发放。探讨如何通过物资管理降低成本、避免浪费，并确保业务的连续性。另外，了解物资统筹管理中的挑战和策略，如如何处理供应链的波动和风险。

3. 掌握酒店能源管理与新技术的运用和管理：学习如何通过能源管理降低酒店的能耗和运营成本。

核心概念

设备管理；物资管理；能源管理；新技术的运用

导读案例

酒店能耗管控的三大项

衡量酒店能源使用情况的一个重要指标是产值能耗比（耗能与收入比）。酒店行业目前已成为耗能较大的行业之一。据统计，水、电、气等能耗总费用在酒店的成本开支中排列第二位。

要项一：水

（1）安装节水龙头和淋浴头：使用低流量节水设备，可大量减少水的使用。

（2）修复所有水管漏点：检查并修复漏水点，包括水龙头、管道和马桶等。

（3）重新利用灰水：将来自洗手台、淋浴和洗衣机的灰水用于冲厕所或浇花。

（4）定期检查水表：定期检查水表确定是否有隐秘的漏水。

（5）智能水表系统：安装智能水表来监控和管理水的使用。

（6）教育员工和顾客：培训员工和教育顾客有关节约用水的重要性。

（7）优化景观灌溉：使用滴灌和定时灌溉系统来减少用于园林的水量。

（8）收集雨水：安装雨水收集系统来收集和重用雨水。

（9）优化洗衣程序：确保洗衣机满载运行，选择节水洗衣程序。

（10）厨房用水要有计划性，当天需要解冻的原料，应提前拿出来自然解冻。

（11）尽量避免直接冲洗：解冻食品、洗菜洗碗、洗涤清洁等采用盆或桶装水，同时减少使用高压清洁水直接冲洗和自来水直接冲洗。

要项二：电

（1）使用 LED 照明：用 LED 灯泡替换所有旧式灯泡，减少能源消耗。

（2）安装智能恒温器：通过智能恒温器自动调节温度，降低能源浪费。

（3）利用自然光：优化窗户设计和位置，最大限度地利用自然光照。

（4）设备定期维护：保持空调、加热器和其他设备的维护，确保高效运行。

（5）智能电表：安装智能电表来监控电力消耗，并识别节能机会。

（6）节能电器：购买和使用能效高的设备，如能效标签高的空调、冰箱等。

（7）优化空调系统：在非高峰时段使用夜间空调系统，减少电力使用。适宜的温度下尽量不开空调，夏季不低于 26 摄氏度，冬天不高于 20 摄氏度。在空调开放的情况下，随时关好玻璃门，防止冷、暖空气外流。

（8）关闭待机设备：确保不使用时关闭所有电子设备和灯具的电源。

（9）使用可变频驱动器：安装可变频驱动器，根据需求调节能源使用。

（10）教育意识：提升员工和顾客节能的意识。杜绝能源放空现象，顾客退房后，服务员马上关闭空调及房内电源。

要项三：气

（1）优化热水系统：使用节能的热水系统和设定合理的热水温度。降低热水锅炉和采暖锅炉的出水温度。热水锅炉出水温度42～46摄氏度，采暖锅炉出水温度36～42摄氏度。

（2）保温措施：对热水管道和设备进行保温，减少热量损失。

（3）定时控制：对使用天然气的设备（如热水器、暖气）使用定时器。下班关好各个气阀，检查气管的好损情况，杜绝不必要的气损。

（4）维护设备：保持锅炉和加热设备的良好维护，确保高效运行。

（5）节能厨房设备：使用节能的烹饪设备，减少天然气的使用。

（6）气候适应性设计：建筑设计考虑当地气候，减少对暖气的需求。

（7）改进隔热：提高建筑隔热效果，减少加热需求。

（8）智能调控系统：安装智能加热控制系统，根据实际需求调整。

（9）员工培训：对员工进行节能使用气体的培训。厨房用气避免重复用火加工原料。坚决做到加工时才点火，不烧空火，不点燃火等菜下锅。

资料来源：作者根据网络资料/相关文献资料改写而成。

第一节 酒店设备的管理和更新

一、酒店设备的内容和类型

设备在酒店服务中也扮演着关键角色，它们不仅影响着酒店的运营效率，也直接关系到顾客的体验和满意度。一个酒店的设备，从前台的计算机系统到客房的空调、电视，甚至是电梯等，都需要保持最佳状态以确保服务质量。因此，酒店需要将设备视为服务的一部分，并采取主动的维护策略，对于提升酒店服务质量、增强顾客满意度以及提升酒店品牌价值具有重要意义。通过确保每一件设备都能可靠地工作，酒店可以为顾客提供无缝且高质量的服务体验。

中国现代酒店业自改革开放以来，已经历了四十余年的飞速发展。在这个过程中，众多酒店在硬件设施和设备配备上做出了巨大投资，很多酒店的设施已经达到了世界先进水平，包括高端的客房设施、智能化的会议室设备以及先进的健身和娱乐设施等。这些设施的升级和完善极大地提升了顾客的入住体验，使中国酒店业在国际市场上更具竞争力。然而，尽管硬件设施先进，酒店业在设备的维护管理方面却显示出一些不足。经常可以见到一些酒店在使用一两年后，设施开始出现各种问题，表现为“一年新，二年旧，三年破”的现象。这种状况在很大程度上影响了酒店的品牌形象和顾客满意度，成为制约酒店长期发展的一个关键因素。

酒店的设备系统大体上可以分为动力设备系统、信息设备系统和生产服务系列设备三大类，每个类型的设备都对酒店运营有至关重要的作用（表 14-1）。其中，动力设备系统构成了酒店运营的基础支撑，信息设备系统已深入酒店的各个角落，提升了运营效率和顾客服务质量，而生产服务系列设备直接关联到酒店的日常运营和服务提供。详细分类、内容及重要性见表 14-1。

表 14-1　酒店设备系统种类

分类	具体种类	具体内容和重要性
动力设备系统	供配电系统	酒店运营的生命线，确保所有区域，特别是关键运营区如厨房和客房有稳定的电力供应。现代酒店还采用不间断电源设备和备用发电机，以防止停电对顾客体验和关键操作的影响
	供水系统	包括酒店的给水和排水系统，对维持日常运营和顾客满意度至关重要
	供热系统和制冷系统	保证酒店环境的温度控制，对提供舒适环境非常关键
	空调通风系统	影响空气质量和环境舒适度，对顾客体验尤其重要
	运送系统	主要包括电梯和扶梯，这些是确保顾客和员工在酒店内部移动的效率和安全的重要设备
信息设备系统	通信系统和电视系统	保证顾客和管理层之间的有效沟通，同时提供娱乐和信息服务
	音响系统	在宴会厅、会议室等地方提供必要的音频支持，对于举办活动和会议至关重要
	计算机管理信息系统	管理酒店的预订、顾客服务、房务管理等，提高工作效率并减少错误
	火灾报警系统	保证酒店的安全，预防火灾事故的发生
	楼宇自动管理系统	集成监控和管理酒店的各种设备和系统，优化能源使用，保证设备效率
生产服务系列设备	厨房系列设备	包括炉灶、冰箱、洗碗机等，这些是酒店提供餐饮服务的基础
	洗衣系列设备	如洗衣机、烘干机和熨烫机，用于处理大量的床单、毛巾和员工制服
	清洁系列设备	如吸尘器、清洁车和高压清洗机，确保酒店的卫生和整洁
	客房设备	如电视、空调、迷你吧等，直接影响顾客的居住体验
	娱乐健身系列设备	健身房设备和娱乐设施，为顾客提供休闲和健身服务
	办公系列设备	包括电脑、打印机和复印机等，用于酒店日常的管理和行政工作
	维修系列设备	用于维护和修理酒店内的其他设备和设施，保证它们的正常运作

二、酒店设备管理的方法

酒店设备管理是确保酒店顺利运营的关键环节，不仅影响酒店的日常运营效率，也对顾客体验和酒店成本控制产生重大影响。酒店设备管理的主要方法和策略包括以下几个。

1. 制订预防性维护计划

预防性维护是指定期进行的设备检查和维修，目的是预防设备故障和延长设备使用寿命。此方法包括定期检查设备的关键部件、润滑移动部件、更换磨损部件，以及检测和校准设备以确保其运行在最佳状态。例如，酒店的空调系统需要定期检查其冷却剂水平，清洁过滤器和通风口，以及检查压缩机和电机的运行状况。酒店还需要定期评估设备的性能和效率，通过收集和分析操作数据来识别改进设备管理的机会。这包括分析设备故障率、维修成本、能效和其他相关指标。基于这些信息，管理团队可以做出更有信息的决策，如是否继续修理旧设备或投资于新设备，以及如何改进维护计划以提高效率和降低成本。

2. 采用条件监测和诊断技术

条件监测是一种更为先进的设备管理技术，通过持续或定期监测设备的关键性能指标，如振动分析、温度监测、声音分析等，来识别潜在的问题。例如，通过振动分析，可以识别出电动机或泵的不平衡、轴承损坏或齿轮箱问题。这种技术可以帮助维修团队在问题变成高昂的维修成本之前对其进行干预。

3. 使用资产管理软件

随着技术的进步，许多酒店开始采用专业的资产管理软件来跟踪和管理他们的设备。这些软件可以帮助管理人员监控设备的使用情况，跟踪维护历史，安排未来的维护任务，以及管理备件库存。资产管理软件也可以提供重要的分析工具，帮助酒店优化其设备投资，通过更好的维护计划和预算控制来减少总体拥有成本。

4. 实施能源管理措施

酒店设备往往消耗大量能源，特别是供暖、通风和空调系统。通过实施能源管理措施，如使用能效更高的设备、优化设备运行时间以及采用自动化能源管理系统，酒店可以显著降低能源成本。例如，安装节能传感器和定时器可以在不需要时自动关闭灯光和设备，从而减少能源浪费。

5. 厂商和供应商关系管理

维护与设备制造商和供应商的良好关系对设备管理至关重要。这些关系可以确保酒店在需要时快速获取技术支持、备件和服务。在采购新设备时，选择那些提供可靠售后服务和保修的供应商，可以在设备出现问题时减少停机时间和维修成本。

6. 定期培训和技能提升

设备的有效管理不仅依赖于技术和工具，还依赖于操作和维护人员的技能。定期为员工提供培训，确保他们了解最新的设备技术、维护技巧和安全操作规程，是提高设备管理效率的关键。培训内容可以包括新设备的操作方法、故障排查技巧、安全规范等。

一般而言，工程部负责酒店的所有设施、设备的维护、修理和管理工作，确保酒店运营顺畅。酒店工程部的组织架构主要依赖于酒店的规模、服务类型以及酒店的具体需求，其组织结构设计以支持广泛的技术培训和专业能力提升。工程部的管理制度与岗位职责应清晰、明确，确保每位员工都了解自己的工作范畴和责任。一个典型的酒店工程部组织架构需要包括以下几个职位（图 14-1）。

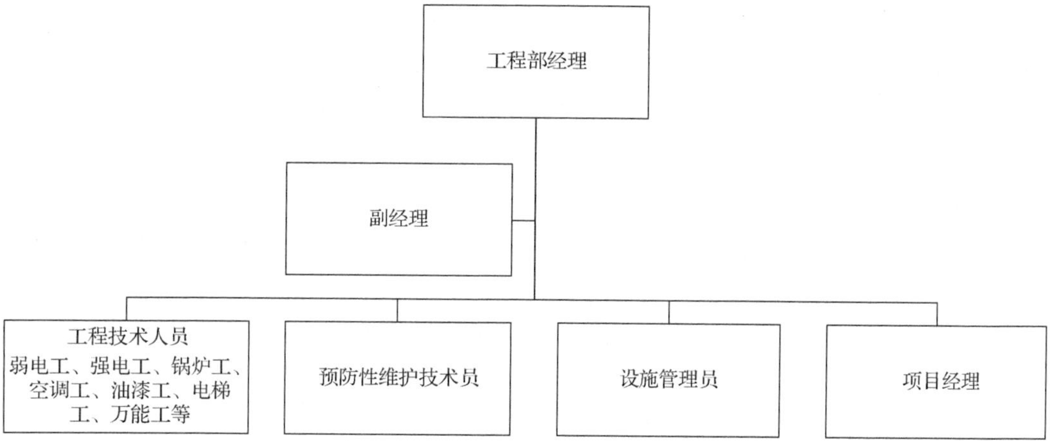

图 14-1　工程部组织结构图

技术培训是工程部不可或缺的一部分，包括设备基本知识培训和设备操作技能提升。这些培训内容涵盖设备的基本原理、消防安全知识、维修要求等，确保员工能够理解和处理与设备相关的各种情况。此外，培训还专注于提升设备操作的技能，包括正确的操作时间、步骤、关键环节与操作要领。工程部也非常重视服务意识的培养，强调工作态度、时间管理、质量意识及仪容礼貌等方面，以确保服务质量与专业标准。

三、酒店设备更新

酒店设备更新是酒店设施管理中一个重要的决策点，它直接关系到酒店的运营效率、顾客满意度、经济成本和环境责任。设备更新的决策通常基于设备的技术性能、经济效益以及对环境的影响。更新过程包括用新技术或新型设备替换那些在经济和技术上已不再具备使用价值的老旧设备。

在酒店行业中，设备更新意味着替换那些已经无法有效满足服务需求、技术落后或运行成本过高的设备。这种更新不仅仅是简单的替换，更是一个涉及技术评估、成本效益分析和长期战略规划的复杂过程。设备更新的目的是提升酒店的整体运营效率，减少能源消耗，提高顾客服务质量，并确保设施符合最新的环保标准。酒店进行设备更新的决策通常基于多个关键因素，这些因素直接影响到酒店的运营效率、顾客满意度、财务健康以及环境责任。

具体来讲，符合以下情况之一的都应该进行设备更新。

1. 技术性能不达标

设备的技术性能直接影响到酒店的服务质量和顾客体验。假设一家酒店的中央供暖系统已经使用了二十多年，虽然定期进行维护，但仍然存在效率低下和故障频发的问题。在冬季，由于供暖系统无法有效地提供稳定和均匀的热量，顾客在酒店房间中感到寒冷，导致顾客投诉增加，严重影响酒店的在线评分和顾客忠诚度。在这种情况下，系统的技术性能明显不符合现代的舒适和效率标准，就需要进行设备更新，以恢复服务质量，提升顾客满意度，并避免潜在的收入损失。技术性能不达标的设备同时也可能导致更长的服务时间和增加员工的工作负担，员工需要处理更多的顾客抱怨和投诉，从而影响员工的工作满意度和工作效率。当设备的性能不再能满足服务标准时，更新设备不仅可以避免这些问题，还可以引入新的功能，提升顾客满意度和优化操作流程。

2. 经济效益低下

老旧的设备往往因为技术落后导致能效低下，这就需要更多的能源来完成相同的任务。随着时间的推移，维修这些老旧设备的成本可能会超过其运行的效益，特别是当设备频繁出现故障，需要昂贵的零件更换和进行专业维修时。将这些设备更新到现代、高效的模型可以减少能源消耗，降低长期的维护费用，并通过减少停机时间提高业务的连续性。例如，考虑酒店的老旧洗衣机，这些设备虽然仍能运行，但其洗涤周期长，耗水耗电量大，远高于现代洗衣机。随着水电费的上涨，运行这些设备的成本逐渐占据了酒店运营预算的一大部分。此外，由于洗衣机效率低下，洗涤质量不高，顾客对洗衣服务的满意度下降。更新为现代的、高效的洗衣机，酒店不仅可以节省能源消耗，还可以提高服务效率和顾客满意度。

3. 设备维修不经济

当设备的维护成本开始超过其带来的价值时，更新就显得尤为重要。老旧设备的零件可能难以找到或价格昂贵，且即使进行了修理，设备的效率和可靠性也无法保证。频繁的维修不仅是财务负担，还可能导致服务中断，影响顾客体验。例如，一个需要频繁维修的泳池加热系统可能会因为故障导致泳池无法使用，从而影响到预订该设施的顾客满意度。投资新设备可以避免这些问题，以确保设施的可用性和可靠性，提升顾客的满意度和忠诚度。

4. 不符合环境与法规要求

随着全球对环境保护要求的加强，许多地区的法规越来越严格，要求企业减少能源消耗和排放。使用过时的设备可能会使酒店难以遵守这些新法规，导致罚款或其他法律后果。此外，现代消费者越来越关注企业的可持续性实践，继续使用高能耗和高排放的设备可能影响酒店的公众形象。通过更新到更环保的设备，酒店不仅可以符合法规，减少潜在的法律风险，还可以作为市场营销的一部分，吸引那些注重环保的顾客。

5. 跟不上社会技术的全面进步

在现代酒店行业中，技术的迅速进步对设备的更新周期产生了显著影响。随着新技术的不断涌现，老旧设备很快就显得过时，无法与新兴的市场标准或顾客预期相匹配。新一代的设备往往具备更高的能效和更强的功能，并且能提供更大的节能潜力。

第二节　酒店物资管理

一、酒店物资管理的含义和目标

酒店物资管理是对酒店经营管理活动所需要的各种用品、家具用具、食品原材料、物资用品和工具等物资资料的选购、储存、使用所进行的一系列组织和管理工作。

酒店物资管理的基本目标是确保物资的有效、经济和高效使用，支持酒店的日常运营并提升整体服务质量（图 14-2）。

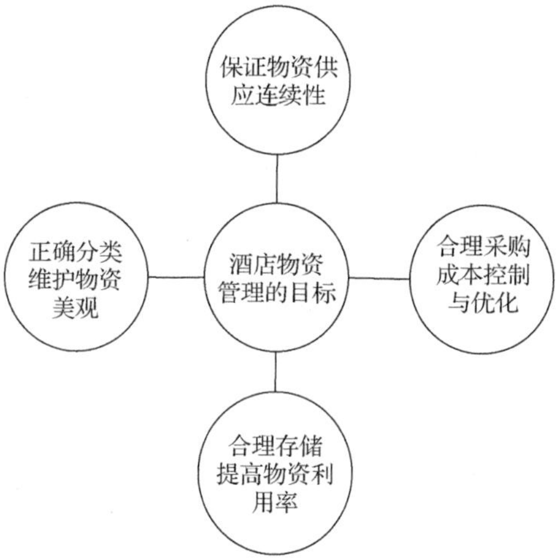

图 14-2　酒店物资管理的目标

1. 保证物资供应连续性

为了保证酒店运营的流畅和服务质量的一致性，酒店物资管理必须确保关键物资的供应不受中断。这涉及与多个供应商建立稳固和互惠的关系，确保在任何情况下物资都能及时供应，特别是在高峰季节或特殊事件期间。例如，与本地和国际供应商建立紧密联系，可以保障在供应链出现问题时快速找到替代方案。此外，酒店应通过建立备用库存和采用先进的预测工具来应对突发需求，从而减少因供应不足对顾客服务造成的影响。

2. 合理采购，成本控制与优化

成本控制是物资管理中至关重要的部分，酒店必须通过有效的物资管理来优化成本结构。这包括谨慎的采购决策、物资使用的监控和定期审查物资消耗情况。例如，通过集中采购、季节性购买和利用供应商提供的折扣，酒店可以显著降低采购成本。同时，实施精细化管理，如通过跟踪物资使用数据来识别浪费点，并采取措施减少不必要的开支，从而提高整体的财务健康水平。

3. 合理存储，提高物资利用效率

物资利用效率的提高直接关系到酒店的可持续发展和成本效益。这不仅意味着减少物资的浪费，也包括通过改进物流和存储流程来优化物资使用。例如，使用先进的库存管理系统可以确保物资按需订购和存储，减少过期和过剩的情况。合理设计存储空间和布局，确保各类物资分类明确、易于取用，可以减少物资搬运和搜索时间，加快物资流转速度。例如，在酒店的厨房中，将常用的食材和厨具存放在容易到达的位置，可以提高厨房的运行效率。此外，采用先进入先出（first input first output，FIFO）的存储原则，确保老库存先使用，可以有效减少食品和其他易腐物资的过期风险。

4. 正确分类，维护物资美观

正确的物资管理，特别是物资的有效分类和美观，对于酒店业来说至关重要，它直接影响到酒店的操作效率和顾客的整体体验。通过将物资按类别系统地分类存储，酒店员工可以迅速找到所需物品，大大节省了寻找物资的时间，尤其是在高峰时段或紧急情况下。例如，将清洁用品、床上用品、餐饮物资和维修工具分别存放在不同的专用区域，每个区域内部再进一步细分为更具体的子类别。在一个组织良好的环境中工作，员工更能专注于其服务，减少因为寻找物资或重新整理物资而浪费的时间。这种效率的提高可以直接转化为对顾客更快、更高效的服务。酒店物资的美观直接影响顾客的第一印象和整体满意度。整洁且具吸引力的物资布置可以传达出酒店对细节的关注和对品质的追求。例如，经过良好维护的健身器材、无瑕疵的餐具和光洁的家具都能显著提升顾客对酒店整体服务质量的评价。

二、物资管理的过程和方法

物资管理的过程包括物资采购、物资验收、物资存储和物资发放四个阶段（图 14-3）。

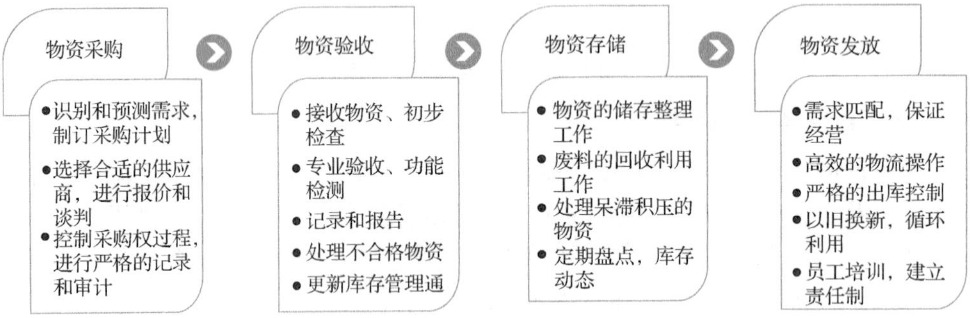

图 14-3　酒店物资管理过程

第三节　酒店能源管理

一、酒店能源管理的含义和内容

在所有类型的公共建筑中，酒店因 24 小时运转，在能源消耗方面居于首位。能源消耗是酒店的命脉，同时也是酒店主要的成本负担之一。

酒店能源管理指的是通过系统的策略和技术手段，监测、控制和减少酒店在运营过程中的能源使用，以达到节约能源、降低成本和减少环境影响的目的。这通常涉及电力、天然气、水资源以及其他能源形式的管理。能源管理的具体措施包括能源使用的实时监测、能效设备的采用、能源消耗行为的优化和可持续能源技术的应用等。

影响酒店能耗的因素多种多样，从酒店的地理位置到建筑设计，再到各种机电系统的安装和运行效率，每一个环节都可能对酒店的总能耗产生重大影响。

1. 酒店的地理位置及其建筑结构

酒店的地理位置直接影响其能源需求，特别是在供暖和制冷方面。位于气候较冷的地区的酒店可能需要更多的供暖能源，而热带或亚热带地区的酒店则可能需要更多的制冷能源。日照时间的长短也会影响能源的使用，例如，日照时间较长的地区可以更有效地利用太阳能进行供暖或照明。此外，酒店的建筑结构、建筑年限以及保温性能都是影响能耗的关键因素。较新的建筑通常采用更为先进的保温材料，其能源效率较高；而老旧的建筑可能需要进行翻新以提高能效。建筑的采光效果和结构形式也会影响能源的使用，良好的自然采光可以减少白天的照明需求，而有效的建筑布局可以减少无效空间的能源浪费。

2. 酒店各机电系统的设计安装水平

酒店的机电系统，尤其是空调和制冷系统，是能源消耗的主要来源。一个设计良好并且安装得当的系统不仅能显著提高能源使用的效率，还能降低维修和运营成本。空调系统在许多酒店的能耗中可以占到50%以上，因此优化这一系统的设计和操作是减少总能耗的关键。空调系统的效率取决于多个因素，包括系统的设计、设备的选择、安装质量以及维护的频率和质量。高效的空调系统应当能够根据室内外温度变化自动调节运行状态，最大限度地减少能耗。此外，采用变频技术的空调系统能够根据实际需要调整能源使用，避免浪费。

3. 酒店的运营模式和管理策略

酒店的运营模式和管理策略也对能耗有着直接的影响。例如，酒店的开放区域和客房的能源管理策略，决定了这些区域的能源使用效率。酒店可以通过安装智能照明系统、运用能源管理系统来监控和调控能源使用，如智能恒温器、运动感应器控制的照明和空调系统等，以自动调整能源使用，减少浪费。此外，员工的培训和参与也是优化能源使用的重要方面。通过教育员工了解能源节约的重要性和具体方法，鼓励他们在日常工作中采取节能措施，可以进一步提高能源使用的效率。

二、酒店能源管理的实施策略

（一）能源监测与分析

建立一个全面的能源监测系统是实施有效能源管理的第一步。这一系统的核心在于使用智能计量设备和能源管理软件，使酒店能够对能源消耗进行实时监测和精确分析。通过这种方式，管理者可以轻松获取能源消耗数据，识别出能源使用的模式和趋势，并及时发现异常消耗，这对于迅速响应和调整策略至关重要。智能计量设备可以安装在酒店的各个关键能耗点，如主要入口、餐厅、客房等，这些设备能实时收集数据并发送到中央管理系统。能源管理软件则通过算法分析这些数据，生成消耗报告，高亮显示能效低下的区域，从而使管理团队能够有针对性地制定节能措施。

酒店业作为服务行业的一部分，其运营复杂性和设施管理要求极高。为了提高运营效率、安全性以及提供更好的顾客体验，越来越多的酒店正在引入高级的自动化技术和系统。这些系统通常被归类为 5A[①]（五种自动化类型）和 PDS（premises distribution system，光纤综合布线系统）。具体内容见表 14-2。

表 14-2　酒店 5A 及 PDS 技术

类型	内容
楼宇自动化	涵盖了控制和监控酒店内部环境的各种技术，以提高建筑物的能效和运营效率。这包括温度控制、照明控制、能源管理和设备维护管理。通过智能控制系统，如可以自动调节空调和加热系统以适应不同时间段的需求，从而节约能源并提供舒适的环境给顾客
通信自动化	主要涉及酒店的内部和外部通信网络。这包括无线互联网服务、电话服务以及数据传输服务等。有效的通信自动化不仅可以提高员工之间的沟通效率，还可以增强顾客服务体验，如快速响应顾客需求和处理预订
办公自动化	主要用于提高酒店管理人员和员工的工作效率。这包括文档管理系统、电子邮件系统、财务管理软件和客户关系管理系统。通过自动化办公工具，酒店可以优化其日常操作流程，减少纸质文件的使用，提高数据处理的准确性和安全性
安保自动化	确保酒店的安全和顾客的安全。这包括视频监控系统、入侵检测系统、门禁控制系统和其他安全相关的自动化技术。这些系统可以帮助酒店实时监控安全威胁，迅速响应可能的紧急情况，从而提高整个酒店的安全水平
消防自动化	指酒店的自动火灾报警和喷水灭火系统。这些系统能够在火灾发生初期即自动检测到火情并启动警报，同时激活灭火系统来控制或扑灭火势，显著提高人员的安全并减少财产损失
综合布线系统	一个全面的通信传输系统，支持电话、数据、广播电视和其他管理系统的网络需要。在酒店中，这种系统确保了从前台到客房，从会议室到餐厅等每一个角落都能获得稳定和高效的通信服务

（二）能效技术与设备

采用高效能的设备是直接减少能源消耗的有效方法。例如，更换旧的灯具为 LED 灯，不仅降低了能耗，同时也延长了灯具的使用寿命。同样，高效的暖通空调系统能够根据室内外温度变化自动调节，减少不必要的能源浪费。此外，引入智能建筑技术，如自动调节的照明系统和温控系统，可以进一步提升能源使用效率。这些系统可以基于房间是否有人使用自动开启或关闭，或根据外部光线的强度调整室内照明，从而优化能源使用。

（三）可再生能源

对于可再生能源的投资，如太阳能光伏板和风力发电，不仅可以帮助酒店减少对传统能源的依赖，还能在长期内稳定能源成本。太阳能光伏系统可以安装在酒店的屋顶或其他适合的开阔区域，白天产生的电力可以直接供酒店使用或存储于电池中备用。这些绿色能源项目除降低能源费用外，还能显著减少酒店的碳足迹，提升酒店的绿色品牌形象，吸引那些注重环保的消费者。

---

① 5A 是指五种自动化类型，分别为楼宇自动化系统（building automation system，BAS）、通信自动化系统（communication automation system，CAS）、办公自动化系统（office automation system，OAS）、安保自动化系统（security automation system，SAS）和消防自动化系统（fire alarm system，FAS）。

（四）员工培训与行为改变

能源管理的成功在很大程度上依赖于员工的参与和行为改变。通过培训员工理解能源管理的重要性，并鼓励他们采取节能行为，如在不使用的情况下关闭设备，利用自然光照，合理调节室温等，员工可以成为节能的积极推动者。员工的这些日常行为改变，虽看似微小，但累积起来对整个酒店的能源消耗影响巨大。通过建立节能激励机制，如设置能源节约目标和奖励那些表现优秀的团队或个人,可以进一步激发员工的节能热情，推动能源管理策略的实施。

三、绿色酒店的含义和发展历史

绿色饭店（green hotel）是指以可持续发展为理念，坚持清洁生产、维护酒店品质、倡导绿色消费、合理使用资源、保护生态环境、承担社区与环境责任的酒店。

绿色酒店注重节能、水资源保护、减少废物以及利用可再生能源等方面，同时也强调在经济上的可持续性，即在保护环境的同时，确保经济效益。绿色酒店的运营涉及广泛的实践，包括使用节能设备、建筑材料的环保选择、废物的回收再利用、采用绿色清洁产品、提供有机和当地来源的食物等。此外，绿色酒店还通常会对员工进行环保教育和培训，确保整个团队都能够参与到环保实践中。

20 世纪 80 年代末，全球开始对环境问题有了更多的认识和关注。在全球“绿色浪潮”的推动下，欧洲一些酒店开始改变经营策略、加强环境意识、实施环境管理，营造酒店的“绿色”氛围。1992 年在巴西里约热内卢举行的联合国环境与发展会议（又称地球峰会）上，可持续发展成为国际议程的重点，这促使酒店行业开始考虑其对环境的影响。随后的几年里，随着全球对气候变化和资源枯竭等问题的日益关注，越来越多的酒店业者开始实施节能减排和资源回收等措施。例如，一些领先的酒店品牌开始引入节能技术，使用低流量水龙头和淋浴头，以及提供客房内的回收设施。

20 世纪 90 年代，绿色酒店理念传入我国。绿色酒店在中国的发展初期主要集中在一些国际酒店品牌和高端市场，这些酒店通常位于大城市或者旅游热点地区。它们通过采用节能设备、提高能源利用效率、减少废物、使用环保材料等方式来降低运营中的环境影响。推动经济社会发展绿色化、低碳化是实现高质量发展的关键环节。因此，酒店要实施全面节约战略，推进各类资源节约集约利用，加快构建废弃物循环利用体系。

随着时间的推移，绿色酒店的概念逐渐被更多国内酒店品牌所接受。中国政府在 21 世纪初开始实施更加严格的环境保护法规，这也促使酒店业加大环保投入，从而逐步扩大了绿色酒店的实践范围。

到了 21 世纪，绿色酒店的概念得到了进一步的推广和实施。国际和地区性的绿色酒店认证项目相继出现，如“绿色钥匙”（Green Key）和绿色地球认证（Green Globe Certification）。我国原国家旅游局于 2015 年底颁布《绿色旅游饭店》行业标准，该行业标准于 2016 年 2 月开始实施。这些认证不仅提供了一个评估和指导酒店环保实践的框架，也能够帮助消费者识别真正实施可持续实践的设施。此外，随着技术的发展和消费者环保意识的增强，绿色酒店也开始采用更多高科技和创新方法来进一步减少其环境足迹。这包括利用高效的建筑设计减少能源需求、安装太阳能板来提供清洁能源，以及利用智能系统优化能源和资源的使用。

尽管绿色酒店理念在中国得到了推广，但其普及面临诸多挑战。首先是成本问题，绿色建筑和运营初期投资较大，且回报周期较长，这对许多酒店尤其是中小型酒店来说是一个负担。其次，缺乏足够的绿色技术供应商和专业人才也是制约因素之一。然而，随着中国政府对环境保护和可持续发展的不断重视以及公众环保意识的提高，绿色酒店的未来发展前景仍然被看好。这不仅可以帮助酒店提升品牌形象和市场竞争力，还能够吸引那些高度重视可持续生活方式的消费者。

拓展阅读

联合国17个全球可持续发展目标

联合国的17个可持续发展目标（sustainable development goals, SDGs）是在2015年通过的一套全球目标，旨在到2030年实现更加公平、包容和可持续的世界。这些目标是联合国2030年可持续发展议程的一部分，涵盖了社会、经济和环境的广泛领域，旨在解决全球最紧迫的挑战。下面是这17个目标的简述。

（1）消除贫困：在全球范围内消除一切形式的极端贫困。

（2）消除饥饿：实现粮食安全和改善营养状况，并推广可持续农业。

（3）良好健康与福祉：确保健康的生活方式并促进各个年龄段的福祉。

（4）优质教育：确保包容和公平的优质教育，促进所有人终身学习的机会。

（5）性别平等：实现性别平等，赋予所有女性和女童权利。

（6）清洁水和卫生设施：确保所有人都能获得安全的饮用水和卫生设施。

（7）可持续能源：确保人人都有能力获得可承受、可持续和现代化的能源。

（8）体面工作和经济增长：促进持久、包容和可持续的经济增长，全面实现充分且具有生产力的就业和体面的工作。

（9）工业、创新和基础设施：构建抗韧性的基础设施，促进包容和可持续的工业化，并促进创新。

（10）减少不平等：在国内和国家间减少不平等。

（11）可持续城市和社区：使城市和人居环境变得包容、安全和可持续。

（12）负责任的消费和生产：确保可持续的消费和生产模式。

（13）气候行动：采取紧急措施来对抗气候变化及其影响。

（14）水下生物：保护和可持续利用海洋和海洋资源以实现可持续发展。

（15）陆地生物：保护、恢复和促进可持续使用陆地生态系统，可持续管理森林，抗击沙漠化，阻止和逆转土地退化，阻止生物多样性丧失。

（16）和平、正义和强大机构：促进和平与包容社会的发展，为所有人提供司法机会，建立高效、负责任和包容的机构。

（17）伙伴关系以实现目标：加强实施手段和全球伙伴关系，以实现可持续发展目标。

这些目标代表了全球发展的共同愿景，并为各国政府、私营部门、民间社会和个人行动提供了框架，共同推动全球向可持续方向发展。

资料来源：作者根据网络资料/相关文献资料改写而成。

第四节　酒店新技术的运用和管理

在全球酒店业，新技术以及数智化技术的运用正成为推动行业进步的重要动力。随着技术的不断发展，越来越多的酒店开始利用高科技手段来改善硬件环境，提供独特的住宿体验，吸引不同需求的顾客。

一、改善酒店硬件环境

在当今的酒店行业中，利用新技术改善硬件环境和推动硬件创新已成为提升竞争力的关键策略。以下是一些引人注目的新技术改善酒店硬件环境的实例。

天幕技术是一种创新的数智化应用，它通过高分辨率的天顶画幕展现变化多端的景象，无论是模拟蓝天白云，还是繁星点点的夜空。例如，在澳门威尼斯人酒店中，巨大的天幕不仅模拟了威尼斯的天空，还根据不同时间展现不同的天空景色，从日出到日落，再到夜晚的星空，为顾客提供沉浸式的体验。这种技术的使用不仅增强了酒店的视觉吸引力，也大大提升了顾客的入住体验。

随着航天技术的发展，太空酒店不再是科幻小说中的概念。这类酒店设计致力于将顾客带入太空，提供在地球轨道上的住宿体验。虽然目前还处于开发和规划阶段，但已有多个企业和机构在探索如何安全、有效地在太空中提供商业住宿服务。太空酒店的技术挑战包括生命维持系统、安全性能保障及可持续供应系统等。

冰窖酒店是利用冰雪为主要建筑材料的酒店，如瑞典的冰雪酒店。这类酒店每年冬季重建，采用冰块和雪来构造墙壁、家具甚至酒吧和艺术装置。冰窖酒店的数智化表现在其结构设计和内部环境控制系统上，确保即便在极端寒冷的环境下，室内温度也能保持在人体舒适的水平。此外，LED 照明和数字控制系统被广泛使用以营造独特的视觉效果和提升能源效率。

海底酒店建造在水面以下，使顾客能在入住期间欣赏到海底的自然景观。这类酒店通常配备有强化玻璃的窗户和先进的压力管理系统，保证结构的安全性和舒适性。海底酒店的数智化技术还包括水下摄像、自动化温控系统，以及高效的水下照明技术，这些都是为了提高顾客的住宿体验和确保酒店运营的可持续性。

二、给酒店带来经济效益

通过采用节能减排技术、刷脸技术、大数据分析以及共享平台等策略，酒店不仅能够实现成本效率的优化，还能增强顾客服务体验，从而在市场中脱颖而出。

（一）节能减排

节能减排是酒店降低运营成本的有效方式之一。通过安装智能节能系统，如智能照明和温控系统，酒店可以显著减少能源浪费，降低电力和水资源的消耗。这些系统通过自动调节酒店的能源使用，确保仅在需要时消耗资源，从而降低了能源费用并契合了环保理念。

（二）刷脸技术

刷脸技术的应用提升了酒店的安全性和操作效率。这种生物识别技术可以用于顾客的身份验证，确保只有授权的顾客和员工能够进入特定的安全区域，大大提高了安全防护水平。此外，刷脸技术还能简化入住和结账流程，减少前台接待的工作量，从而降低人力成本。

（三）大数据分析

大数据技术的运用使酒店能够更有效地分析市场趋势、顾客偏好和行为模式。通过收集和分析从在线预订网站、社交媒体和顾客反馈中获得的数据，酒店可以识别潜在的市场机会，优化营销策略，提高广告和促销活动的针对性和效果。这不仅帮助酒店吸引新顾客，还能增强老顾客的忠诚度，从而提升酒店整体的营收。

（四）共享平台

在资源共享方面，酒店通过加入或创建共享平台，可以有效地与其他企业共享资源和服务，如物资采购、技术互援等。这种合作模式可以获得规模经济效益，降低采购成本，提高资源使用效率。同时，通过业务外包和人力资源优化，酒店可以将非核心业务如洗衣服务、信息技术支持等外包给专业公司，不仅能够降低运营成本，还能提高服务质量。

三、提高酒店管理效率

数智化技术正在逐渐成为现代酒店行业不可或缺的一部分，其不仅优化了酒店的运营管理，还显著提升了顾客体验和酒店的竞争力。这些技术通过集成和智能化处理，为酒店带来多方面的增值效果，具体包括安全保障提升、品牌形象升值、设备资产保值、消费者利益提升以及管理效益提升等（图 14-4）。

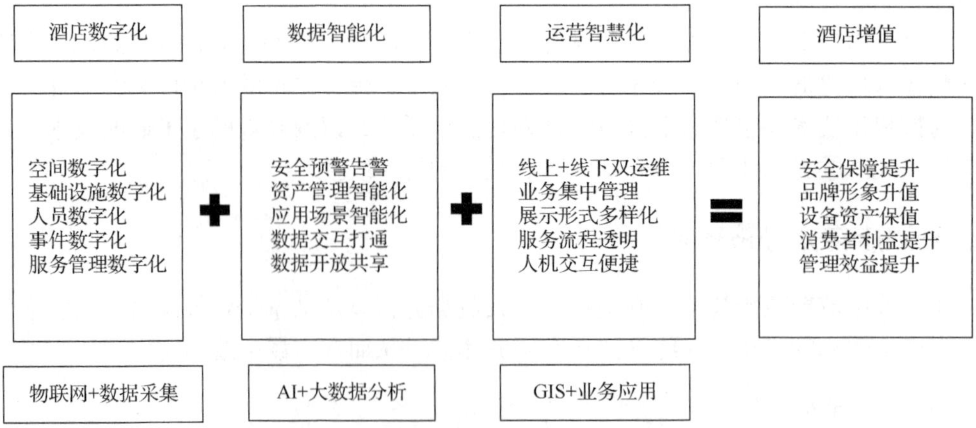

图 14-4 酒店数智化对酒店的增值效应

GIS：全称 geographical information system，即地理信息系统

（一）酒店数字化（物联网+数据采集）

酒店数字化主要指通过物联网技术和数据采集系统来实现酒店服务和管理的数字化转型。通过在酒店各个角落部署传感器和智能设备，如智能照明、智能温控、能源管理系统等，可以实时收集关于能源使用、客房状态、设备运行等的数据。这些数据的实时采集和分析不仅帮助酒店实现能源效率的最优化，还能提高设备的使用寿命和效率，从而实现设备资产的保值。

酒店数字化包括空间数字化、基础设施数字化、人员数字化、事件数字化和服务管理数字化。空间数字化指的是通过高级传感器和摄像头系统对酒店的物理空间进行实时监控和管理。这包括使用智能照明系统、温度控制设备以及能源监控系统来优化酒店的环境和能源使用。通过空间数字化，酒店管理者能够确保客房和公共区域始终保持在最佳状态，同时分析空间使用效率，优化布局和服务流程。

基础设施数字化涉及将酒店的所有物理设备和系统连接到中央管理系统中。这些设备包括空调系统、供水系统、电梯等关键基础设施。通过数字化管理，酒店能够实时监控这些设施的运行状态，提前预测和处理维护问题，减少意外停机时间，并延长设备的使用寿命。

人员数字化主要关注员工管理和顾客服务的优化。这包括使用数字工具如员工排班软件、性能监控系统以及在线培训平台。对于顾客服务，数字技术如移动应用和自助服务站使顾客可以自行办理入住和退房，查看服务信息等，极大地提升了顾客体验的便捷性和满意度。事件数字化指的是通过集成各种智能化设备和系统，实现酒店业务流程的自动化和智能化，包括预订、接待、客房管理、餐饮服务、财务管理等各个环节。这一过程极大地提高了酒店的运营效率和服务质量，同时也改善了客户体验。

服务管理数字化涉及将所有顾客服务操作转化为数字化流程，从而提供更加流畅和个性化的顾客体验。这包括使用客户关系管理系统来管理客户关系，提供定制化的服务建议，以及通过数据分析预测顾客需求。此外，数字化还使酒店能够通过社交媒体和在线平台与顾客保持实时互动，收集反馈，快速响应顾客需求。

（二）数据智能化（AI+大数据分析）

数据智能化涉及利用 AI 技术和大数据分析工具来处理和分析收集到的大量数据。通过这些先进的分析工具，酒店可以洞察消费者行为模式、优化价格策略、预测市场趋势，并提供更加个性化的顾客服务。例如，AI 算法可以分析顾客的过往预订信息和偏好，自动推荐符合其喜好的房间类型或服务套餐。此外，数据智能化还能提高酒店安全系统的效能，如通过行为识别技术提前识别和预防潜在的安全威胁。

数据智能化具体来讲包括安全预警告警、资产管理智能化、应用场景智能化、数据交互打通、数据开放共享。安全预警告警是指通过集成先进的监控系统和 AI 技术，实时分析酒店内外环境，识别潜在的安全威胁和异常行为，并通过自动化报警系统及时通知管理人员，以便迅速采取应对措施，从而提高酒店的安全防范能力并保护客户数据隐私。资产管理智能化涉及使用先进的数据分析工具和 AI 算法来优化酒店的资产使用和维护。通过实时监控和预测性维护，酒店可以有效延长设备寿命、预防故障和减少不必要的维护成本。例如，智能化系统可以分析暖通空调系统的运行数据，预测何时可能需要维修或替换部件，从而避免高昂的紧急修理费用和可能的服务中断。此外，资产管理智能化还包括能效管理，通过智能算法优化能源使用，实现成本节约和环境责任。

应用场景智能化意味着根据具体的业务需求和顾客行为来定制和优化服务。这通常通过收集和分析大量顾客数据来实现，如通过顾客的历史行为、偏好和反馈来个性化客房设置、餐饮推荐或活动安排。智能化技术还可以应用于房价管理，通过分析市场需求、房间供应和其他关键因素动态调整价格，以最大化收益。

在现代酒店管理中，多系统间的数据交互打通至关重要。这包括将预订系统、客户关系管理系统、财务系统及运营管理系统等数据进行整合，实现数据的无缝流动和实时更新。数据交互的打通不仅提高了工作效率，减少了数据孤岛现象，还能提供更全面的数据视图，支持更复杂的数据分析和业务洞察。

数据开放共享是指将酒店的部分数据资源开放给外部合作伙伴，如在线旅游代理、事件和会议策划者、本地旅游服务供应商等，以共同创造更大的商业价值。例如，酒店可以与当地的旅游活动提供者共享顾客偏好数据，帮助他们提供更加定制化的服务，同时增强顾客的整体体验。数据共享还可以促进创新，通过与科技公司或研究机构合作，开发新的服务或产品。

（三）运营智慧化（GIS+业务应用）

运营智慧化则是利用 GIS 和各种业务应用软件来优化酒店的日常运营和战略决策。GIS 可以帮助酒店管理团队在地理位置上分析顾客来源、市场分布等关键数据，从而优化市场营销策略和资源配置。同时，集成的业务应用软件能够自动化处理许多日常运营任务，如库存管理、员工排班、客户关系管理等，极大地提升了管理效率和减少了人为错误。

运营智慧化具体包括线上+线下双运维、业务集中管理、展示形式多样化、服务流程透明、人机交互便捷。在数字时代，酒店行业正在经历从传统的线下操作向线上线下融合的转变。线上+线下双运维涉及将酒店的物理服务与数字服务整合，以提供无缝的顾客体验。例如，顾客可以通过手机应用进行预订、办理入住和退房手续，同时在酒店内部，他们仍可享受传统的高标准服务。这种模式不仅增加了顾客的便利性，还使酒店能够更好地管理运营数据，优化资源配置。

业务集中管理是通过中央系统来控制和监视酒店的所有关键操作，包括房态管理、客户关系管理、库存管理等。这一系统能够实时更新和提供数据，帮助管理层做出快速且更准确的决策。集中管理减少了信息孤岛，提升了数据的准确性和业务协同效率，使得管理过程更加高效和透明。

随着技术的发展，酒店可以通过多种形式展示其服务和设施，如 VR、AR 和 3D 展示等。这些技术使顾客在实际到访前就能以极具吸引力的方式了解酒店的环境和服务，帮助他们做出更加明智的预订选择。此外，多样化的展示形式也是一种营销工具，能有效提升顾客的兴趣和预订意愿。

在运营智慧化的背景下，服务流程透明变得尤为重要。通过数字系统，酒店可以向顾客清晰展示服务的每一个步骤，包括订单处理、服务状态、账单明细等，确保顾客在整个住宿过程中的信息透明和可追溯。这不仅提升了顾客对酒店的信任感，还减少了误解和纠纷的可能。

优化人机交互体验是提升顾客满意度的关键。智能化的人机交互系统，如智能语音助手、自助服务终端、在线客服和机器人等，提供了便捷、快速且友好的交互方式。这些系统能够快速响应顾客需求，提供24/7（每周7天，每天24小时不间断）的服务，同时减轻员工的工作负担，允许他们专注于提供更高质量的人际服务。

四、颠覆酒店传统盈利模式

随着互联网技术的飞速发展，酒店业正在经历一场深刻的变革，特别是在其经营和盈利模式方面。这种变革不仅影响了酒店业的服务方式，还颠覆了其传统的盈利模式。在中国，互联网技术的广泛应用已经成为住宿业战略发展的一个重要方向，尤其是在促进酒店业从传统经营模式向技术创新管理模式转变方面。酒店业的管理模式从最初的经验管理逐步过渡到科学管理。在经验管理阶段，酒店依赖个人或传统的经营方式，缺乏系统的理论和方法支持。科学管理时期，酒店开始引入系统的管理理论，如泰勒的科学管理原则，强调效率和规范化流程。随后，随着资本和品牌的力量成为推动酒店业发展的主要动力，酒店业进入了以资本和品牌连锁为依托的战略管理阶段。这一阶段的酒店业，品牌化和规模化成为提升竞争力的关键。

进入21世纪，尤其是近十年来，互联网技术创新引领了新的变革浪潮。互联网不仅改变了顾客的预订方式，从线下转向线上，也使得酒店业务运营可以通过数据分析进行更精细的管理。“互联网+酒店”模式，即将互联网思维和技术应用到酒店管理中，通过信息技术将不同服务环节数字化、网络化、智能化，从而提高服务效率和顾客满意度。这种技术创新管理侧重于利用大数据、云计算、AI等现代信息技术，构建一个全新的服务和管理平台。例如，通过大数据分析顾客的消费习惯和偏好，酒店能够提供更加个性化的服务。云计算平台使得酒店管理信息系统可以实现跨区域的数据整合，为连锁运营提供支持。此外，AI技术如智能客服和机器人在提升顾客服务效率的同时，也大幅降低了人力成本。

在盈利模式上，“互联网+酒店”打破了传统的房费收入依赖，开辟了多元化的盈利渠道。酒店通过提供增值服务，如定制旅游、特色餐饮、休闲娱乐等，实现了盈利模式的多样化。同时，互联网平台还促进了酒店与其他行业的合作，如与电商、金融服务和交通出行的整合，提供一站式的生活服务解决方案。总之，“互联网+酒店”的模式不仅仅是技术的应用，更是一种全新的商业模式思维。它通过深度融合互联网技术和酒店服务，实现了酒店业务的创新和转型，为传统酒店业带来了前所未有的发展机遇和挑战。

本章小结

酒店设备管理和更新在确保运营效率、顾客满意度、成本控制和环保方面具有重要意义。通过实施预防性维护、采用条件监测和诊断技术、使用资产管理软件、实施能源管理措施、厂商和供应商关系管理，以及定期培训和技能提升等方法，酒店可以延长设备使用寿命，减少故障率，提升服务质量。设备更新则基于技术性能、经济效益、环境法规、业务增长需求等因素，以提升运营效率、减少能耗和维护成本，确保设施符合最新标准和顾客期望，从而增强市场竞争力和品牌形象。

酒店物资管理涉及对酒店运营所需的各种物资的选购、储存、使用和管理，确保物资供应的连续性、成本控制和服务质量。通过科学的需求预测、选择合适的供应商、严格的采购权控制、精确的物资验收、合理地存储和高效地发放，酒店可以提高运营效率、降低成本、提升顾客满意度和员工操作效率。同时，物资管理还包括以旧换新和资源循环利用，以支持环保和可持续发展。通过强化员工培训和建立责任制，确保每位员工都能有效地管理物资，从而提升酒店整体的管理水平。

酒店能源管理指的是通过系统的策略和技术手段，监测、控制和减少酒店在运营过程中的能源使用，以达到节约能源、降低成本和减少环境影响的目的。影响酒店能耗的主要因素包括酒店的地理位置、建筑设计、各种机电系统的安装和运营效率。绿色酒店的发展历史体现了全球对环境保护的重视。绿色酒店管理的重要性体现在关注公众关心的环境问题、提升酒店企业社会责任、体现顾客核心利益和有利于酒店核心品牌塑造等方面。

在全球酒店业，新技术及数智化技术的运用正成为推动行业进步的重要动力。越来越多的酒店通过高科技手段改善硬件环境，提供独特的住宿体验，吸引不同需求的顾客。这些技术不仅提升了顾客的体验，还带来了显著的经济效益。

案例分析与讨论

2023 年酒店年度数智创新案例

在当前酒店业的快速演变与创新浪潮中，数字化创新已经成为推动行业前行的核心动力。随着消费者需求变得越来越多样化和市场竞争越发激烈，越来越多的酒店开始采用数字技术，旨在提升服务效率、改善顾客体验，并保持其在市场上的竞争优势。在这个转型的时期，酒店业不仅仅是在优化传统服务方法，还在利用技术创新，开创全新的服务模式和顾客体验。

一、客房类

（1）位于纽约中心的万豪酒店引入了创新的客房服务，通过整合 Alexa 智能助理来提供即时的促销信息和特别优惠。这项服务极大地增强了顾客的住宿体验。例如，当顾客咨询泳池或餐厅等设施信息时，Alexa 不仅提供所需信息，还会主动推荐适时的优惠和折扣。

（2）芝加哥的 EMC2 傲途格精选酒店为顾客提供了一种独特且充满乐趣的体验，通过两个机器人礼宾——Leo 和 Cleo——来执行“爱情使者”的角色。这两个机器人在酒店内随机挑选顾客，向他们赠送花束。

（3）广州柏悦酒店通过安装智能传感器系统来优化能源使用，自动调节客房的照明和温度，保证顾客享受舒适的住宿环境同时，降低能源消耗。

二、餐饮类

（1）马达瓦尔马略卡瑞吉度假酒店积极参与了 FINHAVA 项目，这是一个多方合作的计划，致力于促进循环经济、本地农业和可持续旅游。该项目利用 5G 和区块链技术，实现物品流通的完整追踪。通过这种方式，酒店能够直接从当地农民购买新鲜农产品，并利用感应器激活的容器对有机废物进行正确分类，从而在降低成本的同时，支持可持续发展。

（2）荷兰欧洲餐厅集团采用 Apicbase 作为其全面的餐饮管理解决方案，以确保顾客体验和食品质量。这一平台集成了食谱、菜单设计、采购、库存和食品成本管理，为集团提供实时数据洞察。

（3）碧桂园旗下千玺餐饮机器人集团在广东顺德打造的 FOODOM 机器人餐厅大约 2000 平方米。在现代化餐厅中，炒菜机器人、煲仔饭机器人、甜品机器人等 20 余款核心技术自主研发的餐饮机器人集中亮相“上岗”，为顾客奉上近 200 种各式菜品，最快 20 秒即可出餐。

三、宴会类

（1）旧金山联合广场希尔顿酒店与 Rain Focus 合作，推出了一项创新的聊天功能，旨在提升宴会期间的交流和互动。这项功能允许活动参与者在活动前、中、后方便地建立联系并拓展人脉。参与者在报名时被鼓励创建包含头像、兴趣和联系信息的个人资料，并可以通过提供的链接浏览其他参与者的资料。这个“参会聊天”功能的定制化选项根据组织的目标和需求进行调整。

（2）卓美亚马迪纳特度假酒店与 Interprefy 合作，推出了 AI 驱动实时双向翻译解决方案，为多语言会议、培训和小组讨论提供了支持。这种技术超越了传统语音翻译系统的限制，不仅支持从一种基础语言翻译成多种目标语言，还能够适应多样化的演讲者和参与者。

（3）迈阿密南海滩 W 酒店对其宴会厅和会议空间进行全面翻新，并引入了北美首个 360 度投影技术。这一先进技术能够实现400平方米多功能宴会厅的视觉和音频全方位变换，创造出独特的体验氛围。内置的投影系统预设了多种色彩场景，还包括了适用于婚礼、企业聚会等各种场合的动静态视频库，为宾客提供了一个沉浸式和定制化的活动空间。

四、公共区域类

（1）韩国万怡酒店在公共区域服务中引入了 GAEMI 服务机器人以提升安全管理和服务效率。这一智能机器人不仅提供全天候的食品和饮料配送服务，还参与到酒店和客房服务中，为顾客提供无接触的便利体验。GAEMI 机器人在多个酒店部门如客房服务、餐饮以及防损等方面提高了工作效率，其自主安全巡逻功能更是有效提升了酒店的整体安全水平。

（2）纽约市中心康莱德酒店在公共区域的能源成本控制方面取得了显著的成效，主要得益于采用以太网供电技术的智能照明系统。这一系统能够通过智能手机应用实现灵活的控制，并显著节约成本。酒店大堂、新翻新的会议空间、电梯间以及 ATRIO 酒吧和餐厅的外部照明系统均通过以太网电缆连接，实现了数据的实时传输和控制。特别是在缺乏电源插座的区域，这种系统提供了高效的照明解决方案。这一创新系统使酒店在照明能源成本上节省高达 60%至 75%，同时也降低了维护成本，减轻了酒店的财务负担。

资料来源：作者根据网络资料/相关文献资料改写而成。

案例思考：

结合文中的案例，思考不同的数智化技术给酒店行业带来哪些不同类型的创新？未来还可以有哪些创新的应用场景？

思考与练习

1. 酒店通常在什么情况下需要进行设备更新？
2. 酒店物资管理的过程和方法是什么？
3. 新技术的运用对酒店发展的重要性体现在哪几个方面？

参 考 文 献

李美云，利尚仁，谭红娟. 2023. 酒店企业数字创新过程研究：基于南沙大酒店的叙事分析.旅游科学，37(3)：86-105.

刘蕾，焦健，戴彦德. 2012. 酒店行业节能调查与分析. 中国能源, 34(11): 17-20.

刘益. 2012. 中国酒店业能源消耗水平与低碳化经营路径分析. 旅游学刊, 27(1): 83-90.

陆慧. 2013. 现代酒店管理概论. 2 版. 北京：科学出版社.

谭金凤，曾国军，李之. 2017. 酒店顾客对节能环保的态度偏好及支付意愿研究. 当代经济, (33): 36-41.

唐健雄，李春艳，孙桥，等. 2022. 基于扎根理论的酒店数字化转型影响因素研究. 人文地理, 37(3): 151-162.

第十五章

酒店安全危机管理

本章导读

酒店行业面临着各种安全挑战和潜在的危机事件，有效的管理和响应策略是确保顾客和员工安全，以及维护酒店品牌声誉的关键。通过本章的学习，读者将获得必要的知识和技能，以识别潜在风险，制定预防措施，并在危机发生时迅速有效地应对。本章专注于酒店安全管理和危机处理，探讨从安全问题的识别、预防和处理到危机事件的管理，以及在新媒体时代下的危机公关策略。

学习目的

1. 理解酒店安全问题的识别、预防和处理：掌握酒店安全风险的评估方法，包括物理安全和网络安全等领域。学习如何设计和实施有效的预防措施，以及在安全事件发生时的应急响应策略，确保人员和财产的安全。

2. 熟悉酒店危机事件的识别、预警和处理：了解如何通过系统的监控和风险评估识别潜在的危机事件。学习建立有效的预警系统和危机应对计划，以减少危机对酒店运营和品牌的影响。

3. 掌握新媒体时代下的酒店危机公关策略：探讨在新媒体环境下，如何有效地进行危机公关管理。学习如何利用社交媒体和其他数字平台进行有效的沟通，以管理公众情绪，恢复和维护酒店的声誉。

核心概念

酒店安全管理；酒店危机管理；危机公关的5S原则

导读案例

酒店数字化与信息安全

在当今酒店业快速变革和数字化浪潮中，信息安全问题日益凸显。自2016年起，多家国际知名酒店品牌接连遭遇信息泄露事件，暴露出酒店业在处理顾客数据方面存在的重大风险。

2016年，K酒店的一次支付数据泄露影响到了全球50个国家的250家酒店，占公司总数的40%，导致数百万顾客的信用卡信息外泄。到2017年，K酒店又在11个国家的41家酒店中发现黑客通过恶意软件侵入支付系统，窃取大量顾客的支付信息。K酒店后续声明已对支付系统进行升级和加固。

2017年同期，Z酒店集团也遭遇类似挑战，其12家酒店的支付系统被黑客入侵，波及的地点主要集中在酒店的餐厅和酒吧。几个月后，Z酒店集团在美国的1000家酒店再次遭受攻击，信息泄露事件规模扩大，迫使该集团对其所有酒店的支付系统进行全面升级。

2018年，H酒店集团发生严重的数据泄露事件，涉及超过1.3亿人次的信息，被认为是近年来最严重的一次信息泄露事件。泄露源于内部程序员将数据库连接上传至GitHub，导致大量敏感信息泄露。

同年，W国际集团的喜达屋酒店预订数据库被黑客侵入，初步估计有5亿名顾客的信息被泄露，后修正为3.83亿。这些信息包括了顾客的身份证号码、预订时间、账单地址、电子邮箱和护照号码等。

2020年，M酒店集团的信息泄露事件影响了1060万名顾客，包括多名政要、高管和名人。这次泄露是由云服务器中的未经授权访问所致。

这些事件不仅凸显了酒店业在信息安全方面的脆弱性，也反映出行业对顾客数据保护的迫切需求。随着酒店业的快速数字化，信息安全已成为一个不容忽视的领域。面对信息泄露风险，酒店需要采取更先进的技术和策略来保护顾客的隐私和安全，防止未来可能的安全威胁。

资料来源：作者根据网络资料/相关文献资料改写而成。

第一节　酒店安全问题的识别

一、酒店安全管理的含义和特点

酒店是一个公共场所，特别需要关注各类安全问题，包括各种火灾、水灾、偷盗、卫生安全、食品安全以及信息安全等。酒店安全管理是确保所有在酒店内的人员（包括顾客、员工和访客）的人身及财产安全的关键组成部分。有效的酒店安全管理不仅涉及预防事故的发生，也包括对可能威胁安全的事件和情境的识别和响应。

在酒店行业中，安全管理是一个至关重要且复杂的任务，其特点不仅涵盖了处理各种安全问题的能力，还需要与酒店的服务性质紧密结合，以确保既能保障安全又能提供优质的顾客体验。

1. 复杂性

首先，酒店的人员构成复杂。酒店是同时拥有大量公共空间和顾客隐私空间的交集场所，人员构成差别甚大，上到首富，下到平民百姓，都会在酒店这一固定空间内接触大量的硬件设施、体验丰富的软性服务与美食等，容易产生五花八门的“碰撞”“分歧”等问题。酒店顾客来自不同的国家和文化，员工队伍也可能涵盖多种语言和文化背景。这种多样性要求酒店安全管理必须具备文化敏感性和高度适应性，以便于有效沟通并满足各种顾客的安全需求。其次，安全问题种类多，涵盖了从物理安全（如火灾、建筑结构安全）到信息安全（如顾客数据保护）、再到人身安全（如预防盗窃或暴力行为）等多个层面。管理这些问题需要跨领域的知识和技能，以及多部门之间的紧密协作。

2. 服务性

酒店业的一个核心特点是服务性，这在安全管理中同样体现得非常明显。酒店安全不仅仅是防范风险和处理事故，同时也是酒店服务的一部分。安全工作的执行必须体现高质量的顾客服务。安全人员在进行安全检查或应对紧急情况时，应保持专业而友好的态度，确保顾客感到安心和尊重。文明执勤体现在细节上，如礼貌用语、合适的服装以及专业的行为准则，这些都是塑造酒店整体形象的重要方面。安全人员的友善态度可以缓解顾客的紧张情绪，特别是在处理紧急事件时，友善的态度对于维持场面的秩序至关重要。

3. 突发性

酒店安全管理必须具备高度的应变能力，因为安全事件往往无预警发生。在紧急情况下，安全团队需要迅速做出反应，有效地管理和控制局势，同时协调资源以解决问题。通过对过去事件的分析，酒店可以寻找潜在的安全风险规律，并据此优化预防措施和应急计划。

4. 全员性

安全是每一个在酒店工作的人的责任，全员参与是确保酒店安全的关键。通过培养员工的安全意识和责任感，鼓励全体员工参与到安全监测和风险报告中来，形成有效的内部控制和快速响应机制。酒店应建立一套完善的安全监测和风险报告机制，鼓励员工积极参与其中。每个部门、每位员工都应清楚自己的安全职责，及时报告发现的安全隐患。例如，客房服务人员在清扫房间时，若发现电器设备存在故障或火灾隐患，应立即报告相关部门进行处理。前台人员在接待顾客时，应注意顾客的行为是否有异常，及时预警和报告可能的安全威胁。

5. 预防性

预防是避免安全事故的最有效方法。酒店需要建立和维护一套全面的安全管理制度，包括但不限于安全操作程序、应急响应策略和员工行为准则。同时，酒店需要定期对员工进行安全培训，确保他们了解最新的安全知识和技能，以及如何在紧急情况下正确行动。此外，通过定期进行安全演练，如火灾演习或疏散演习，提高员工的实际操作能力和团队协作能力，确保在真实情况下的应对能力。

二、酒店安全问题的内容、类型及管理方式

（一）按运营部门来分类可控性安全问题

在酒店业中，可控性安全问题可按照不同的运营部门进行分类，以便更系统地管理和预防这些问题。

1. 前厅部

前厅部作为酒店的门面和第一接触点，面临着多种安全问题。主要包括结账问题，如错误计费或信用卡信息安全；预订和订单问题，如预订系统错误或顾客预订信息丢失；行李问题，如行李的误送、延迟或丢失。这些问题不仅影响顾客对酒店的初印象，还可能涉及财务损失和数据安全风险，因此需要通过精确的系统管理和员工培训来加以控制和预防。

2. 客房部

客房部负责提供舒适安全的住宿环境，常见的安全问题包括房间设备的故障问题，如电器故障或家具损坏，这可能会对顾客的安全构成威胁；处理酗酒、醉酒顾客引起的吵闹或破坏事件；房内违法行为，如吸毒等；财物遗留和物品丢失问题，需要通过严格的房间检查和物品管理流程来避免。员工对这些问题的响应速度和处理能力直接影响到酒店的声誉和顾客的满意度。

3. 餐饮部

餐饮部的主要安全问题涉及食品安全和服务质量。例如，服务员可能因操作失误而上错餐食，或顾客对餐食质量提出投诉，这些都需要通过培训和质量控制来预防和解决。更严重的是食物中毒问题，这可能由食材储存不当或处理不卫生导致，须通过严格的食品安全程序和定期的卫生检查来控制。

4. 康乐部

康乐部提供的活动通常涉及较高的物理活动，因此安全问题尤为突出。游泳池溺水事件、康乐设施的损坏以及在康乐活动中受伤是常见的安全问题。这些问题要求酒店必须实施有效的安全监督、定期检查设施的完好性和提供必要的安全设施（如救生员、急救包等），以及确保所有的活动都在有经验的员工指导下进行。

通过对各部门可控性安全问题的详细分类和分析，酒店能够更有效地识别潜在风险，制定针对性的预防措施和应对策略，从而提高整体的运营安全性和顾客满意度。

拓展阅读

严把旅游旺季酒店食品安全关

“食品安全的重要性无可替代，作为酒店，我们承担着确保宾客饮食和住宿安全的责任与义务。”这是甘肃国际大酒店前董事长安春锋在谈及酒店食品安全管理时的发言。随着旅游旺季的到来，兰州迎来了大量游客，甘肃国际大酒店作为一家集住宿、餐饮、会议服务于一体的四星级清真涉外旅游酒店，面临着巨大的接待压力。在此关键时期，酒店更加不能放松食品安全的管控，必须通过精心的服务和优质的餐品，确保为顾客提供一个安全舒适的用餐环境。

为了强化食品安全管理，甘肃国际大酒店建立了一个以酒店总经理为组长的食品安全检查领导小组，并将酒店的卫生防疫和食品安全纳入日常工作职责。实施“一把手”负总责的原则，分管领导具体负责，确立了明确的工作责任制，确保食品安全无死角。安春锋强调，食品安全是酒店日常检查的重点，并已成为常态化工作的一部分。此外，酒店还实施了“六天实务”管理方法，即每天都要处理、整合、清扫、规范、检查和改进，以此确保酒店环境的干净整洁和员工操作的正确性。

甘肃国际大酒店坚持从原材料采购开始，确保所有供货商具备必要的资质，并获得卫生监督部门的认可。在储存和制作环节，酒店严格遵循食品卫生规定进行操作。这些措施的实施，大幅提升了员工的服务素质，并保障了食品安全。

多年来，甘肃国际大酒店一直是多个大型活动的指定接待酒店和合作伙伴，包括中国兰州投资贸易洽谈会、黄河文化旅游节和兰州国际马拉松等，酒店因其卓越的服务和管理，获得了包括“中国优秀绿色饭店”、“放心消费示范企业（门店）”及“质量服务信誉保障4A级单位”等多项荣誉称号。

资料来源：荆鹏鹏，《甘肃国际大酒店：严把旅游旺季酒店食品关》，中国食品安全网，2023-08-28。

（二）按运营部门来管理可控性安全问题

在酒店业中，对可控类危机事件的有效识别是管理风险和保障运营安全的关键步骤。这一过程涉及多种技术和方法，旨在全面评估和预测可能影响酒店运营的各种风险因素。

1. 核对风险清单

酒店管理团队需要创建或更新风险清单，这是包括所有已知潜在危机的详细列表。这份清单不仅仅是对已知风险的记录，更是对酒店安全管理的全面审视。风险清单应涵盖各种可能影响酒店运营的风险，包括自然灾害（如地震、洪水）、技术故障（如电力中断、网络故障）和安全威胁（如火灾、恐怖袭击）。每一个风险都需要详细描述其可能的影响、发生概率以及目前的防控措施。通过定期核对和更新风险清单，管理团队可以确保风险信息的及时性和准确性，从而更有效地进行风险管理。在核对风险清单的过程中，管理团队应特别关注新出现的风险或变化的风险状态。

2. 运用经验及记录

利用过去的经验和历史记录是识别和处理危机的重要方式。酒店应详细记录以往的事故报告、安全漏洞、顾客投诉及其他相关事件。这些历史记录不仅是对过去事件的总结，更是未来防范风险的宝贵资源。通过分析这些记录，酒店可以发现潜在的风险模式和频繁发生问题的领域。例如，若发现多次发生电气火灾事故，管理团队应仔细检查电气设备的安全性和维护频率，并采取相应的改进措施。此外，历史记录的分析有助于预测未来可能发生的问题。通过识别和分析过去的事故和投诉，酒店可以预见哪些问题可能再次发生，并提前采取预防措施。

3. 使用工作流程图

工作流程图是描述酒店内部各种操作和流程的图表，可以帮助管理团队理解各项工作的具体步骤和环节中潜在的风险点。通过详细描绘从顾客入住到退房的每个步骤，酒店管理团队可以全面了解各环节的操作细节。例如，从预订系统的使用，到前台办理入住手续，再到客房服务和餐饮服务，每一个环节都可能存在潜在的风险和问题。通过审视和分析这些流程图，酒店可以识别出可能导致操作失误或安全问题的环节。

此外，工作流程图还可以用于模拟各种突发事件的处理流程。通过设定不同的假设情景，酒店可以演练应急处理措施，确保在实际发生危机时能够快速反应并有效处理。总之，工作流程图是提升酒店运营效率和安全管理水平的重要工具，通过其系统化和可视化的分析方法，酒店可以更好地预防和管理各种潜在的风险。

4. 头脑风暴

组织头脑风暴会议是激发团队创新思维和集思广益的有效方法。通过邀请酒店的不同部门（如前台、安全、维护等）的代表参加，可以从多个角度探讨潜在的风险和危机。这种跨部门的交流可以帮助酒店揭示通常被忽视的问题，并促进解决方案的创新。通过定期组织头脑风暴会议，酒店不仅可以及时发现和应对各种风险，还可以提升团队的合作意识和问题解决能力。此外，头脑风暴会议还可以作为员工培训和发展的一部分。通过这种开放的交流和讨论，员工可以学习到更多的安全管理知识和技能，从而提升酒店整体的安全管理水平。

5. 系统分析

系统分析是一种更为技术化的方法，它涉及使用专业的风险管理工具和软件来分析酒店的整体操作系统。这可以包括对酒店安全系统、物流和供应链、顾客服务操作等进行深入的检查和评估。通过系统分析，酒店可以识别出系统性的薄弱环节，并对此进行相应的加强和完善。

6. 顺序分析

顺序分析是通过详细分析事件发生的顺序和条件来预测和防止未来出现的问题。这种分析通常用于处理复杂事件，如安全事故或系统故障。通过详细记录和分析事件发生的每一个步骤和条件，酒店管理团队可以找出导致问题出现的根本原因，并采取相应的预防措施。顺序分析还可以用于优化应急预案和提升应急反应能力。通过模拟各种突发事件的发生过程，酒店可以详细规划和演练每一个应对步骤，确保在实际发生危机时能够迅速反应并有效处理。此外，顺序分析还可以帮助酒店发现潜在的连锁反应和次生灾害，如在地震发生后，可能会引发火灾或建筑物倒塌等问题，通过提前识别和预防这些次生灾害，酒店可以更好地保障顾客和员工的安全。

（三）酒店其他不可控性安全问题

1. 不可抗力因素

在酒店运营中，一些不可控性的安全问题可能由不可抗力事件引起，如突发火灾和自然灾害。这些事件往往发生突然，且影响范围和后果难以预测。例如，火灾可能由电气故障、厨房操作不当或其他原因引起，一旦发生，须迅速有效地应对以减少人员伤亡和财产损失。自然灾害如地震、洪水、飓风等，更是超出酒店可控范围的重大挑战。这类事件要求酒店必须具备完善的应急预案，包括但不限于安全疏散路线的清晰标示、紧急联系系统的建立以及救援物资的储备。此外，对员工进行定期的紧急情况演练和培训，确保在真实的危机发生时，每位员工都能够熟练地执行应急预案，保障顾客和员工的最大安全，这是酒店管理中不可或缺的一部分。

2. 意外性因素

意外性事件，如酒店突然停电或顾客在电梯中被困，虽然可能不会直接导致严重的人身伤害，但却能对顾客的体验产生重大影响，并可能引起安全上的进一步隐患。停电不仅影响照明，还可能导致关键设备停止运作，如电梯、安全监控系统以及消防系统等。在这种情况下，酒店须具备应对突发停电的备用电源系统，如发电机等，以保证关键系统的持续运作。对于电梯被困事件，酝酿快速而有效的救援措施也极为重要，包括但不限于安装高效的报警系统，确保被困人员能够立即与外界联系，并训练员工掌握基本的救援技能，以便在专业救援人员到达前提供必要的帮助。

3. 外部人员行为因素

酒店作为公共场所，也可能面临由外部人员引起的安全威胁，如抢劫、恐怖袭击等社会安全事件。这类事件的发生虽难以预测，但酒店可以通过建立严格的安全检查、监控和应对机制来尽量减少风险和损失。例如，通过在酒店入口处设置安全检查，安装高质量的监控摄像头，以及聘请训练有素的安全人员，都可以有效地防范恶意事件的发生。此外，意外死亡事件虽然罕见，但也是酒店在日常运营中可能遭遇的极端情况，这要求酒店必须准备相应的协议和流程，以确保对此类事件的处理尽可能妥当，包括与当地医疗和执法部门的紧密合作。

4. 顾客行为因素

顾客的不当行为是酒店安全管理中另一个重要领域。这包括顾客之间的争执、醉酒后的不当行为、对酒店员工或其他顾客的骚扰等。这些行为不仅破坏了酒店的营业环境，也可能升级为更严重的安全事件。酒店需要通过明确的行为准则和相关政策来预防和应对顾客闹事事件。此外，酒店应训练员工识别潜在的冲突并采取措施进行有效的干预，如及时调解争执和必要时安排安全人员介入。员工的这些应对措施旨在快速平息事态，防止问题扩大，同时保护所有顾客和员工的安全。

第二节　酒店危机管理的方法

一、酒店危机管理的阶段

酒店危机管理分为三个阶段：事先预防阶段、事中处理阶段和事后恢复阶段（图 15-1）。因为每个阶段针对的任务、目标和策略有所不同，这种分阶段的管理方式有助于更系统、更有条理地应对危机，从而最大化危机处理的效率和效果。例如，事先预防阶段专注于准备和预防，事中处理阶段专注于应急响应，事后恢复阶段则专注于评估和恢复，确保了处理危机的全面性。

图 15-1　危机管理的阶段

（一）事先预防阶段

在酒店行业中，事先预防阶段是危机管理中至关重要的一个环节。这一阶段的目标是通过系统的筹备和培训，最大限度地减少潜在危机的发生频率和影响。

1. 预警机制构建

预警机制的构建是危机管理中的首要步骤，它旨在通过提前识别潜在风险和威胁，使酒店能够采取预防措施，从而避免危机的发生或减轻其影响。有效的预警系统应涵盖以下几个方面。

第一，技术支持。利用现代技术，如监控系统、在线监测工具和数据分析软件，来实时监测酒店内外的动态。例如，通过安装高级监控摄像头和警报系统，可以及时发现非法入侵或其他安全威胁。

第二，信息流通机制。确保所有关键信息能够迅速、准确地在组织内部传递。这包括建立一个有效的通信网络，确保从前线员工到高层管理者之间的信息传递畅通无阻。例如，酒店可以设立一个专门的危机通信渠道，如内部信息发布板或紧急通知系统，确保每个人都能在第一时间获取到关键信息。

第三，外部协作。与当地政府、救援机构和其他相关组织建立合作关系。这种合作关系可以在危机发生时提供额外的支持和资源。例如，与当地消防救援局和医疗中心建立快速响应机制，可以在发生火灾或紧急医疗情况时获得迅速的援助。

2. 全员危机培训

全员危机培训是酒店事先预防阶段不可或缺的一部分。培训目的在于确保每一位员工都具备必要的知识和技能，以应对可能发生的各种危机情况。全面的培训计划通常包括三个方面。

第一，基础安全知识。教育员工了解基本的安全协议和程序，如火灾疏散路线、紧急出口位置、急救技能等。这些是每位员工都应该掌握的基本安全知识。

第二，特定危机应对。针对不同类型的危机事件，如自然灾害、技术故障、恐怖袭击等，提供专门的培训。例如，酒店可以定期举办反恐培训和网络安全研讨会，教育员工如何识别潜在的网络威胁和应对突发的恐怖事件。

第三，心理应对技巧。教育员工如何在压力情境下保持冷静，并提供心理支持和危机沟通技巧的培训。这对于在紧张环境下有效地服务顾客，以及维护团队内部的稳定非常重要。此外，危机培训还应包括模拟实际情况的角色扮演和案例分析，通过实践来加深员工对策略的理解和应用能力。

3. 危机应对演习

危机应对演习是检验酒店预警机制有效性和员工培训成果的重要手段。定期进行的演习可以确保每位员工都能在真实的危机情况下熟练地应用其培训技能，同时也可以揭示危机管理计划中存在的不足，并提供改进的机会。演习的主要内容包括模拟真实情景，创建与可能发生的危机相符合的模拟情景，如火灾疏散、恐怖袭击应对或自然灾害的处理。通过这种模拟，员工可以在没有真正风险的情况下练习应急操作。确保所有员工，从前线接待到高层管理，都参与到演习中。这不仅有助于每个人了解自己的角色和责任，还增强了团队之间的沟通和协作。演习结束后，应进行详细的评估会议，讨论演习中发现的问题和挑战，并提供反馈。评估应涉及所有参与者，包括观察员的观点和员工的自我反思，以确保每次演习都能带来实质性的改进和学习。酒店通过定期开展危机应对演习，不仅可以保证员工做好充分准备，还可以持续优化危机应对计划，确保在真正的危机发生时能够最大限度地保护顾客和员工的安全，维持酒店的正常运营，并维护其良好的声誉。

拓展阅读

酒店管理中的火灾应急预案详解

在酒店经营管理中，制定和执行一套详尽的火灾应急预案是保障顾客和员工安全的关键。以下是一套标准的流程，包含从火情报警到善后处理的全过程。

一、火情报警处理

当前台报警器响起时，各分店须在两分钟内完成情况核查，并确定是否真实存在火情。

任何员工一旦发现火情，必须立即向前台或客房主管报告，并明确说明起火地点、燃烧物、火势规模、报警人姓名和位置。严禁大声呼喊“火灾”，以避免引起不必要的恐慌。

对于初期小火，应迅速使用最近的灭火器进行初步灭火，并保护现场，同时通知前台或客房主管。若火势紧急，应立刻破坏最近的走廊墙上的手动报警装置以报警。

二、火情确认

前台在接到报警或电话后，应立即广播火情位置和相关设备，同时通知就近的服务员和保安，带上万能钥匙和对讲机前往现场确认。

确认火情前，应谨慎处理，先检查门体温度，无异常则可开门查看。如果门体温度较高，则可以判断房间内有火情。此时，如果房间内有人，则优先救援。

三、火情通报

确认火情后，前台立即通知最高当值人员和店长，并成立临时救火指挥机构，由店长或最高当值人担任总指挥。只有经过店长确认后，方可拨打119报警，并清晰告知详细地点，同时派人在路口等待消防车。

前厅除留一人负责联络外，其余人员迅速前往指定位置控制酒店大门，严守岗位，阻止外人进入，确保所有消防通道畅通。

四、组织救火

现场指挥负责人向参与救火的员工简要介绍火情，并分配具体任务。维修技师须关闭相关区域的非消防电源和燃气供应，并启动消防泵。

专业消防队到场后，现场指挥须移交指挥权，并协助消防队进行疏散和灭火工作。

五、疏散顾客

总指挥根据火情需要决定是否发布疏散指令。疏散应从火灾层及其相邻楼层开始，逐渐扩展到其他楼层。在疏散过程中，绝对禁止使用电梯，只能通过消防通道逃生。

六、下令撤离

店长一旦下达撤离命令，所有非执行灭火任务的人员应有序通过消防通道撤离到指定安全地点，并由现场指挥负责维持秩序。

七、善后处理

火灾扑灭后，应立即根据酒店顾客登记表和员工名单清点人员，确保所有人已安全撤离。同时，维修技师需要与相关服务公司联系，确保火灾后各项设施迅速恢复正常。店长应填写《酒店事故报告》，查明起火原因并总结经验，组织员工进行防火培训，加强日常的防火检查和意识。

资料来源：作者根据网络资料/相关文献资料改写而成。

（二）事中处理阶段

1. 危机影响分析

这一过程涉及对危机事件的即时影响进行深入分析，以确定其对酒店运营、顾客安全、员工福祉以及酒店声誉的具体影响。这种分析需要收集和评估所有相关数据和信息，包括事件的规模、持续时间和已经受影响的部分。首先，酒店需要评估事件对顾客服务和酒店设施的直接影响。例如，火灾或洪水可能导致部分设施不可用，严重影响顾客的住宿体验和酒店的运营能力。其次，危机对员工的影响也须进行评估，包括安全风险和心理健康问题。此外，分析还应涵盖危机对酒店财务状况的影响，如因危机导致的客流减少、赔偿费用增加等。进行危机影响分析的最终目的是为制定有效的应对措施提供支持。通过准确地评估影响，管理团队可以优先处理最紧迫的问题，合理分配资源，并制订短期和长期的恢复计划。这种分析还能帮助酒店在危机过后评估损失和采取适当的补救措施，以最大限度地减轻危机带来的负面影响。

2. 危机预案启动

当危机发生时，酒店必须迅速而有效地启动事先准备好的危机应对预案。这一预案应详细说明在不同类型危机情况下的具体操作步骤，确保所有行动都有序、有效地进行。危机预案的启动涉及多个方面，包括立即评估情况、动员所有必要资源、指派危机管理团队，并启动应急程序。启动危机预案的首要任务是确保人员安全，包括顾客和员工。这可能包括疏散行动、提供紧急医疗服务或其他必要的安全措施。接下来，酒店需要确保关键运营的持续，如保持基本的服务运作和安全系统运行。同时，管理团队须进行实时情况评估，根据事件的发展调整应对策略。在整个危机预案的启动过程中，维持清晰的记录非常重要。这不仅有助于事件的后期审查和责任追溯，也是确保法律和保险要求得以满足的关键。此外，这些记录可以为未来改进危机管理计划提供宝贵的学习机会。

3. 媒体联络公关

在处理酒店危机事件中，与媒体的沟通管理是一个不可忽视的环节。正确的媒体关系管理不仅可以帮助塑造公众对酒店处理危机能力的正面看法，还可以控制信息流向，避免错误信息的传播造成更大的混乱或恐慌。在危机发生时，应立即设立一个专门的公关团队来处理所有与媒体相关的事宜。这个团队的任务包括制定媒体策略，决定何时、如何以及向媒体提供什么信息。重要的是要确保所有对外发布的信息都是准确和一致的，以免出现矛盾的报道影响酒店的公众形象。此外，公关团队还需要主动联系主要媒体机构，提供必要的情况更新，回应媒体询问，并在必要时举行新闻发布会。在整个过程中，保持开放和透明的态度是非常重要的，这有助于建立公众的信任，减少负面影响。

4. 内外部沟通

在危机管理过程中，有效的内外部沟通是保证所有相关方都能及时获取到准确信息的关键。对内沟通确保员工了解他们在危机中的角色和责任，对外沟通则涉及与顾客、供应商、当地社区以及可能的执法机构的交流。内部沟通应通过确立的通信渠道进行，如内部邮件系统、紧急广播或临时召开的全员会议。这些沟通应包括对事件的最新进展、应对措施、员工应采取的具体行动以及任何安全注意事项的更新。此外，管理层应保持与各部门之间的定期沟通，确保信息的一致性和准确性，以及监控各部门的执行情况。对外沟通则需要更加谨慎，确保信息的准确传递及时性，特别是与顾客的沟通，应当确保他们了解情况并感到被照顾。此外，与外部相关方的沟通也很重要，包括与紧急服务提供者、供应商和其他合作伙伴的协调，以确保在危机期间资源的充足和服务的连续性。

（三）事后恢复阶段

1. 沟通恢复

在危机事件后，恢复期的沟通是重建顾客和公众信任的重要步骤。这一阶段的沟通须以透明、诚恳和积极的态度进行，确保所有利益相关者——包括顾客、员工、合作伙伴和媒体——都能了解酒店正在采取的具体措施来解决问题，并预防未来同类事件的发生。恢复期的沟通策略应该包括多个方面。首先，需要向所有影响到的顾客明确说明事故发生的具体情况和后续的改善措施。这可以通过发送电子邮件、社交媒体公告或直接通信等方式进行。在这些沟通中，重点应该放在酒店对顾客安全和满意度的承诺上，以及酒店为改进和解决问题所采取的具体步骤。其次，内部沟通同样重要。酒店管理层需要确保所有员工都理解事件的影响、当前的恢复状态和未来的预防措施。通过定期的员工会议、内部简报和培训会，加强员工对酒店恢复努力的理解和参与，有助于提升员工的士气和团队凝聚力。最后，持续的沟通也是必不可少的。随着恢复进程的推进，酒店应定期更新恢复的进展，继续通过适当的渠道向外界报告改进的效果和新实施的措施。

2. 形象重塑

危机过后，酒店必须采取有效的措施来重塑其公众形象，确保从长远角度恢复和提升品牌的价值。形象重塑不只是对外宣传方式的改变，更重要的是要全面提升酒店的服务质量和安全标准，以实际行动重建公众的信任。首先，重塑形象的策略应包括重新评估和提升酒店的安全措施与顾客服务协议。例如，通过引入最新的安全技术、加强员工的服务培训，以及改进顾客服务流程，可以有效提升顾客的整体体验和满意度。其次，酒店可以通过积极参与社区和慈善活动来改善其社会形象。通过支持当地社区项目、参与环境保护活动或捐款给公益事业，酒店不仅能够展示其社会责任感，还能够增强与公众的联系。最后，更新品牌营销策略也是重塑形象的关键部分。这可能包括更新广告宣传材料，强调酒店对提高服务质量和安全性的承诺，以及通过各种媒体渠道传播这些信息，如通过社交媒体、在线广告和公关活动，以吸引新顾客并留住现有顾客。

3. 危机预案评估

危机预案的评估是事后恢复阶段的核心组成部分，其目的是通过分析此次危机处理的效果来完善未来的危机管理策略。这一过程应涉及对危机预案执行的全面回顾，识别在危机响应中的优点和不足，以便进行必要的调整和强化。在评估过程中，首先要收集关于危机处理过程中所有相关行动和决策的详细数据。这包括从事前的准备到事中的应对措施，再到事后的恢复过程的每一步。通过这些信息，可以分析哪些措施是有效的，哪些需要改进，以及在未来类似情况下如何更有效地应对。其次，应邀请包括前线员工、管理团队和外部顾问在内的多方利益相关者参与到评估过程中。这样可以从不同的视角获取反馈，确保评估的全面性和客观性。利益相关者的反馈可以提供宝贵的第一手信息，帮助识别预案中未涉及或处理不足的领域。最后，基于收集的数据和反馈，更新危机管理预案，包括修正不足的策略、增强有效的措施和引入新的应对机制。

拓展阅读

酒店如何处理媒体与利益相关者的关系？

酒店作为商业链条上的重要一环，是承载旅游与商务往来的特殊空间。一直以来酒店的服务与安全问题广受公众关注。每一次酒店危机事件似乎都会成为热搜，哪怕是发生在个别酒店的单一危机事件，也会对整个酒店品牌造成极坏的影响，甚至是倾覆性的损害。即便是国际品牌的五星级酒店，对危机事件的预判和临场操控也存在盲点、缺少必要的经验。例如，2017 年 9 月国内独立测评机构“蓝莓评测”网络发布视频称，国内多家顶级五星酒店存在客房卫生乱象。事件曝光后，居然没有一家涉事酒店主动回应此事，任舆论自由发酵。在媒体的追问下，几家酒店均被动表示：无法确认视频真实性。这样有推卸责任之嫌的消极处理，让事件雪上加霜，掀起了舆论对五星级酒店卫生质量的质疑甚至是声讨，让整个行业都受到了负面影响。截至 2023 年，网上仍有超过 4000 万篇有关于此话题的文章，每当涉及五星级酒店服务质量问题的事件发生时，即使时隔数载该事件依然会被反复提及。究其根本，症结依旧是酒店危机处理与传播管理能力不足的问题。

危机中最令企业头疼的是媒体和利益相关者关系问题。除酒店公关部平时应该建立维护自己的核心媒体圈层，给酒店新闻发言人安排必要的媒体培训以外，酒店在危机发生时不要对媒体掩盖，要以开放的心态面对媒体的关注，所谓有则改之无则加勉，人人都会犯错，知错就改一定会是媒体和公众都可以接受的处世之道。在这里，笔者根据多年企业危机处理的经验总结出一个“好孩子”危机管理理论：那就是最简单直接、诚恳真实的危机应对方法往往是最行之有效的，最终也会带企业走出危机的漩涡。

国内一家超五星级奢华酒店曾发生了一起公共卫生意外事件，受惊吓的顾客将相关视频发布在社交媒体上，24 小时内就蹿升成为热搜，众多媒体蜂拥而至该酒店进行突击探访和深挖报道。情况危急，考验严峻，外部危机顾问团队和酒店品牌公关部及时组成“危机响应小组”，全天候监控媒体情况，在危机爆发的黄金 48 小时内先后制作文字和视频，发表声明，辅助酒店总经理与记者及利益相关者进行开放式的沟通。同时，酒店迅速与所在区爱国卫生运动委员会和卫生健康委员会取得联系，通报事件进展，积极进行整改及工程改建，信息全程对媒体开放，同时与相关卫生防疫部门充分合作，积极承担相应的责任。通过这一系列涉及危机管理、媒体关系管理、政府关系沟通及前线员工指导等专业咨询与操作，外部公关专家团队帮助酒店迅速控制了舆论的继续发酵，同时取得了媒体和政府主管部门的谅解，用积极的态度和专业的做法，在两周内成功将酒店的运营拉回正常轨道。

新媒体时代的舆论规则中人人都是信息的制造者与扩大器，对于酒店管理者和公关传播者来说危机处理的挑战更大、更艰巨。面对危机保持一颗真诚面对公众的心，用专业的精神与负责的态度去面对危机、化解矛盾、解决问题，这是高于一切策略与技巧的不变准则。

资料来源：曹越，《危机频发，酒店如何化险为夷》，载于微信公众号“酒店评论”，2023-07-03。

二、危机事件的处理流程

酒店作为一个高客流、高交互的服务行业，处理危机的能力不仅影响顾客的安全和满意度，还直接关系到酒店的声誉和长期运营。因此，在酒店行业，面对危机事件时采用有效的处理流程至关重要。

（一）了解事件基本情况

第一步是迅速收集关于事件的所有初始信息，这包括确定事件的性质、发生的时间、地点以及初步影响。这一阶段的目的是尽快掌握事件的基本框架，为后续的决策和行动提供依据。事件一发生，酒店管理层需要与现场人员立即沟通，获取第一手信息。使用现场监控系统，如闭路电视录像，可以帮助快速定位事件发生的具体位置和影响范围。同时，前台和安全团队应该收集和汇总来自顾客的报告和员工的观察，形成初步的事件报告。根据收集到的信息，酒店安全负责人需要评估是否需要立即采取措施，如疏散顾客、封锁特定区域或调用紧急服务（如警察或消防）。此时，确保所有行动均按照预设的应急计划执行是至关重要的，所有关键信息应及时通报给酒店的危机管理团队，包括高层管理人员和关键决策者，以便他们可以进行更深入的评估和决策。

（二）掌握现状和发展趋势

了解事件的基本情况后，下一步是实时监控事件的进展和变化，预测其可能的发展趋势。这是一个动态的过程，需要不断地收集新的数据和信息，以便适时调整响应策略。利用现有的监控设施继续跟踪事件的进展。例如，如果事件涉及安全威胁，安全团队需要持续监控相关区域的安全状况。基于最初的信息和随后收集的数据，分析事件可能的扩展方向和长期影响。这可能包括对顾客行为的影响、酒店运营的中断及对品牌声誉的潜在损害。根据事件的发展，评估所需资源，并进行相应调整。这可能包括从酒店集团内部或外部调配安全人员、技术支持和其他必要资源。

（三）分析事件原因和影响

对事件原因进行深入分析对于有效地解决问题至关重要。这不仅有助于处理当前的危机，也能为防止未来相似事件的发生提供重要的参考。详细调查事件发生的原因，可能涉及设备故障、操作失误或外部因素等。例如，如果是一场火灾，需要调查起火点和可能的起火原因，是否有安全操作不当或设备维护不足。全面评估事件对酒店运营的影响，包括对顾客服务的中断、物理设施的损害以及对员工和顾客心理的影响。此外，还应评估对酒店品牌和市场定位的长期影响。基于对原因和影响的理解，制定有效的解决方案和预防措施，以修复损害并防止未来类似事件的发生。

（四）明确当事人和责任人

明确事件中的当事人和责任人对于处理危机并恢复正常运营是必不可少的。这包括确定所有涉及人员的责任、角色和责任范围。确定涉及事件的所有内部和外部当事人，包括顾客、员工、供应商等，并明确他们在事件中的作用和责任。在必要时，与法律顾问合作，处理可能涉及的法律问题，如责任归属、赔偿责任等。这一步骤对于保护酒店的合法权益和最小化法律风险至关重要。与所有关键当事人保持沟通，确保他们了解事件的最新进展和酒店的应对措施。对内部员工，这可能包括安排紧急会议或提供额外的支持；对外部当事人，则可能需要通过公关部门来进行沟通。

（五）与涉及的公众对象沟通

酒店危机事件可能涉及多方公众对象，包括顾客、媒体、当地社区、合作伙伴以及监管机构。正确地管理与这些群体的关系对于处理危机至关重要。对外发布关于事件的准确信息，避免误解和不必要的恐慌。这应通过官方渠道进行，确保信息的一致性和准确性。对受事件影响的顾客进行特别关照，提供必要的支持和补偿。这可以包括重新安排住宿、退款或提供其他形式的补偿。与公关团队紧密合作，制定有效的沟通策略，以保护和恢复品牌形象。

三、不同危机事件的应对策略

情境危机传播理论（situational crisis communication theory，SCCT）又称危机沟通理论，是由 Coombs（2007）在归因理论等基础上提出（图 15-2）。该理论认为，危机管理者应该基于具体的危机情境来决定采用何种危机沟通策略，从而最大限度地保障组织声誉。SCCT 由三个基本内容组成：危机情境、危机回应策略和危机情境与回应策略的匹配系统。

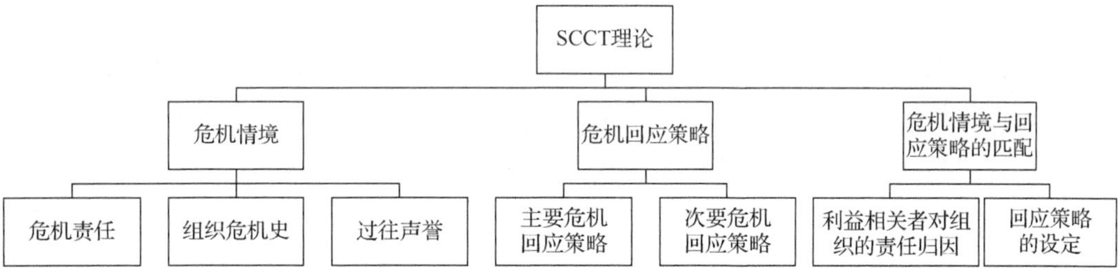

图 15-2　情境危机传播理论模型

（一）危机情境类型

危机情境就是危机发生时的状况。在危机情境中，首先需要确定危机责任，即找出哪个个体或团体被认为对所发生的问题负责。这通常涉及对事件的详细分析，以理解责任的根源。其次，审视组织过去面对的危机也至关重要。通过分析历史上的危机处理方式，可以了解组织在类似情况下的行为模式和策略，这有助于指导当前的危机管理措施。最后，组织的声誉，即公众对该组织的现有看法，也是一个重要的考虑因素。公众对组织的信任度和看法可能会影响危机处理的公众接受程度和效果，因此在制定危机应对策略时，必须考虑到这一点。总体而言，这三个方面相互关联，共同影响着危机管理的效果和组织的未来走向。

危机类型按照危机性质和可掌控性可以分为以下三种。

1. 受害者危机

在受害者危机情境中，组织被视为无辜受害者，这通常是由不可控的外部因素造成的，如自然灾害或是不实的谣言传播。由于组织并未直接参与到危机的产生，公众的同情倾向通常较高，因此这类危机的直接影响相对较小。在管理此类危机时，组织需要采取一系列积极的沟通策略来维护其形象和声誉。首先，强调组织是如何被动地成为受害者的，从而在公众中建立同情。其次，组织应该积极与媒体和公众沟通，确保信息的透明度和准确性，以防误解或谣言的进一步扩散。最后，寻求外部支持如政府援助或合作伙伴的帮助也是常见的做法，这不仅有助于危机的具体解决，还可以强化组织面对困难时的积极形象。

2. 意外危机

意外危机是由组织的非故意行为导致的，如技术故障或操作失误。这类危机虽然是非故意的，但通常会对公众造成一定程度的影响，因此其危机影响被视为中等。在处理意外危机时，组织的回应策略应侧重于承认错误和透明度。首先，组织需要迅速承认错误的发生，对可能受到影响的利益相关者展开清晰的沟通。其次，提供有效的补救措施是关键，这可能包括修复损害、赔偿受影响者或其他缓解措施。此外，公开解释事故发生的具体原因和未来预防措施也非常重要，这有助于减轻公众的不满情绪并恢复对组织的信任。

3. 可预防危机

可预防危机发生时，组织通常因为其故意行为或严重疏忽而被认为是危机的直接责任方。这类危机的示例包括人为错误、违反规定的行为等，其对组织的声誉和运营影响通常非常大。在处理这种类型的危机时，组织需要采取一系列严肃的措施来恢复公众的组织信任。首先，组织必须全面并坦诚地承认其在危机中的责任，并向公众进行道歉。其次，必须立即采取具体的改正措施，如改进内部管理、加强员工培训、更新操作流程等，以防止类似危机再次发生。最后，维护和恢复信誉也是关键，组织可能需要通过一系列的公关活动和社会责任项目来改善其公众形象。

（二）危机回应策略

危机回应策略是指组织机构在危机发生后采取的一系列应对方法，涵盖了管理层在危机之后所采取的行动和表态。这些策略分为主要危机应对策略和次要危机应对策略。主要危机应对策略是处理危机的核心行动，包括立即的应急措施、关键决策和对外的主要沟通行为，直接针对危机的根源和影响进行管理。次要危机应对策略是为了支持和增强主要策略的效果，这可能包括长期的修复措施、对公众的持续沟通和内部评估过程的改进。这些次要措施帮助巩固主策略的成效，修复组织声誉，并预防未来同类危机的再次发生。通过这样的层级策略布局，组织能更系统地应对危机，恢复稳定，并优化其危机管理能力。

1. 主要策略：否认

否认策略涉及组织在面对危机时否认其存在或其责任。这种策略通常在组织确实无责任时使用，如在受害者危机事件中，若危机是由外部因素引起，且与组织无直接关系时，便可采用该策略。在这种情况下，组织可能会明确声明自己并非危机的起因，以保护其声誉和避免不必要的负面影响。例如，面对自然灾害或基于误解的谣言攻击，组织可以通过提供事实证据和透明信息来支持其否认立场。这种策略的成功依赖于能够迅速、一致且有说服力地传达信息，以确保公众和利益相关者理解情况的真相。

2. 主要策略：淡化

当危机发生而组织有部分责任，但情况涉及误解或意外时，减轻责任的策略便会被采用。在这种策略下，组织会承认危机的存在，但会尽力减轻其责任，强调事件是非故意的或由不可控因素导致的。这可以包括指出人为错误、技术故障或外部环境变化等因素，以解释事件发生的情境。组织通过这种方式可以减少公众的愤怒或失望情绪，同时也能展示其对问题的认真态度和立即响应的意愿。通常，这还包括对受影响方的直接沟通，解释事故发生的具体原因，以及未来将如何避免类似事件。

3. 主要策略：重建

在面对可预防危机时，特别是当组织因疏忽或错误决策直接负责时，采用重建策略是至关重要的。这种策略包含公开承认错误和承担责任，同时采取实际行动予以补救，如向受影响者表达歉意、提供经济赔偿或实施改革措施。重建策略的核心在于恢复公众的信任和信心，这通常通过展示组织的透明度、责任感以及改进和预防未来问题的承诺来实现。组织需要通过一系列有意义的行动来证明其对改善和道德标准的承诺，确保所有利益相关者相信组织已从危机中吸取教训并致力于改进。

（三）危机情境与回应策略的匹配

在危机管理中，确保危机情境与回应策略的匹配是至关重要的。情境危机传播理论认为，危机管理人员应当通过评估危机责任来决定何种危机反应策略能够以较低的代价最好地保护组织的名誉（表 15-1）。

表 15-1　危机情境与回应策略的匹配

危机类型	组织是否有过危机历史	
	无危机历史	发生过类似的危机
受害者型	否认	淡化
意外型	淡化	重建
可预防型	重建	重建

这种评估分为两个步骤。第一，确定危机所属的类型，评估初始危机责任。第二，评估危机历史对于初始危机责任的修正作用。如果组织历史上存在类似危机或有不良的信誉记录，这可能会增加公众感知的责任程度，从而要求组织采取更积极的沟通策略来应对当前的危机。相反，如果组织历史上管理良好，公众对其持正面看法，则可能有助于减轻某些责任感知，允许采取更为保守的策略。在这两步评估后，危机管理团队应选择适当的危机应对策略。这些策略可以大致分为三类：否认、淡化和重建。再细致一点，根据责任由轻到重而划分的危机沟通策略包括反击、否认、借口、合理、迎合、修正和道歉。具体的对应关系见图 15-3。

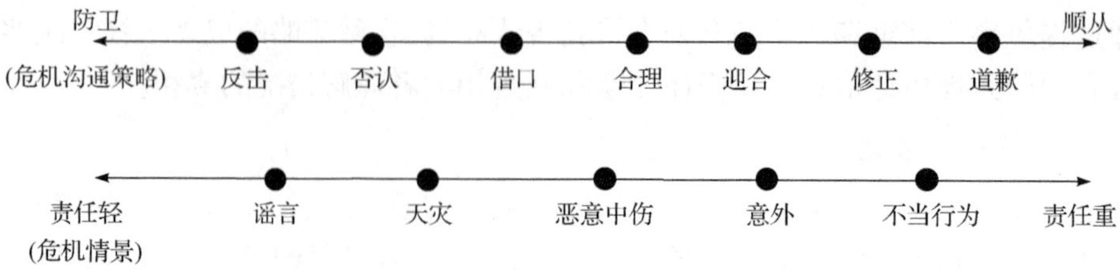

图 15-3 危机情境与回应策略的匹配

第三节 新媒体时代下的酒店危机公关策略

一、危机公关的 5S 原则

新媒体发展的步伐不断向前推进，由于传播速度快、范围广，以及影响力大、互动性强等众多优势，大有将传统媒体远远抛弃之意。我国长期以传统媒体为主导的媒体生态环境，也逐步向新媒体和传统媒体在一定时期内共生共存发展，这也导致危机传播的发展形态发生了深刻的变化，而新媒体的“推波助澜”，一度决定着危机发生后的社会舆论走向。在新媒体时代，酒店业的危机公关面临着前所未有的挑战和机遇。社交媒体和即时通信工具的普及使得信息传播速度极快，这不仅加剧了危机的爆发和扩散速度，也提供了新的沟通和管理危机的方式。因此，理解并适应新媒体时代下的危机公关原则和策略对于酒店业来说至关重要。

危机处理专家在实际处理危机的过程中，总结出了各种有用的知识，从原则到策略，从策略到行为。著名危机公关专家游昌乔总结出的一套危机处理原则，简明扼要，应是组织管理者危机处理武库中的有效兵器。主要包括五个原则：速度第一、真诚沟通、承担责任、权威证实和系统运行（图 15-4）。

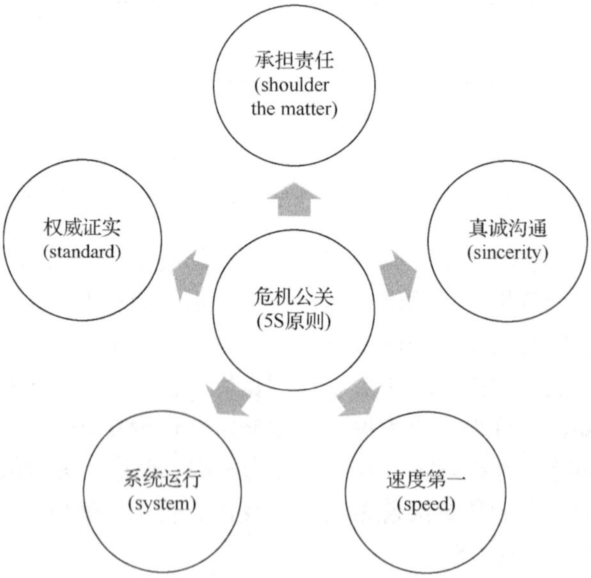

图 15-4 危机公关 5S 原则

（一）速度第一

在当今大众传播的时代，信息的流动速度前所未有地快，任何具有新闻价值的事件几乎都会在发生时或发生后立即被媒体报道，并迅速成为公众和媒体关注的焦点。这种迅猛的信息传播速度尤其在社交媒体的推动下显得更加明显，一条不良消息可以在极短的时间内遍布全球。在这样的环境下，公关危机的处理显得尤为关键，公司的反应速度和处理策略直接影响到其声誉和未来的业务发展。事件发生后最初的 12 小时到 24 小时内，是信息传播最快、信息扭曲最严重的时期。在这个阶段，公众对信息的需求极为强烈，情绪可能极为不稳定。

在危机发生时，公司的第一反应通常是外界评判其危机处理能力的重要依据。媒体、公众、政府和投资者等所有利益相关方都会密切关注公司发出的第一份声明。这份声明的内容、态度、时效性，以及所包含的信息的准确性和透明度，往往决定了公众对公司处理危机能力的初步判断。因此，公司必须迅速而精准地收集所有相关事实，对情况进行全面评估，并及时向公众发布准确和负责任的信息。迅速的反应不仅有助于控制舆论的方向，避免不实信息和谣言的滋生和扩散，还能显著降低危机对公司品牌和商誉的长期负面影响。在危机初期迅速控制情况，防止事态的进一步恶化，是成功处理危机的关键。

（二）真诚沟通

当企业面临危机时，公众和媒体的目光都会聚焦于其一举一动。在这种情况下，企业绝不能心存侥幸，企图通过隐瞒或混淆信息来应对危机。相反，企业应主动与媒体接触，迅速与公众沟通，清楚地阐述事实，促进理解与信任的建立，消除公众的疑虑和不安。在危机管理中，展现真诚至关重要。如果有错误，企业应坦诚承认，并对由此造成的负面影响表示关切和同情。真诚也体现在对未来行动的承诺上，保证采取一切必要措施防止同类事件再次发生。通过真诚的态度，企业能向所有利益相关者展现其责任感和可靠性，这是修复品牌形象和客户关系的基石。关于有效沟通，关键在于真诚。任何企图操控或不真诚的沟通手段都可能加剧冲突，引发更深层次的危机。

真诚沟通体现在以下几个方面。首先，充分传播。企业应通过各种渠道——包括新闻发布会、媒体采访、社交媒体互动、客服热线、公开信、广告和短信等方式——向媒体、公众、消费者及所有关注此事件的人士广泛地传播信息，确保公众的知情权得到充分保障。其次，责任担当。企业利用这些沟通工具和手段时，其目的不应是辩解、争论或推诿责任，也不是抱怨或苛求社会的理解与宽容，而是要公开承认对受害者的责任，表明企业作为社会责任的承担者，对受害者和社会所承诺的道德责任。这种责任感应体现为一种坚定的信念，而非出于功利目的的选择。最后，体现人情味。在传递事实的同时，也要关注受众的感受。如果企业仅仅机械地传递事实，而忽视了公众的情感体验，那么无论事实多么真实，公众仍可能将其视为缺乏真诚。在沟通中寻找到事实与情感的平衡，尊重并关照受众的感受，是实现真诚沟通的关键。

（三）承担责任

在危机发生后，公众的关注点主要集中在两个方面：一是利益问题，二是情感问题。首先，利益问题通常是公众关注的核心，因为它直接关系到他们的切身利益。在这种情况下，无论责任归属如何，企业都应承担一定的责任，以表明其对问题的重视和解决问题的决心。其次，公众非常关心企业是否关心他们的感受。因此，企业应该以同情心回应，通过新闻媒体向公众表示歉意，并解决由此引发的深层次情感问题，以此来赢得公众的理解和信任。

一旦事件被媒体报道，公众通常会立即表现出极高的关注度，这种关注背后的心态主要表现为四个特点：首先，公众倾向于相信媒体报道而不是当事组织的声明，这常常伴随着情绪化的反应；其次，他们宁愿信其有而不信其无，容易形成有罪推定的态度；再次，公众对新信息有很高的需求，他们追求并相信新的信息往往是真实的；最后，公众往往以偏概全，对事件的各个方面持怀疑态度。在处理这种情绪化和激进的公众心态时，当事组织应优先考虑的原则是承担责任。无论组织是否真正有责，以及责任大小如何，宣布承担责任不仅是作为社会成员的道德义务，而且是化解危机和平息公众情绪的最佳策略。这种做法不仅可以防止危机的进一步升级，还可以为解决危机创造一个更有利的舆论环境。

公众虽然情绪激动，但这并不意味着他们无法理智地判断情况。当组织表现出愿意承担责任的姿态时，通常会得到公众的积极响应，这种支持是组织处理危机的宝贵资产。进一步说，这种支持为组织及其产品或服务在市场上的持续发展提供了坚实的基础。相反，逃避责任可能会导致组织在社会压力下崩溃；而勇于承担责任则可能使组织在危机中赢得赞誉，将危机转化为发展的契机。

（四）权威证实

在企业管理和危机公关中，权威证实扮演着至关重要的角色。自我宣传在遭遇危机时往往适得其反，缺乏权威机构的认可往往会让企业的自我辩护显得苍白无力。因此，当危机发生后，企业应避免仅凭自己的力量去解释和辩解，而应寻求第三方权威机构的介入，以客观、权威的声音来帮助重建公众的信任。在大多数情况下，公众对企业在危机中的自述持怀疑态度，这种心理是可以理解的。在舆论的视野中，当事组织很难摆脱被怀疑的阴影，特别是当涉及安全事故、产品质量问题或服务失败时。在这种情境下，企业宣称自己无辜往往无法令公众信服。相反，如果有第三方权威机构，如政府监管部门或独立的专业机构介入，通过严格的调查后发表意见或裁决，这样的结论更容易被公众接受和信任。

企业在处理危机时可以采用曲线救国的策略，即通过第三方的正面评价来重塑公众印象，这是一种有效的方法。企业可以邀请行业专家、第三方评审组织或消费者保护机构对其产品或服务进行独立评估，并公开评估结果。这种来自第三方的客观评价不仅能有效减少公众的警戒心理，还能逐步恢复其对企业的信任。在危机处理过程中，企业应保持适当的克制，避免过早下结论或做出可能被公众误解的声明。相反，企业应专注于解决问题，提供必要的补救措施，并积极配合权威机构的调查。一旦调查结果公布，企业应第一时间将这些结果同公众分享，即使结果对企业不完全有利。透明公开的态度和对权威结论的尊重，有助于稳定企业的形象，并显示出企业的责任感和专业性。

（五）系统运行

在处理危机时，系统性的运行是至关重要的。这不仅要求我们在面对一个危机时不忽视其他可能同时发生的问题，还要求我们在应对过程中保持全面和均衡的视角。有效的危机管理系统能够帮助组织透过表面现象洞察事物的本质，从而以创造性的方法解决问题，并有可能将潜在的害处转化为利益。危机的系统运行要做好以下几点。

1. 以冷对热，以静制动

在面对危机时，保持冷静是至关重要的。这意味着在紧急情况下要以静制动，不被情绪所左右，要通过冷静分析情况来采取行动。这种方法可以防止冲动决策，确保所有决策都是经过深思熟虑的，符合组织的整体利益。

2. 统一观点，稳定阵脚

危机发生时，内部的统一意见对于确保组织应对措施的一致性至关重要。这需要高层领导明确指导方向，团结所有成员，形成共识，这样才能在混乱中保持方向，稳定阵脚。

3. 组建团队，专项负责

对于特定的危机，组建一个专责团队来集中处理是一个有效的策略。这个团队应由具备相关知识和经验的成员组成，负责制定和实施解决方案，确保快速、有效地应对危机。

4. 果断决策，快速执行

在危机管理中，迅速而果断的决策是保证问题可以得到及时控制的关键。延迟或犹豫可能导致问题恶化，因此一旦决定了行动方案，就应立即执行。

5. 合纵连横，借力使力

在处理危机时，利用外部资源和建立合作关系可以大大提升组织的应对能力。无论是通过行业合作、政府支持还是其他外部专家的帮助，都能为危机解决方案提供额外的视角和资源。

6. 循序渐进，标本兼治

有效的危机管理应同时解决问题的根源和表象。这需要一个循序渐进的策略，不仅要快速应对眼前的紧急情况，还要从长远来看，制定和实施可以预防未来同类事件的策略。

危机管理本质上是一个确保组织在面对挑战时能持续运作的系统化过程，它要求组织在决策和行动上都能展现出时效性、正确性、连贯性，并始终符合组织的长远利益。游昌乔的 5S 原则为酒店业以及其他行业提供了一个坚实的危机管理框架，旨在确保企业在面对危机时能够有效地保护其品牌和声誉。这些原则共同强调了在危机情况下迅速反应、进行清晰的沟通、提供具体有价值的信息、展现真诚的态度以及保持行动的一致性的重要性。遵循这些原则能够显著提升组织应对危机的能力，从而更有效地管理和缓解危机带来的负面影响。要更好地理解这些原则，可以将它们细化为具体的行动指南：首先是“摆事实”，即在危机沟通中提供确凿、翔实的信息，避免模糊和误导；其次是“拼速度”，强调在危机发生后的第一时间内做出反应，以控制消息的流向和舆论的形成；再次是“讲态度”，即在公众交流中表现出真诚和负责任的态度，这对于赢得公众的信任至关重要；最后是“做深度”，指的是深入分析危机的原因，制定有效的对策，并从根本上解决问题，防止同类事件再次发生。

二、危机公关的影响结果

在酒店行业，面临危机时的公关处理不仅能决定短期的应对成效，还可能对酒店的长期品牌形象产生深远影响。酒店危机公关的处理结果大致可以分为两种情景：品牌受损后的逐渐修复和通过危机转化为机遇以强化品牌。

（一）品牌受损，逐渐修复

当酒店面临危机，如安全事故、服务失误或自然灾害等，品牌声誉很可能受到严重损害。在这种情况下，正确的危机公关策略是至关重要的，它决定了品牌能否有效地从危机中恢复。

品牌受损后的修复过程通常包括以下几个关键步骤。

第一，迅速响应和承认问题。危机发生时，酒店须迅速反应，通过各种通信渠道（包括社交媒体、新闻发布会等）向公众透明地通报事实，并承认错误。这种透明度和责任感的表现是重建公众信任的第一步。

第二，详细沟通补救措施。酒店需要清晰地向公众解释将采取哪些具体措施来解决问题，并确保这些措施得到实施。这包括提供赔偿、修复受损设施、改进服务流程等。

第三，持续更新进展。在危机处理过程中，酒店应持续向公众更新修复进度和后续行动。这种持续的沟通可以帮助维持公众的关注度，并展示酒店对于彻底解决问题的承诺。

第四，恢复期营销和公关策略。随着危机的逐步平息，酒店可以通过一系列营销和公关活动来重新塑造品牌形象，如推出特别优惠、举办公共活动或参与社会责任项目，以此来正面塑造品牌形象，恢复顾客的信任和支持。

（二）转危为机，品牌强化

虽然危机往往带来负面影响，但适当的公关策略和管理手段也能够将其转化为提升品牌实力和影响力的机会。

以下是将危机转化为机遇以强化品牌的一些策略。

第一，危机中的领导力展示。在危机管理过程中表现出的透明度、责任感和决断力可以极大地提升品牌的正面形象。通过有效的危机处理，酒店可以展示其强大的领导力和可靠性，这对于提升顾客和投资者的信心至关重要。

第二，创新解决方案。危机往往迫使企业寻找创新的解决方案，这些创新有时可以转变为酒店服务或操作的长期改进。例如，通过危机推动的技术升级或服务流程的优化，可能会使酒店服务更加高效和对顾客更加友好。

第三，加强社会责任。在危机中，酒店通过积极参与救援活动或支持社会公益项目，不仅能够帮助受影响的群体，还可以增强公众对品牌的正面认知。这种社会责任的表现往往能够加深顾客的品牌忠诚度。

第四，重塑品牌故事。危机后，酒店有机会通过重新讲述品牌故事来强化其市场定位。这包括强调酒店如何有效应对危机、提高行业标准，以及如何通过危机获得成长和进步。这样的品牌故事能够激发消费者的情感共鸣，增强顾客对品牌的忠诚。

本 章 小 结

酒店安全管理是确保所有在酒店内的人员（包括顾客、员工和访客）的人身及财产安全的关键组成部分，涵盖预防事故及应对安全威胁。其特点包括复杂性、服务性、突发性、全员性和预防性。针对可控性安全问题，酒店须按运营部门（如前厅部、客房部、餐饮部和康乐部）分类管理，确保各部门识别并应对潜在的安全问题。此外，酒店还须通过核对风险清单、运用经验及记录、使用工作流程图、头脑风暴、系统分析和顺序分析等方法识别和管理可控性安全问题。同时，酒店须应对不可控性安全问题，如不可抗力因素（突发火灾、自然灾害等）、意外性因素（停电、电梯故障等）、外部人员行为因素（抢劫、恐怖袭击等），以及顾客行为因素（争执、骚扰等）。

酒店危机管理的方法分为三个阶段：事先预防阶段、事中处理阶段和事后恢复阶段。事先预防阶段包括构建预警机制、全员危机培训和危机应对演习，以最大限度地减少潜在危机的发生频率和影响。事中处理阶段涉及危机影响分析、危机预案启动、媒体联络公关和内外部沟通，以迅速且有效地应对和控制危机。事后恢复阶段包括沟通恢复、形象重塑和危机预案评估，通过评估危机处理的效果来完善未来的危机管理策略。此外，根据 SCCT，危机类型可分为受害者危机、意外危机和可预防危机，酒店应根据具体的危机情境选择适当的危机回应策略，如否认、淡化、重建，以最大限度地保障组织声誉。通过这种系统化和有条理的危机管理方法，酒店能够更有效地应对危机，确保顾客和员工的安全，维护酒店的正常运营和良好声誉。

在新媒体时代下，酒店危机公关策略须遵循 5S 原则，即速度第一、真诚沟通、承担责任、权威证实和系统运行。速度第一要求面对危机时，迅速反应是关键，确保在最初的 12 到 24 小时内控制舆论，防止不实信息扩散。真诚沟通则要求企业通过各种渠道主动与公众交流，坦诚承认错误并表达同情，建立信任。承担责任即在危机中表现出企业的道德义务，积极回应公众的情感和利益诉求。权威证实则是通过第三方权威机构的认可和评估来恢复公众的信任，避免自我辩护。系统运行强调在危机处理中保持冷静、统一意见、组建专责团队、果断决策、借助外部资源并循序渐进地解决问题。遵循这些原则，有助于酒店在危机中有效地保护品牌和声誉，修复因危机造成的损害，甚至将危机转化为提升品牌实力的机会。此外，通过展示领导力、创新解决方案、加强社会责任和重塑品牌故事，酒店可以在危机后重新建立和强化其市场地位和品牌价值。

案例分析与讨论

从“某餐饮公司后厨事件”看新媒体时代危机传播的变迁

2017 年 8 月 25 日上午，看法新闻网报道揭露了某餐饮公司北京两家分店后厨的严重卫生问题，其中包括老鼠在食品存储区活动和火锅漏勺被不当清洁。这一报道迅速引发了全国性的关注和讨论，该品牌突然成为众矢之的。

面对舆论的压力，该餐饮公司迅速做出反应。在事件爆发后不到四小时，官方网站上就挂出了首封道歉信。在信中，该餐饮公司不仅诚恳地承认媒体报道的内容，还表达了对顾客的深切歉意，并明确指出了公司在管理上存在的缺陷。接着，在两小时后，该餐饮公司再次通过官网发布处理通报，详细列出了七条整改措施，并承诺将加强员工培训和后厨管理，确保类似事件不再发生。到了 8 月 27 日下午，该餐饮公司第三次向公众发声，宣布接受相关部门的约谈，公布了进一步的整改措施，并表示将开放厨房，接受社会各界的持续监督。

这一系列迅速而透明的响应最初赢得了不少网民的理解与支持。然而，随着事件的进一步发酵，公众的态度开始发生变化。尽管该餐饮公司的反应速度和措施看似得当，但很快就有更多的声音开始质疑和批评该餐饮公司的危机处理是否只是表面功夫。随着时间的推移，公众对于该餐饮公司“认错、道歉、改正”的传统公关“三部曲”表现出了明显的不满和怀疑。

此事件的传播模式也值得关注。最初，问题的曝光主要通过传统媒体实现，深度调查和报道为事件的发酵奠定了基础。然而，随着新媒体的介入，信息的传播速度大大加快，微信、微博及各大新闻网站和手机应用等平台上的转载和评论，使得这一事件迅速升温成为社会热点。该餐饮公司的官方声明和整改措施也通过这些平台迅速传播，形成了舆论的高潮。

尽管该餐饮公司的危机公关在一定程度上初步缓解了危机的冲击，但随后的舆论反转显示，公众的情绪和态度是多变且复杂的。面对持续的公众关注和批评，该餐饮公司的形象和信誉遭受了重创。这种情况下，即便是再诚恳的道歉和再详尽的整改计划，也难以完全挽回公众的信任。

从该事件可以观察到，新媒体时代的危机传播具有以下特点：速度快、范围广、影响深远。新媒体的发展不仅改变了信息传播的速度和方式，也改变了公众的反应模式和期待。在这种环境下，企业面对危机的时候，不仅要迅速反应，更要注重长期的信任建设和真正的问题解决。只有真正从根本上解决问题，才能在危机中保持企业的稳定和发展，避免因应对不当而失去公众的信任和支持。

资料来源：作者根据网络资料/相关文献资料改写而成。

案例思考：

1. 根据危机公关的 5S 原则，阅读第二段，分析该餐饮公司的危机公关策略的成功之处。

2. 新媒体时代的危机公关的难点在哪里？

思考与练习

1. 酒店安全管理的特点是什么？
2. 酒店安全问题包括哪些？
3. 酒店危机管理分为哪几个阶段？工作内容分别是什么？
4. 危机回应策略主要有哪几种？
5. 新媒体时代下的危机公关的原则是什么？

参考文献

阮茜. 2023. 关于关系修复视角下经济型酒店的品牌危机应对策略. 上海商业, (12): 19-21.
王璐, 郑向敏, 李勇泉. 2019. 酒店安全事件认知及其演变分析: 基于五星级酒店卫生安全事件. 旅游研究, 11(5): 61-74.
王瑜. 2008. 酒店公共关系. 重庆: 重庆大学出版社.
谢朝武, 张翠. 2012. 面向酒店顾客的安全服务体系构建研究.华侨大学学报（哲学社会科学版）, (4): 37-44.
曾国军, 王龙杰. 2018. 饮食文化生产中的原真性、食品安全与食品健康.旅游导刊, 2(4): 15-30.
郑成武. 2007. 媒体危机公关 5S 通用原则.中国行政管理, (6): 87-88.
Coombs W T. 2007. Protecting organization reputations during a crisis: the development and application of situational crisis communication theory. Corporate Reputation Review, 10(3): 163-176.
Coombs W T, Holladay S J. 2002. Helping crisis managers protect reputational assets: Initial tests of the situational crisis communication theory. Management Communication Quarterly, 16(2): 165-186.